DSCG 6

Épreuve orale d'économie

se déroulant partiellement en anglais

MANUEL ET APPLICATIONS

EXPERT SUP

L'expérience de l'expertise

Les manuels DSCG

DSCG 1 • *Gestion juridique, fiscale et sociale*, Manuel et Applications
Jean-Michel Do Carmo Silva, Laurent Grosclaude

DSCG 2 • *Finance*, Manuel et Applications
Pascal Barneto, Georges Grégorio

• *Finance*, Corrigés du manuel
Pascal Barneto, Georges Grégorio

DSCG 3 • *Management et contrôle de gestion*, Manuel et Applications
Pascal Fabre, Sabine Sépari, Guy Solle, Hélène Charrier, Catherine Thomas

DSCG 4 • *Comptabilité et audit*, Manuel et Applications
Robert Obert, Marie-Pierre Mairesse

• *Comptabilité et audit*, Corrigés du manuel
Robert Obert, Marie-Pierre Mairesse

DSCG 5 • *Management des systèmes d'information*, Manuel et Applications
Michelle Gillet, Patrick Gillet

DSCG 6 • *Épreuve orale d'économie se déroulant partiellement en anglais*, Manuel et Applications
François Coulomb, Jean Longatte, Pascal Vanhove, Anne-Marie Schwartz, Catherine Van Renterghem

La collection Expert Sup propose tous les outils de la réussite

- Les **Manuels** clairs, complets et régulièrement actualisés, présentent de nombreuses rubriques d'exemples, de définition, d'illustration ainsi que des énoncés d'application.
- Les **Corrigés** sont disponibles en fin d'ouvrage ou dans un ouvrage publié à part.
- Les **Cas pratiques** proposent de s'entraîner avec des cas de synthèse se complétant pour couvrir l'ensemble du programme.

DSCG 6

Épreuve orale d'économie se déroulant partiellement en anglais

MANUEL ET APPLICATIONS

Corrigés inclus

3e édition

François COULOMB
Agrégé d'économie et gestion
Docteur en sciences économiques
Professeur en classes préparatoires

Jean LONGATTE
Professeur de chaire supérieure
en économie gestion

Pascal VANHOVE
Professeur de chaire supérieure
en économie gestion

Anne-Marie SCHWARTZ
Professeur en classes préparatoires

Catherine Van RENTERGHEM
Agrégée d'Anglais
Professeur en classes préparatoires

Avec la collaboration de
de Raymond Perrez
et de Richard Shieldhouse

EDITIONS
FRANCIS LEFEBVRE

DUNOD

Les auteurs tiennent à remercier
Richard Shieldhouse, diplômé
de l'université d'Harvard,
pour sa relecture attentive

5, rue Laromiguière, 75005 Paris
ISBN 978-2-10-71606-7
ISSN 1269-8792

Sommaire

Pour réussir le DCG et le DSCG

Le cursus des études conduisant à l'expertise comptable est un cursus d'excellence, pluridisciplinaire, vers lequel se dirigent, à raison, de plus en plus d'étudiants.

Dunod dispose depuis de très nombreuses années d'une expérience confirmée dans la préparation de ces études et offre aux étudiants comme aux enseignants une gamme complète d'ouvrages de cours, d'entraînement et de révision qui font référence.

Ces ouvrages sont entièrement adaptés aux épreuves, à leur esprit comme à leur programme, avec une qualité toujours constante. Ils sont tous régulièrement actualisés pour correspondre le plus exactement possible aux exigences des disciplines traitées.

La collection Expert Sup propose aujourd'hui :

– des manuels complets mais concis, strictement conformes aux programmes, comportant des exemples permettant l'acquisition immédiate des notions exposées, complétés d'un choix d'applications permettant l'entraînement et la synthèse ;
– des livres de cas originaux, avec la série « Tout l'entraînement » spécialement conçue pour la mise en pratique et l'assimilation du programme des épreuves ;
– les Annales DCG, spécifiquement dédiées à la préparation de l'examen.

Elle est complétée d'un ensemble d'outils pratiques de révision, avec la collection Express DCG, ou de mémorisation et de synthèse avec les « Petits » (*Petit fiscal, Petit social, Petit Compta, Petit Droit des sociétés...*).

Ces ouvrages ont été conçus par des enseignants confirmés ayant une expérience reconnue dans la préparation des examens de l'expertise comptable.

Ils espèrent mettre ainsi à la disposition des étudiants les meilleurs outils pour aborder leurs études et leur assurer une pleine réussite.

Jacques Saraf
Directeur de collection

MANUEL
MODE D'EMPLOI

Clair et bien structuré, le cours présente **toutes les connaissances au programme** de l'épreuve DSCG 6. Plus de 70 tableaux et schémas illustrent le cours. Les **100 focus** de l'ouvrage permettent un éclairage plus pointu des aspects essentiels du cours.

Le cours
complet et progressif

*Le **mini-sommaire** précise le plan du chapitre*

*Les **encadrés** en couleur mettent l'accent sur les définitions et les notions importantes*

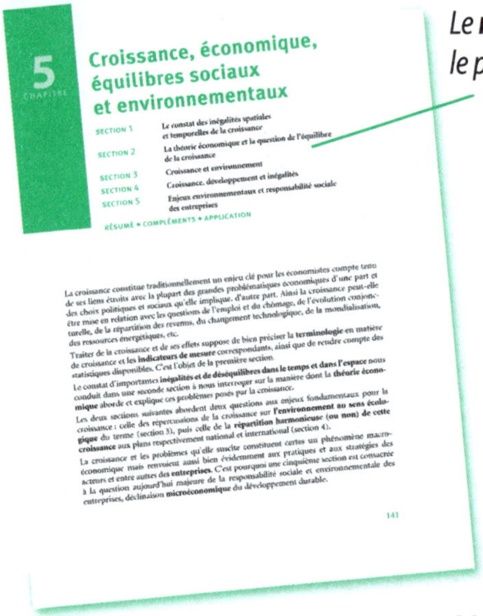

*Les **schémas** et **tableaux** présentent une synthèse visuelle des connaissances*

*Les **focus** illustrent et complètent le cours*

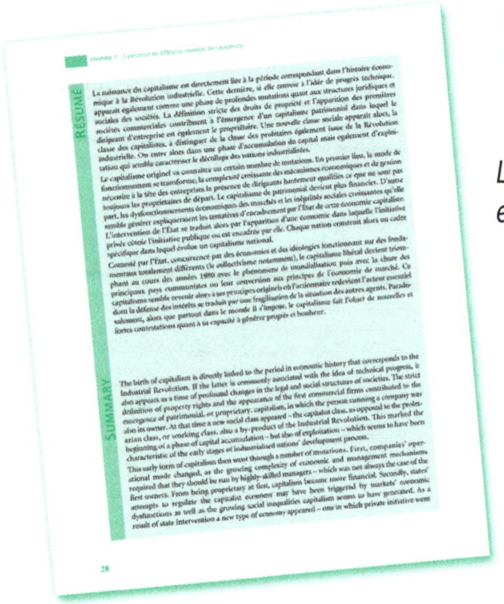

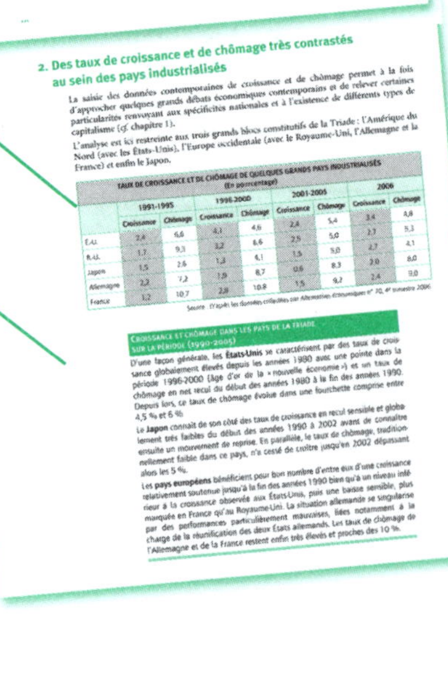

Le résumé
est double : la version française est suivie de sa traduction anglaise

applications et les **sujets d'annales corrigés** permettent la validation des acquis et l'entraînement à l'examen.
s **résumés** de fin de chapitre, les **fiches « complément »**, les **éléments de méthodologie**, le **lexique**,
ndex et la **table des matières** détaillée sont autant d'outils complémentaires.

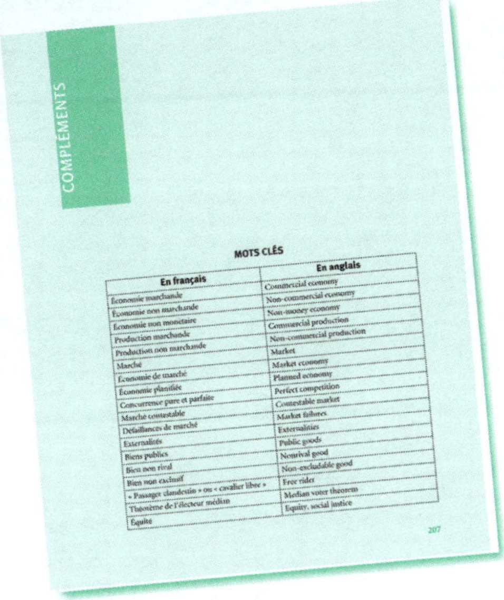
COMPLÉMENTS

MOTS CLÉS

En français	En anglais
Économie marchande	Commercial economy
Économie non marchande	Non-commercial economy
Économie non monétaire	Non-money economy
Production marchande	Commercial production
Production non marchande	Non-commercial production
Marché	Market
Économie de marché	Market economy
Économie planifiée	Planned economy
Concurrence pure et parfaite	Perfect competition
Marché contestable	Contestable market
Défaillances de marché	Market failures
Externalités	Externalities
Biens publics	Public goods
Bien non rival	Nonrival good
Bien non exclusif	Non-excludable good
« Passager clandestin » ou « cavalier libre »	Free rider
Théorème de l'électeur médian	Median voter theorem
Équité	Equity, social justice

207

Les applications

Un document original en anglais fait l'objet de questions de compréhension (anglais et français) et de révisions grammaticales en anglais

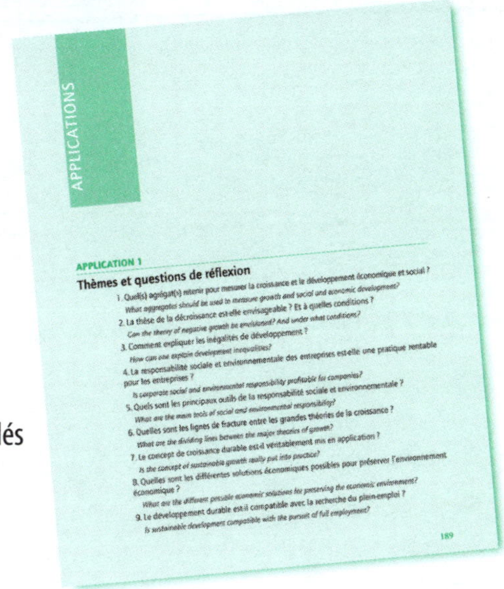
APPLICATIONS

APPLICATION 1

Thèmes et questions de réflexion

1. Quel(s) agrégat(s) retenir pour mesurer la croissance et le développement économique et social ?
What aggregate(s) should be used to measure growth and social and economic development?
2. La thèse de la décroissance est-elle envisageable ? Et à quelles conditions ?
Can the theory of negative growth be envisioned? And under what conditions?
3. Comment expliquer les inégalités de développement ?
How can one explain development inequalities?
4. La responsabilité sociale et environnementale des entreprises est-elle une pratique rentable pour les entreprises ?
Is corporate social and environmental responsibility profitable for companies?
5. Quels sont les principaux outils de la responsabilité sociale et environnementale ?
What are the main tools of social and environmental responsibility?
6. Quelles sont les lignes de fracture entre les grandes théories de la croissance ?
What are the dividing lines between the major theories of growth?
7. Le concept de croissance durable est-il véritablement mis en application ?
Is the concept of sustainable growth really put into practice?
8. Quelles sont les différentes solutions économiques possibles pour préserver l'environnement économique ?
What are the different possible economic solutions for preserving the economic environment?
9. Le développement durable est-il compatible avec la recherche du plein-emploi ?
Is sustainable development compatible with the pursuit of full employment?

189

La fiche complément

propose la liste des mots clés traduits en anglais, les dates clés ainsi que des références bibliographiques

Les corrigés des applications

figurent en fin d'ouvrage (français et anglais)

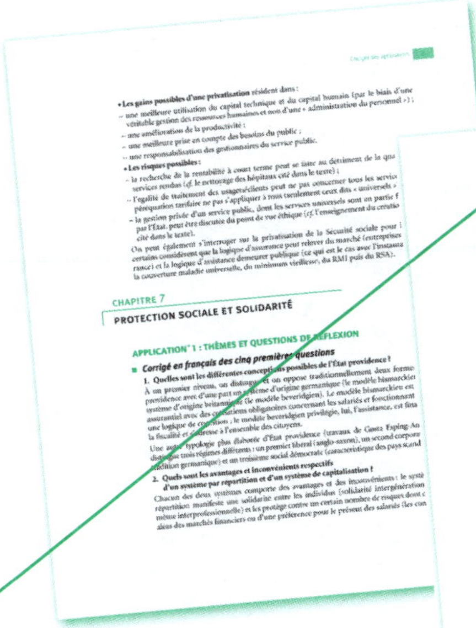
CHAPITRE 7

PROTECTION SOCIALE ET SOLIDARITÉ

APPLICATION 1 : THÈMES ET QUESTIONS DE RÉFLEXION

Index

L'index

des notions permet de les retrouver facilement dans l'ouvrage

Programme de l'épreuve n° 5, DSCG Épreuve orale d'économie se déroulant partiellement en anglais*

DURÉE DE L'ENSEIGNEMENT	NATURE DE L'ÉPREUVE	DURÉE	COEFFICIENT
(à titre indicatif) 120 heures 15 crédits européens	Cette épreuve comporte une préparation de deux heures sans autres documents que ceux qui sont fournis avec le sujet. Les documents sont en anglais. La question à traiter est rédigée en français. Dans un premier temps, le candidat doit présenter en français l'exposé qu'il a préparé. Dans un second temps, un entretien est mené successivement en français et en anglais : il porte sur le sujet et, le cas échéant, sur d'autres parties du programme de l'épreuve.	1 heure maximum : • Exposé : 20 min maximum • Entretien en français : 20 min maximum • Entretien en anglais : 20 min maximum	1

Cette unité d'enseignement conduit à préparer une épreuve ayant pour but de montrer la capacité du candidat à structurer un raisonnement dans un délai imparti et à le présenter de façon convaincante aux membres du jury, en langue française d'une part et en langue anglaise d'autre part.

Pour permettre de tester de façon pertinente les aptitudes recherchées, le sujet proposé au candidat sera tiré de l'un des thèmes socio-économiques précisés infra.

Les aptitudes évaluées sont les suivantes :

- dégager une problématique à partir d'un sujet donné ;
- construire un exposé structuré ;
- s'exprimer de façon rigoureuse en français et en anglais ;
- défendre de façon argumentée ses positions ;
- mobiliser ses connaissances avec pertinence ;
- intégrer à bon escient dans le discours les faits d'actualité.

** Arrêté du 28.03.2014.*

LES GRANDS DÉBATS CONTEMPORAINS
1. Organisation et régulation de l'économie 1.1 Évolution des modes d'organisation de l'activité économique : les différents types de capitalisme 1.2 Régulation des crises économiques par l'intervention des pouvoirs publics aux plans national et international 1.3 Place et rôles des entreprises dans les économies contemporaines
2. Croissance, changement technologique et emploi 2.1 Le changement technologique : déterminants et effets sur les branches, l'emploi et les qualifications 2.2 Les acteurs face au changement technologique : les stratégies d'entreprise et le rôle régulateur et d'impulsion des pouvoirs publics
3. Économie de la connaissance et de l'immatériel 3.1 L'essor de l'économie de la connaissance 3.2 Les enjeux économiques et sociaux de l'économie de la connaissance 3.3 Les acteurs de l'économie de la connaissance : l'État, les organismes de recherche et d'enseignement, les entreprises
4. Réseaux, territoires, pôles de compétitivité 4.1 Nouvelles formes d'organisation 4.2 Synergies de compétitivité
5. Les déséquilibres spatiaux, sociaux et environnementaux 5.1 Croissance, crise et déséquilibres dans une économie mondialisée (déséquilibres entre les États) 5.2 Croissance, crise et déséquilibres sociaux internes 5.3 Croissance, crise et déséquilibres environnementaux
6. Marché et économie non marchande 6.1 La place du secteur non marchand 6.2 Le non-marchand : un modèle définitivement spécifique ?
7. Protection sociale et solidarité 7.1 Les crises de l'État providence 7.2 Quel avenir pour les retraites et l'assurance maladie ?

CHAPITRE 1

Organisation et régulation de l'économie

À la fin des années 1980, Francis Fukuyama annonce la « fin de l'histoire[1] » pour exprimer l'idée qu'il n'y a plus d'idéologies qui puissent s'opposer aux démocraties libérales. Ces dernières apparaissent triomphantes et avec elles une certaine forme de capitalisme. Il est étonnant d'ailleurs que le mot capitalisme soit apparu pour la première fois sous la plume des socialistes allemands à la fin du XIXe siècle. Ce système économique peut se définir à travers les deux grandes caractéristiques que sont la propriété privée des moyens de production et l'accumulation du capital. Au-delà du cadre juridique et technique que cette définition induit, il faut donc aller plus loin et aborder le système capitaliste sous l'angle idéologique. Les structures économiques qui en découlent déterminent, en effet, les structures sociales et par la suite les lignes de partage politique. Le capitalisme apparaît donc comme le modèle de référence qu'il faut adopter, adapter ou combattre. De ce fait, du modèle générique vont découler différentes formes de systèmes économiques y compris dans les pays socialistes dans lesquels le capitalisme constitue l'avant-dernière étape historique et dont il faut reprendre quelques mécanismes fondamentaux, notamment l'accumulation du capital indispensable au décollage économique.

Le capitalisme ne peut s'aborder que dans une perspective historique pour bien intégrer dans l'analyse toute la dimension idéologique. C'est ce que nous ferons dans une première section. Si différentes formes de capitalisme marchand sont identifiables très tôt dans l'histoire (le mot « capital » apparaîtrait dès le XIVe siècle), le capitalisme prend cependant toutes les dimensions que nous avons évoquées précédemment (juridique, technique, idéologique) au moment de la révolution industrielle, c'est-à-dire au XIXe siècle. Le système économique moderne se met alors en place, justifié par l'efficacité économique qu'il entraîne, condamné par les conditions sociales qu'il semble imposer aux plus démunis.

Le capitalisme libéral n'est toutefois pas la forme pure que l'on constate dans la réalité économique. Si les mécanismes de marché sont au cœur du fonctionnement des économies

(1) *The End of History and the Last Man*, 1992 ; trad. française : *La fin de l'histoire et le dernier homme*, Flammarion, 1992.

qui deviennent développées, on observe, dès les origines de la révolution industrielle, le rôle non négligeable joué par l'État pour stimuler le développement économique et pour faire face à la montée des contestations sociales. Par la suite, la complexité et les imperfections du système capitaliste, révélées brutalement avec la crise de 1929, rendent nécessaires l'intervention des pouvoirs publics sur le plan économique à court et à long terme mais aussi sur le plan social.

Toutefois, nous verrons dans une dernière section que ces adaptations et les alternatives proposées ne vont pas empêcher l'adoption à l'échelle de la planète d'un capitalisme qui semble tendre vers de plus en plus de libéralismes. Marchés et propriétaires du capital sont les rouages et les acteurs du monde économique. Les grandes firmes nationales gagnent en puissance alors que les États perdent de leur pouvoir, mais le système est soumis à de violentes crises qu'il surmonte uniquement grâce au secours des autorités publiques. Ces dernières ne parviennent pourtant pas à réformer le capitalisme libéral et les espoirs d'une efficacité plus grande d'une gouvernance mondiale sont trop souvent déçus.

SECTION 1

LA RÉSISTIBLE MONTÉE EN PUISSANCE DU CAPITALISME LIBÉRAL

Avec la révolution industrielle s'installe un nouveau système économique, le capitalisme. Les nouveaux moyens de production se mettent en place avec la fondation des premières entreprises rendue nécessaire et possible avec le machinisme. L'appropriation privée des moyens de production se réalise à travers de nouvelles structures juridiques et par le développement de nouveaux mécanismes de financement.

Pour toutes ces raisons, le XIXe siècle est souvent présenté comme le siècle du capitalisme libéral. Cette vision d'une période où le capitalisme aurait revêtu une forme presque parfaite est à nuancer fortement. En effet, dans de nombreux pays, lors de la première phase de la révolution industrielle, les États ont été très présents pour accompagner les initiatives privées. De plus, les autorités publiques sont intervenues dans le domaine social pour améliorer les conditions de travail et de vie des prolétaires. Historiquement, l'opposition au capitalisme sera beaucoup plus virulente avec l'apparition des économies socialistes, opposition qui ne se traduira pas toujours par un rejet total mais plutôt par des adaptations profondes.

1. L'émergence du capitalisme et de la régulation libérale

L'apparition des entreprises est un des phénomènes majeurs de la révolution industrielle et de la montée en puissance du capitalisme. Jusque-là les structures économiques reposaient sur un « *domestic system* » dans lequel la production textile était réalisée en milieu rural par les familles paysannes ou par le paysan lui-même au gré de ses disponibilités. La souplesse et la liberté qu'offrait cette organisation aux différentes parties prenantes correspondaient parfaitement à des fabrications en petits volumes.

« *Domestic system* » et « proto-industrialisation »

L'industrie textile s'est développée sous l'impulsion de la consommation des bourgeois mais également par l'essor de la demande industrielle et notamment de la construction navale (voile, cordage). Pour répondre à cette demande croissante, l'offre, à travers le « *domestic system* », accomplit un effort quantitatif considérable. Le « *domestic system* » consiste à faire réaliser à la campagne le filage et le tissage notamment par les femmes et les enfants des paysans ; ces derniers pouvaient toutefois participer également lorsque les travaux des champs le leur permettaient. Le fait que les travaux pour l'industrie textile soient ainsi des travaux à temps partiel et que la rémunération obtenue constitue donc un salaire d'appoint, induit que l'ouvrier paysan est moins exigeant que l'ouvrier urbain. Dans ce système, le « marchand-fabricant » joue un rôle essentiel ; il fournit la matière première et l'outillage, passe commande, fixe les délais, récupère le produit fini pour le vendre sur le marché. On peut même considérer que ces « marchands-fabricants » vont être un des rouages essentiels dans l'émergence du capitalisme. Franklin Mendels(1) considère la « proto-industrialisation », c'est-à-dire les développements des activités industrielles en milieu rural, comme un élément prépondérant du décollage de l'industrie.

En effet, pour les marchands-fabricants, le coût en infrastructure est faible car fournie par le « paysan-ouvrier » et suffisante pour de petites productions. De plus, l'autonomie laissée dans l'organisation de la fabrication contribue à limiter les revendications en matière de rémunération. Le changement va se produire à partir de l'instant où des machines plus performantes vont apparaître et nécessiter le travail de plusieurs ouvriers. La logique économique est alors tout à fait différente et le regroupement d'ouvriers dans un même lieu de production devient plus rentable. Ce que l'on va dorénavant appeler le « *factory system* » facilite également un contrôle plus efficace du travail effectué.

L'apparition des entreprises et leur justification économique sont au cœur de la théorie des coûts de transaction. Ronald Coase est le premier en 1937(2) à mettre en évidence ces coûts que subissent les agents lorsqu'ils passent par le marché pour satisfaire leurs besoins (temps perdu en négociation, coût et temps des livraisons…). L'existence des firmes se justifierait lorsque les coûts de coordination (nécessité de coordonner le travail des différentes équipes et des individus au sein d'une usine) qu'elles génèrent sont inférieurs aux coûts de transaction.

Une des particularités du capitalisme réside dans la place centrale qu'occupe la propriété privée des moyens de production. Il n'est donc pas étonnant que l'apparition de nouvelles formes juridiques comme les sociétés ait contribué au processus de révolution industrielle. Pour certains historiens, l'apparition de la société anonyme constitue ainsi une des inventions essentielles dans l'histoire économique.

Les premiers embryons de ces formes juridiques d'entreprises seraient apparus au XVIe siècle avec le développement des compagnies de commerce travaillant avec le Nouveau

(1) *"Industrialization and Population Pressure in XVIIIth Century Flanders", 1969.*
(2) *"The Nature of the Firm", 1937 ; trad. Française : « La nature de la firme », Revue française d'économie, Vol. II/1, 1987.*

Monde. Ces associations de plusieurs apporteurs de capitaux devaient permettre de partager les risques même si ceux-ci demeuraient importants.

PREMIÈRES LOIS SUR LES SOCIÉTÉS COMMERCIALES

Étrangement, c'est en France en 1804, avec le code Napoléon, qu'apparaissent les premières sociétés par actions en 1804. Il faudra attendre 1825 pour les voir mises en œuvre en Angleterre. En revanche, la première société anonyme est fondée en Angleterre en 1856 (Private Limited Company) et seulement en 1867 en France.

Il faut constater que l'avènement de nouvelles formes de financement accompagne le développement du capitalisme. Les bourses de valeurs commencent à prendre forme. En 1571, Sir Thomas Gresham est à l'origine de la création de la bourse royale de Londres (the Royal Exchange) qui deviendra le London Stock Exchange. Il faudra attendre 1724 pour voir naître la bourse de Paris qui demeurera en sommeil jusqu'au milieu du XIXe siècle sans jamais atteindre le succès rencontré par la place financière londonienne.

Si les marchés financiers contribuent à faciliter le financement des entreprises, cela se fait parfois par l'émission de nouveaux titres de propriété ce qui contraint les propriétaires fondateurs à ouvrir le capital. Cependant, les bourses de valeur ne vont pas remettre en cause le capitalisme patrimonial et familial car les fondateurs ne choisissent pas toujours la forme juridique de la société anonyme et veillent quoi qu'il en soit à conserver la majorité des parts. La propriété des entreprises va ainsi garder son caractère familial pendant longtemps en France.

L'avènement des banques privées a lieu au cours de la deuxième moitié du XIXe siècle. Les systèmes bancaires nationaux vont se construire autour de modèles spécifiques. Ainsi, les banques anglaises font l'objet d'une spécialisation très poussée : crédit à court terme, escompte d'effets de commerce, financement des colonies (*colonial banks*), financement hors colonies (*foreign banks*).

LES PREMIERS PHÉNOMÈNES DE CONCENTRATION

Le développement des systèmes financiers facilite la croissance des entreprises. L'augmentation de la taille des entreprises se traduit par des phénomènes de concentration de plus ou moins grande envergure selon les pays. En Allemagne, Krupps et Thyssen dominent l'industrie sidérurgique avec un développement vertical de l'extraction jusqu'à la distribution. Dans la chimie, les effectifs de BASF passent de 7 000 en 1870, à 70 000 en 1882. Au Japon, se forment les « *zaibatsu* », grands groupes qui s'articulent autour de trois pôles : un pôle industriel, un pôle commercial et un pôle financier (Mitsui, Mitsubishi, Sumitomo, Yasuda...).

Aux États-Unis après la guerre de Sécession, les grandes firmes (les *trusts*) dominent les marchés. C'est le cas de la Standard Oil de Rockfeller qui se développe tout au long de la filière pétrolière. L'effet taille permet à cette firme de baisser ses coûts à un niveau tel que Rockfeller finit par éliminer la concurrence et dominer, en 1882, 80 % du marché du raffinage et 90 % du transport.

Il est important de s'interroger sur la provenance des capitaux qui ont permis le financement du développement économique. C'est dans le profit réalisé dans les activités artisanales que se trouve certainement la réponse au financement du décollage industriel. Par la suite, l'accumulation du capital se réalise grâce aux profits réalisés. Dans la première phase de l'ère industrielle, les taux de profit pouvaient atteindre 20 %.

De tels niveaux s'expliquent par l'amélioration continue de la qualité du stock de capital physique. Les investissements participent en effet directement à la diffusion du progrès technique. Toutefois, la croissance des profits est aussi le fruit d'une répartition de plus en plus inégalitaire des revenus. Il apparaît ainsi que les salaires réels ont enregistré une baisse de l'ordre de 20 % au cours des vingt dernières années du XVIIIe siècle. La répartition des revenus se traduit par un accroissement des inégalités avec une part du revenu national qui diminue pour la population la plus misérable.

L'AVÈNEMENT DU CAPITALISME S'EFFECTUE SUR FOND D'EXPLOITATION

C'est tout d'abord le travail des enfants qui, pour un travail quotidien de 12 à 14 heures par jour, perçoivent le dixième du salaire d'un adulte. De même, les femmes sont massivement employées pour des salaires qui représentent un tiers de celui des hommes. L'existence de cette main-d'œuvre surexploitée génère une pression à la baisse du niveau général des salaires.

Si le capitalisme donne naissance au capitaliste, il se caractérise également par l'émergence d'une main-d'œuvre salariée et surtout par la montée en puissance de la classe ouvrière.

2. L'État stimule et encadre le développement du capitalisme

La fin du XVIIIe siècle en Angleterre puis le XIXe siècle partout dans le monde qui devient développé semblent marquer l'avènement du capitalisme libéral. Cependant, cette vision d'un capitalisme historique qui s'impose par le développement de l'initiative privée doit être grandement nuancée. Ce serait oublier le rôle joué par l'État tout au long du XIXe siècle. La puissance publique intervient pour mettre en place les infrastructures indispensables au développement industriel, l'importance des investissements ou l'existence de biens collectifs justifiant cette intervention.

L'exemple de la construction des chemins de fer est très illustrant de cette période de développement du capitalisme : le montant des investissements à réaliser et les externalités provoqués par son développement justifient l'intervention des pouvoirs publics. Tout au long du XIXe siècle, les États vont intervenir pour accélérer le développement économique en s'inspirant et en profitant du modèle anglais. Il s'agit donc ici de se substituer à l'initiative privée pour accélérer le rattrapage industriel. Ainsi en France dès le XVIIIe siècle, l'industrie textile décolle sous l'impulsion de l'innovateur anglais John Kay aidé financièrement par le gouvernement français. De même, les hauts fourneaux du Creusot se développent grâce à l'Anglais Wilkinson qui s'appuie sur des ressources privées et également publiques.

L'État intervient aussi pour fournir un cadre facilitant les échanges en veillant à éliminer les différentes entraves aux flux commerciaux. En Allemagne, avant même la constitution de l'État allemand, est instituée en 1834 une union douanière, le Zollverein, qui permet la libre circulation des hommes et des capitaux entre tous les États germaniques.

La puissance publique ne se limite pas à fournir des ressources financières. Elle veille également, dans certains pays, à l'accroissement du niveau de qualification de la main-d'œuvre. Au Japon, un effort particulier est ainsi fait dans ce sens avec le développement de l'enseignement secondaire et la mise en place de structures universitaires ayant pour finalité l'apprentissage des sciences, des arts et des métiers nécessaire au développement industriel.

Si, dans les premières phases du développement industriel, l'État vient en aide aux investisseurs privés, voire se substitue à eux, il doit également intervenir pour corriger les dysfonctionnements économiques du capitalisme libéral. Les phénomènes de concentration auxquels on assiste perturbent le jeu concurrentiel et doivent être combattus. Ainsi, aux États-Unis, la position dominante de l'entreprise de Rockfeller est telle que l'État fédéral met en œuvre la première législation antitrust en 1890 avec le Sherman Act qui aboutit au démantèlement de la Standard Oil.

Au-delà des dysfonctionnements économiques, les États vont bientôt devoir intégrer dans leurs actions les conséquences sociales du capitalisme. L'évolution du cadre social liée à l'intervention de l'État s'est déroulée en deux étapes. Lors d'une première phase, on a assisté à l'adoption de lois sociales prises à l'initiative d'individus appartenant aux classes aisées de la société. Très ambitieuses sont les avancées en Allemagne avec la mise en place, sous l'impulsion de Bismarck, d'un véritable système d'assurances sociales (1883 : assurance-maladie ; 1884 : accidents du travail ; 1889 : assurance invalidité et vieillesse).

ORIGINE DU MOUVEMENT SYNDICAL EN ANGLETERRE

Paradoxalement, c'est à un industriel anglais, Robert Owen que l'on doit la première forme de représentation syndicale. En effet, ce patron paternaliste va, au cours des années 1810, veiller à améliorer l'éducation et les conditions de vie de ses ouvriers. À partir des années 1820, il s'engage plus fortement dans la voie du socialisme afin de stimuler la naissance du mouvement syndical. Il faudra, toutefois, attendre 1834 pour que soit créé le GNCTU (Grand National Consolidated Trade Union) qui n'aura cependant qu'une durée de vie très courte.

Dans un second temps, c'est la montée en puissance des syndicats qui va modifier le paysage social. En effet, dans la seconde moitié du XIXe siècle, les syndicats apparaissent et s'organisent en contre-pouvoir des entreprises (1865 en Allemagne, 1884 en France).

AVANCÉES SOCIALES : FIN DU XIXE SIÈCLE

• À la veille de la Première Guerre mondiale, les enfants de moins de 13 ans ne travaillent plus en Europe de l'Ouest.

• Évolution de la durée du temps de travail : 1840, 58 à 62 heures par semaine ; 1914, 52 à 54 heures par semaine.

• Hausse des salaires réels : entre 1840 et 1913, les salaires réels sont multipliés par 2,5 mais cette hausse reste toutefois inférieure à l'augmentation des revenus du capital.

En définitive, si l'on peut considérer que la révolution industrielle s'accompagne de la mise en place d'un nouveau système économique, le capitalisme libéral, les contours de ce dernier ne lui donnent pas une forme pure. L'État financier et propriétaire est déjà présent et remet en cause la réalité de l'appropriation privée des moyens de production. De plus, les interventions des autorités publiques pour faire face aux dysfonctionnements économiques et nuisances sociales entraînés par le système réduisent la dimension libérale de ce capitalisme.

3. Un autre modèle d'organisation économique : le collectivisme

L'idéologie et le système capitaliste sont remis en cause de manière frontale par la révolution bolchevique et la naissance de l'Union soviétique. Il faut toutefois rappeler que, dans la pensée marxiste, le capitalisme est l'avant-dernière étape précédant l'avènement du communisme. Historiquement, la Russie, pays essentiellement rural, n'était pas encore parvenue à ce stade de développement lorsque les communistes prennent le pouvoir. En conséquence, à l'issue du communisme de guerre, Lénine conçoit la NEP, la nouvelle politique économique, qui a pour objectif très ambitieux de reconstruire l'Histoire afin que le pays des Soviets adopte le capitalisme, étape indispensable avant l'instauration de la dictature du prolétariat.

Cela va passer par une libéralisation dans l'agriculture avec possibilité donnée aux paysans de pouvoir exploiter librement les sols et par l'abolition du travail obligatoire. Si la propriété privée est ainsi à nouveau reconnue, dans le même temps, l'État favorise le développement des coopératives et l'exploitation collective des terres. De même, dans l'industrie, une forme d'économie mixte se met en place avec un vaste programme de « dénationalisations » (dénationalisations plutôt que privatisations car les anciens propriétaires récupèrent leurs biens) qui concernent les entreprises employant moins de 20 personnes ; pour les autres qui emploient près de 90 % des effectifs, elles demeurent directement sous le giron de l'État. Toutefois, ces grandes firmes d'État voient leur direction disposer d'une plus grande autonomie avec une revalorisation de l'objectif de profit. Avec la propriété privée, ce sont également les mécanismes de marché et la monnaie qui apparaissent à nouveau. Ce retour à des modes de fonctionnement libéraux s'effectue dans un cadre où se côtoient entreprises privées et entreprises publiques. Le « capitalisme » soviétique est donc très particulier et d'autant plus que l'État intervient de façon très significative. Le pouvoir communiste façonne la structure des marchés en menant une politique de concentration des entreprises nationalisées, des politiques de grands travaux sont entreprises et la planification commence à émerger. De même, sur le plan social, de nombreuses avancées sont mises en œuvre (limitation de la durée du temps de travail, système d'assurance-maladie, indemnisation des chômeurs).

Même s'il ne faut pas négliger les aspects politiques (montée en puissance de Staline notamment), la NEP échoue également pour des raisons économiques. Si l'économie soviétique semble se redresser, les performances ne sont pas suffisantes pour contrecarrer la montée du chômage, problème réservé jusque-là aux économies capitalistes.

Un retour en arrière ou les vertus du capitalisme

« Le capitalisme d'État est, du point de vue économique, infiniment supérieur à notre système actuel. Il ne représente aucun danger pour le pouvoir des Soviets, car l'État soviétique est un État où le pouvoir des ouvriers et des paysans pauvres est assuré... Le capitalisme est un mal par rapport au socialisme. Le capitalisme est un bien par rapport au Moyen Âge, par rapport à la petite production, par rapport à la bureaucratie qu'engendre l'éparpillement des petits producteurs... Nous devons donc utiliser le capitalisme comme maillon intermédiaire conduisant de la petite production au socialisme.

Toute la question (théorique et pratique) est de trouver les méthodes justes permettant d'orienter dans la voie du capitalisme d'État le développement inévitable (jusqu'à un certain degré et pour un certain temps) du capitalisme, d'établir les conditions nécessaires à cela, et d'assurer, dans un avenir peu éloigné, la transformation du capitalisme d'État en socialisme ».

Lénine, discours 1921.

Avec la fin de la NEP, l'économie soviétique entre pour de nombreuses années dans l'ère du collectivisme que symbolise la planification impérative. À partir de 1931, l'URSS de Staline se lance dans une course-poursuite avec les pays avancés afin de rattraper en 10 ans un retard estimé à plus de 50 ans. Les plans quinquennaux constituent l'instrument qui doit permettre d'atteindre cet objectif. C'est un tournant dans l'histoire économique mondiale puisque, pour la première fois (hors période de conflit), un modèle alternatif au capitalisme est véritablement mis en œuvre.

Il y a rupture en effet puisque c'est le parti communiste qui constitue le centre de décisions et qui fixe les grandes orientations de la politique économique. Mécanismes de marché et initiatives privées ne sont plus de rigueur. La priorité est alors donnée à l'industrie et plus précisément à l'industrie lourde. Si le capitalisme disparaît sur le plan juridique, l'accumulation du capital au sens physique du terme se fait alors à grande échelle. L'URSS passe ainsi d'une société majoritairement agricole à une société industrielle en devenant la deuxième puissance économique au regard des volumes de production atteint. Elle deviendra un modèle de référence en matière de développement à travers notamment la théorie des « industries industrialisantes ». Alors que les pays occidentaux s'enfoncent dans la crise, l'économie soviétique donne, dans les années 1930, l'illusion de pouvoir suppléer la référence capitaliste.

Les dysfonctionnements de la planification soviétique

« L'économie soviétique a été planifiée non pour l'harmonie des différentes branches mais pour un seul but : l'industrialisation la plus rapide et la préparation d'une défense nationale efficace. Le programme d'industrialisation a été considéré comme une course contre la montre... Le fait que le dépassement d'un objectif de production du plan est considéré comme une vertu et non comme un facteur déséquilibrant, révèle clairement que la planification économique soviétique n'a pas pour objectif une économie socialiste harmonieuse mais des objectifs militaires et politiques auxquels tous les autres aspects de la planification économique ont été sacrifiés. »

Oscar Lange, cité par H. Schwartz in *Russia's Soviet Economy*.

Si l'économie soviétique est apparue comme une alternative possible au capitalisme libéral, dans les pays occidentaux les bases de ce capitalisme, à savoir propriété et initiatives privées, ont été également remises en cause.

SECTION 2

L'ÉVOLUTION DES MODES DE RÉGULATION

Progressivement, les entreprises vont gagner en taille. Leur croissance va induire de nouveaux modes de gestion avec notamment la distinction entre propriétaire et manager. Si les firmes gagnent en puissance, le système économique va être marqué de plus en plus par une présence très forte de l'État, évolution constatée au cours des Trente-Glorieuses mais que l'on peut considérer comme une des conséquences de la crise de 1929. Apparaît alors un État providence, un État « keynésien » qui se pose en protecteur et en régulateur pour faire face aux dysfonctionnements des marchés. De plus, l'action des pouvoirs publics s'inscrit sur le long terme avec des programmes de nationalisations et des politiques de planification. L'État semble alors plus performant que les grandes firmes quant aux choix d'orientation et à leur mise en œuvre dans la poursuite de l'intérêt général. Le capitalisme libéral se rapproche alors de ce que l'on appelle l'économie mixte, modèle de régulation dans lequel l'État encadre le comportement des agents privés.

1. La croissance des firmes induit de nouveaux modes de management

Au fur et à mesure que l'environnement économique se complexifie, il devient nécessaire de faire appel à des managers professionnels qui vont agir au nom des actionnaires. Le phénomène commence à être observé au cours des années 1930 aux États-Unis. On doit aux travaux de deux auteurs américains, Adolf A. Berle et Gardiner C. Means, la prise de pouvoir des managers sur la direction des firmes. Comme ils le montrent dans leur ouvrage de 1932 (*The Modern Corporation and Private Property*) l'ouverture du capital des sociétés aboutit à une dispersion de l'actionnariat qui renforce encore un peu plus le pouvoir du dirigeant, aucun actionnaire n'étant assez puissant pour lui dicter sa loi. Progressivement, les seuls actionnaires véritablement influents vont être les entreprises elles-mêmes. Un système de participations croisées se met en place, de cette manière, contribuant à réduire encore un peu plus le pouvoir des petits actionnaires, les dirigeants exerçant les uns sur les autres un contrôle bienveillant. En 1967, John Kenneth Galbraith[(1)] revient sur cette idée que les détenteurs de capitaux ne sont plus les décideurs et ont laissé la place à une nouvelle catégorie d'individus qui se distinguent par leurs compétences managériales. Ces nouveaux acteurs forment ce que Galbraith appelle la technostructure.

Le capitalisme familial devient alors capitalisme managérial. Cette distinction entre propriété et décision ne va pas sans poser problème. L'intérêt de l'actionnaire diverge en effet de celui du dirigeant. Là où le premier souhaite percevoir des dividendes élevés, le second recherche beaucoup plus la croissance de l'entreprise, l'augmentation de la taille des firmes justifiant des niveaux de rémunérations plus élevés pour les managers. Ce risque pour l'actionnaire est au cœur de la théorie de l'agence développée par Michael C. Jensen et William H. Meckling (*Theory of the Firmþ: Managerial Behavior, Agency Costs and Ownership Structure*) en 1976. Ces deux auteurs définissent une relation d'agence comme

(1) New Industrial State, 1967 ; trad. française : Le nouvel État industriel, Gallimard, 1968.

un contrat par lequel un individu (le principal) demande à un autre individu (l'agent) d'exécuter en son nom une mission qui implique une délégation plus ou moins grande du pouvoir de décision. De cette relation à laquelle correspond la relation actionnaire/dirigeant, découle un certain nombre d'interrogations :

- quels sont les moyens pour le principal de contrôler l'action de l'agent et de vérifier que celui-ci va bien dans le sens de ses intérêts ?
- au-delà du contrôle, sur quels mécanismes peut-on s'appuyer pour inciter l'agent à poursuivre en permanence les objectifs visés par le principal ?

La nécessité de répondre à ces questions va aboutir progressivement à la mise en place du « gouvernement d'entreprise » (« *corporate governance* ») correspondant à un ensemble de règles ou de principes afin d'assurer un contrôle étroit par les actionnaires du travail du dirigeant.

Pour J. K. Galbraith, l'action de la technostructure aboutit à une augmentation considérable de la taille des entreprises ce qui leur donne le pouvoir d'orienter les mécanismes de marché à leur avantage. En conséquence, les très grandes firmes peuvent imposer aux consommateurs des prix plus élevés que ceux qui résulteraient de la rencontre naturelle de l'offre et de la demande. Cette pression exercée par les entreprises amène Galbraith à parler de « filière inversée » pour exprimer l'idée que c'est l'offre qui impose ses conditions à la demande.

LA FILIÈRE INVERSÉE

« La grande entreprise moderne a sous la main les moyens d'exercer une action sur les prix auxquels elle achète. Elle a également les moyens de manœuvrer le consommateur pour qu'il achète au prix dont elle est maîtresse. [...] Assurer le fonctionnement de la filière ainsi modifiée, telle est la motivation de la technostructure. Ses membres s'efforcent d'adapter les objectifs de l'entreprise à leurs objectifs propres et, par extension, l'entreprise s'efforce d'adapter les attitudes et les fins sociales à ceux des membres de sa technostructure. Ainsi, les croyances sociales ont en partie leur source dans le producteur. L'adaptation du comportement de l'individu à l'égard du marché, et celle des attitudes sociales en général aux besoins du producteur et aux objectifs de la technostructure, est donc une caractéristique naturelle du système. Son importance croît avec le développement du système industriel.

Il s'ensuit que la filière classique correspond de moins en moins à la réalité. Au contraire, c'est l'entreprise de production qui pousse ses tentacules pour contrôler ses propres marchés, bien mieux, pour diriger le comportement de marché et modeler les attitudes sociales de ceux qu'apparemment elle sert. Pour ce phénomène, il nous faut aussi trouver un nom : celui de filière inversée paraît approprié. »

John Kenneth Galbraith, *Le nouvel État industriel*, Gallimard, 1989.

Le passage du capitalisme familial se transforme de plus en plus nettement en capitalisme managérial au cours des Trente-Glorieuses. Durant cette période, le capitalisme libéral devient capitalisme fordiste. Les relations sociales ne sont plus dictées par le simple jeu de l'offre et de la demande sur le marché du travail. Les rapports sociaux sont équilibrés car la répartition des gains de productivité profite également aux salariés, cette hausse du pouvoir d'achat stimulant à son tour la demande qui s'adresse aux firmes. Le cercle vertueux des économies des Trente-Glorieuses se construit donc autour d'un capitalisme qui oublie quelque peu le libéralisme originel.

Un changement dans les modes de fonctionnement du capitalisme apparaît donc progressivement tout au long du XXe siècle et va en s'accélérant au cours des trente années qui suivent la Deuxième Guerre mondiale. C'est également pendant les Trente-Glorieuses que se confirme et s'accentue la mutation du système économique provoquée par une intervention croissante de l'État. Des politiques conjoncturelles et structurelles de grande envergure, ainsi que l'avènement de l'État providence, donnent une nouvelle forme de capitalisme dans laquelle se côtoient initiative privée et intervention publique.

2. L'État régule et protège contre les risques sociaux

Dans l'immédiat après-guerre, la mise en place des systèmes de protection sociale ne remet pas fondamentalement en cause le capitalisme libéral mais traduit toutefois un changement idéologique important. En effet, l'individualisme s'accompagne dorénavant d'une plus grande solidarité avec l'apparition de modèle d'assistance et d'assurance contre les risques sociaux. Tout ceci s'inscrit dans la suite logique de la crise de 1929 où le chômage n'est plus apparu seulement comme un mal individuel mais également comme un mal social.

Un des grands acteurs de ce changement fut, en Angleterre, Sir William Beveridge qui, à la tête d'une commission gouvernementale, fait publier en 1942[1] puis en 1944[2] deux rapports sur la manière de combattre au mieux les fléaux sociaux et d'atteindre le plein-emploi. Les conclusions de ces travaux sont reprises en 1946 par le gouvernement travailliste dans la loi sur les assurances nationales qui a pour ambition de protéger les Britanniques « du berceau jusqu'à la tombe » en prévoyant des indemnités en cas de chômage ou de maladie et des pensions aux retraités et aux veuves, le financement de ce programme étant assuré par une triple cotisation des assurés, des employeurs et de l'État. En 1948, la loi sur « l'assistance nationale » prévoyait une aide publique en faveur de ceux qui ne rempliraient pas les conditions requises pour bénéficier des dispositions de la loi de 1946.

La réforme du système de santé en Angleterre

Le ministre de la santé britannique Aneurin Bevan fait adopter en 1946 la loi sur le système national de santé qui sera mise en application en 1948. Cette loi prévoyait la gratuité totale des soins, des médicaments et des traitements hospitaliers. Ce système est mis en place par une fonctionnarisation des médecins et par une rationalisation du réseau des hôpitaux après leur nationalisation, l'ensemble étant financé par le Trésor public. Le dispositif a un coût non négligeable puisque, pour l'année 1949, la dépense s'élève à 3,5 % du PNB. Toutefois, la même année, le Royaume-Uni disposait du système médical le plus généreux du monde puisque 95 % de la population étaient couverts et que 30 000 employés travaillaient dans le cadre du « National Health Service ».

(1) *« Report to the Parliament on Social Insurance and Allied Services », 1942 (« Rapport au Parlement sur la sécurité sociale et les prestations connexes »).*
(2) *Full Employment in a Free Society, 1944 (Du travail pour tous dans une société libre).*

En France, la Constitution de 1946 introduit dans son préambule la reconnaissance du droit à la sécurité sociale. Dès 1945, le principe d'unicité et de généralité est posé :

- général, en effet, car le régime mis en place a pour objectif de protéger les salariés du commerce et de l'industrie contre tous risques sociaux par un système d'assurance ;
- unicité également puisque la gestion de ce régime général est à la charge de la Caisse nationale de Sécurité sociale dans laquelle siègent des employeurs et des salariés élus.

En 1946, le gouvernement a aussi instauré un système très complet d'allocations familiales qui visait à compenser les charges de l'éducation des enfants afin d'encourager les naissances et de corriger les inégalités. L'ensemble du système est finalisé par les lois sociales de 1946 qui précisent que tous les Français résidant sur le territoire national sont assujettis obligatoirement au régime de sécurité sociale, que les allocations familiales doivent bénéficier à la quasi-totalité de la population française et que la mise en application de l'assurance vieillesse est étendue à l'ensemble de la population active.

À travers la mise en place de dispositifs de protection sociale un peu partout dans les économies développées, sous la forme de systèmes d'assurance ou de systèmes d'assistance, le capitalisme devient un peu moins libéral. Il s'agit de contraindre les agents à s'intégrer dans des modes de fonctionnement collectifs. Cette restriction aux libertés économiques individuelles a pour contrepartie une meilleure protection contre les risques que génèrent les mécanismes de marché. Des changements majeurs vont intervenir dans la régulation même de ces mécanismes de marché.

Il est courant, en effet, de considérer que la période qui s'étend de 1945 à 1973 est une période au cours de laquelle les idées keynésiennes s'imposent. Même si ce propos est à nuancer, il n'en reste pas moins vrai que l'on assiste à une intervention croissante de l'État qui traduit sa volonté de réguler la conjoncture économique afin de maintenir un haut niveau de croissance synonyme de plein-emploi tout en évitant les situations de surchauffe génératrices d'inflation. Si l'administration démocrate aux États-Unis met en œuvre, au cours des années 1960, de véritables politiques keynésiennes, pour le reste, les politiques appliquées au cours des Trente-Glorieuses relèvent beaucoup plus de pratiques de *stop and go*. Stimulation ou restriction des dépenses budgétaires ou bien encore mesures fiscales envers les ménages et les entreprises contribuent à orienter les comportements des agents et à modifier les mécanismes de marché. [1]

ÉTATS-UNIS : « *STOP AND GO* » ET « KEYNÉSIANNISME APPLIQUÉ »

À son arrivée au pouvoir en 1961, J. F. Kennedy décide d'inscrire la politique économique dans une logique keynésienne à travers la *New Economic*. Ce « keynésiannisme appliqué » apparaît comme une critique des politiques de *stop and go* mises en œuvre par l'administration républicaine au cours des années 1950. Si l'on reconnaît à ces politiques d'éviter les crises profondes, elles sont accusées, dans le même temps, d'abréger les périodes d'expansion. C'est ainsi que l'on expliquerait le relativement faible taux de croissance de l'économie américaine et son rythme irrégulier, critique que l'on retrouve d'ailleurs dans la « Théorie générale »[1] : « Le vrai remède au cycle économique

(1) *J. M. Keynes, The General Theory of Employment, Interest and Money, 1936 ; trad. française : La théorie générale de l'emploi, de l'intérêt et de la monnaie, Payot, 1942.*

ne consiste pas à supprimer les booms et à maintenir en permanence une semi-dépression, mais à supprimer les dépressions et à maintenir une situation voisine du boom ».

Parmi les inspirateurs de la politique démocrate des années 1960, on retrouve des grands noms de l'histoire de la pensée économique comme Paul A. Samuelson ou bien encore John Kenneth Galbraith. L'idée de départ est de chercher à estimer le montant du PNB potentiel qui correspondrait au plein-emploi. À ce niveau de PNB potentiel, il existerait un « surplus budgétaire de plein-emploi » ; « il existerait » car le plein-emploi ne peut justement pas être atteint en raison même de la pression fiscale qui donnerait naissance à ce surplus qui devient donc théorique. L'objectif va consister à éliminer ce surplus théorique par une hausse des dépenses et/ou une réduction d'impôts. Ces mesures vont entraîner un déficit budgétaire rapidement comblé grâce à un rythme de croissance plus élevé.

3. L'État se substitue aux marchés

Si l'État intervient sur la conjoncture économique, il cherche également dans certains pays au cours de cette période à orienter sur le long terme les mutations industrielles. C'est notamment ce qui se passe en France en 1946 avec la mise en place de la planification ; Jean Monnet parvient à convaincre le général de Gaulle de la nécessité d'une planification incitative et indicative qui doit fixer pour l'économie nationale les grandes orientations qu'elle doit suivre. Il s'agit de définir de grands objectifs et de les chiffrer par la concertation et par la négociation. Ainsi, la planification française s'élabore grâce à la collaboration à la fois du patronat, des syndicats et des fonctionnaires. L'investissement public et les mesures fiscales permettent par la suite d'atteindre les objectifs. Le capitalisme n'est plus véritablement libéral. L'initiative privée et la poursuite des intérêts individuels apparaissent comme moins efficaces que la prise de décision étatique et les incitations gouvernementales.

Le Colbertisme scientifique et technologique

Sous la présidence du général de Gaulle, l'État français a mis en place une véritable politique de la recherche. Dès novembre 1958, un organisme nouveau est créé pour coordonner toute la recherche publique : la DGRST (Délégation générale à la recherche scientifique et technique) directement rattachée au Premier ministre. Elle va avoir en charge la recherche-développement et plus particulièrement le passage de la recherche fondamentale aux applications. Par ailleurs, alors qu'existaient déjà le CNRS (Centre national de la recherche scientifique), le CEA (Commissariat à l'énergie atomique) et l'INRA (Institut national de recherche agronomique), le gouvernement crée dans les années 1960 le Centre national d'études spatiales (CNES), l'Institut national pour la santé et la recherche médicale (INSERM), le Centre national d'exploration océanique (CNEXO) ou bien encore l'Agence nationale pour la valorisation de la recherche (ANVAR).

Le modèle capitaliste français apparaît donc comme un système économique dans lequel selon la tradition colbertiste l'État intervient pour se substituer à l'initiative privée pour mettre en œuvre des projets de grande envergure.

Ainsi, à la Libération, principalement en France mais aussi dans d'autres pays industrialisés, l'État va prendre directement en main les leviers économiques et financiers en nationalisant de grandes entreprises. Ce passage de la propriété privée à la propriété publique est d'une certaine manière une condamnation du capitalisme. Ce dernier n'ayant pas su prévenir la crise ni préparer le pays à la guerre, il convenait de mettre fin à l'appropriation privée des principales sources d'énergie, des grands moyens de production et des principaux établissements financiers. Cette remise en cause du capitalisme certes partielle n'en reste pas moins profonde du point de vue idéologique car elle n'adopte pas la relation jusqu'à présent considérée comme évidente entre appropriation privée des moyens de production et efficacité économique.

LES PRINCIPALES RAISONS DES NATIONALISATIONS

- Nécessité d'organiser la reconstruction
- Faire face à la montée en puissance des grands groupes
- Sanctionner les industriels collaborateurs

Les nationalisations restent une spécificité très française. En effet, au début des années 1980 et en totale opposition avec ce qui se passe ailleurs dans le monde, le gouvernement socialiste décide de procéder au rachat par l'État de très nombreuses entreprises. Les nationalisations sont présentées comme un instrument de sortie de crise, les entreprises publiques devant soutenir l'investissement, l'emploi et favoriser le rétablissement de la balance commerciale. En se substituant à l'initiative privée considérée comme défaillante, le gouvernement espère revigorer le tissu industriel en fournissant aux très grandes entreprises françaises les ressources financières qui leur manquaient. Mais ici aussi l'idée de sanction est également présente ; dans l'esprit de beaucoup de dirigeants du parti socialiste de l'époque, il faut sanctionner les entreprises privées qui n'ont pas assez investi. La nationalisation des banques devait permettre l'obtention d'une « rationalité supérieure » et une « moralisation » des relations entre les établissements bancaires et le tissu industriel. Nationalisées, les banques doivent intégrer beaucoup plus l'intérêt général et de ce fait prendre des risques bien supérieurs en s'éloignant d'une rationalité strictement « économique » et court-termiste.

La gauche française avait évolué d'une idée de rupture avec le capitalisme à une idée de rupture avec les déficiences du capitalisme. Au début des années 1980, il s'agissait de substituer à la logique financière du capitalisme une logique industrielle en plaçant chaque grande entreprise publique sur une filière de production. En conséquence, neuf des plus grands groupes français représentant environ 15 % des effectifs de l'industrie sont nationalisés en 1982.

LE JAPON ET L'ALLEMAGNE : DES FORMES DE CAPITALISME ORIGINALES

L'Allemagne et le Japon ont développé des formes de capitalisme qui se distinguent du modèle anglo-saxon. Même si chaque pays a ses propres spécificités, on peut considérer que le capitalisme allemand et le capitalisme japonais se rejoignent au moins sur trois caractéristiques : le mode concurrentiel, les sources de financement et l'approche consensuelle des relations sociales.

Depuis la fin du XIXe siècle, le développement économique dans les deux pays s'est construit sur les performances de grands groupes industriels : *konzern* en Allemagne, *zaibatsu* puis *keiretsu* au Japon. Au-delà de la structure oligopolistique des marchés, l'existence de ces très grandes firmes induit des relations privilégiées avec les banques (bien souvent intégrées au groupe). En conséquence, le rôle joué par les marchés financiers est de plus faible importance qu'il ne l'est dans les pays anglo-saxons. Sur le plan financier, le Japon et l'Allemagne sont restés pendant longtemps des pays relativement fermés. Les relations privilégiées entre banques et grandes entreprises et le climat de confiance qui en résulte permet de privilégier une véritable vision à long terme en matière d'investissement ce qui explique certainement les remarquables performances commerciales des deux pays.

Le capitalisme allemand et japonais s'appuie également sur une approche consensuelle des relations sociales. Les relations entre les organismes d'État et les grandes entreprises notamment contribuent, en règle générale, à des évolutions économiques, sources de performances (on peut citer le rôle joué par le MITI, ministère de l'Industrie et du Commerce extérieur au Japon, ou bien encore l'idée de capitalisme d'État en Allemagne). L'approche consensuelle est également vérifiée aussi dans les relations entre salariés et patronat. Les conflits du travail sont abordés sous l'angle de la négociation et non de la recherche de l'opposition frontale (négociations bisannuelles au Japon). La participation active des salariés au management de l'entreprise (cogestion en Allemagne par exemple) facilite la mise en place de relations apaisées. De plus, cette participation, certes différente dans chacun des deux pays, est elle-même rendue possible par des systèmes de formation (initiale ou continue) orientée marché du travail.

Les crises économiques semblent mettre à mal les spécificités de ces modèles. En effet, les besoins de financement qu'elles génèrent contraignent à l'ouverture des systèmes financiers et à celle du capital des entreprises nationales.

SECTION 3

MAÎTRISER LA PUISSANCE DES ENTREPRISES

Au cours des années 1980 et au début des années 1990, on assiste au retrait de l'État providence et de l'État dirigiste et à la chute des économies socialistes de l'est européen. Le modèle du capitalisme libéral semble connaître un nouveau triomphe et d'autant plus que les décisions politiques visant à la déréglementation des divers marchés (des biens et des capitaux plus précisément) contribuent à l'émergence d'un capital mondial dans lequel l'actionnaire retrouve tout son pouvoir et les grandes firmes internationales toute leur puissance. Mais ce système connaît des crises fréquentes et suffisamment importantes pour remettre son existence en cause. Face à ces graves dysfonctionnements, l'État réapparaît comme sauveur du capitalisme libéral et comme l'agent indispensable à la relance de l'activité économique. Cependant, les autorités publiques ne parviennent pas à imposer des réformes visant à sécuriser et à moraliser le système. Les États ne disposent pas d'un pouvoir suffisant pour sanctionner ou contraindre les agents privés et de moyens suffisants pour faire face à la puissance des marchés internationaux. À ce stade, il faut envisager une gouvernance mondiale mais qui contribue souvent à affaiblir encore les États ou qui ne permet pas de faire émerger des compromis tant les divergences d'intérêt sont grandes.

1. Le retrait de l'État renforce le pouvoir des entreprises

À la fin des années 1970, l'arrivée au pouvoir de Ronald Reagan aux États-Unis et de Margaret Thatcher en Angleterre reste le symbole d'une réorientation très forte dans le sens d'un recul des politiques keynésiennes et plus généralement d'un désengagement de l'État. Le tournant libéral est marqué par la mise en œuvre des politiques monétaristes et des politiques d'offre et par des vagues de déréglementation afin de redonner sa place au marché dans l'espoir de sortir de la crise. La déréglementation qui doit donner plus de liberté aux entreprises et stimuler la concurrence passe bien souvent par le démantèlement des monopoles, par un assouplissement du droit du travail et par une réduction des règlements qui pèsent sur les entreprises. Ce mouvement se traduit par des programmes de privatisations qui s'expliquent non seulement par la recherche d'une plus grande efficacité en considérant que l'initiative privée est plus efficace mais aussi par les ressources que procure la cession des entreprises publiques.

• Les conservateurs en Angleterre vont ouvrir la voie en matière de privatisation puisqu'il s'agit pour Margaret Thatcher « d'un des principaux moyens de renverser les effets corrosifs et corrupteurs du socialisme ». Dans un premier temps, il s'agit de restituer au secteur privé un certain nombre d'entreprises publiques puis d'étendre la privatisation aux services publics.

Le programme de privatisations en Angleterre

La première entreprise privatisée est British Aerospace en 1981 qui sera suivie de 65 autres : Jaguar, British Steel, British Gas, Rolls Royce, British Airways, British Petroleum...

Les privatisations s'accompagnent d'une déréglementation. British Telecom est ainsi privatisée mettant fin au monopole dans ce secteur. Un Bureau des Télécommunications est mis en place pour instaurer une concurrence sous la forme d'un duopole entre l'ancien monopole British Telecom et la nouvelle société Mercury.

En 1989, l'Electricity Act introduit la concurrence dans la production et la commercialisation de l'énergie électrique. Ici aussi, le monopole est dissous et laisse place à un marché où évoluent trois producteurs sachant que le réseau de distribution est constitué de 12 compagnies régionales.

En 1992, c'est au tour des entreprises spécialisées dans l'assainissement et la distribution de l'eau d'être intégrées dans le programme de privatisation. La même année, la privatisation du transport ferroviaire aboutit au démantèlement de British Rail en plusieurs sociétés.

Redonner toute sa force au capitalisme libéral, c'est également pour Margaret Thatcher réduire la puissance des syndicats et assouplir la législation sociale. Les mesures drastiques vont être prises en conséquence. En septembre 1981, la loi sur la « protection de l'emploi » est votée, elle a pour objectif de faciliter les licenciements économiques et de réduire les indemnités. Le monopole syndical d'embauche est remis en cause par la loi de 1982 qui autorise des actions en justice contre un syndicat qui pratiquerait des manœuvres illégales. Une autre loi, en 1984, prévoit la consultation à bulletins secrets avant une grève et, surtout, soumet tous les dirigeants syndicaux à remettre en jeu leur mandat en subissant des élections démocratiques. Malgré de graves conflits au milieu des années 1980, le tournant libéral est pris et les syndicats ne peuvent plus véritablement s'y opposer.

- Aux États-Unis, au regard de l'inexistence du secteur public il ne peut y avoir de programmes de privatisations. En revanche, l'administration Reagan va s'engager dans un mouvement de déréglementations. Ainsi, un certain nombre de mesures sont prises : démantèlement de monopoles, liberté totale pour les commerces d'ouvrir 24 heures sur 24, sanction contre les mouvements sociaux qui nuisent au libre jeu du marché du travail (cette sanction aboutit au limogeage de 12 000 contrôleurs aériens en 1981 après un mouvement de grève de grande importance), atténuation voire suppression des contraintes administratives imposées jusqu'alors aux compagnies aériennes.

- Le retour du capitalisme libéral s'observe également en France où le désengagement de l'État passe par la mise en œuvre d'un programme de privatisations. En 1986, une liste de 65 entreprises privatisables est établie afin que les entreprises présentes sur un marché concurrentiel puissent disposer d'une plus grande liberté en profitant également des ressources permises par l'émergence d'un actionnariat populaire. Toutefois le programme sera interrompu en raison du krach boursier de 1987.

LE BILAN DU PROGRAMME DE PRIVATISATIONS

En définitive, le programme de privatisations mené en France par le ministre des Finances de l'époque, Édouard Balladur, apparaît dans un premier temps très modeste. En effet, seulement une douzaine d'entreprises seront privatisées, des banques de dépôts, des banques d'affaires, des sociétés de service et des sociétés industrielles. Cependant, en raison de l'existence de nombreuses participations, 1 100 entreprises employant 300 000 salariés passent dans le privé, de plus, 3 000 000 actionnaires arrivent sur le marché boursier.

Enfin, la construction européenne s'accompagne de la mise en œuvre d'une politique de démantèlement des monopoles publics lorsque ceux-ci constituent une entrave au libre jeu de la concurrence sur le grand marché.

Partout dans le monde, on assiste à un retour du capitalisme libéral au cours des années 1980. La décennie suivante va être marquée par le basculement dans le monde capitaliste des économies socialistes.

- À la fin des années 1970, les dirigeants soviétiques tentent de mettre en œuvre des réformes sans qu'il soit possible d'en identifier la cohérence. L'arrivée au pouvoir de Mikhaïl Gorbatchev en mars 1985 est marquée par une série de mesures économiques (limitation des centres de décision…) et sociales (lutte contre l'alcoolisme…) qui s'inscrivent pour la dernière fois dans le cadre de la « réalité socialiste ».

Les difficultés persistantes que rencontre l'économie soviétique obligent, à partir de juin 1987, les autorités soviétiques à se convertir progressivement aux mécanismes de marché : le périmètre d'activité des entreprises d'État se réduit, le monopole de l'État sur le commerce extérieur est abrogé, l'entrée de capitaux étrangers est autorisée, une libéralisation est amorcée dans l'agriculture…

Les performances mitigées qu'entraîne ce programme contribuent à maintenir une opposition significative des conservateurs et il faut attendre l'échec du coup d'État en août 1991 pour que soit adoptée définitivement la transition vers le marché.

Le passage au capitalisme ne va pas sans poser problème. Il faut créer des marchés et notamment libérer les prix pour que l'offre soit stimulée et la demande freinée. Il est nécessaire de faire émerger une classe d'entrepreneurs innovants ; cela implique un changement de comportements (abandonner la logique purement administrative) et une montée en compétences (pas de véritables gestionnaires).

Les mesures sont prises dans ce sens. À partir de 1990 en Russie sont émis des bons d'achat en actions d'entreprises privées afin que se développe un capitalisme populaire. De plus, les autorités procèdent à une réforme du système bancaire et financier avec une décentralisation de l'organisation bancaire et la création de bourse de valeurs.

On aboutit à une institutionnalisation des marchés libres : instauration des droits de propriété, mise en place des marchés de capitaux, marché du travail à nouveau en fonctionnement…

Cette transition vers le capitalisme s'accompagne également de la découverte des maux du capitalisme libéral, le chômage se substitue aux politiques de sureffectifs et l'inflation vient sanctionner la pénurie. Autant de nouveaux phénomènes qui expliquent la montée en puissance d'un capitalisme mafieux qui renforce l'économie souterraine par des pratiques illicites voire criminelles.

• Le développement de la Chine confirme paradoxalement la victoire du capitalisme libéral. La Chine, par son histoire et par la place qu'elle occupe aujourd'hui dans l'économie mondiale, constitue en effet un cas très original de diffusion du capitalisme. C'est en décembre 1978, avec l'arrivée au pouvoir de Den Xiaoping, que la Chine se lance dans une série de réformes qui vont lui permettre de réaliser le développement économique que l'on connaît aujourd'hui. Le système économique va tout d'abord devenir dualiste lors de la deuxième moitié des années 1980 ; la libéralisation des prix et une autonomie plus grande donnée aux entreprises côtoient une planification qui, même si elle devient plus souple et plus indicative, n'en reste pas moins la marque d'un mode de fonctionnement socialiste. Dans l'esprit de ce que Lénine avait voulu avec la NEP (nouvelle politique économique), les responsables chinois évoquent cette période comme le « stade initial du socialisme ». Cependant, la libéralisation est mal contrôlée, la spéculation et la corruption se développent ce qui explique, pour une grande partie, les manifestations de la place Tian'anmen en 1989. La répression qui s'en suit ouvre une période au cours de laquelle les réformes sont gelées. Il faut attendre 1992 pour que les autorités chinoises annoncent une relance des mesures qui doivent mener vers « l'économie socialiste de marché » : libéralisation des prix, diversification des formes de propriété, formation d'un système bancaire avec un pouvoir accru pour la banque centrale, constitution d'un système fiscal.

Au cours des années 1990, les entreprises d'État sont l'objet de privatisations avec l'apparition de nouvelles formes juridiques proches des sociétés anonymes ou des sociétés à responsabilité limitée. Le secteur privé va toutefois demeurer un ensemble assez flou quant aux droits de propriété (délimitation difficile entre privé et public) et aux différents statuts selon, par exemple, que l'entreprise est nationale ou détenue pour partie par des capitaux étrangers. À la fin des années 1990, le secteur non étatique représentait 60 % du PIB.

Ce qui caractérise également l'économie chinoise, c'est la place que prennent en son sein les capitaux étrangers. Débutée dès 1978, l'ouverture aux capitaux étrangers s'est poursuivie tout au long des décennies suivantes. La volonté des autorités chinoises était de canaliser ses investissements étrangers dans des sociétés à capitaux mixtes (nationaux et étrangers) dans le cadre d'une politique visant au développement de certains secteurs et de certaines régions. En ce sens, si la Chine semble adhérer au capitalisme libéral et contribuer à en faire le modèle de référence, elle est également le symbole d'une autre mutation profonde qui fait que l'on peut parler aujourd'hui de capitalisme mondial.

• Cette nouvelle forme (nouvelle étape ?) de la mondialisation s'est réalisée en deux étapes qui viennent succéder à l'internationalisation des échanges observée au cours des Trente-Glorieuses. Ces deux étapes sont la transnationalisation (avec le développement des investissements internationaux) et la globalisation (c'est-à-dire la mise en place de réseaux mondiaux de production et d'informations et la libre circulation des capitaux).

Les années 1980 vont ainsi correspondre au décollage des investissements directs internationaux. Dans les années 1960 et 1970, la stratégie de délocalisation des firmes internationales s'expliquait par la recherche d'économies (coût de transport, coût de la main-d'œuvre) et par le souci de contourner les barrières protectionnistes. La logique des décisions d'investissements directs à l'étranger est devenue, aujourd'hui, plus complexe à cerner à travers la notion de division internationale des processus de production.

La logique d'intégration des activités d'une multinationale à l'échelle de la planète repose sur un certain nombre de paramètres : paramètres économiques (recherche d'une taille critique des filiales qui varie selon le type de pièces fabriquées, qualité de la main-d'œuvre, qualité des infrastructures), paramètres fiscaux et sociaux (implantations en fonction des régimes fiscaux, des aides reçues des pays d'accueil, des régimes sociaux) et, enfin, paramètres de gestion comptable et financier (liberté dans la fixation des prix dans les échanges entre filiales afin de répartir les bénéfices selon la situation de chaque entreprise et des niveaux d'imposition).

En final, les multinationales se trouvent en position de force, objets de la convoitise des États qui, par des politiques de « moins-disant social » ou de « moins-disant fiscal », cherchent à les attirer sur leur territoire.

2. Fragilités et menaces d'un système mondialisé

Si les années 1970 ont été la décennie de la transformation des systèmes de change (avec la chute du système de change fixe élaboré à Bretton Woods), les années 1980 ont vu apparaître un véritable système financier international. Mais, avant de se situer à l'échelle de la planète, il semble nécessaire de rappeler que cette mutation a d'abord été nationale. Le décloisonnement des marchés, la création de nouvelles formes de titres, l'apparition d'organismes de placements collectifs ou bien encore la déréglementation qui a instauré une concurrence entre établissements financiers et non financiers sont autant de facteurs, rappelons-le, ayant contribué au développement d'une épargne longue qui s'est notamment dirigée vers les marchés financiers.

La mondialisation s'est donc traduite également par un développement considérable des marchés financiers. Au cours des années 1980, dans leur volonté de lutter contre l'inflation, les États ont adopté des politiques monétaires beaucoup plus restrictives que celles mises en place jusque-là. Cependant, de telles politiques posent le problème du financement puisque celui-ci ne peut plus être assuré par le crédit. En conséquence, il était indispensable de promouvoir, par des mesures fiscales avantageuses pour les placements financiers, le développement des marchés boursiers afin que les États puissent trouver des sources de financement non génératrices d'inflation.

Que ce soit pour des raisons positives, à savoir offrir aux agents des sources de financement plus vastes ou pour répondre à des contraintes de financement non inflationniste des déficits publics, les États ont joué un rôle considérable dans le développement de la globalisation financière. Mais, ce faisant, ils ont libéré des forces difficilement contrôlables aujourd'hui ; au regard de l'importance des mouvements de capitaux largement supérieurs aux possibilités d'interventions des États, ces derniers ne peuvent que subir les évolutions sur les différents marchés (marchés des changes ou marchés financiers).

La déréglementation dans le domaine financier a achevé de rendre ce phénomène mondial avec la montée en puissance des investisseurs institutionnels. Parmi eux, sont apparus les fonds de pension présentés comme la solution par capitalisation apportée au problème du financement des retraites. Cette évolution va considérablement affaiblir le capitalisme managérial dans lequel le dirigeant occupe une position privilégiée en l'absence de menace du fait de l'existence de participations croisées et de la présence dans le capital de nombreux petits porteurs dont l'influence est négligeable. Le poids croissant des investisseurs institutionnels constitue une contrainte forte pour les dirigeants qui ne peuvent plus disposer, dans cette nouvelle forme de capitalisme, le capitalisme patrimonial, de la liberté qui était la leur jusque-là.

Cette mutation induite par la mondialisation a un impact fort sur les relations sociales. Au cours des Trente-Glorieuses, les rapports sociaux étaient équilibrés, la répartition des gains de productivité dans le cadre du capitalisme fordiste se faisait de façon équitable, voire était plus favorable aux salariés qu'aux actionnaires. Dans le capitalisme patrimonial, les nouveaux actionnaires que sont les investisseurs institutionnels exigent des rendements de leur portefeuille très élevés. On parle alors de création de valeur pour les actionnaires. Ces taux de rentabilité très élevés qui sont exigés poussent les dirigeants à rechercher toutes les solutions pour réduire les coûts. Parmi celles-ci, la réduction des coûts salariaux par la mise en œuvre de plans sociaux. Le capitalisme patrimonial semble fonctionner de moins en moins en faisant appel à la main-d'œuvre mais en se rapprochant de sa forme originelle riche en capital. En poursuivant son objectif d'efficacité économique, l'entreprise serait à l'origine de conséquences sociales lourdes que la collectivité devrait prendre à sa charge.

Un capitalisme salarial ?

Dans le souci de motiver les salariés, de « variabiliser » les rémunérations, voire de constituer un contre-pouvoir aux investisseurs institutionnels, les dirigeants ont développé des pratiques d'intéressement. Comme leur nom l'indique, ces politiques cherchent à intéresser les salariés aux performances de la firme en les rémunérant, pour partie, sous la forme de titres de la société.

Si le capitalisme libéral sort victorieux face aux autres formes de systèmes économiques (voire politiques) cela semble, pour certains, montrer surtout la faiblesse des solutions alternatives. Les crises économiques internationales des années 1980 et 1990 sont là pour montrer les dysfonctionnements graves que connaît le capitalisme à l'échelle de la planète : crise mexicaine (1982, 1995), crise asiatique (1997), crise boursière (1987)… Les critiques sont vives pour dénoncer l'adoption trop rapide par les pays émergents des principes du capitalisme libéral. Les déréglementations, favorisant l'entrée de capitaux étrangers, entraînent un afflux considérable de ressources financières sans commune mesure avec la dimension et les besoins des économies des pays émergents ce qui constitue ainsi une source importante de déséquilibre. Par ailleurs, la compétition économique, élément caractéristique des structures capitalistes, est de plus en plus souvent condamnée car à l'origine de trop grandes inégalités : inégalités dans les pays développés et inégalités entre les nations.

En juillet 2007, démarre une crise internationale dont le rapprochement avec la Grande dépression de 1929 ne relève pas du trop facile raccourci historique. Avec la faillite de deux fonds d'investissement de la Bear Stearns, débute le 18 juillet 2007 la crise dite des « *subprimes* » (crédits immobiliers gagés sur la valeur des biens acquis). La dissémination des risques transforme cette crise en crise bancaire puis crise financière. La confiance disparaît et les ressources nécessaires au financement des économies ne sont plus disponibles. Le ralentissement de l'activité est très net et, pour la première fois depuis 1945, le terme de récession est fréquemment employé dans la présentation des prévisions pour l'année à venir. L'économie américaine n'a jamais détruit autant d'emplois depuis la Deuxième Guerre mondiale (plus de 500 000 rien que pour le mois de novembre 2008). La crise devient économique puis sociale.

L'impact de cette crise sur le plan social avec la montée du chômage et de la pauvreté et sa diffusion aux pays les plus défavorisés provoque une remise en cause du capitalisme et notamment du capitalisme financier. De nombreuses voies s'élèvent pour réclamer une refondation du système économique mondial afin d'éviter, d'une part, de nouvelles catastrophes en réduisant les risques systémiques et, d'autre part, de redonner du sens à la vie économique par une plus grande moralisation des pratiques et l'intégration tangible de valeurs éthiques dans les comportements des acteurs du système financier international.

Cette remise en cause du capitalisme mondialisé avait été initiée par de grands économistes au premier rang desquels on peut citer Joseph Stiglitz (vice-président de la Banque Mondiale, ancien conseiller du président Clinton et prix Nobel d'économie en 2001). J. Stiglitz condamne de façon virulente le capitalisme dans deux ouvrages majeurs : *La grande désillusion* (2002)[1] et *Quand le capitalisme perd la tête* (2003)[2]. Il considère notamment que le secteur public doit continuer à se développer afin de permettre, d'une part, le financement des infrastructures et, d'autre part, la construction d'un cadre au secteur privé. Sur ce dernier point, Stiglitz considère en effet que le capitalisme doit être régulé et, de ce fait, que l'État doit construire un environnement juridique, définir des règles de concurrence équitable et élaborer un système financier stable et efficace. Le prix Nobel insiste enfin sur l'importance du « capital social » (degré de cohésion sociale, normes, réseau d'influence) pour assurer un développement économique harmonieux fruit d'une concertation de l'ensemble des acteurs économiques et sociaux.

Dans les faits, le sommet de l'OMC en 1999 à Seattle a marqué une étape importante dans la condamnation du capitalisme libéral à l'échelle de la planète. Il a traduit l'opposition parfois violente de la société civile représentée par des organisations non gouvernementales (ONG) représentatives de mouvements associatifs qui refusent le modèle libéral. Ce courant « anti-mondialisation », devenu « alter-mondialisation », place le débat sur des sujets de préoccupations « globaux » (environnement, droits de l'homme, sécurité alimentaire, stabilité financière, inégalités...) ce qui explique notamment qu'il s'exprime à travers différents courants. Parmi ceux-ci, on peut citer toutes les initiatives concernant le commerce équitable, commerce équitable qui cherche à réduire la pauvreté dans les « pays du Sud » en instaurant un commerce qui permet aux petits producteurs d'avoir accès dans des conditions équitables aux marchés des pays développés. Dans un autre esprit et dans le cadre des débats sur le développement durable s'est développé le concept de décroissance. Pour reprendre les termes de Serge Latouche, figure marquante de ce courant, la décroissance est une nécessité. Le mot d'ordre de décroissance a surtout pour objet de marquer fortement l'abandon de l'objectif considéré comme insensé de la croissance pour la croissance. En particulier, la décroissance n'est pas la croissance négative, expression antinomique et absurde qui voudrait dire à la lettre : « avancer en reculant ».

Une politique de décroissance consisterait d'abord à réduire voire à supprimer le poids sur l'environnement des charges qui n'apportent aucune satisfaction. Il s'agirait de remettre en question la charge que représente le volume considérable des déplacements d'hommes et de marchandises sur la planète, avec l'impact négatif correspondant, celle non moins considérable de la publicité tapageuse et souvent néfaste et celle enfin de l'obsolescence accélérée des produits et des appareils jetables sans autre justification que de faire tourner toujours plus vite la méga-machine infernale : autant de réserves importantes de décroissance dans la consommation matérielle.

MYTHE ET RÉALITÉ DU PROGRÈS

« L'un des problèmes posés par l'analyse du progrès réside dans le caractère unilatéral de toutes les mesures qui en sont proposées. On nous dit que le progrès scientifique et technique est incontestable et qu'il atteint des degrés stupéfiants, ce qui est sûrement vrai, surtout dans la mesure où la plupart des

(1) *Globalization and its Discontents, 2002 ; trad. française : La grande désillusion, Le Livre de poche, 2003.*
(2) *The Roaring Nineties, 2003 ; trad. française : Quand le capitalisme perd la tête, LGF, 2005.*

connaissances techniques sont cumulatives. Mais on ne se préoccupe jamais sérieusement de savoir quelle est la masse de connaissances qui ont été perdues du fait de l'expansion mondiale de l'idéologie universaliste, ou, si l'on s'en préoccupe, on ravale cette connaissance perdue au rang d'une simple (?) sagesse. Pourtant, au niveau strictement technique de la productivité agricole ou de la reproduction des milieux biologiques, on a tardivement découvert que des méthodes écartées il y a un ou deux siècles (selon un processus imposé par les élites éclairées aux masses arriérées) devaient souvent être réintroduites parce qu'elles se révélaient plus efficaces. À un niveau plus fondamental, on en vient, aux « frontières » mêmes de la science la plus avancée, à réintroduire à titre expérimental des hypothèses triomphalement écartées il y a un siècle, quand ce n'est pas cinq siècles auparavant.

On dit aussi que le capitalisme a bouleversé les possibilités physiques de l'humanité, notamment les pouvoirs mécaniques à sa disposition. Le rendement de chaque intrant d'énergie humaine a été constamment augmenté en termes de produits résultants, ce qui est tout aussi juste que l'affirmation précédente. Mais on ne nous dit pas dans quelle mesure cela a représenté une réduction ou un accroissement de l'énergie qu'y a consacré l'humanité, aussi bien à l'unité de temps de travail que sur la durée d'une vie humaine, et qu'il s'agisse des individus ou de l'ensemble des hommes collectivement impliqués dans l'économie-monde. Est-il si sûr que le fardeau du monde ait été moins lourd sous le capitalisme historique que sous les régimes sociaux antérieurs ? Les raisons d'en douter ne manquent pas, comme l'atteste l'intégration dans notre surmoi de la contrainte au travail. »

Immanuel Wallerstein, *Le capitalisme historique*,
coll. Repères, La Découverte, 1985.

Il reste difficile pourtant de projeter un regard critique définitif sur un système en constante évolution. Beaucoup d'auteurs s'accordent à dire que nous assistons au passage d'un capitalisme industriel à un capitalisme tertiaire. Cette évolution amorcée depuis plusieurs décennies marque-t-elle la fin du capitalisme ou un nouvel âge, l'âge post-industriel pour reprendre la formule de Alain Touraine[(1)] ? La mutation ne se limite pas au passage de l'industriel vers le tertiaire. Le nouveau capitalisme se caractériserait par une baisse significative en investissements lourds et par une mobilisation accrue des technologies et des avancées scientifiques. Le montant des investissements nécessaires expliquerait les phénomènes de concentration auxquels on assiste et qui devrait se poursuivre dans les années à venir. Plus fondamental encore, ce nouvel âge du capitalisme se traduirait par un nouvel âge des inégalités : inégalités plus fortes entre les pays de la Triade (États-Unis et Canada, Europe occidentale, Japon et Corée du Sud), où la connaissance scientifique est concentrée, et les pays les moins avancées très pauvres en capital humain ; inégalités croissantes à l'intérieur même des sociétés développées avec des phénomènes d'exclusion par la connaissance.

(1) A. Touraine, La société post-industrielle. Naissance d'une société, Denoël, 1969.

Le capitalisme cognitif

« Par capitalisme cognitif, nous désignons un régime d'accumulation dans lequel l'objet de l'accumulation est principalement constitué par la connaissance qui tend à être soumise à une valorisation directe et dont la production déborde les lieux traditionnels de l'entreprise. Ce régime se manifeste empiriquement par la place importante de la recherche, du progrès technique, de l'éducation, de la circulation de l'information, des systèmes de communication, de l'innovation, de l'apprentissage organisationnel et du management stratégique des organisations.

Du côté de la demande, la consommation est aussi orientée vers la technique et notamment vers les "techniques de l'esprit", c'est-à-dire celles qui mettent en jeu les facultés mentales via l'interaction avec les nouveaux objets techniques : audiovisuel, ordinateurs, internet, consoles de jeu, etc.

Une société dans laquelle se manifestent les orientations du capitalisme cognitif tend à accentuer et exercer directement un contrôle sur les lieux ou les acteurs détenant des connaissances ou un potentiel de créativité technique. Il ne s'agit plus, comme dans la société industrielle, d'accroître l'emprise sur les lieux de production, de développer l'organisation de la production et de maîtriser une capacité de production de plus en plus étendue afin de bénéficier d'économies d'échelle ou d'effets d'expérience. Il s'agit principalement de gérer des connaissances techniques, d'assurer le développement de processus d'apprentissage, de créer des connaissances nouvelles, et de se ménager l'accès à des connaissances disponibles à l'extérieur.

Une société capitaliste de ce type vise à placer au centre de la sphère de production et d'intégrer pleinement à la sphère économique, marchande ou non marchande, des ressources qui lui étaient largement extérieures. Il s'agit souvent de ressources dont l'intégration suppose l'établissement d'un certain nombre de règles de nature institutionnelle. Le développement du capitalisme cognitif ne peut en effet se réaliser sans un certain nombre d'aménagements institutionnels réglant des activités, des relations et des droits de propriété dont l'encadrement institutionnel actuel se révèle insuffisant sinon inopérant. »

Yann Moulier-Boutang, *Le capitalisme cognitif. La nouvelle grande transformation*, Ed. Amsterdam, 2007.

La mise en concurrence entre les salariés aboutirait à une différenciation des contrats de travail et à une individualisation des rémunérations beaucoup plus fortes. La valeur d'un salarié reposerait davantage aujourd'hui sur ce qui le distingue des autres et non plus sur ce qui le rapproche. À la logique de classe se substituerait une logique individuelle et avec la fin du capitalisme industriel on assisterait également à la fin de la classe ouvrière et aux formes traditionnelles de la représentation salariale.

3. La gouvernance mondiale au secours du système libéral

Les phénomènes de désindustrialisation et leurs conséquences sur l'emploi ont expliqué l'émergence du concept de « patriotisme économique ». L'État apparaît alors comme le défenseur d'entreprises nationales menacées par des attaques venues de l'étranger sous la forme d'OPA inamicales. L'État aurait ainsi la prétention de venir au secours des salariés et des consommateurs en les protégeant contre les politiques de licenciements des groupes internationaux ou contre des pratiques en matière de tarification totalement iniques. On peut toutefois considérer comme illusoire voire dangereuse cette tentative de défense d'un territoire économique. Sur le plan technique, les mesures qui sont prises peuvent être contournées par les entreprises internationales en raison de la grande mobilité que leur offre la mondialisation. Sur le long terme, ces politiques belliqueuses finissent par provoquer des mesures de rétorsions des autres États et gêner, en final, les stratégies internationales des entreprises nationales.

Le démantèlement des monopoles publics et les phénomènes de concentration amplifiés par les vagues de fusions contraignent les pouvoirs publics à mettre en œuvre une politique de concurrence visant à faire respecter le libre jeu des marchés. Il s'agira de condamner les abus de position dominante ou de sanctionner des pratiques d'entente sur un marché oligopolistique. C'est ainsi qu'en 2005, les opérateurs sur le marché de la téléphonie mobile ont été condamnés pour avoir échangé des informations considérées comme confidentielles. La politique de concurrence porte également sur les pratiques de prix des entreprises vis-à-vis desquelles l'État se trouve pris entre deux choix : soit considérer un prix très faible comme un bienfait pour le consommateur, soit le condamner en jugeant que le tarif proposé correspond à une vente à perte et donc à une pratique de concurrence déloyale. Cependant, les décisions dans ce domaine sont d'autant plus difficiles que les autorités sont dans une position d'asymétrie d'information, ne pouvant disposer des données sur les coûts des entreprises concernées. Certains vont même plus loin en considérant que les représentants de l'État subissent l'action de groupes de pression qui finissent par orienter les décisions en leur faveur. C'est ce que Georges Stigler développe dans la « théorie de la capture de la réglementation » (1971). Le risque de voir la réglementation « capturée » par des intérêts privés (et non plus au service de l'intérêt général) conduit à retirer à l'État le droit de réglementer pour confier celui-ci à des autorités indépendantes. Ainsi, face à la puissance des firmes, l'État se trouve au mieux confiné dans un rôle d'arbitre au pire exclu du contrôle des mécanismes économiques. Cette vision de l'action des pouvoirs publics est bien sûr à revisiter lorsque surgissent des crises d'une ampleur telle qu'elles mettent en cause le système économique dans son ensemble.

LE CAPITALISME D'ÉTAT OU L'ALLIANCE ENTRE ÉTAT ET CAPITAL

Si le capitalisme d'État est la formule employée pour caractériser l'expérience de la NEP en URSS au cours des années 1920, elle a également été utilisée par les analyses marxistes qui se sont intéressées de très près à l'intervention de l'État dans les systèmes capitalistes.

Dans la pensée marxiste, on parle de capitalisme d'État pour nommer la phase qui précède l'avènement du socialisme, phase durant laquelle l'État prend le contrôle des principales activités économiques en nationalisant les plus grandes entreprises. Les marxistes français ont affiné l'analyse en présentant la théorie du capitalisme monopoliste d'État. Dans cette théorie, la puissance publique serait au service des grands groupes industriels. L'évolution économique serait marquée par la montée en puissance des entreprises multinationales et avec elle une tendance vers des situations de plus en plus monopolistiques. Par ses commandes publiques et ses dépenses d'infrastructure, l'État contribuerait à freiner la baisse tendancielle du taux de profit de ces monopoles. De plus, la faible rémunération des capitaux publics, en raison de politique de tarification très avantageuse pour les groupes privés, permettrait à ces derniers d'accroître encore un peu plus leur rentabilité.

Ces crises telles que celles de 1929, ou plus récemment celle que l'on a qualifiée de crise des « *subprimes* », font naître un risque systémique à savoir que leurs conséquences peuvent aboutir à des effondrements économiques de grande ampleur (faillites en chaîne) et à des phénomènes d'implosion sociale (au vu des taux de chômage très élevé).

La notion de risque systémique est à rapprocher de la problématique du prêteur en dernier ressort qui montre la difficulté des autorités à se positionner face à la puissance des firmes. L'existence d'un prêteur en dernier ressort, l'État ou les autorités monétaires, a un double effet paradoxal dans le sens où elle amplifie mais également réduit le risque systémique. Il le réduit puisque l'intervention des autorités publiques permet de sauver des agents dont la faillite pourrait mettre en péril le système dans son ensemble. Cependant, la connaissance même par les agents de cet ultime recours auprès des autorités les pousse à des prises de risques d'autant plus importantes qu'une grande partie de ces risques, s'ils s'avéraient, serait supportée par la collectivité. On retrouve ici le principe théorique de l'aléa moral.

En conséquence, les autorités se trouvent face à un dilemme : si elles empêchent la réalisation du risque systémique, les interventions systématiques en tant que prêteur en dernier ressort encouragent cependant des comportements irresponsables de la part des agents. Les banques ou les agents financiers de taille importante sont d'autant plus enclins à ce genre de stratégie que leur faillite mettrait en danger l'existence du système. C'est ce que bon nombre d'économistes soulignent aujourd'hui à travers la formule suivante : « plus la banque en difficulté est importante, plus le risque systémique est important et justifie le sauvetage, mais plus celui-ci est coûteux ». Cependant, la stratégie des autorités peut être tout autre et reposer sur la volonté d'envoyer un signal fort aux autres agents en ne venant pas au secours d'une grande banque afin de contraindre le marché à véritablement intégrer les risques et à ne pas espérer les faire supporter à la communauté. C'est le choix opéré par la Réserve Fédérale et le Trésor américain de ne pas venir en aide à l'une des plus grandes banques d'affaires des États-Unis, Lehman Brothers. Se faisant, on estime aujourd'hui que les autorités américaines ont été à l'origine d'une des plus grandes crises bancaires de l'histoire économique.

Une fois la crise déclenchée, les pouvoirs publics n'ont plus d'autres solutions que de venir au secours des agents privés en difficulté : aides financières massives, voire nationalisations des établissements en situation de faillite. On aboutit alors à une solution qui consiste alors à « socialiser les pertes », en d'autres termes faire financer les plans de sauvetage par l'ensemble de la communauté. Par la suite, la mission qui incombe aux pouvoirs publics est de relancer l'activité économique. Face à la crise 1929, les États ont mis en œuvre des politiques économiques originales : New Deal de l'administration Roosevelt aux États-Unis, réduction du temps de travail sous le gouvernement du Front Populaire en France… À la fin des années 2000, c'est à l'adoption de vastes plans de relance (de l'investissement, de la consommation) que nous avons assisté. Cependant, ces politiques se traduisent par un dérapage des finances publiques qui, à terme, reportera sur la collectivité le problème de leur financement. Il apparaît à ce stade que, si le capitalisme libéral continue à faire système, c'est paradoxalement grâce à l'État et au seul profit des firmes internationales et des grands établissements financiers qui évoluent à l'échelle internationale. La situation est d'autant plus particulière que, si les autorités publiques d'une nation ont le pouvoir de porter secours aux agents privés, elles semblent en revanche incapables de prendre les moindres sanctions à leur encontre ou même d'envisager les moindres réformes pour sécuriser voire moraliser le système. C'est à l'échelle internationale que ces solutions doivent être envisagées.

À l'échelle internationale, la problématique semble être dans un premier temps semblable dans le sens où la gouvernance mondiale apparaît comme laissant une place prépondérante aux mécanismes de marché. Ainsi, le modèle libéral s'est véritablement diffusé par l'intermédiaire des institutions internationales. En matière de développement, le FMI et la Banque mondiale vont rejeter les principes des politiques interventionnistes qui privilégient le rôle de l'État pour harmoniser leurs approches autour du « consensus de Washington » (formule que l'on doit à Williamson, 1990). Il s'agit, alors, de préconiser aux pays en développement l'ouverture de leurs économies, tant d'un point de vue commercial que financier. La diffusion de cette doctrine est facilitée par le fait que les aides du FMI et de la Banque mondiale sont conditionnées à la mise en place de programmes d'ajustement structurel. Ceux-ci comportent, notamment, des mesures visant à réduire de façon drastique les dépenses budgétaires. Même si de violentes critiques ont été émises à l'encontre de ces programmes, ils continuent à être mis en œuvre dès qu'un État fait appel au FMI. Si sur le plan économique ces mesures se justifient, le retour à l'équilibre passant comptablement par une réduction des dépenses et/ou par une augmentation des ressources, sur le plan social elles sont perçues comme particulièrement injustes.

De même, la naissance de l'OMC s'inscrit également dans la logique d'une plus grande libéralisation puisque l'objectif est, ainsi, d'organiser l'ouverture des économies, non plus uniquement sur les marchandises, mais également sur des domaines aussi vastes que les services ou les investissements directs. Au-delà de l'élargissement de la nature des dossiers à traiter, le fonctionnement de l'OMC et notamment les négociations multilatérales de Doha (débutées depuis 2001) montrent la difficulté d'aboutir à des accords internationaux tant les divergences d'intérêts sont importantes entre les pays riches mais aussi et de plus en plus entre pays du Nord et pays du Sud. Ces difficultés sont également présentes lors des sommets internationaux portant sur les questions environnementales.

C'est pourtant dans cette volonté d'élargissement des centres de décisions de la gouvernance mondiale qu'il a été décidé de traiter la crise des « *subprimes* » dans le cadre élargi du G 20. Cet élargissement, s'il symbolise la plus grande démocratisation de la gouvernance mondiale, ne s'est pas traduit encore par une plus grande efficacité dans l'élaboration de réformes visant à sécuriser et à rendre plus juste le système économique mondial.

LE G 20

Afrique du Sud, Canada, Mexique, États-Unis, Argentine, Brésil, Chine, Japon, Corée du Sud, Inde, Indonésie, Arabie Saoudite, Russie, Turquie, Union Européenne, France, Allemagne, Italie, Royaume-Uni, Australie.

RÉSUMÉ

La naissance du capitalisme est directement liée à la période correspondant dans l'histoire économique à la Révolution industrielle. Cette dernière, si elle renvoie à l'idée de progrès technique, apparaît également comme une phase de profondes mutations quant aux structures juridiques et sociales des sociétés. La définition stricte des droits de propriété et l'apparition des premières sociétés commerciales contribuent à l'émergence d'un capitalisme patrimonial dans lequel le dirigeant d'entreprise est également le propriétaire. Une nouvelle classe sociale apparaît alors, la classe des capitalistes, à distinguer de la classe des prolétaires également issue de la Révolution industrielle. On entre alors dans une phase d'accumulation du capital mais également d'exploitation qui semble caractériser le décollage des nations industrialisées.

Le capitalisme originel va connaître un certain nombre de mutations. En premier lieu, le mode de fonctionnement se transforme, la complexité croissante des mécanismes économiques et de gestion nécessite à la tête des entreprises la présence de dirigeants hautement qualifiés ce que ne sont pas toujours les propriétaires de départ. Le capitalisme de patrimonial devient plus financier. D'autre part, les dysfonctionnements économiques des marchés et les inégalités sociales croissantes qu'elle semble générer expliqueraient les tentatives d'encadrement par l'État de cette économie capitaliste. L'intervention de l'État se traduit alors par l'apparition d'une économie dans laquelle l'initiative privée côtoie l'initiative publique ou est encadrée par elle. Chaque nation construit alors un cadre spécifique dans lequel évolue un capitalisme national.

Avec le retrait de l'État suite à la crise des années 1970, le capitalisme libéral devient triomphant au cours des années 1980 avec le phénomène de mondialisation puis avec la chute des principaux pays communistes ou leur conversion aux principes de l'économie de marché. Ce capitalisme semble revenir alors à ses principes originels où l'actionnaire redevient l'acteur essentiel dont la défense des intérêts se traduit par une fragilisation de la situation des autres agents. La puissance des firmes sert alors leurs intérêts face à des États affaiblis et au détriment des équilibres sociaux.

La crise dite des *subprimes* va également dans ce sens puisque, si elle est apparue comme une remise en cause profonde du système capitaliste, elle n'a pas provoqué pour autant de réformes structurelles malgré la mise en œuvre d'une gouvernance mondiale élargie.

SUMMARY

The birth of capitalism is directly linked to the period in economic history that corresponds to the Industrial Revolution. If the latter is commonly associated with the idea of technical progress, it also appears as a time of profound changes in the legal and social structures of societies. The strict definition of property rights and the appearance of the first commercial firms contributed to the emergence of patrimonial, or proprietary capitalism, in which the person running a company was also its owner. At that time a new social class appeared – the capitalist class, as opposed to the proletarian class, or working class, also a by-product of the Industrial Revolution. This marked the beginning of a phase of capital accumulation – but also of exploitation – which seems to have been characteristic of the early stages of industrialised nations' development process.

This early form of capitalism then went through a number of mutations. First, companies' operational mode changed, as the growing complexity of economic and management mechanisms required that they should be run by highly-skilled managers – which was not always the case of the first owners. From being proprietary at first, capitalism became more financial. Secondly, states' attempts to regulate the capitalist economy may have been triggered by markets' economic dysfunctions as well as the growing social inequalities capitalism seems to have generated. As a result of state intervention a new type of economy appeared – one in which private initiative went alongside public initiative, or was regulated by the latter. Each nation then set up a specific framework within which a national model of capitalism developed.

Given the withdrawal of the State which followed the crisis of the seventies, free-market capitalism triumphed in the 1980s with the globalisation phenomenon, then with the collapse of the main communist countries or their conversion to the principles of the market economy. This model of capitalism seems to have then gone back to its original principles, with shareholders being placed at the forefront again, while for the other players the defence of shareholders' interests was resulting in an increasingly precarious situation. Now, faced with weakened States, firms use their power to serve their own interests at the expense of social balance.

The subprime crisis also confirms these trends. Indeed, even if it appeared as a deep questioning of the capitalistic system, it hasn't caused structural reforms, in spite of a widened global governance being implemented.

MOTS CLÉS

En français	En anglais
Capital financier	Financial capital
Action(s)	Shares, stock
Actionnaire	Shareholder
Biens d'équipement/de production	Capital goods
Bourse	Stock exchange, stock market
Capital technique	Technical capital
Capitalisme de compères	Crony capitalism
Capitalisme d'État	State capitalism
Capitalisme financier	Shareholder capitalism
Capitalisme libéral	Free-market capitalism, liberal capitalism
Capitalisme managérial	Managerial capitalism
Capitalisme mondial(isé)	Global(ised) capitalism
Capitalisme patrimonial	Patrimonial/proprietary capitalism
Capital, capitaux	Capital (invariable)
Classe ouvrière	Working class
Concurrence	Competition
Commerce équitable	Fair trade
Commerce mondial	World trade

Consensus de Washington	Washington consensus
Décroissance	Negative growth
Délocalisation	Relocation
Déréglementation	Deregulation
Développement durable	Sustainable development
Dirigeant, cadre	Manager
Économie de marché	Market economy
Économie mixte	Mixed economy
Économie planifiée	Planned economy
Économie socialiste de marché	Socialist market economy
État Providence	Welfare state
FMI	International Monetary Fund (IMF)
Gains de productivité	Productivity gains
Gouvernance d'entreprise	Corporate governance
Investisseurs institutionnels	Institutional investors
Intervention de l'État	State intervention
Marchés financiers	Financial markets
Mécanismes de marché	Market mechanisms
Moyens de production	Means of production
Mondialisation	Globalisation
Nationalisation	Nationalisation
NEP (Nouvelle politique économique)	New Economic Policy
OMC	World Trade Organisation (WTO)
Plan quinquennal	Five-year plan
Planification impérative	Imperative planning
Planification indicative	Indicative planning
Privatisation	Privatisation
Le progrès	Progress
Les progrès (scientifiques, techniques, etc.)	Advances
Propriétaire	Owner
Propriété privée	Private property / ownership
Protection sociale	Social protection
Réglementation	Regulation
Syndicat / syndicalisme	Trade union / trade unionism
Technostructure	Technostructure

DATES CLÉS

XVIe siècle : Embryon des premières sociétés commerciales

1802 : Peel's Factory Act, Première loi sociale en Grande Bretagne pour limiter la durée du travail des enfants

1840 : Rapport Villermé qui met en évidence les déplorables conditions des ouvriers

1945 et 1982 : Programme de nationalisations en France

Années 1980 : Arrivée au pouvoir des conservateurs aux États-Unis et en Grande-Bretagne

1999 Sommet de Seattle : Rejet de la mondialisation par une partie de la société civile

RÉFÉRENCES BIBLIOGRAPHIQUES

- M. Béaud, *Histoire du capitalisme de 1500 à 2000*, coll. Points Économie, Le Seuil, 2000.
- I. Wallerstein, *Le capitalisme historique*, coll. Repères, Éd. La Découverte, 2002.
- D. Plihon, *Le nouveau capitalisme*, coll. Repères, Éd. La Découverte, 2004.
- L. Batsch, *Le capitalisme financier*, coll. Repères, Éd. La Découverte, 2003.
- F. Braudel, *La dynamique du capitalisme*, Champs Flammarion, 1985 (Synthèse des trois tomes intitulés « Civilisation matérielle, économie et capitalisme »)

SITES INTERNET

- www.attac.org/ (pour une critique du capitalisme libéral)
- www.imf.org/ (pour le site du FMI)

APPLICATIONS

APPLICATION 1

Thèmes et questions de réflexion

1. Quelles sont les différentes caractéristiques du capitalisme ?

   What are the different characteristics of capitalism?

2. Le capitalisme aujourd'hui retrouve-t-il sa forme originelle ou s'en éloigne-t-il ?

   Is today's capitalism getting back to its original form or is it straying from it?

3. Le capitalisme est-il source d'inégalités?

   Is capitalism a source of inequalities?

4. La décroissance remet-elle en cause le capitalisme libéral?

   Does negative growth call into question free-market capitalism?

5. Quelles sont les différentes formes que peut prendre le capitalisme d'État?

   What are the different forms of state capitalism?

6. Quelle est l'importance de la dimension nationale dans les formes que peut prendre le capitalisme ?

   How important is the national dimension in the different forms of capitalism?

7. L'économie de la connaissance remet-elle en cause le capitalisme ?

   Does the knowledge-based economy call into question capitalism?

8. Si l'État intervient dans l'économie, peut-on encore parler de système capitaliste ?

   If the State intervenes in the economy, can we still talk about a capitalistic system?

9. Quel rôle donner aux actionnaires aujourd'hui ?

   What role should be given to shareholders today?

10. Le capitalisme fordiste a-t-il encore un sens aujourd'hui ?
   Does Fordism still make sense today?

QUESTION

Répondre succinctement aux cinq premières questions.

APPLICATION 2

Extrait de texte en anglais

Global capitalism now has no serious rivals. But it could destroy itself
Our planet cannot long sustain the momentous worldwide embrace
of the manufacture of desires

Democracy is fiercely disputed. Freedom is under threat even in old-established democracies such as Britain. Western supremacy is slipping. But capitalism reigns supreme. Everyone does capitalism. Americans and Europeans do it. Indians do it. Russian oligarchs and Saudi princes do it. Even Chinese communists do it. And now the members of Israel's oldest kibbutz, that last best hope of egalitarian socialism, have voted to introduce variable salaries based on individual performance. Karl Marx would be turning in his grave. Or perhaps not, since some of his writings eerily foreshadowed our era of globalised capitalism. His prescription failed but his description was prescient.

Here is the great fact about the early 21st century, so big and taken for granted that we rarely stop to think how extraordinary it is. It was not ever thus. "Can capitalism survive?" asked the British socialist thinker GDH Cole, in a book published in 1938 under the title Socialism in Evolution. His answer was no. Socialism would succeed it. Most readers of this newspaper in 1938 would probably have agreed.

What are the big ideological alternatives being proposed today? Hugo Chávez's "21st century socialism" still looks like a local or at most a regional phenomenon, best practised in oil-rich states. Islamism, sometimes billed as democratic capitalism's great competitor in a new ideological struggle, does not offer an alternative economic system. Most anti-globalists, altermondialists and, indeed, green activists, are much better at pointing out the failings of global capitalism than they are at suggesting systemic alternatives. "Capitalism should be replaced by something nicer," read a placard at a May Day demonstration in London a few years back.

Of course there's a problem of definition here. Is what Russian or Chinese state-owned companies do really capitalism? Isn't private ownership the essence of capitalism? [...] Surely what we have across Europe are multiple varieties of capitalism, from more liberal market economies like Britain and Ireland to more coordinated stakeholder[(1)] economies like Germany and Austria.

In Russia and China, there's a spectrum from state to private ownership. Other considerations than maximising profit play a large part in the decision-making of state-controlled companies, but they too operate as players in national and international markets and increasingly they also speak the language of global capitalism. At this year's World Economic Forum in Davos, I heard Gazprom's Alexander Medvedev defend the company's record by saying that it is one of the world's top five in market capitalisation and constantly looking for value for its shareholders – who happen to include the Russian state. At the very least, this sug-

(1) Ce terme désigne l'ensemble des « parties-prenantes » dans le système capitaliste (ou dans une entreprise) : salariés, actionnaires, fournisseurs, consommateurs, et la société en général.

gests a hegemony of the discourse of global capitalism. China's "Leninist capitalism" is a very big borderline case, but the crab-like movement of its companies towards what we would recognise as more rather than less capitalist behaviour is far clearer than any movement of its state towards democracy.

Does this lack of any clear ideological alternative mean that capitalism is secure for years to come? Far from it. With the unprecedented triumph of globalised capitalism over the last two decades come new threats to its own future. They are not precisely the famous "contradictions" that Marx identified, but they may be even bigger. For a start, the history of capitalism over the last hundred years hardly supports the view that it is an automatically self-correcting system. As George Soros points out, global markets are now more than ever constantly out of equilibrium – and teetering on the edge of a larger disequilibrium. Again and again, it has needed the visible hands of political, fiscal and legal correction to complement the invisible hand of the market. The bigger it gets, the harder it can fall.

An oil tanker is more stable than a sailing dinghy, but if the tanker's internal bulkheads(1) are breached and the oil starts swilling from side to side in a storm, you have the makings of a major disaster. Increasingly, the world's capital is like oil in the hold of one giant tanker, with ever fewer internal bulkheads to stop it swilling around.

Then there is inequality. One feature of globalised capitalism seems to be that it rewards its high performers disproportionately, not just in the City of London but also in Shanghai, Moscow and Mumbai. What will be the political effects of having a small group of super-rich people in countries where the majority are still super-poor? In more developed economies, such as Britain and America, a reasonably well-off(2) middle-class with a slowly improving personal standard of living may be less bothered by a small group of the super-rich – whose antics also provide them with a regular diet of tabloid-style(3) entertainment. But if a lot of middle-class people begin to feel they are personally losing out to the same process of globalisation that is making those few fund managers stinking rich, while at the same time outsourcing(4) their own middle-class jobs to India, then you may have a backlash. Watch Lou Dobbs on CNN for a taste of the populist and protectionist rhetoric to come.

Above all, though, there is the inescapable dilemma that this planet cannot sustain six-and-a-half billion people living like today's middle-class consumers in its rich north. In just a few decades, we would use up the fossil fuels that took some 400 million years to accrete – and change the earth's climate as a result. Sustainability may be a grey and boring word, but it is the biggest single challenge to global capitalism today. However ingenious modern capitalists are at finding alternative technologies somewhere down the line this is going to mean richer consumers settling for less rather than more.

Marx thought capitalism would have a problem finding consumers for the goods that improving techniques of production enabled it to produce. Instead, it has become expert in a new branch of manufacturing: the manufacture of desires. The genius of contemporary capitalism is not simply that it gives consumers what they want but that it makes them want what it has to give. It's that core logic of ever-expanding desires that is unsustainable on a global scale. But are we prepared to abandon it? We may be happy to insulate our lofts, recycle our newspapers and cycle to work, but are we ready to settle for less so others can have more? Am I? Are you?

Timothy Garton Ash,
The Guardian, February 22nd, 2007.

---

(1) Cloisons.
(2) Aisée.
(3) Le terme « tabloid » désigne la presse populaire britannique; presse à scandales, etc.
(4) Sous-traiter.

1) Questions de compréhension

Résumé

Complétez le texte ci-dessous avec les mots suivants : flaws, breeds, fall, sustainable, opponents, creating, discrepancy, track, relocations, out of balance, available

Capitalism is everywhere, it is practiced by everyone. There are no real alternatives. In fact its .... can more easily underline its .... than propose other solutions.

Of course there are different ways to practice capitalism but what is common to all, is the global dimension of capitalism

Even if there is no alternative to capitalism it can still .... Indeed it is constantly on the verge of being .... and it often requires the intervention of the state to put it back on ....

Besides, it .... inequality. Even in rich countries, where the middle class is confronted with unemployment (because of ....) and a minority is becoming richer and richer, this .... may provoke a violent reaction.

On top of that, rich consumers have used up all the .... resources, so the only solution seems to a more .... way of consuming.

But capitalism being based on .... new desires, are consumers ready to give them up?

Vocabulaire

Retrouvez les mots correspondants aux définitions suivantes dans l'ordre chronologique du texte :

a) disappearing, vanishing

b) (To) think something is going to happen

c) Ecological campaigner

d) People who own shares in a company

e) back (an opinion)

f) being in a very unstable situation or position, seeming to be about to lose one's balance

g) Funny, silly or unusual ways of behaving

h) (colloquial) Extremely

i) Strong reaction against something

j) Behaviour that is not likely to damage the environment

2) Questions grammaticales

Les modaux

RAPPEL

Les modaux sont des auxiliaires à forme unique qui expriment le point de vue du locuteur sur l'action, par exemple : incertitude, obligation, interdiction, etc.

Lorsque l'on ne peut pas utiliser un modal (temps composés, infinitif…) on utilise son équivalent.

Complétez les phrases suivantes avec un modal ou son équivalent parmi la liste suivante : should, could, may, must, (not)have to, be able to, be allowed to.

a) Capitalism .... disappear with the decline of western supremacy

b) Anti-globalists think that a nicer system .... be substituted to capitalism

c) Negative growth means that individuals .... change their habits

d) Even though sustainability .... be difficult to enforce, it .... be taken into account in the future.

e) Ingenious capitalists .... invent new technologies to replace the old polluting ones.

f) Will green activists .... save the planet?

g) Even if democracy is predominant in the world, yet not everybody .... express their views freely.

Les adjectifs composés

RAPPEL

Dans les adjectifs composés le 2e élément est le plus important, le 1er en précise le sens ou lui sert de complément.

Ceux dont le 2e terme se termine en – ed ont un sens passif, ceux qui se terminent en – ing ont un sens actif.

Relevez les adjectifs composés dans le texte et complétez les phrases suivantes avec un des adjectifs que vous aurez trouvés.

a) China's economy is ....

b) SNCF is a French .... company

c) Saudi Arabia is an .... state

d) In most companies, the .... process belongs to senior management

e) When someone is drunk he has a .... gait (=way of walking)

f) In an .... society, there are a lot of rules to respect

g) Modern cars possess a .... trajectory system

3) Questions économiques

1. Peut-on considérer qu'avec la fin de la suprématie économique des grandes nations du Nord, on assiste également au crépuscule du modèle capitaliste ?

   Does the end of the economic supremacy of the great nations of the North go hand in hand with the decline of the capitalistic model?

2. En quoi la date de publication de l'ouvrage de GDH Cole donne-t-elle un éclairage intéressant sur les conclusions de cet auteur ?

   How does the publishing date of the book by GDH Cole cast an interesting light on this author's conclusions?

3. Y a-t-il une véritable alternative au capitalisme libéral ?

   Is there a real alternative to free-market capitalism?

4) Thème de réflexion

À partir du texte et de vos connaissances, vous présenterez une réponse structurée au sujet suivant : « L'universalité du capitalisme libéral ».

CHAPITRE 2

Croissance, changement technologique et emploi

Croissance, changement technologique (assimilé au progrès technique) et emploi sont trois enjeux majeurs : chacun d'eux constitue en effet un indicateur important de la santé et des performances d'une économie ; chacune de ces variables est liée aux deux autres, même si la nature voire le sens de ces liens fait débat chez les économistes.

L'objet central du chapitre est l'effet des technologies sur l'économie que l'on aborde à la fois aux plans macroéconomique en faisant le lien avec les questions fondamentales de la croissance et de l'emploi et microéconomique en traitant du comportement des acteurs : entreprises et pouvoirs publics.

La présentation de **statistiques générales sur la croissance**, **l'emploi** et **le chômage** permet de préciser dans un premier temps le cadre général dans lequel se nouent les enjeux du changement technologique (section 1). La deuxième section porte sur **l'analyse des facteurs explicatifs de la croissance** et conduit à l'identification du rôle grandissant dévolu au **progrès technique dans les théories de la croissance**. Le **progrès technique** agit par conséquent directement sur l'emploi et les qualifications ; même si les effets sont nombreux, diversifiés et quelquefois contradictoires (section 3). Les deux dernières sections concernent plus directement **les stratégies des acteurs** avec, d'une part, l'engagement des **entreprises** dans des stratégies technologiques (section 4) et, d'autre part, les mesures prises par les **pouvoirs publics** pour accompagner les entreprises dans cette démarche tout en recherchant des solutions au problème du chômage notamment d'origine technologique (section 5). Compte tenu de l'importance du champ balayé par ce thème et des intersections évidentes avec d'autres thèmes, le lecteur est renvoyé à différentes reprises vers d'autres chapitres de cet ouvrage (ainsi qu'à l'ouvrage conçu pour le niveau DCG[1]).

---

(1) F. Coulomb, J. Longatte et P. Vanhove, Économie, DCG 5, *Manuel et Applications, Dunod Éd., 4e éd. 2013.*

SECTION 1

CROISSANCE, EMPLOI ET CHÔMAGE : DES LIENS ÉTROITS MAIS NON SYSTÉMATIQUES

Après un rappel du caractère séculaire de la croissance, on rend compte de la diversité contemporaine des situations en matière tant de croissance que d'emploi au sein des grands pays industrialisés. Le rapprochement des deux variables permet de faire apparaître la corrélation générale existant entre croissance et évolution de l'emploi tant en France qu'à l'étranger. Le caractère non systématique de la corrélation ainsi que l'existence d'un chômage durable et important conduisent à souligner quelques enjeux essentiels attachés à la question de la croissance et par voie de conséquence du progrès technique.

1. Le caractère séculaire de la croissance

La prise en compte des données de croissance tant pour le monde en général que pour la France en particulier rappelle ce caractère durable et quasi ininterrompu de la croissance malgré les fluctuations enregistrées.

La **croissance** assimilée traditionnellement à l'accroissement quantitatif de la production peut être mesurée à l'aide de différents indicateurs (*cf.* chapitre 5) et en premier lieu par le produit intérieur brut (PIB).

Les travaux statistiques de l'historien de la croissance A. Maddison attestent de l'existence d'une croissance mondiale ininterrompue depuis maintenant deux siècles.

LA CROISSANCE MONDIALE EN CHIFFRES

Périodes	Taux de croissance annuel moyen en %		
	PIB	Population	PIB/habitant
1820-1870	1,0	0,3	0,6
1870-1913	2,1	0,8	1,3
1913-1950	1,9	0,9	0,9
1950-1973	4,9	1,9	2,9
1973-1998	3,0	1,7	1,2

Source : A. Maddison, *L'économie mondiale*, 2001.

Ces chiffres révèlent en même temps certaines irrégularités (fluctuations et cycles) particulièrement observables dans la période 1913-1950 troublée par deux conflits mondiaux et la crise de 1929, puis, plus près de nous, lors de la crise de 2008-2009.

La croissance au 20e siècle et surtout pendant les 30 Glorieuses a été exceptionnellement importante, au point que certains économistes, tel l'américain Robert Gordon, considèrent cette période comme « une parenthèse » dans l'histoire.

2. Des taux de croissance et de chômage très contrastés au sein des pays industrialisés

La saisie des données contemporaines de croissance et de chômage permet à la fois d'approcher quelques grands débats économiques contemporains et de relever certaines particularités renvoyant aux spécificités nationales et à l'existence de différents types de capitalisme (*cf.* chapitre 1).

L'analyse est ici restreinte aux trois grands blocs constitutifs de la Triade : l'Amérique du Nord (avec les États-Unis), l'Europe occidentale (avec le Royaume-Uni, l'Allemagne et la France) et enfin le Japon.

TAUX DE CROISSANCE ET DE CHÔMAGE DE QUELQUES GRANDS PAYS INDUSTRIALISÉS (EN POURCENTAGE)

	1996-2000		2001-2005		2012		2013	
	Croissance	Chômage	Croissance	Chômage	Croissance	Chômage	Croissance	Chômage
É-U.	4,1	4,6	2,4	5,4	2,2	8,1	1,9	7,7
R.U.	3,2	6,6	2,5	5,0	0,2	8,0	0,7	7,8
Japon	1,3	4,1	1,5	5,0	2,0	4,4	1,6	4,1
Allemagne	1,9	8,7	0,6	8,3	0,9	5,5	0,6	5,7
France	2,8	10,8	1,5	9,2	0,0	10,2	-0,1	11,2

Source : d'après données *Alternatives économiques* n°98 du 4e trimestre 2014 et OCDE

L'importance de la crise mondiale observée en 2008 et 2009 conduit à distinguer deux périodes : celle des années de croissance (1991-2007) et celle des années de crise (2008-2009).

a) La croissance sur la période (1990-2007)

CROISSANCE ET CHÔMAGE DANS LES PAYS DE LA TRIADE SUR LA PÉRIODE (1990-2007)

D'une façon générale, les États-Unis se caractérisent par des taux de croissance globalement élevés depuis les années 1980 avec une pointe dans la période 1996-2000 (âge d'or de la « nouvelle économie ») et un taux de chômage en net recul du début des années 1980 à la fin des années 1990. Depuis lors, ce taux de chômage évolue dans une fourchette comprise entre 4,5 % et 6 %.

Le Japon connaît de son côté des taux de croissance en recul sensible et globalement très faibles du début des années 1990 à 2002 avant de connaître ensuite un mouvement de reprise. En parallèle, le taux de chômage, traditionnellement faible dans ce pays, n'a cessé de croître jusqu'en 2002 dépassant alors les 5 %.

Les pays européens bénéficient pour bon nombre d'entre eux d'une croissance relativement soutenue jusqu'à la fin des années 1990 bien qu'à un niveau inférieur à la croissance observée aux États-Unis, puis une baisse sensible, plus marquée en France qu'au Royaume-Uni. La situation allemande se singularise par des performances particulièrement mauvaises, liées notamment à la charge de la réunification des deux États allemands. Les taux de chômage de l'Allemagne et de la France restent enfin très élevés et proches des 10 %.

La **nouvelle économie** désigne un nouvel état et un nouveau fonctionnement de l'économie mondiale datant de la deuxième moitié des années 1990 dans le cadre duquel le secteur des technologies de l'information et de la communication (TIC) joue un rôle majeur.

b) Les années de crise depuis la chute de Lehman Brothers

Le déclenchement de la **crise des subprimes** fins 2007, puis l'ouverture d'une violente crise bancaire et financière en 2008 (avec la faillite retentissante de la banque d'investissement américaine Lehman Brothers) plongent les pays développés dans une crise économique profonde. Ils enregistrent alors un effondrement de la croissance et même une baisse en valeur absolue significative du PIB en volume dans la quasi-totalité des pays industrialisés, en 2009. Dans le même temps, ces pays enregistrent un accroissement très sensible du taux de chômage particulièrement aux États-Unis.

La **crise des subprimes** rend compte de l'effondrement de la valeur des créances titrisées représentatives de prêts hypothécaires (à taux variable) accordés à des ménages américains à faibles revenus désireux d'acheter leur logement fin 2007 et 2008 dans un contexte de remontée forte des taux d'intérêt et de chute de la valeur de l'immobilier. La diffusion de ces créances douteuses (risquées sinon irrécouvrables) a atteint de plein fouet tout le système bancaire et financier, provoquant une grave crise financière.

Si la situation des États-Unis s'améliore ensuite renouant avec les taux de croissance de l'ordre de 2%, la situation des pays européens et notamment ceux de la zone Euro est elle, durablement affectée sous l'effet de la **crise de la dette souveraine** survenue en 2010. Les taux de chômage des pays de la zone Euro, notamment ceux d'Europe du Sud, atteignent des niveaux record en 2013.

La **crise de la dette souveraine** désigne les difficultés croissantes rencontrées par de nombreux pays industrialisés, dont notamment plusieurs pays membres de la zone Euro, à refinancer la dette de l'État à partir de 2010, dans un contexte de baisse des recettes fiscales et de montées des dépenses publiques (aide au système bancaire, soutien de l'économie défaillante). Cette crise se traduit par la difficulté nouvelle à trouver des prêteurs (jusque là, les titres d'État avaient la qualité d'actif sans risque) et par l'augmentation brutale des taux d'intérêts exigés des pays débiteurs.

À toutes fins utiles, il est bon de rappeler que la crise économique reste « localisée » dans les grands pays industrialisés notamment européens alors que les pays émergents et en développement continuent dans l'ensemble à connaître une forte croissance. La « géographie » de la croissance a changé !

Ce rapide commentaire des statistiques contemporaines de croissance et de chômage permet d'appréhender deux faits importants : les liens attendus entre taux de croissance et taux de chômage (qui de façon sommaire, évoluent globalement en sens inverse l'un de l'autre) et l'existence de dynamiques de croissance (et de chômage) singulièrement différentes voire non convergentes au plan spatio-géographique et ce malgré le phénomène dominant de la mondialisation (et accessoirement de l'intégration européenne).

3. Une corrélation « presque parfaite » entre croissance et emplois

Les statistiques de croissance et d'emploi permettent de vérifier une évolution globalement convergente entre croissance et évolution de l'emploi ; un constat qui est attendu dans la mesure où la **croissance** (accroissement de la production) suppose toujours d'une façon ou d'une autre le recours à plus de facteurs de production (dont le facteur « travail »).

Le constat d'une corrélation des deux variables vaut aussi, bien entendu, pour la France : l'observation des courbes dans le temps fait bien apparaître dans l'ensemble des évolutions de sens identique aussi bien d'ailleurs quand le PIB s'accroît que quand il se contracte (année 2009). L'ampleur comme la synchronie des évolutions sont cependant loin d'être parfaites.

Ces écarts parfois significatifs et ces décalages temporels (« retards » d'une variable par rapport à une autre) font référence à une autre problématique majeure : celle des **effets de la croissance en général** et du **progrès technique, en particulier** sur l'**emploi** (section 3).

CROISSANCE DU PIB ET DE L'EMPLOI EN FRANCE
(en taux de variation trimestrielle)

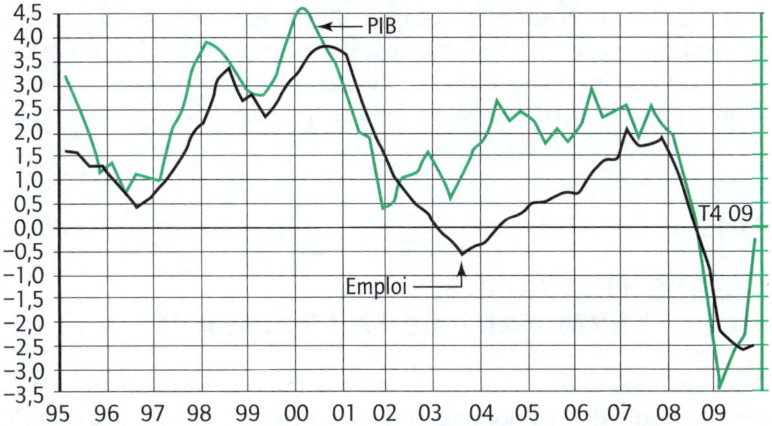

4. La croissance, condition nécessaire mais non suffisante de la résorption du chômage

En tout état de cause, les liens croissance-emploi même imparfaits restent très étroits : l'évolution favorable de la production conduit à l'augmentation des emplois créés.

La relation entre croissance et chômage est d'un ordre différent :

- en premier lieu, le taux de croissance est un taux de variation d'une grandeur économique, la production, alors que le taux de chômage représente le poids relatif d'une catégorie (celle des chômeurs) dans une autre grandeur économique (la population active) ;
- en second lieu, la relation est de sens inverse : l'amélioration de la croissance est supposée faire baisser le taux de chômage (et vice versa : l'augmentation du taux de chômage fait baisser la croissance). On vérifie d'ailleurs, dans la plupart des pays, une relation nette

entre le taux de croissance du PIB et la variation du taux de chômage. Cette relation est connue sous le nom de « loi d'Okun », du nom de l'économiste américain qui l'a énoncée le premier dans les années 1960 ;

– Enfin l'augmentation du PIB ne se traduit jamais mécaniquement et immédiatement par une baisse du taux de chômage de même ampleur, car d'autres facteurs interfèrent dans cette relation : l'évolution des gains de productivité et celle de la population active. Le taux de chômage ne baissera qu'à partir du moment où le taux de croissance dépasse la somme de l'augmentation de la productivité et de celle de la population active.

  Le taux de croissance « critique » au-delà duquel le taux de chômage commencerait à baisser est situé en France autour de 1,5 à 2 %.

  Ce seuil a d'ailleurs bien diminué sur les 3 dernières décennies avec le ralentissement des gains de productivité, traduisant « un **enrichissement de la croissance en emploi** ».

La croissance, condition nécessaire de la baisse du chômage, n'est donc pas une condition suffisante. Ce constat renvoie à l'intervention de d'autres facteurs : évolution de la productivité du travail, dynamique démographique, politique migratoire, flexibilité du marché du travail etc.

Ces **caractéristiques structurelles des économies** (chapitre 1), justifient l'engagement des pouvoirs publics dans les politiques d'emploi particulièrement en temps de crise.

La croissance, condition nécessaire de la baisse du chômage, n'est pas une condition suffisante particulièrement dans le cas français. Ce constat qui renvoie, entre autres, aux **caractéristiques structurelles des économies** (chapitre 1), justifie l'engagement des pouvoirs publics dans les politiques d'emploi particulièrement en temps de crise. Les politiques économiques (générales) comme les politiques d'emploi ne peuvent cependant suffire à atteindre l'objectif de plein-emploi ; la prise en compte des enjeux technologiques par les pouvoirs publics s'affirme alors comme une nécessité (section 5).

SECTION 2

LE PROGRÈS TECHNIQUE, FACTEUR DÉTERMINANT DE LA CROISSANCE

Les premières observations sur les relations croissance/emploi/chômage ont montré la complexité de relations pourtant simples à première vue, si l'on se réfère à l'idée que plus de croissance favorise l'emploi et contribue de ce fait à la résorption du chômage. Pour clarifier cette question, il semble opportun de faire un retour sur le phénomène de la croissance, en reprenant un questionnement traditionnel des économistes, celui des facteurs explicatifs de la croissance et de sa modélisation. Les enseignements tirés de « cette comptabilité de la croissance » conduisent ensuite à préciser quelques changements majeurs en matière de théories de la croissance avec notamment l'affirmation de la contribution du progrès technique à la croissance.

1. La recherche des facteurs explicatifs de la croissance

Après un rappel relatif aux facteurs explicatifs traditionnels de la croissance, on rend compte des travaux fondateurs de Carré, Dubois et Malinvaud[1] qui font émerger implici-

(1) *J.J. Carré, P. Dubois et E. Malinvaud,* La croissance française, *Le Seuil, 1972.*

tement le rôle décisif d'autres sources de croissance, notamment le progrès technique. Dans un dernier point, on présente les travaux de référence actuels en termes de « comptabilité de la croissance » et de calcul de la productivité globale des facteurs.

1.1 Une recherche basée sur l'évaluation de la contribution des grands facteurs de production

Traditionnellement, trois grands types de facteurs de production peuvent être pris en considération pour expliquer la croissance : les ressources naturelles, le travail et le capital.

- Des trois facteurs précédents, les **ressources naturelles** sont considérées comme les plus exogènes, c'est-à-dire déterminées par « l'extérieur ». Par ailleurs, les ressources naturelles – d'un mot, « la terre » – sont un donné ; c'est pourquoi elles ont été longtemps exclues des modèles explicatifs de la croissance. Les problèmes soulevés par l'épuisement possible de certaines ressources naturelles comme les effets potentiellement négatifs de la croissance sur l'environnement et sur les ressources naturelles redonnent cependant à ce facteur un rôle significatif dans les questionnements relatifs à la croissance (*cf.* chapitre 5).
- Le facteur **travail** constitue l'un des deux facteurs clés de toute explication courante de la croissance. Il intervient d'abord sur le plan **quantitatif** avec l'importance de population active, directement liée à des phénomènes démographiques, mais également sur le plan de la durée du travail. Le facteur travail agit également sur la croissance à travers ses dimensions plus **qualitatives** (accroissement des compétences et des qualifications), liées elles-mêmes aux progrès du système d'éducation et de formation.
- Le facteur **capital,** qui – au passage – pose d'importants problèmes de définition et d'appréhension statistique et comptable, comporte également des dimensions quantitatives (notion de stock de capital) et qualitatives (modernisation des équipements, incorporation de progrès technique).

Les facteurs travail et capital constituent les deux variables explicatives fondamentales des modèles traditionnels d'analyse des facteurs de la croissance.

La représentation suivante formalise les différentes contributions attendues des facteurs de production à la croissance.

CONTRIBUTIONS QUANTITATIVES ET QUALITATIVES DES FACTEURS À LA CROISSANCE

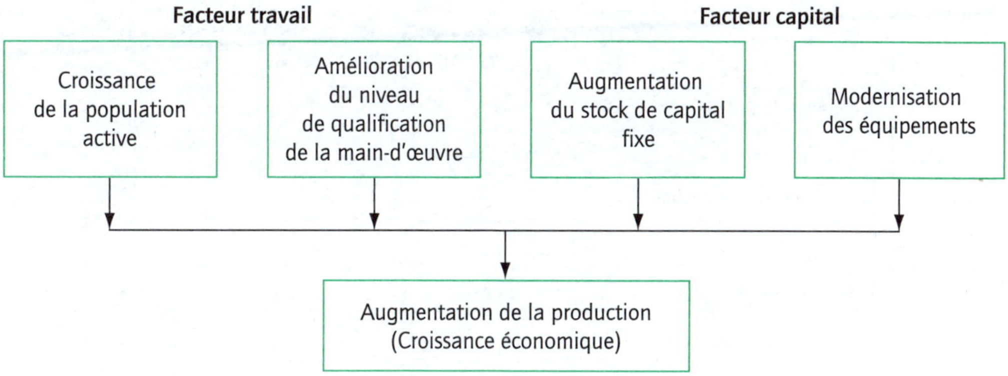

1.2 L'analyse économétrique de la croissance : importance des facteurs qualitatifs et de la croissance « non expliquée »

Plusieurs travaux conduits dans les années 1960-1970 et portant sur les économies américaine et française ont permis de tester la portée explicative des facteurs de production et d'apprécier leurs contributions suivant leurs dimensions respectivement quantitatives et qualitatives. Ces travaux partent tous d'une modélisation de la production reposant sur des fonctions de production particulières appelées « fonctions de Cobb-Douglas » et utilisées très tôt par l'économiste américain Solow.

L'UTILISATION DES FONCTIONS DE PRODUCTION POUR EXPLIQUER LA CROISSANCE

Conformément à la vision des économistes néoclassiques, l'économie est assimilée à une « macro-entreprise » combinant capital et travail.

La relation entre les quantités de facteurs (K et L) et les quantités produites (Q) est construite sous la forme d'une fonction de production $Q = f(K, L)$ de type fonction Cobb-Douglas.

La quantité produite présente la forme suivante : $Q = A \,.\, L^{\alpha} \,.\, K^{(1 - \alpha)}$, où α et $(1 - \alpha)$ représentent la contribution de chaque facteur de production au produit et où A désigne un progrès technique considéré comme autonome.

Parmi les nombreuses propriétés de cette fonction figurent notamment le caractère pleinement substituable des facteurs de production et l'hypothèse de rendements d'échelle constants.

Plusieurs raffinements de la fonction ont été testés en visant par exemple à intégrer partiellement le progrès technique dans les facteurs de production (modèles dits à « génération de facteurs »).

Parmi les travaux les plus importants figure celui de trois économistes statisticiens français : Carré, Dubois et Malinvaud[1] qui ont évalué le pouvoir explicatif des deux grands facteurs de production : le travail (L) et le capital (K) sur la croissance, pour la France et sur la période 1951-1969.

Les résultats obtenus dans le cas de la France attestent du rôle significatif joué par les dimensions qualitatives à côté des aspects purement quantitatifs et par l'importance du résidu, en d'autres termes de la croissance non expliquée.

LES FACTEURS DE LA CROISSANCE FRANÇAISE (1951-1969) (EN POURCENTAGE PAR AN)	
Croissance du PIB (1)	**5,0**
Facteurs explicatifs	
Emplois dans les branches	0,0
Durée du travail	- 0,1
Qualité du travail	0,4

☞

(1) *Id.*

☞

Migrations professionnelles	0,6
Volume net de capital	1,1
Rajeunissement du capital	0,4
Intensité de la demande	0,1
Part de la croissance expliquée (2)	2,5
Résidu = (1) – (2)	2,5

Attribué généralement au progrès technique (insuffisamment saisi à travers les dimensions qualitatives des facteurs), cet important résidu traduit les limites de l'hypothèse de rendements d'échelle. Le résidu manifeste les multiples formes prises par le progrès technique en général, qu'il s'agisse de possibilités offertes par les nouveaux produits, de nouvelles méthodes d'organisation du travail et de management ou encore de l'utilisation de nouvelles sources de matières premières.

Sur un autre plan, l'importance des dimensions qualitatives des facteurs de production dans l'explication de la croissance (en particulier pour le facteur travail) ouvre la voie à la distinction de deux grands modes de croissance d'une économie.

On parle de **croissance extensive** lorsque l'augmentation de la production résulte de l'accroissement des quantités de facteurs de production utilisés.

Et de **croissance intensive** lorsque la croissance provient surtout d'une meilleure utilisation des facteurs de production, génératrice de gains de productivité.

1.3 Comptabilité de la croissance et productivité globale des facteurs de production

Les travaux contemporains sur la croissance, qualifiés d'approche de « **comptabilité de la croissance** », s'inscrivent dans la filiation précédente (construction de fonctions de production) et se concentrent sur le suivi dans le temps et l'interprétation du résidu, appelé « productivité globale des facteurs », noté PGF et assimilé au **progrès technique**. La PGF devient l'un des pivots essentiels de l'analyse.

a) Calcul de la PGF

La première étape de l'analyse consiste schématiquement à évaluer la PGF.

Le calcul de la **productivité globale des facteurs** (**PGF**) permet d'obtenir la part de l'accroissement de la production qui n'est pas directement liée à l'augmentation du **volume** des facteurs de production.

CALCUL DE LA PRODUCTIVITÉ GLOBALE DES FACTEURS (PGF)

$$PGF = g - (S_K . G_K) - (S_L . G_L)$$

où : g est le taux de croissance de la production

S_K la part du facteur capital dans le PIB

G_K le taux de croissance du facteur capital

S_L la part du facteur travail dans le PIB

G_L le taux de croissance du facteur travail

En d'autres termes, la PGF est donnée par la différence entre le taux de croissance de la production et celui de la somme du travail et du capital pondérés par la part de chaque facteur dans la production.

C'est aussi la moyenne pondérée des taux de croissance de la productivité du capital et de la productivité du travail.

Elle constitue la notion de productivité à la fois la plus large et la plus proche du concept de progrès technique. C'est une productivité multifactorielle : elle rend compte de l'efficience en rapportant la production à l'ensemble des facteurs utilisés.

b) Confrontation de la PGF, de la productivité du travail et de l'intensité capitalistique

Dans une deuxième étape, il s'agit d'interpréter la croissance en rapprochant le taux de croissance de trois grands indicateurs de l'économie : la **PGF**, la **productivité du travail** et **l'intensité capitalistique** (dépense en capital par unité de travail), en s'appuyant entre autre, sur la relation qui les unit :

Productivité du travail (par emploi) = Intensité capitalistique (par emploi) + PGF + Durée du travail

La **productivité du travail** exprime le rapport entre la production et le travail qui a permis cette production.
L'**intensité capitalistique** est donnée par le rapport entre les quantités de capital et de travail utilisées dans la production.

LA PRODUCTIVITÉ DU TRAVAIL : TERMINOLOGIE ET INDICATEURS

Elle peut être exprimée en quantité physique (ou en volume), il s'agit alors du rapport : Production obtenue/Volume de travail nécessaire, soit P/Q_L.

Le volume de travail peut être apprécié en comptabilisant l'effectif engagé ou mieux encore, le nombre d'heures travaillées.

La productivité du travail peut être également calculée en valeur en formant le rapport entre la valeur ajoutée et la masse salariale correspondante ($VA/Q_L \cdot P_L$).

L'Insee qualifie cette productivité (unifactorielle) de « productivité apparente du travail » car, si elle mesure à première vue l'efficacité du facteur travail, elle résulte aussi pour partie de l'intervention de l'autre grand facteur de production, le facteur capital, sous la forme de la quantité de capital utilisée par travailleur. Cet indicateur reflète en définitive l'influence conjointe de plusieurs facteurs.

Les **gains de productivité** désignent l'augmentation de la valeur ajoutée consécutive à la croissance de la productivité entre deux périodes consécutives.

c) Le temps de l'interprétation

Dans un troisième temps, l'analyse consiste à interpréter l'évolution du résidu dans le temps en le confrontant à différents indicateurs, par exemple d'avancement technologique (taux d'équipement en ordinateurs, nombre de connexions à internet, etc.).

1.4 Le chiffrage de l'évolution de la contribution du progrès technique à la croissance

La comptabilité de la croissance permet d'interpréter les transformations de la croissance dans le temps et dans l'espace et de fournir une évaluation de la contribution du progrès technique. On rend compte maintenant de deux grands types de résultats concernant d'abord une comparaison des croissances américaine et européenne, puis l'analyse du cas français.

a) Comparaison des cas américain et européen

On peut illustrer le propos en comparant les croissances américaine et européenne sur la période 1990-2004.

SOURCES DE LA CROISSANCE AUX ÉTATS-UNIS ET DANS L'UNION EUROPÉENNE (données en taux de croissance annuels)

	États-Unis			Union européenne à 15			Écart		
	1990-1995	1995-2000	2000-2004	1990-1995	1995-2000	2000-2004	1990-1995	1995-2000	2000-2004
PIB	2,5	4,2	2,4	1,6	2,7	1,5	0,9	1,5	0,9
Heures travaillées dont :	1,3	1,9	- 0,4	- 0,9	0,9	0,4	2,2	1,0	- 0,8
• Emploi	1,1	1,7	0,4	- 0,5	1,4	0,7	1,6	0,3	- 0,3
• Durée du travail	0,2	0,2	- 0,8	- 0,4	- 0,5	- 0,3	0,6	0,7	- 0,5
Productivité horaire dont :	1,2	2,3	2,8	2,5	1,8	1,1	- 1,3	0,5	1,7
• Intensité capitalistique	0,7	1,2	1,1	1,3	0,9	0,7	- 0,6	0,3	0,4
• *PGF*	*0,5*	*1,1*	*1,7*	*1,2*	*0,9*	*0,4*	*- 0,7*	*0,2*	*1,3*

Source : A. Bénassy-Quéré *et alii*, *Politique économique*, éd. De Boeck, 3e éd., 2012, p. 495.

De façon ramassée, on peut relever le niveau systématiquement plus élevé de la croissance américaine par rapport à celle de l'Europe sur toute la période (1990-2004), l'écart étant de l'ordre de 0,9 à 1,5 % en moyenne.

La forte croissance américaine est tirée fondamentalement par le surcroît de productivité horaire lié à la fois à l'accroissement de la PGF (essor des TIC, réorganisation des entreprises, etc.) et à l'augmentation de l'intensité capitalistique (substitution de capital au travail à la suite des investissements massifs du début des années 1990).

Dans le cas de l'Union européenne, la croissance réplique globalement la tendance américaine mais avec un écart persistant à l'avantage des États-Unis. La croissance européenne est tirée par des facteurs bien différents du cas américain : ici l'évolution de la croissance tient pour l'essentiel à la reprise de l'emploi, particulièrement nette entre 1995 et 2000 et ce malgré un ralentissement tant de l'intensité capitalistique que de la PGF.

En d'autres termes, les États-Unis semblent avoir mis l'accent sur l'investissement et les gains de productivité quand les Européens privilégiaient le recours à l'emploi. L'évolution particulièrement favorable de la PGF durant la période de la « nouvelle économie » peut être bien sûr rapprochée de la diffusion accélérée, outre-Atlantique, des **technologies de l'information et de la communication** (TIC) durant cette période.

b) L'analyse du cas français

LES RÉSULTATS CONCERNANT LE CAS FRANÇAIS

Des études similaires ont été menées concernant le cas français sur une période longue (1983-2002). Les principaux résultats sont les suivants :

- un ralentissement depuis 20 ans de la productivité par tête ;
- un moindre ralentissement de la productivité horaire (lié sans doute à la réduction sensible du temps de travail) ;
- une contribution significative, mais en baisse, de l'intensité capitalistique à la productivité horaire (liée sans doute à « l'enrichissement de la croissance en emplois » qui a pu conduire à substituer du travail peu qualifié à du capital) ;
- une contribution dynamique de la PGF à la croissance de la productivité horaire à partir du milieu des années 1990.

Source : « L'Économie française », *Comptes et dossiers (2004-2005)*, Insee, 2004.

Cette identification de plus en plus nette de la contribution du **progrès technique** à la croissance trouve son prolongement dans l'évolution des théories de la croissance.

2. De la croissance exogène à la théorie de la croissance endogène

Les théories traditionnelles de la croissance font peu de cas du progrès technique ou le tiennent à distance du champ économique ; la théorie de la croissance endogène est de ce point de vue une révolution en faisant des différentes facettes du progrès technique le levier de la croissance.

2.1 Les théories traditionnelles de la croissance et le faible rôle dévolu au progrès technique

La présentation de ces théories dites « traditionnelles » est ici volontairement très succincte car elle dépasse le cadre de notre propos (la relation croissance-technologie-emploi) et fait l'objet de développements dans d'autres chapitres (*cf.* chapitre 5), notamment au sujet de la question majeure du caractère équilibré ou non de la croissance. On se borne ici à souligner les insuffisances de ces théories quant à la pérennité de la croissance et à la sous-estimation voire l'omission du progrès technique dans la dynamique de croissance.

a) Les économistes classiques et l'état stationnaire

Les économistes classiques (Smith, Ricardo, Malthus, etc.) ont une vision globalement pessimiste de la croissance reposant sur différentes hypothèses (loi des rendements décroissants de la terre, croissance exponentielle de la population, etc.) conduisant à terme les économies à une situation d'**état stationnaire.** Ricardo place au cœur de sa vision pessimiste de la croissance l'évolution de la répartition du revenu consécutive à l'accumulation des facteurs de production qui prive progressivement les capitalistes de moyens d'investir. Le progrès technique n'est pas totalement absent de l'analyse des classiques (*cf.* la division du travail chez A. Smith, et l'exemple célèbre de la manufacture d'épingles) mais il occupe une position périphérique… et la machine est conçue comme destructrice d'emplois (substitution de capital au travail) et non comme source de gains de productivité (*cf.* le regard de Ricardo sur le machinisme).

b) Le modèle de Harrod et Domar et l'absence des enjeux technologiques

Le modèle de croissance proposé par les keynésiens Harrod et Domar dans les années 1940 (*cf.* chapitre 5) aboutit à l'idée que la croissance est par nature déséquilibrée. Elle a peu de chances d'être durable et de permettre le plein-emploi. Globalement la question des enjeux technologiques est absente de ces travaux. Le progrès technique considéré comme exogène est « **neutralisé** ».

c) Les néoclassiques et le progrès technique exogène

Les économistes néoclassiques avec Solow (1956)[1], classé généralement comme keynésien, projettent une vision de long terme de la croissance en faisant dépendre le taux de croissance à long terme de l'économie du taux de croissance démographique et du taux de croissance de la productivité du travail. Conservant l'hypothèse de rendements d'échelle décroissants du capital, leur vision évite cependant la perspective de l'état stationnaire (peu crédible au vu de l'histoire économique et de l'accroissement tendanciel des richesses) en intégrant l'idée d'un progrès technique… exogène, qui contrecarre cette tendance aux rendements décroissants. Cette analyse qui marque un pas significatif en direction de l'intégration du progrès technique dans l'analyse économique (avec la perception des facteurs qualitatifs de la croissance) s'arrête cependant en chemin en cantonnant encore celui-ci en dehors de la mécanique de la croissance : son origine est considérée comme fondamentalement **extra-économique**.

2.2 La théorie de la croissance endogène et la centralité du progrès technique

Dans les années 1980, plusieurs économistes (P. Romer, R. Lucas et R. Barro notamment) façonnent de nouvelles théories de la croissance couramment réunies sous le qualificatif de « croissance endogène ».

Ce courant réfute différentes hypothèses et résultats du modèle néoclassique de référence (le modèle de Solow) : l'exogénéité du progrès technique, l'absence de prise en compte des externalités de l'éducation et de la recherche, l'ignorance de rendements d'échelle croissants sans parler d'un parti pris largement défavorable à toute intervention des pouvoirs publics (nocivité *a priori* de la dépense publique), etc.

Le socle de la théorie de la croissance endogène (à la sphère économique) est l'abandon de l'hypothèse d'exogénéité du progrès technique. Le progrès technique est traité comme une variable interne au modèle de croissance… qui se nourrit de la croissance et qui l'alimente par des processus d'accumulation et d'apprentissage. Le progrès technique est **endogénéisé**.

> Une variable est dite **endogène** dès lors qu'elle prend naissance à l'intérieur du système. C'est le cas du progrès technique dans le cadre de la théorie dite de la croissance endogène.

En allant plus loin, la théorie de la croissance endogène envisage un grand nombre de sources différentes de la croissance (capital humain, technologies, etc.) qui étaient jusque-là incluses dans une même enveloppe et non distinguées : le progrès technique exogène. Chacune de ces sources est désormais autonomisée, considérée comme endogène et susceptible de produire des externalités.

(1) *R.M. Solow, «A Contribution to the Theory of Economic Growth»,* Quaterly Journal of Economics, *février 1956.*

LES SOURCES ENDOGÈNES DE LA CROISSANCE

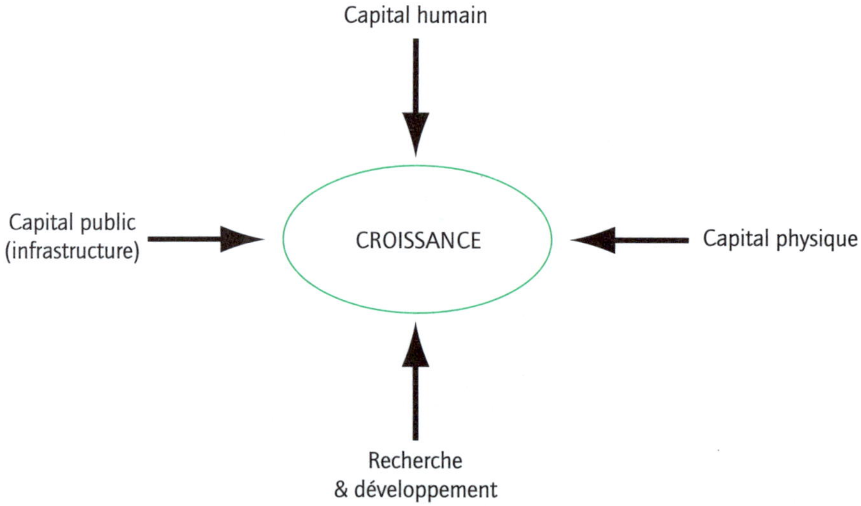

LES SOURCES ENDOGÈNES, LEURS EFFETS ET LEURS IMPLICATIONS POUR L'ACTION DES POUVOIRS PUBLICS

Le capital physique est le seul facteur de croissance pris en compte dans le modèle néoclassique de Solow ; dans le cadre de la croissance endogène son rôle est décuplé du fait des externalités entre firmes : l'investissement en capital d'une firme profite aussi aux autres firmes (diffusion de progrès technologique, amélioration des compétences des travailleurs, etc.).

Le capital humain est un concept très large incluant le niveau d'éducation, de formation mais aussi l'état de santé et l'hygiène des individus. R. Lucas donne à ce facteur un rôle clé dans la croissance grâce aux investissements individuels et collectifs (dépenses publiques). L'importance de l'accumulation en capital humain est considérée comme l'une des raisons majeures du différentiel de croissance observé entre les nations. Le rôle positif de l'État en faveur de l'éducation est souligné.

Les théoriciens de la croissance endogène, notamment R. Barro, soulignent le rôle important joué par les infrastructures publiques (moyens de communication, transports en commun...) dans la croissance. Puisqu'il s'agit de biens collectifs, l'État doit investir dans ces infrastructures qui, ce faisant, assureront un meilleur rendement du facteur capital (privé). Le capital public valorise ainsi quantitativement et qualitativement le capital physique (privé).

La recherche & développement (P. Romer) est considérée également comme un pivot important de la croissance. Elle suppose bien sûr l'engagement des agents économiques dans des activités d'innovation mais également le soutien de l'État pour « gérer » les externalités produites par les activités de recherche. Son action dépend cependant du type d'externalité : soutien financier dans le cas de recherche fondamentale, protection des inventions (par brevet) et incitation à la coopération entre firmes s'il s'agit de recherche appliquée.

En définitive, la théorie de la croissance endogène met l'accent sur les différentes composantes du progrès technique qui sont autant de sources endogènes de la croissance : R & D, accumulation de capital humain (connaissances), etc. Les caractéristiques économiques de plusieurs d'entre elles (bien collectif, création d'externalités...) justifient à plusieurs titres l'intervention de l'État et le recours à la dépense publique.

Après avoir vu la façon dont le progrès technique a été intégré puis décomposé pour expliquer le processus de la croissance, il convient maintenant d'en saisir plus précisément les implications en matière d'emploi et de qualifications.

SECTION 3

LE PROGRÈS TECHNIQUE : DES EFFETS DIVERSIFIÉS SUR L'EMPLOI, LES BRANCHES ET LES QUALIFICATIONS

L'appréciation des effets contradictoires et diversifiés du progrès technique sur l'économie peut être utilement abordée en faisant référence aux travaux de Schumpeter et aux effets de l'innovation sur les cycles économiques. Il convient ensuite de multiplier les angles d'analyse en appréciant la variété des impacts du progrès technique (branches, emplois et qualifications) et en prenant en considération les effets directs et indirects sur les grandeurs économiques précédentes. Ce tour d'horizon des effets du progrès technique s'achève sur l'analyse d'un cas d'école, celui des technologies de l'information et de la communication (TIC).

1. Cycles économiques, changement technologique et innovations

Après quelques précisions terminologiques, on rend compte de l'analyse schumpétérienne qui ouvre la voie à une vision moderne du changement technologique et des effets des innovations.

1.1 Les mots du progrès technique

Plusieurs termes concurrents ou complémentaires sont couramment utilisés pour rendre compte de cette notion : « progrès technique », « technologie », « techniques » ou encore « innovation (technologique) ». On précise ici la signification de ces différents termes.

POINTS DE REPÈRE TERMINOLOGIQUES EN MATIÈRE DE PROGRÈS TECHNIQUE

Le progrès technique est sans doute la notion la plus générale : elle est particulièrement utilisée par les économistes et les historiens. Elle renvoie à une vision *a priori* positive des changements affectant les techniques de production utilisées par l'homme (notion de progrès). La notion reste d'autant plus générale qu'elle comporte de très nombreuses dimensions (changement de technologie, accumulation des connaissances...) et comporte des effets pour partie négatifs (suppressions d'emplois, coût élevé, etc.)

Le terme de technologie a deux acceptions : initialement l'étude des techniques et, de plus en plus, la notion d'ensemble de techniques et de procédés qui sont utilisés dans un domaine d'application donné... et qui caractérisent un secteur d'activité (telles les biotechnologies), une époque (avec, par exemple, « les nouvelles technologies » de l'information et de la communication ou NTIC, devenues TIC).

Les techniques constituent des éléments constitutifs des technologies avec un spectre d'application plus réduit que celui des technologies. La technique en principe renvoie à l'application d'un procédé de travail à la production d'un bien ou d'un service.

Les termes de changement technique et changement technologique traduisent la dimension dynamique des technologies et des techniques dans le temps. Ils ont peut-être l'avantage peut-être de ne pas connoter *a priori* la représentation symbolique de ce changement.

Enfin, il y a les notions d'invention et d'innovation : la première traduit le passage d'une découverte à la mise au point d'un produit ou d'un procédé de production ; la seconde correspond au développement et à l'exploitation effective de la première (technique appliquée et commercialisée).

1.2 Cycles de Kondratieff et analyse schumpétérienne

L'économiste russe N. Kondratieff[1] a observé des cycles économiques avec alternance de baisses et de hausses de l'activité économique de très longue durée (deux phases de 25 ans environ chacune), interprétés ensuite par le grand économiste autrichien Joseph Schumpeter (1883-1980) en termes de séquences d'innovations. L'intensité des innovations clés (machine à vapeur, chemin de fer, etc.) constituerait le ressort fondamental de ces cycles longs. Dans cette perspective, on peut distinguer une première phase ascendante – qui correspond à une vague d'innovations majeures (innovations dites « en grappe ») et à l'essor de branches motrices – suivie d'une phase de déclin symétrique qui traduit à la fois l'arrivée à maturité de ces innovations, le tassement des profits et la disparition des occasions d'investissement.

Les historiens repèrent ainsi différents cycles longs attribuables à ces innovations majeures, cela aussi bien au XIXe qu'au XXe siècle.

CYCLES LONGS, INNOVATIONS ET BRANCHES MOTRICES

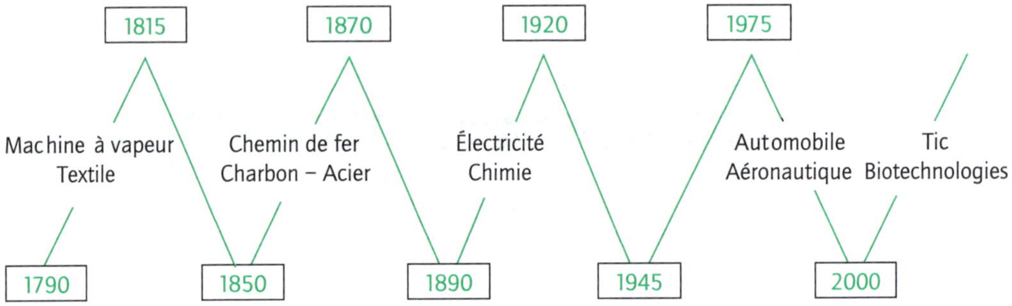

L'analyse schumpétérienne fournit quelques clés essentielles et durables à l'analyse du progrès technique : existences de cycles d'innovation, phénomènes de croissance en grappe d'innovations (par diffusion et interaction dans le processus d'invention), concept de « **destruction créatrice** » selon lequel la montée en puissance des nouvelles inventions commence par chasser les anciennes ; les nouvelles branches industrielles poussent sur les décombres des

(1) N. Kondratieff, *Les grands cycles de la conjoncture*, Édition présentée par L. Fontvieille, Economica, 1992.

anciennes… Cette analyse diffusée dans deux ouvrages majeurs datant respectivement de 1911 et de 1939 comporte ainsi plusieurs traits caractéristiques du progrès technique et de ses effets diversifiés sur la croissance et l'emploi. Les nouvelles théories de la croissance apparaissent d'ailleurs comme une formalisation des idées schumpétériennes.

2. Analyse de quelques points d'impacts du changement technologique : branches, structure des marchés, emplois & qualifications

Après une présentation de différents points d'impact du changement technologique et un passage en revue rapide de quelques effets en la matière, on procède à une analyse plus approfondie de la relation **progrès technique/emploi** en combinant représentations théoriques et investigations empiriques.

2.1 Différentes implications économiques du changement technologique

Le changement technologique exerce de multiples influences sur les différentes grandeurs économiques : consommation, production, échanges commerciaux, emplois, hiérarchie des pays au plan économique, nature des branches, taille et nombre d'entreprises, effectifs employés, qualifications, temps de travail, etc.

On mesure à l'énumération (qui n'a rien d'exhaustif) l'importance de ce facteur, ses actions aux plans respectivement quantitatif et qualitatif, ses effets souvent contradictoires (notamment sur la nature, le nombre et la taille des entreprises, le nombre et la nature des emplois, etc.). Donnons ici un aperçu de quelques implications bien connues des technologies.

• La **nature et le rythme de croissance des branches** sont directement affectés par le progrès technique consécutivement à l'émergence de nouveaux produits et services… et à la mise en œuvre de nouveaux procédés de production. Cela signifie l'effacement de certaines branches, l'émergence et la consolidation de branches plus récentes, le rapprochement et la fusion de certaines branches ou au contraire l'éclatement d'une branche homogène en sous-branches.

Pour prendre l'exemple de la révolution industrielle en cours, la hiérarchie des branches industrielles s'en trouve bouleversée avec un ralentissement marqué de la croissance des branches motrices de l'après-guerre (chimie, automobile, etc.) et la montée en puissance de branches de pointe (construction aéronautique, informatique, pharmacie, etc.).

Dans la définition même des branches, on relève le rapprochement et l'imbrication des secteurs de l'assurance et de la banque ou encore de l'informatique, des télécommunications…, voire des médias. Dans ce dernier cas, l'importance du processus de convergence technologique est évidente.

• L'**effectif et la taille des entreprises** sont également touchés directement par l'intensité du progrès technique : l'alourdissement en capital de certaines branches et l'intensité de la concurrence conduisent de nombreuses branches à la concentration et à une structure oligopolistique… tandis que d'autres, frappées par un phénomène de banalisation des technologies, voient les entreprises disparaître et/ou se délocaliser massivement. Le tissu industriel de certaines branches a ainsi progressivement disparu au bénéfice de pays en développement et émergents. Dans d'autres secteurs plus jeunes, le nombre d'entreprises à l'inverse progresse rapidement… Ces tendances s'apprécient en termes d'évolution de la concentration mais l'imputation des tendances au seul progrès technique serait une erreur, compte tenu des différents niveaux de concentration envisageables (technique, économique ou financier) et de la variété des facteurs en cause (intensité capitalistique, degré de concurrence, réglementation concurrentielle) sans parler de la porosité croissante des frontières des entreprises (phénomènes d'alliances et de coopération).

• La **hiérarchie économique des nations** est directement affectée par les mutations technologiques. Traditionnellement, on oppose les pays les plus industrialisés spécialisés dans les hautes technologies… aux pays en développement (PED) positionnés sur des technologies plus banalisées à fort contenu en main-d'œuvre. Les mutations en cours montrent cependant que la diffusion du progrès technique conduit à un rattrapage technologique accéléré pour différentes zones économiques émergentes ou déjà significativement industrialisées (NPI d'Asie du Sud-est, Chine, Inde, etc.).

• Les **qualifications des salariés** sont elles-mêmes directement déterminées par le changement technologique : des métiers et des qualifications disparaissent ou régressent (métier de dactylo) ; d'autres émergent (cadres) ou se transforment. D'une façon générale, les statistiques attestent en longue période d'une tendance à l'augmentation des qualifications demandées par les employeurs : ainsi en France entre 1990 et 2000, le nombre d'ouvriers non qualifiés a baissé de 5,8 % tandis que les professions intermédiaires progressaient de 9,6 % et les cadres de 17,7 % ; le corollaire étant d'ailleurs un taux de chômage des ouvriers trois fois plus important que celui des cadres. Les économistes parlent de **progrès technique biaisé** en faveur du travail qualifié. Cependant, la tendance n'est pas à sens unique d'autant qu'historiquement le taylorisme puis le fordisme et leur extension plus tard au secteur tertiaire ont généralisé le travail à la chaîne et « déqualifié » les ouvriers ; de même, l'essor des robots et des machines à commande numérique s'est accompagné d'une substitution d'ouvriers et d'employés en charge de la surveillance de ces équipements en lieu et place des cadres. Enfin, le toyotisme ne manifeste pas toujours malgré ses promesses initiales une progression évidente des qualifications requises (compte tenu de l'importance du travail prescrit, de la répétitivité des tâches, etc.). Ce constat explique sans doute l'image bien ancrée d'un progrès technique déqualifiant.

2.2 Progrès technique et incidences sur l'emploi

L'analyse des effets du progrès technique sur l'emploi est traitée à part compte tenu de son importance pour l'objet de ce chapitre.

a) Une relation progrès technique/emploi perçue souvent négativement

Le progrès technique est souvent considéré comme éminemment défavorable à l'emploi en raison d'effets négatifs directs et locaux facilement et immédiatement observables ; le facteur capital est considéré comme un concurrent du facteur travail avec les conséquences que cela implique. Du reste, on distingue souvent un chômage lié au progrès technologique, qualifié de « chômage technologique ».

Le chômage **technologique** est le chômage qui découle directement du progrès technique.

TECHNOPHOBIE D'HIER ET D'AUJOURD'HUI

L'histoire comporte d'innombrables exemples de rejets du progrès technique, des machines comme des inventeurs au point d'ailleurs que cette attitude souvent défavorable au progrès technique a son vocable, le luddisme, du nom d'un ouvrier anglais, Ludd, qui aurait détruit deux métiers à tisser en 1780 et qui fit école dans l'Angleterre du XIXe. Ce mouvement se diffuse ensuite dans toute l'Europe et la France aura ainsi ses « saboteurs » qui mettaient leurs sabots... dans les machines. Les exemples sont légion : depuis les canuts lyonnais jusqu'aux nombreux rapports et études critiques sur l'impact de l'informatisation et de la robotisation à partir des années 1970-1980. Cette vision du progrès technique a inspiré et inspire toujours des travaux économiques et sociologiques

annonçant « la fin du travail ». On pense aux publications d'économistes et sociologues contemporains (J. Rifkin, V. Forrester ou encore D. Méda[(1)]).

b) Les implications multiples et contradictoires du progrès technique sur l'emploi

D'une façon générale, le progrès technique conduit à la fois à des suppressions et des créations d'emplois mais les effets diffèrent suivant les branches, les qualifications, l'espace géographique et l'horizon temporel (court ou long termes) considérés. Suppressions et créations d'emplois trouvent des points d'application différents dans l'espace et dans le temps.

Pour analyser les ressorts des effets du progrès technique sur l'emploi, on assimile ici le progrès technique à la progression de la productivité du travail (le progrès technique se traduit en longue période par la hausse de la productivité du travail) et on s'intéresse à la façon dont les gains de productivité peuvent être répartis dans l'économie.

La figure qui suit fournit une représentation schématique des effets du progrès technique assimilé à la productivité du travail… sur l'ensemble de l'économie en général et sur l'emploi en particulier.

Comme le schéma le montre, les gains de productivité du travail supposés résulter du progrès technique peuvent être **affectés** de multiples façons : augmentation de salaires, diminution du temps de travail, accroissement des revenus du capital et versement de dividendes accrus aux actionnaires… En d'autres termes, la résultante des gains de productivité dépendra des effets respectifs des **suppressions d'emplois (immédiates et directes)** et des **créations d'emplois (indirectes et différées)**. Les créations d'emplois résultent de l'accroissement de la production liée aussi bien aux gains de pouvoir d'achat des ménages qu'à l'amélioration de la compétitivité-prix et des conditions de profit des entreprises. Cette vision reposant sur une analyse en termes de circuit économique fait référence à la théorie du déversement de l'emploi.

(1) *J. Rifkin,* La fin du travail, *La Découverte, 1996. V. Forrester,* L'horreur économique, *Fayard, 1996. D. Méda,* Le travail, une valeur en voie de disparition, *Aubier, 1995.*

EFFETS DIRECTS ET INDIRECTS DE LA PRODUCTIVITÉ SUR L'EMPLOI

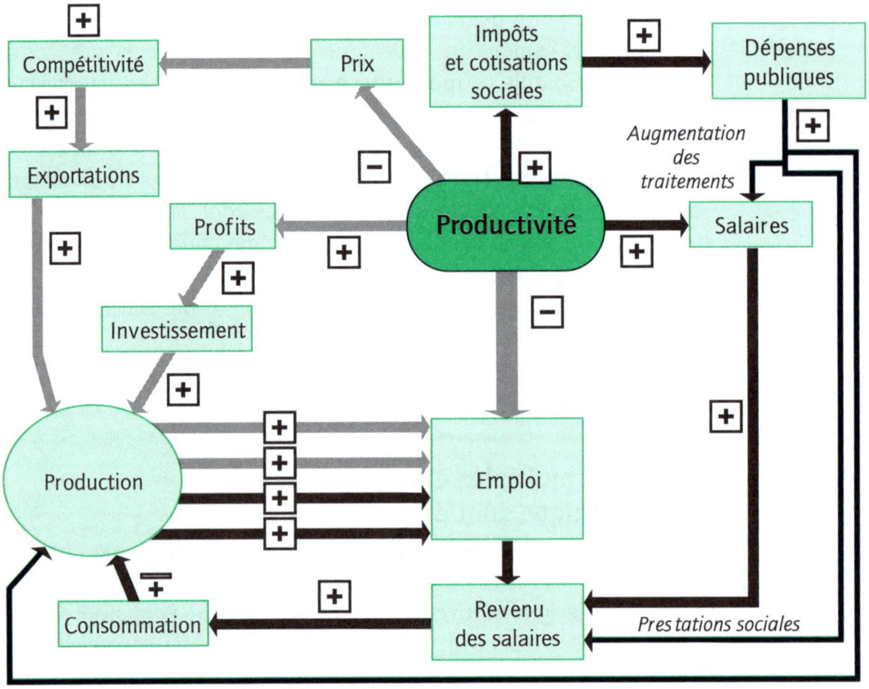

Source : J. Albertini et A. Silem, ***Comprendre les théories économiques***, coll. Points, Seuil.

c) La thèse du déversement d'emploi et les effets différentiels sur les branches

Cette thèse a été formulée par l'économiste et démographe français Alfred Sauvy[(1)].

Suivant la thèse du **déversement d'emploi**, le progrès technique malgré ses effets immédiats destructeurs d'emplois… est en définitive créateur d'emplois dans d'autres secteurs (notion de déversement), par l'effet revenu qu'il suscite (création de richesse supplémentaire).

L'accroissement de la productivité du travail dans un secteur donné induit la création d'emplois de compensation dans d'autres secteurs.

Cette théorie du « déversement d'emplois » conduit à envisager la création d'emplois dans les **secteurs limitrophes** (par exemple des « fournisseurs ») du secteur atteint par le progrès technique, mais aussi dans **le secteur lui-même** (la baisse des prix induite par l'amélioration de la productivité du travail est source de baisse des prix relatifs et donc d'un accroissement de la demande et de la production) et plus généralement dans de nouvelles activités (le travail « libéré » par le progrès technique rend possible la satisfaction de nouveaux besoins – on retrouve ici les lois d'Engel)[(2)].

(1) A. Sauvy, *La machine et le chômage*, Dunod, 1980.
(2) *Voir dans le manuel d'Économie DCG 5 le chapitre sur la consommation et l'épargne.*

Cette thèse peut être grossièrement illustrée par les mutations d'emplois suivant les activités économiques : en reprenant la décomposition en trois secteurs de Jean Fourastié[1], on peut aisément vérifier un déversement des emplois agricoles vers l'industrie puis vers les services et au-delà une augmentation absolue du nombre d'emplois. Le phénomène est permanent comme le montrent des statistiques contemporaines.

EMPLOI PAR BRANCHE ENTRE 1978 ET 2012 (EN MILLIONS D'EMPLOIS)

	1978	2003	2008	2012	Gains et pertes d'emplois entre 1978 et 2012
Agriculture	2,2	1,1	1,0	0,7	- 1,5
Industrie	5,5	3,7	3,4	3,2	- 2,3
Construction	2,1	1,7	2,0	1,8	- 0,3
Services marchands	7,6	11,4	12,2	13,3	5,7
Services administrés	4,6	6,7	7,0	7,9	3,3
Ensemble	22,0	24,6	25,6	27,0	5,0

Source : d'après données Insee.

On peut relever en particulier le transfert massif des emplois industriels vers les services au cours des vingt dernières années en raison d'importants gains de productivité (les pertes d'emplois industriels vont de pair avec le maintien de la part de l'industrie dans la valeur ajoutée).

Cette vision optimiste des retombées du progrès technique peut être relativisée au moins dans le court terme en raison des nombreuses conditions nécessaires résumées dans le schéma suivant.

LES INCERTITUDES ATTACHÉES À LA THÉORIE DU DÉVERSEMENT

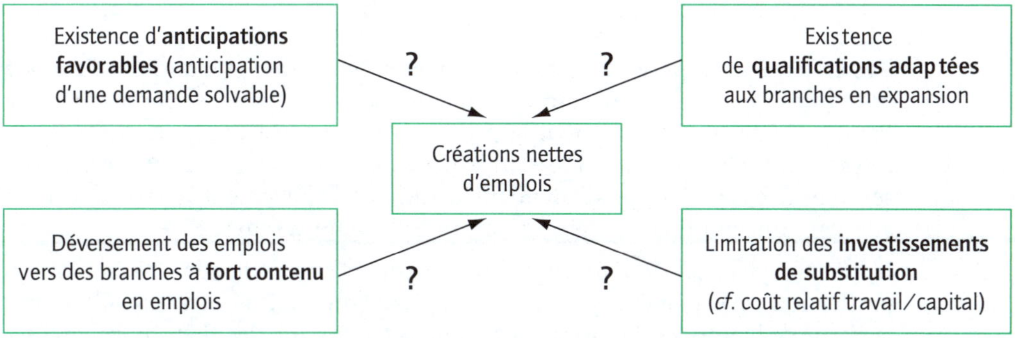

Ainsi les gains de productivité seront d'autant plus créateurs d'emplois :

- que les branches correspondantes prendront les décisions d'investissement correspondantes (sur la base donc d'anticipations favorables) ;
- qu'ils bénéficieront à des branches à fort contenu en emplois (or la demande se porte fréquemment vers les biens dont les prix relatifs diminuent... et à forts gains de productivité) ;

(1) J. Fourastié, *Les Trentes Glorieuses ou la révolution invisible de 1946 à 1975*, Fayard, 1979.

- que ces investissements seront bien des investissements de capacité et ne viseront pas prioritairement la substitution de capital au travail ;
- enfin que les entreprises correspondantes pourront trouver les travailleurs ayant les « nouvelles » qualifications requises.

d) Cycle de productivité et effets retardés

Les incertitudes quant à la transformation effective et rapide des gains de productivité en emplois et l'identification en tout état de cause de délais peuvent être utilement éclairées par la notion de **cycle de productivité**.

Le **cycle de productivité** rend compte des délais fréquents séparant la variation (à la hausse ou à la baisse) de la production et l'ajustement (à la baisse ou à la hausse) des effectifs employés. La variation de la productivité apparaît alors plus comme une **conséquence** (qu'une cause) de la croissance.

REPRÉSENTATION DU CYCLE DE PRODUCTIVITÉ

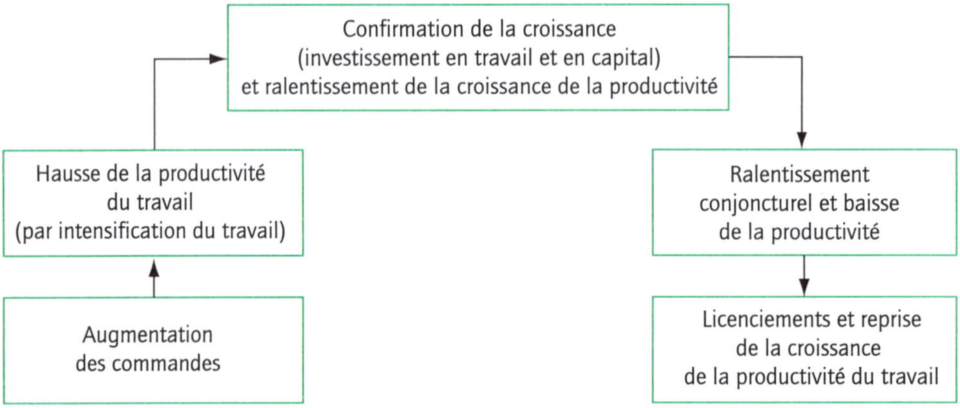

Concrètement, en période de retournement conjoncturel et d'amorce d'un phénomène de croissance, les entreprises commencent par accroître la production à effectifs inchangés faisant monter mécaniquement la productivité du travail puis, au fur et à mesure que la reprise s'installe et se confirme, l'embauche prend le relais… *A contrario*, lorsque l'activité se contracte, les entreprises tendent à différer l'ajustement à la baisse des effectifs en adoptant une pratique de **thésaurisation** de la main-d'œuvre.

L'existence de cycles de productivité traduisant le fait de pouvoir à court terme augmenter la production à effectif inchangé (en particulier par l'intensification du travail) montre clairement le risque de blocage et de parasitage au moins temporaire des effets du progrès technique : les suppressions d'emplois enregistrées dans une branche du fait du progrès technique induisent la croissance dans d'autres branches, mais sans effet immédiat sur l'emploi lui-même.

En définitive, l'analyse de la productivité et l'interprétation de ses effets sur l'emploi sont connus même s'ils gardent leur complexité. L'approche des effets du progrès technique sur la croissance via les gains de productivité montre bien que le passage de la croissance à la création d'emplois reste un processus long et incertain dans lequel les phénomènes d'anticipation des agents (confiance ou non dans l'amélioration durable de la conjoncture) et d'environnement réglementaire (dispositions en matière de création d'emplois et de licenciement, de temps de travail, etc.) sont d'une grande importance.

3. Les enseignements tirés des TIC en matière de productivité et d'emploi

Au carrefour de la comptabilité de la croissance et des nouvelles théories de la croissance, l'essor des TIC est riche d'enseignements sur les effets et la perception économique du progrès technique. Il met en jeu les représentations des économistes et fournit en même temps des clés pour caractériser et affiner les caractéristiques des technologies contemporaines.

3.1 Le champ des TIC

Les technologies de l'information et de la communication (TIC), qualifiées encore de NTIC à la fin des années 1990 forment un ensemble de technologies relevant de plusieurs secteurs économiques. Selon la définition de l'OCDE, les TIC rassemblent les secteurs suivants :

Secteur des TIC

- Secteurs producteurs de TIC (fabrication d'ordinateurs et de matériel informatique, de TV, de postes de radio, etc.)
- Secteurs distributeurs de TIC (commerce de gros de matériel informatique...)
- Secteurs de services de TIC (télécommunications, services informatiques, services audiovisuels...)

3.2 Les effets positifs tardivement reconnus des TIC sur la croissance

L'essor des TIC est déjà ancien aux États-Unis ; pourtant les effets sur la croissance et la productivité du travail ont mis du temps à être reconnus, d'où le fameux paradoxe de Solow.

Le **paradoxe de Solow** désigne la stagnation de la productivité observée aux États-Unis malgré les investissements informatiques massifs des années 1970-1980 ; il a été formulé de la façon suivante par Solow en 1987 : « on voit les ordinateurs partout, sauf dans les statistiques ».

Depuis lors, ce paradoxe a été levé en deux temps : avec le constat d'abord d'un gain significatif de croissance apporté spécifiquement par les secteurs caractéristiques de la nouvelle économie dans la période 1995-2000, puis l'observation de gains de productivité (et donc de croissance) au sein même des secteurs économiques traditionnels (ceux dits de « **l'ancienne économie** »).

En allant plus loin, la croissance soutenue que les États-Unis connaissent à partir de la deuxième moitié des années 1990 est généralement interprétée comme une conséquence de la forte croissance de la productivité du travail, elle-même liée aux investissements massifs en TIC et à la diffusion de leurs effets dans le reste de l'économie. Les moindres performances européennes en général et françaises en particulier sont *a contrario* rapprochées d'un retard en matière de TIC et surtout de R & D.

Ces TIC agissent en profondeur sur l'ensemble des activités économiques en soumettant les autres secteurs à deux types d'effets largement contradictoires : un effet de « **cannibalisation** » avec la destruction de pans entiers de l'économie (commerces, etc.) et un effet de « **pollinisation** » en révolutionnant les modes de production et d'organisation des entreprises. Elles ouvrent ce faisant la voie à un nouveau type d'économie, fondée sur « **la connaissance** » (*cf.* chapitre 3).

3.3 Les secteurs TIC leaders en matière de recherche et d'innovation

Ces secteurs sont en effet en tête de tous les secteurs de l'économie, qu'il s'agisse des dépenses de R&D, du nombre de brevets ou encore des investissements en capital risque. À titre indicatif, les secteurs des TIC ont consacré, en 2007, 130 milliards de dollars de dépenses de R&D, soit 2,5 fois plus que le secteur automobile ou encore 3 fois plus que le secteur pharmaceutique.

LES TRAITS CARACTÉRISTIQUES DE LA R&D MENÉE DANS LES SECTEURS DES TIC

Parmi les traits caractéristiques, on peut retenir notamment :

- les fortes impulsions et l'importance du financement étatique ;
- le développement de partenariats et d'alliances avec les universités, les laboratoires publics et les autres entreprises (notion de « R&D collaborative » et « d'innovation ouverte ») ;
- l'internationalisation de cette R&D et le développement de réseaux mondiaux ;
- le développement de recherches interdisciplinaires associant entreprises de TIC, de nanotechnologies et de biotechnologies.

Ces recherches connaissent des applications socioéconomiques non seulement de plus en plus nombreuses, mais également de plus en plus variées. Elles conditionnent aujourd'hui l'innovation de secteurs aussi différents que la santé, l'environnement, la défense, l'espace ou les transports.

D'après informations tirées de l'ouvrage de l'OCDE, *Perspectives des technologies de l'information*, 2008.

3.4 Un poids significatif des TIC en matière d'emploi

Les statistiques collectées et harmonisées par l'OCDE permettent de se faire une idée de l'importance des secteurs des TIC en matière d'emplois. Ainsi, en 2006, plus de 15 millions de personnes travaillent dans ces secteurs, soit plus de 5 % de l'effectif total des entreprises de l'OCDE. De plus, ces secteurs sont créateurs d'emploi : dans les TIC, celui-ci a cru en moyenne de 0,9 % par an entre 1995 et 2006.

Le caractère créateur d'emploi des secteurs de haute technologie peut d'ailleurs être généralisé.

INTENSITÉ TECHNOLOGIQUE DES INDUSTRIES ET CRÉATIONS D'EMPLOIS

Le classement des secteurs économiques suivant leur intensité technologique

Le classement des secteurs économiques selon leur intensité technologique (appréciés sous la forme du rapport entre les dépenses de R&D et la production ou la valeur ajoutée) permet de distinguer quatre familles d'industries : secteurs de haute technologie (HT), de moyenne haute technologie (MHT), de moyenne faible technologie (MFT) et de faible technologie (FT).

Lien entre intensité technologique et évolution de l'emploi

Les études conduites en France sur l'évolution de l'emploi dans la période 1989-2001 suivant l'intensité technologique sont sans appel : les secteurs ayant détruit le plus d'emplois en France sont l'habillement-cuir (FT), la métallurgie (MFT), le textile (FT) et les combustibles et carburants (FT)..., tandis que les secteurs de haute ou de moyenne haute technologies ont, à l'inverse, vu leurs effectifs croître ou diminuer moins que la moyenne.

D'après *Les nouvelles géographies du capitalisme*, O. Bouba-Olga, Seuil, 2006.

La place des TIC se mesure en définitive moins à leur poids intrinsèque, que l'on raisonne en effectifs ou en valeur ajoutée, qu'à leur capacité d'entraînement sur le reste de l'économie et à leur place majeure au plan de l'innovation. De plus, au-delà des seules TIC, il convient de noter que les créations d'emplois semblent bien corrélées à l'intensité technologique des secteurs et des firmes.

SECTION 4

LES STRATÉGIES DES FIRMES EN MATIÈRE TECHNOLOGIQUE

Traiter des stratégies des firmes en matière technologique est ambitieux compte tenu du nombre infini de variantes stratégiques des firmes sans parler du flou caractérisant souvent le contenu de ce que l'on entend par « stratégie technologique ». Néanmoins on se propose ici de voir en premier lieu la reconnaissance de la technologie comme variable stratégique par les entreprises et la présentation des termes clés du management de la technologie, avant d'indiquer quelques grandes orientations stratégiques des entreprises contemporaines en sachant que ces questions sont abordées plus en détail dans les chapitres 3 et 4 consacrés respectivement à l'économie de la connaissance et aux pôles de compétitivité.

1. La reconnaissance de la place de la technologie comme variable stratégique

La technologie a mis du temps à être considérée comme une variable stratégique clé. Depuis lors a été élaboré tout un ensemble de concepts relevant du management de la technologie… mis plus tard au service de stratégies technologiques.

1.1 La reconnaissance de la technologie comme variable stratégique

Longtemps la technologie a été considérée comme une variable exogène s'imposant à l'entreprise et apparaissant comme « un bien partagé » porteur d'un progrès technique commun aux entreprises d'un même secteur et non susceptible de produire des performances différenciées entre les entreprises d'un même secteur. On retrouve ici l'empreinte des économistes néoclassiques sur la gestion d'entreprise.

TECHNOLOGIE, INNOVATION & MANAGEMENT

L'intégration de la technologie à la stratégie d'entreprise a sans doute comme point de départ les enjeux de l'innovation (rappelons que le concept d'innovation technologique émerge chez Schumpeter dans les années 1930).

Ce n'est cependant qu'à partir des années 1970 que la **technologie émerge comme une variable stratégique** avec son intégration dans la gestion des portefeuilles d'activités et des positionnements stratégiques correspondants dans le cadre des **matrices stratégiques** mises au point par les grands cabinets de consultants américains. En particulier, le degré de maturité des technologies utilisées par une entreprise devient un déterminant important en matière de stratégie.

Une étape est encore franchie dans les années 1980 avec le passage à « **une gestion permanente du patrimoine technologique** » de l'entreprise, qualifiée de « **management des ressources technologiques** » (MRT). Cette période correspond au moment où l'analyse stratégique met l'accent sur « **les ressources internes** » et les « **compétences spécifiques** » des entreprises où la révolution technologique en cours (avec le mouvement d'informatisation) fait de la **technologie** et du savoir-faire technologique **la ressource stratégique** des entreprises. Plus tard, les ressources financières (dans les années 1990), puis les ressources humaines (dans les années 2000) prendront partiellement le relais.

1.2 Inventaire de quelques concepts clés de l'analyse technologique

La conscience de l'importance de la technologie comme enjeu stratégique a conduit à la définition d'un certain nombre de concepts clés de l'analyse technologique, préalable à tout management technologique. Il s'agit notamment des typologies en matière d'innovation, de la notion de cycle de vie d'une technologie, de la schématisation du calendrier de changement de technologie (courbe en S) ainsi que des concepts fondamentaux de « patrimoine technologique » et « d'espace de compétences ».

> Le **patrimoine technologique** d'une entreprise est constitué de toutes les technologies mises en œuvre par une entreprise du point de vue de la conception des produits, des *process* de fabrication, de la gestion, etc.

C'est un élément essentiel pour une entreprise nécessitant une évaluation fine en termes de **maîtrise** (faible à forte), de **maturité** (naissante à obsolète) mais également de **différenciation** (spécificité par rapport aux concurrents) des technologies.

> L'**espace de compétences** est constitué par l'ensemble des marchés et technologies maîtrisés par une entreprise ainsi que le potentiel de progrès.

À partir de là, les axes de développement stratégique possibles peuvent être déduits : extension des technologies actuelles vers de nouveaux marchés, développement de nouvelles technologies sur les marchés existants, etc.

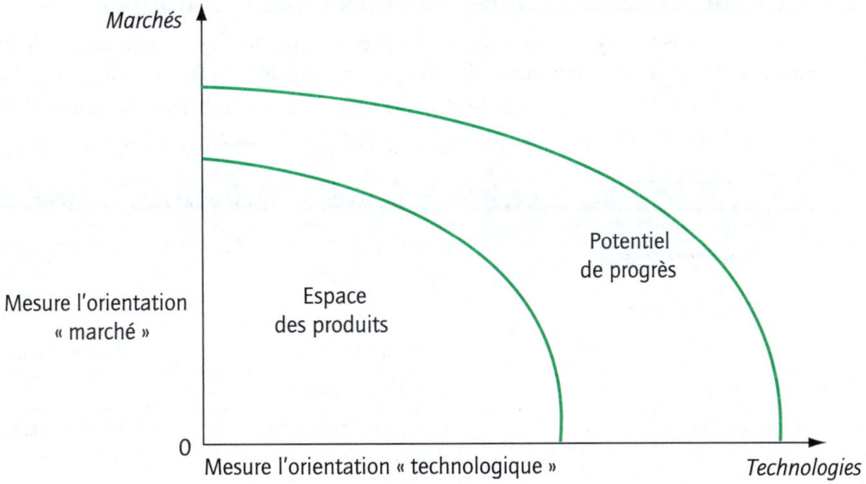

1.3 De l'analyse technologique au management technologique

Le management technologique peut être assimilé à la gestion d'un patrimoine (thèse défendue par J. Morin dans *L'excellence technologique*, 1985) dont il est possible de préciser les grandes lignes.

LES FONCTIONS DU MANAGEMENT TECHNOLOGIQUE

Management technologique

- Surveillance des évolutions technologiques (« veille technologique »)
- Développement de la recherche et de l'innovation
- Protection des innovations
- Optimisation des ressources technologiques (mobilisation des potentiels, croisement des savoir-faire, formation de personnels...)
- Gestion des transferts de technologie
- Gestion du risque technologique

2. Les axes de développement des stratégies technologiques

La première observation est que l'attitude des entreprises face au changement technologique évolue toujours entre deux extrêmes allant de la totale passivité à l'anticipation. D'une façon générale, la tendance est à épouser de plus en plus rapidement le changement technologique et pour un grand nombre à l'anticiper. Ainsi la technologie est devenue un pivot de la stratégie des entreprises au point que certains manuels de gestion évoquent quelquefois « des stratégies technologiques » même si le contenu n'est pas toujours défini de façon précise. Les caractéristiques de la révolution industrielle en cours ainsi que les manœuvres repérables permettent ensuite de mettre l'accent sur quelques enjeux stratégiques contemporains essentiels.

2.1 Les alternatives stratégiques en matière de technologie

Il n'existe pas de typologies de stratégies technologiques usuelles comme il en existe en matière de choix de domaines d'activités, de modalités de la croissance ou encore de modes de croissance. Dès lors, la distinction des stratégies technologiques se fait souvent par référence à des typologies classiques non spécifiques à la technologie.

TYPOLOGIES COURANTES EN MATIÈRE D'ALTERNATIVES STRATÉGIQUES		
Stratégies de domaines	**Stratégies suivant les modalités de la croissance**	**Stratégies suivant l'avantage concurrentiel recherché**
Nature du domaine • Spécialisation	• Croissance interne	• Domination par les coûts
• Intégration • Diversification **Dimension du domaine** • Développement national • Internationalisation	• Croissance externe • Croissance contractuelle (alliances)	• Différenciation • Focalisation

Les stratégies technologiques ont comme dénominateur commun de reposer fondamentalement sur l'**innovation** ; innovation qui peut prendre plusieurs formes (produit, *process*, technique de gestion) et qui constitue en règle générale un avantage concurrentiel fondamental.

Parmi les stratégies courantes faisant intervenir l'innovation et les choix faits spécifiquement en matière de technologie, il est possible de distinguer :

– les stratégies de **leadership** (choix d'être le premier à lancer l'innovation) ou bien de **suiveur** ou d'**imitateur** (introduction de l'innovation en second) pour limiter coûts et risques ;

– les stratégies de **spécialisation technologique** (maîtrise d'une monotechnologie sur un créneau précis) ou des stratégies dites de « **portefeuille de technologies** » (gestion de plusieurs technologies à des stades différents) ;

– les stratégies visant à **exploiter en propre** les innovations (respectivement à les **vendre**) ; à les développer de bout en bout en en gardant **la maîtrise exclusive** (respectivement à les codévelopper par le biais d'**alliances technologiques**), etc.

Enfin, nombre de stratégies technologiques visent avant tout un avantage en termes de **coût et de volume** en recherchant une baisse de coûts et en s'appuyant sur l'effet d'expérience.

2.2 Quelques stratégies technologiques caractéristiques de la période contemporaine

Les caractéristiques de la révolution en cours permettent de repérer quelques tendances fréquentes en matière de stratégies technologiques.

a) Les caractéristiques de la révolution industrielle en cours

LA RÉVOLUTION INDUSTRIELLE ACTUELLE FACE AUX PRÉCÉDENTES	
Précédentes	**Actuelle**
Énergétiques	Technologies actuelles moins consommatrices d'énergie.

☞

Précédentes	Actuelle
Productivistes	Technologies visant souvent à produire mieux (ou sur mesure).
Capitalistiques	Révolution « plus qualitative » et « intellectuelle ». (Accumulation du savoir et du savoir-faire... plus que du capital technique).
Globale	Révolution plus globale encore, s'appuyant sur des **technologies à usage** multiple (*General Purpose Technology)* : les nouvelles technologies du vivant et de l'information ont vocation à s'insérer dans la totalité des secteurs (dans les usines comme dans les bureaux, chez les ménages comme dans les entreprises, dans le domaine de la production comme de la gestion...).

Source : D'après J.-L. Charron *et* S. Sépari, *Organisation et Gestion de l'entreprise*, 1998.

Le trait le plus saillant est sans doute l'importance croissante que prennent les questions du savoir dans les dynamiques nationales et d'entreprise ; d'où le terme « d'économie de la connaissance ».

L'**économie de la connaissance** désigne un nouveau mode de fonctionnement et de développement des économies dans lequel les connaissances et l'organisation des savoirs prennent une importance capitale au point d'être appréhendés comme un nouveau facteur de production.

Dans cette perspective, les stratégies des entreprises comme des États sont commandées de plus en plus par la priorité donnée à la production, l'accumulation, la diffusion mais aussi la protection de ces savoirs et à leur transformation en innovations.

b) Aperçu de quelques stratégies caractéristiques

Sans prétendre à l'exhaustivité, il est possible de repérer un certain nombre de tendances communes à un grand nombre d'entreprises aujourd'hui.

ORIGINE ET NATURE DE QUELQUES STRATÉGIES DOMINANTES AU PLAN TECHNOLOGIQUE	
Caractéristiques des stratégies technologiques	**Motifs et avantages attendus**
Stratégies **relationnelles** en matière technologique : - alliances, accord de recherche, etc. - fonctionnement « en réseau »	• Partager les coûts et les risques • Bénéficier de savoir-faire externes • Accompagner la recomposition des branches industrielles (fusion ou scission d'activités), etc.
Stratégies de **regroupement** (en particulier les services de R & D) dans les mêmes zones économiques	• Obtention de synergies • Circulation du savoir-faire • Disposition sur place des multiples compétences propres aux **projets transversaux**, etc.
Stratégies d'**innovations systématiques** (avec raccourcissement de la durée de vie du produit...)	• Compétitivité • Obtention de positions de « monopole » • Réponse à la volatilité de la demande et des consommateurs, etc.
Stratégies **internationales** - entreprises mondialisées	• Réponse à la mondialisation des marchés et de la concurrence • Nature du facteur de production dominant (l'information et non le capital physique), etc.

Caractéristiques des stratégies technologiques	Motifs et avantages attendus
Recentrage sur les **technologies complexes** et à forte valeur ajoutée (et externalisation de fonctions accessoires)	• Amélioration du positionnement concurrentiel, etc. • Maintien de la flexibilité, etc.

Le constat de ces orientations technologiques ne doit pas masquer le prix élevé en termes d'emplois et de chômage induit par l'accélération des politiques de recentrage, de délocalisation et multilocalisation, d'externalisation toutes constitutives peu ou prou de ces politiques technologiques. Cela implique à la fois de nouvelles exigences en matière de gestion des ressources humaines pour les entreprises (politiques de formation, de gestion prévisionnelle des emplois, etc.) mais aussi l'intervention de l'État pour accompagner les mutations technologiques et ses effets sur l'emploi (*cf.* section 5).

SECTION 5

LES POUVOIRS PUBLICS ET LES POLITIQUES DE LA TECHNOLOGIE ET DE L'EMPLOI

Voici un vaste thème qui mériterait des développements approfondis puisque sont convoquées de nombreuses problématiques : celle de l'attitude générale de l'État face au principe même d'intervention, celle des arbitrages sur la place à donner aux politiques conjoncturelles et structurelles ; les options face au changement technologique (le prendre en charge – le stimuler et accompagner les acteurs – en « soigner » les effets négatifs tels que le **chômage technologique**), etc. Il est bien entendu impossible de traiter ici tous ces aspects dans le détail. On propose donc ici plutôt une réflexion générale, d'une part sur l'évolution de l'interventionnisme de l'État pour créer les conditions de la croissance et l'émergence de politiques qualifiées parfois de « **technologiques** » ; d'autre part, sur les orientations en matière de **politique d'emploi** pour traiter la question du chômage, entre autres celui d'origine technologique. Le lecteur est renvoyé aux chapitres 3 et 4 pour un énoncé précis des politiques technologiques ainsi qu'à d'autres ouvrages pour l'exposition exhaustive des politiques d'emploi et de résorption du chômage(1).

1. L'orientation vers les politiques structurelles et les politiques d'environnement compétitif

L'évolution de la politique économique des Trente Glorieuses à nos jours est marquée d'un glissement progressif des politiques conjoncturelles vers les politiques structurelles. Les politiques structurelles elles-mêmes tendent à basculer d'une orientation interventionniste de type « politique industrielle » à des actions d'élargissement des mécanismes de marché ou encore à des politiques d'environnement qualifiées quelquefois de « politiques technologiques ».

1.1 Des politiques conjoncturelles aux politiques structurelles

Traditionnellement, on distingue au sein des politiques économiques : les **politiques** dites **conjoncturelles** qui visent à lisser les cycles et à amortir les chocs économiques sur le court terme

(1) Voir par exemple le manuel d'Économie, DCG 5, des mêmes auteurs, chapitre 17 « Marché du travail, emploi, chômage » (Dunod Éd.).

et les **politiques structurelles** dont l'objet est d'agir sur les structures économiques et sociales afin de créer les conditions de la pérennité de la croissance dans le moyen et le long termes.

Les politiques dites « conjoncturelles » ont été progressivement abandonnées ou tout au moins réduites dans leur ampleur à partir de la fin des années 1970 en raison d'échecs économiques répétés (cas des relances conduites en 1975 et 1981 en France), des nombreuses critiques faites par les courants libéraux, enfin à la suite de changements institutionnels, notamment la création de l'UEM (avec une politique monétaire commune et des politiques budgétaires nationales contraintes). On peut noter cependant que l'année 2009 a vu le grand retour des politiques de relance keynésiennes en riposte à la récession profonde de l'économie mondiale ; un retour de courte durée puisque 2 ans plus tard les politiques économiques notamment européennes s'orientent vers prioritairement la réduction des déficits publics dans un contexte (pourtant) de crise économique.

De façon générale, l'accent a été mis depuis les années 1980 sur les politiques structurelles qui visent à créer les conditions d'une croissance de long terme. Conduites depuis fort longtemps, elles ont toutefois changé fondamentalement de nature et d'orientation avec le temps.

1.2 Des politiques industrielles interventionnistes aux politiques d'environnement compétitif

Pendant les Trente Glorieuses, la politique structurelle a pris la forme d'une intervention massive de l'État avec la constitution d'un large secteur public, des concours financiers importants à l'industrie et la mise en place d'une planification indicative, tandis que l'Europe conduisait une politique de soutien massif à l'agriculture (la PAC).

Les années 1980 marquent un nouvel élan des politiques structurelles, mais cette fois-ci d'inspiration nettement libérale.

TYPOLOGIE DES POLITIQUES STRUCTURELLES

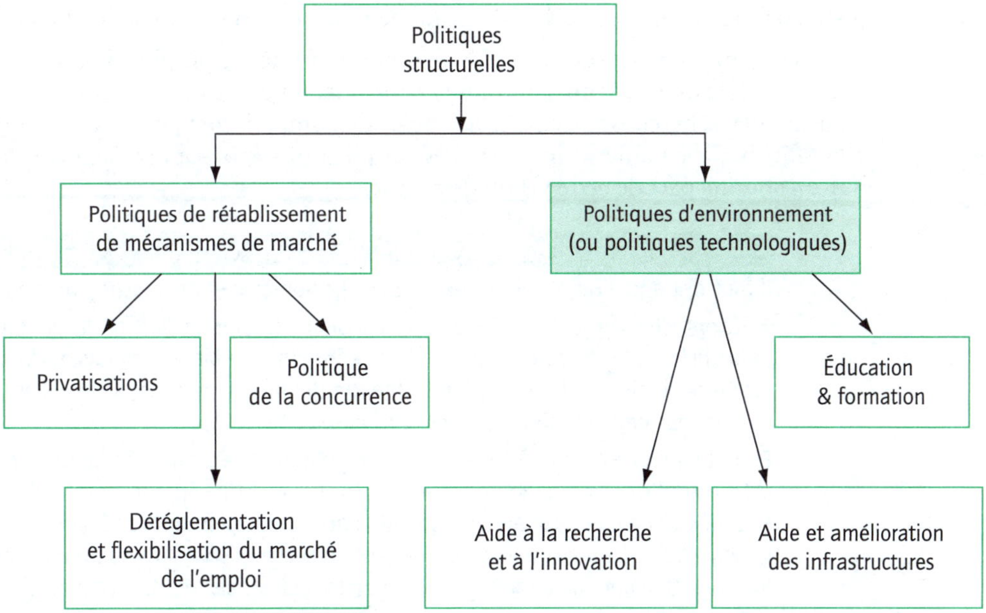

Ces politiques partent du principe que la croissance est fondamentalement une question d'**offre**. Les politiques structurelles visent à créer les conditions d'une offre compétitive en supprimant les réglementations de toute nature, source de rigidités pour les entreprises, en assouplissant les règles régissant le marché du travail, en ouvrant les marchés à la concurrence ou encore en abolissant les monopoles publics.

Sur un autre plan, les pouvoirs publics entendent également **améliorer l'environnement des entreprises** en agissant en amont des marchés par l'aide et le soutien à la recherche, à l'innovation, à la formation ; ces actions relèvent des politiques technologiques au sens strict du terme et traduisent au passage le succès de la théorie endogène de la croissance (*cf.* section 2).

Les « **politiques technologiques** » désignent en règle générale l'action des pouvoirs publics visant à favoriser la création d'externalités positives pour l'ensemble des branches d'activité.

Il s'agit donc fondamentalement de créer un environnement favorable à la croissance économique tout en choisissant les formes d'action les plus aptes à respecter les mécanismes de marché : l'État apporte ainsi les investissements nécessaires en infrastructures, en éducation, etc. ; il facilite les conditions de la recherche et de l'innovation par des dispositions fiscales, sociales, juridiques tout en laissant l'initiative et la gestion de ces activités à des structures privées de préférence. Les chapitres 3 et 4 détaillent les orientations actuelles prises en ce sens en liaison avec l'affirmation d'une **économie du savoir et de la connaissance**.

1.3 Vers un retour des politiques industrielles interventionnistes ?

• Depuis le milieu des années 2000, on assiste au retour de politiques industrielles selon une approche interventionniste (dite « **verticale** ») avec le sauvetage par l'Etat de l'entreprise Alstom en 2003, la création du Fonds stratégique d'investissement qui a vocation à prendre des participations dans des entreprises en 2008, le retour des grands programmes en 2010 avec l'aide massive au secteur automobile (prime à la casse, prêts importants aux entreprises du secteur) ou encore la création de la Banque publique d'investissement en 2012.

• Dans la même période, des mesures répondant à une vision plus libérale de la politique industrielle (vision dite « **horizontale** ») continuent à être prises : montée en puissance du crédit impôt-recherche, lancement des pôles de compétitivité en 2004 (le modèle est celui de la Silicon Valley américaine) etc. Les propositions du rapport Gallois (2012) relèvent pour une bonne part de cette vision des choses.

DEUX GRANDS TYPES DE POLITIQUES INDUSTRIELLES

Il faut distinguer deux approches : l'approche verticale et l'approche horizontale

• **L'approche verticale** correspond à la vision « traditionnelle » de la politique industrielle en France : c'est une politique interventionniste et dirigiste. L'orientation générale est de piloter l'industrie, de définir des priorités sectorielles, de prendre des participations dans les entreprises...

En fait il faut distinguer 3 sous-familles de politiques verticales : celles de « *l'État mécano-industriel* », qui agit directement sur les structures productives, celles de « *L'Etat-brancardier* » qui apporte son aide aux secteurs en difficulté, enfin celles « *L'État-stratège* » qui soutient directement les secteurs stratégiques pour le pays, au travers d'une aide aux grands projets industriels et du soutien à des « *champions* » nationaux ou européens (travaux du C.A.E.)

• **L'approche horizontale** est elle d'inspiration plus libérale et conforme aux orientations de l'UE. Elle vise plutôt à prendre des mesures pour créer des conditions, des environnements économiques et des cadres réglementaires favorables à l'industrie.

Source : d'après *La politique industrielle* en France, 2013, BSI Economics.

Ainsi avec les années 2000 on assiste à un retour des politiques industrielles suivant des formes mouvantes plus ou moins dirigistes, plus ou moins sectorielles avec des réorientations successives non exemptes de confusion. L'accent est mis en 2013 sur la mobilisation de moyens financiers importants (dans le cadre du CICE) et la définition de priorités (transition écologique et énergétique, l'économie du vivant, les nouvelles technologies)

Globalement on constatera que les mesures nombreuses successivement mises en œuvre n'ont pas réussi jusqu'ici à infléchir le grand mouvement de désindustrialisation.

2. Les politiques d'emploi face au « chômage technologique »

Il est difficile sinon impossible d'isoler de façon nette les mesures prises contre le chômage technologique dans la mesure où celui-ci comporte non seulement des emplois supprimés (suite à des changements de technologies), mais résulte également d'emplois non créés en raison de l'usage de nouvelles technologies ou en raison de l'absence ou de l'insuffisance des actifs ayant les qualités requises pour de nouveaux postes intégrant de nouvelles technologies. Dans ces conditions, on propose ici un tableau des principales politiques d'emploi avec leurs caractéristiques essentielles et leur lien éventuel avec les enjeux technologiques.

2.1 Des politiques passives aux politiques actives

Il existe plusieurs façons de classer les politiques d'emploi ; l'une des plus communes consiste à distinguer les **politiques** dites « **passives** » consistant à indemniser le chômage et subventionner le retrait de l'activité, des **politiques actives** visant à soutenir la création d'emplois.

Ces deux types de politique continuent à exister ; mais la tendance depuis les années 1990 est aux politiques actives suivant en cela d'ailleurs les orientations de l'UE (on parle d'**activation des dépenses**). Signe des temps : la solution des départs en préretraite financés très largement par les pouvoirs publics est en principe révolue.

2.2 Les principales alternatives en matière de politique d'emploi

Type de politique	Avantages & inconvénients	Lien avec le changement technologique
Emplois aidés	Action rapide - grande efficacité Mais risque d'effet d'aubaine, problème du pilotage des dispositifs, etc.	
Allègement de charges	Efficacité pour les emplois peu qualifiés Mais phénomène de trappe à salaires, ralentissement de la productivité, coût élevé pour les finances publiques...	Le changement technologique tend globalement à favoriser les emplois qualifiés

☞

☞

Type de politique	Avantages & inconvénients	Lien avec le changement technologique
Réduction du temps de travail (RTT)	Création de nombreux emplois Coût élevé pour les finances publiques, effet d'aubaine, stagnation des rémunérations, etc.	Le changement technologique peut être perçu comme conduisant à une raréfaction des emplois... qu'il convient alors de partager.
Réforme du marché du travail	Élimination de rigidités favorables Mais difficultés et opposition politique et sociale à la mise en œuvre de telles réformes Risque d'augmentation à court terme du chômage	Les nouvelles technologies fonctionnent dans un contexte de flexibilité accrue des organisations au plan international.

Toutes ces politiques sont utilisées tour à tour non sans résultats, mais toujours avec des incidences lourdes (du type coût élevé pour les finances publiques, dégradation de la productivité, construction de nouvelles rigidités suivant les cas). Ainsi les politiques d'allègement de charges, comme la RTT, menées avec la volonté « d'enrichir la croissance en emplois » ont conduit à un ralentissement des gains de productivité du travail (dont on a vu l'importance pour la croissance).

Dans le courant des années 2000, l'une des orientations principales des pays européens en matière de politique d'emploi a consisté à réformer le **marché du travail** avec des modifications du droit du licenciement, des conditions d'indemnisation du chômage, etc., visant à faciliter les mouvements d'entrée-sortie sur le marché du travail, mesures faisant écho à l'impératif de flexibilité réclamé par les entreprises sous l'emprise elles-mêmes d'un changement technologique accéléré.

En France, d'importants débats ont porté sur l'opportunité et la manière de promouvoir le modèle dit de « **flexisécurité** » (ou modèle danois), toute la question étant de définir le bon dosage entre les mesures améliorant la flexibilité (des entreprises) et celles assurant une meilleure sécurité aux travailleurs (que ce soit en termes d'allocations chômage ou encore de capacité à retrouver un nouvel emploi). Tout un ensemble de mesures ont été prises dans cette perspective, notamment dans le cadre de la loi dite de « modernisation du marché du travail » de 2008. Parmi les mesures à retenir, on peut citer la création du Pôle emploi par fusion de l'ANPE et de l'UNEDIC, la création de la convention de reclassement personnalisé (CRP), le contrat de transition professionnelle (CTP), la reconnaissance de la possibilité « d'une rupture conventionnelle du CDI » à côté de la démission et du licenciement, la création d'un nouveau contrat de travail destiné aux ingénieurs, etc.

Depuis 2012 et le changement de gouvernement l'accent est mis à nouveau sur les **emplois aidés** (poursuite des contrats uniques d'insertion, mise en place des emplois d'avenir et des contrats de génération).

> Un **contrat aidé** est un contrat de travail dérogatoire au droit commun visant à diminuer les coûts d'embauche et/ou de formation pour l'employeur, par des aides directes ou indirectes. Ces emplois aidés sont généralement accessibles à des « publics cibles ».

Il entend également relancer la politique de baisse du coût du travail avec la création du crédit d'impôt compétitivité-emploi (en 2012) puis les exonérations importantes de cotisations patronales prévues dans le cadre du pacte de responsabilité (2014).

D'autres pistes restent envisageables : « taxation » des licenciements suivant le principe du pollueur-payeur, nouvelle réduction du temps de travail (promotion du temps partiel, création d'un droit à un congé sabbatique rémunéré), assouplissement de la politique de rigueur… Ces différentes possibilités comportent bien sûr toutes, des difficultés et inconvénients de mise en œuvre.

RÉSUMÉ

Croissance et emploi vont globalement de pair, même si la relation comporte certaines imperfections. Compte tenu de l'importance du chômage, il devient essentiel de bien identifier les ressorts de la croissance. Les travaux portant sur « la comptabilité de la croissance » apportent de ce point de vue un éclairage bien utile sur la contribution majeure du progrès technique à la croissance ; éclairage qui a conduit les économistes à proposer de nouvelles théories de la croissance faisant une large part au progrès technique. La contribution du progrès technique à l'emploi est cependant plus complexe à établir compte tenu de ses effets diversifiés ; ses effets à court terme restent d'ailleurs souvent indéterminés.

L'importance du progrès technique se mesure aussi à l'engagement important des acteurs économiques, tout particulièrement dans le contexte du développement d'une « économie de la connaissance ». La maîtrise du changement technologique est devenue ainsi un enjeu essentiel pour les entreprises tandis que l'État engage un redéploiement de ses missions vers des activités créatrices d'externalités positives (recherche, formation, etc.). Le changement technologique appelle également l'intervention de l'État dans une autre direction : celle de la résolution des problèmes d'emploi. Cette question est d'autant plus cruciale qu'aux effets du changement technologique sur l'emploi, peuvent s'ajouter les conséquences de la récession économique.

SUMMARY

Growth and employment generally go hand in hand, even though it is an imperfect correlation in some respects. Given high and persistent unemployment, identifying factors of growth becomes a necessity. In this respect, the work carried out over the years on "growth accounting" sheds a useful light on the major contribution of technical progress to growth; and this new perspective has led economists to offer new theories of growth in which technical progress takes the lion's share. Yet, given the wide range of effects it produces, it is more complex to determine to what extent technical progress contributes to employment; in fact, its short-term effects often remain undetermined.

The growing involvement of economic players – particularly in connection to the development of a "knowledge-based economy" – is another measure of the major role played by technical progress. Mastering of technological change has thus become a crucial stake for firms, while there has been a fundamental shift in the role of the State, towards externality-generating activities (such as promoting research, training etc.). Technological change also calls for state intervention in another direction, through the implementation of policies to encourage employment. This issue is all the more crucial as the consequences of the downturn may add up to the effects of technological change on employment.

MOTS CLÉS

En français	En anglais
Agence pour l'emploi	Employment agency
Allègement de charges (sociales)	Reduction of social benefits
Allocation chômage	Unemployment benefits, dole (BE)
Capital humain	Human capital
Capital physique	Physical capital
Changement technique	Technical change
Changement technologique	Technological change
Chômage (être au)	to be unemployed, to be on the dole (BE)
Chômage technologique	Technological unemployment
Chômeurs (les)	the unemployed, the jobless
Comptabilité de la croissance	Growth accounting
Contrat aidé	Subsidized contract
Création d'emploi	Job creation
Crise de la dette souveraine	sovereign debt crisis
Crise des subprimes	subprime crisis
Crise économique	Economic crisis, recession, downturn, slump
Croissance	Growth
Croissance endogène	Endogeneous growth
Croissance extensive	Extensive growth

Croissance intensive	Intensive growth
Cycle de productivité	Productivity cycle
Délocalisation	Relocation, offshoring
Destruction créatrice	Creative destruction
Déversement d'emploi	Job creation down the line ; spillover effect
Économie de la connaissance	Knowledge (– based) economy
Éducation (politique)	Education
Emplois aidés	Subsidised jobs (subsidized AE)
L'emploi	Employment (invariable, pas d'article)
Un emploi	A job (*pl.* : jobs)
Espace de compétence	Competence area
Externalisation	Outsourcing
Formation	Training
Gains de productivité	Productivity gains
Innovation	Innovation
Intensité capitalistique	Capital intensity
Invention	Invention
Licenciements	Layoffs
Licencier	Lay off
Licencié (être)	Be laid off, be made redundant (BE)
Nouvelle économie	New economy
Paradoxe de Solow	Solow's paradox *(pas d'article)*
Patrimoine technologique	Technological resources/patrimony
Pertes d'emplois	Job losses
Plan social	Redundancy scheme
Pôle de compétitivité	Technopole, industrial cluster
Politique active (de l'emploi)	Active (employment) policy
Politique conjoncturelle	*Ad hoc* policy
Politique industrielle	Industrial policy
Politique passive (de l'emploi)	Passive (employment) policy
Politique structurelle	Structural policy
Politique technologique	Technological policy
Productivité du travail	Labour productivity
Productivité globale des facteurs (PGF)	Total factor productivity
Progrès technique	Technological progress

Récession	Recession, downturn, slump
Recherche et développement	Research and Development (R & D)
Résidu	Residue
Révolution industrielle	Industrial revolution
Sous-traitance	Subcontracting
Sous-traitant	Subcontractor
Supprimer des emplois	Downsize, cut jobs, slash jobs
Sureffectif	Overstaffing
Techniques	Techniques, procedures
Technologie	Technology
Technologie de l'information et de la communication (TIC)	Information and Communication Technologies (ICT)

RÉFÉRENCES BIBLIOGRAPHIQUES

- P. Aghion et P. Howitt, *L'Économie de la croissance*, Economica, 2010.
- P.N.Giraud et T.Weill, *L'industrie française décroche-t-elle* ? La documentation française, 2013.
- « Chômage – Les solutions au banc d'essai », *Alternatives économiques* n° 333 mars 2014
- « Chômage : a-t-on vraiment tout essayé ? », *Alternatives économiques* n° 99, 1er trim 2014
- D. Guellec et P. Ralle, *Les nouvelles théories de la croissance*, La Découverte, coll. Repères, 5e éd., 2003.
- « Croissance et Innovation », *Cahiers français*, La Documentation française, n° 323, déc. 2004.
- Commissariat général au plan, *La France dans l'économie du savoir*, La Documentation française, 2002.
- D. Foray, *L'Économie de la connaissance*, La Découverte, coll. Repères, 2000.
- M. Montoussé, « La croissance », Cahiers français : Découverte de l'économie – concepts, mécanismes et théories économiques, La Documentation française, n°345, 2008.
- « Productivité et temps de travail », *Problèmes économiques*, La Documentation française, n° 2870, mars 2005

SITES INTERNET

- www.insee.fr (données économiques sur la France)
- www.oecd.org (études et statistiques sur l'industrie, les technologies, l'innovation… dans les pays de l'OCDE)
- www.travail-emploi.gouv.fr (site du ministère du Travail, de l'Emploi et du dialogue social : études et statistiques sur l'emploi et le chômage)
- www.economie.gouv.fr (indication des différentes sources fournissant des statistiques industrielles et sectorielles en France et en Europe)
- http://europa.eu/index_fr.htm (accès aux statistiques européennes macroéconomiques, sectorielles, etc.)

APPLICATION 1

Thèmes et questions de réflexion

1. La croissance va-t-elle de pair avec l'amélioration de l'emploi ?

   Does employment improve with growth?

2. En quoi consiste la théorie de la croissance endogène ?

   What does the theory of endogenous growth consist in?

3. Quels sont les effets du progrès technique sur les qualifications ?

   What are the effects of technical progress on skills?

4. En quoi consistent « les stratégies technologiques » des entreprises ?

   What is meant by corporate technological strategies?

5. En quoi consiste « la comptabilité de la croissance » ?

   What is "growth accounting"?

6. Le progrès technique aggrave-t-il fondamentalement le chômage ?

   Does technical progress increase unemployment?

7. Quelle place occupe le progrès technique dans les théories de la croissance ?

   What role does technical progress play in growth theories?

8. Quels sont les différents comportements repérables chez les entreprises en matière d'innovation ?

   What are the various corporate behaviours that can be pointed out regarding innovation?

9. De quelle façon les pouvoirs publics peuvent-ils contribuer à l'engagement des entreprises dans les nouvelles technologies ?

How can governments contribute to firms' involvement in new technologies?

10. Quelle réponse les pouvoirs publics peuvent-ils apporter au développement d'un chômage lié aux nouvelles technologies ?

How can governments respond to increasing unemployment linked to new technologies?

QUESTION

Répondre succinctement aux cinq premières questions.

APPLICATION 2

Extrait de texte en anglais

Return of a conundrum[1]

As technology devours jobs at an increasing rate, the conflict at the heart of the market economy is becoming irreconcilable

We are losing jobs all over the world. It has reached crisis proportions. In 1995, 800 million people were unemployed or underemployed. Today, more than a billion fall into one of these categories.

Even in America and Europe, millions of workers find themselves under-employed or without jobs and with little hope of obtaining full-time employment. [...]

Where have all the factory jobs gone? It has become fashionable, of late, to blame the high unemployment on companies relocating their production facilities to China. It is true that China is producing and exporting a far greater percentage of manufacturing goods, but a new study by Alliance Capital Management has found that manufacturing jobs are being eliminated even faster in China than in any other country. Between 1995 and 2002, China lost more than 15m factory jobs, 15% of its total manufacturing workforce.

There's more bad news. According to Alliance Capital, 31m manufacturing jobs were eliminated between 1995 and 2002 in the world's twenty largest economies. [...]

If the current rate of decline continues – and it is more than likely to accelerate – manufacturing employment will dwindle from the current 164m jobs to just a few million by 2040, virtually ending the era of mass factory labour.

Now the white-collar and services industries are experiencing similar job losses, as intelligent technologies replace more and more workers. Banking, insurance, and the wholesale and retail sectors are introducing smart technologies into every aspect of their business operations, fast eliminating support personnel in the process. [...]

As far back as the late 1980s, industry analysts were warning that automation would eliminate more and more jobs. Because their forecasts proved somewhat premature, the public was lulled into believing that automation was not a problem. Now, however, the software, computer and telecom revolutions, and the proliferation of smart technologies, are finally causing job losses in every country.

(1) Conundrum = puzzle, enigma, mystery.

Industry observers expect the decline in white-collar jobs to shadow the decline in manufacturing jobs during the next four decades, as companies, whole industries, and the world economy become connected in a global neural network.

The old logic that technology gains and advances in productivity destroy old jobs but create as many new ones is no longer true. The US is enjoying its steepest rise in productivity since 1950. In the third quarter of 2003, productivity soared by 9.5%, yet the ranks of the unemployed remain high.

Economists have long argued that productivity allows firms to produce more goods and services at cheaper costs. Cheaper goods and services, in turn, stimulate demand. The increase in demand leads to more production and services and greater productivity, which, in turn, increases demand even more, in a never-ending cycle. [...]

The problem is that this theory appears to be no longer applicable. The US steel industry is typical of the transition taking place. In the past 20 years, steel production rose from 75m tonnes to 102m tonnes. In the same period, from 1982 to 2002, the number of steelworkers in the US declined from 289,000 to 74,000. "Even if manufacturing holds on to its share of GDP," says University of Michigan economist Donald Grimes, "we are likely to continue to lose jobs because of productivity growth." He laments that there is little we can do about it. "It's like fighting a strong headwind."

Herein lies the conundrum. If dramatic advances in productivity can replace more and more human labour, resulting in more workers losing their jobs, where will the consumer demand come from to buy all the potential new products and services? We are being forced to face up to an inherent contradiction at the heart of our market economy that has been present since the very beginning, but is only now becoming irreconcilable.

Greatly increased productivity has been at the expense of more workers being marginalised into part-time employment or being laid off. A shrinking workforce, however, means diminished income, reduced consumer demand, and an economy unable to grow. This is the new structural reality that government and business leaders and so many economists are reluctant to acknowledge.

Jeremy Rifkin, *The Guardian*, March 2nd, 2004.

1) Questions de compréhension

Résumé : exercice « right or wrong »

Say whether the following statements are right or wrong and tick the box. When wrong, give the right answer.

Yes	No	
		a) All over the world, more and more workers are becoming jobless or working part-time.
		b) Lots of western companies are relocating to China. That's the reason why in China manufacturing jobs have soared.
		c) In western countries, the number of manufacturing jobs will plummet in the next thirty years.
		d) Intelligent technologies increase the need for companies to hire more workers.
		e) Despite the warnings of economists, the public thought automation was not a problem.
		f) The decline in manufacturing jobs will be felt more acutely than the decline in white-collar jobs.
		g) As productivity rises, unemployment increases
		h) More demand means more production, more services, and more productivity.

		i) The contradiction lies in the fact that as productivity rises, there are more products and services on the market. But as advances in technology also create unemployment, there are fewer and fewer people to buy goods and services.

Vocabulaire : jeu de paires

Match the following words with their equivalent:

conumdrum	unwilling
dwindle	shrink
lull	contradiction
reluctant	tranquillize

2) Questions grammaticales

Verb forms

a) Observe the following verb forms taken from the text:

- Manufacturing jobs are being eliminated
- We are losing jobs all over
- The increase in demand leads to more production
- Herein lies the conundrum

Say why the author uses the present continuous or the simple present.

b) Now fill in the blanks in the following text with the proper verb form:

Nowadays more and more companies .... (relocate) to China, that's why millions of industrial jobs .... (be lost) in western countries. Therefore workers .... (experience) unemployment. Moreover every day intelligent technologies .... (replace) and .... (eliminate) human labour

Numérateurs

c) Observe the following expressions taken from the text:

- Eighty million people
- Millions of workers
- 31m manufacturing jobs (thirty one million)

d) Now make sentences with the following words

- Yesterday/thousand/workers/demonstrated.
- In 2050/ the world population/ will reach/nine/billion/inhabitants.
- Several/hundred/spectators/attended/the concert
- 800/million/workers/lost/their/jobs
- A few/dozen/protesters/were blocking/access to the factory

3) Questions économiques

1. La perte d'emplois industriels concerne-t-elle seulement le « club » des grands pays industrialisés ?

   Do industrial job losses only affect the « club » of major industrialised countries?

2. J. Rifkin parle d'une « logique ancienne » suivant laquelle le changement technologique et les progrès de la productivité suppriment des emplois mais en créent d'autres ailleurs. À quelle(s) analyse(s) économique(s) fait-il référence ?

   J. Rifkin speaks about the "old logic [stating] that technology gains and advances in productivity destroy old jobs but create as many new ones". Which economic analysis(es) does he refer to?

3. Comment la France a-t-elle fait face aux effets négatifs du progrès technique sur l'emploi ?

   How has France coped with the negative effects of technical progress on employment?

4) Thème de réflexion

Dans un exposé ramassé, vous rappellerez comment J. Rifkin(1) défend la thèse d'un progrès technique à l'origine de pertes nettes et massives avant de montrer en quoi cette thèse peut être discutée et réfutée.

(1) *Jeremy Rifkin is the author of The End of Work : The Decline of the Global Labor Force and the Dawn of the Post-Market Era. He is president of the Foundation on Economic Trend in Washington.*

3
CHAPITRE

L'économie de la connaissance et de l'immatériel

Dans l'histoire économique, la connaissance a toujours été considérée comme un facteur clé synonyme d'innovation. Elle permettait alors la réalisation de progrès à la fois sur les produits et sur les processus. Cette connaissance de nature technique puis scientifique était détenue par une petite élite d'innovateurs et d'entrepreneurs. Pourquoi parler alors aujourd'hui d'économie de la connaissance ? Une première raison apparaît avec la montée en puissance de l'immatériel qui s'exprime notamment par la part croissante occupée par le secteur tertiaire. L'idée que nous serions entrés dans l'ère post-industrielle incite à penser que les choses de l'esprit vont occuper une place toujours accrue. L'économie de la connaissance amènerait à considérer que cette dernière est un bien, certes particulier, mais qui comme tout bien peut faire l'objet d'un échange. Toutefois, on se doit de constater que les savoirs sont à l'origine de phénomènes cumulatifs (la connaissance génère la connaissance) et qu'ils sont nécessaires au progrès économique mais pour certains également indispensables pour le bien être social (connaissances médicales par exemple).

Une deuxième série de raisons met en lumière le déplacement de la connaissance dans l'entreprise. Pendant longtemps, figée dans les produits et les processus, elle émerge de tous les membres de l'entreprise et se diffuse dans toute l'organisation. Il s'agit alors pour les firmes de capter ces nouveaux savoirs, de les codifier s'ils sont tacites, de les transmettre et de les protéger. Au-delà de ces nouvelles stratégies d'entreprise, des débats plus traditionnels sont toujours d'actualité et prennent de nouvelles dimensions. On pense ici au rôle respectif du secteur public et du secteur privé dans la production et la protection des connaissances. Les pouvoirs publics se doivent d'être vigilants face au risque d'une trop grande privatisation des savoirs. Enfin, face à de nouvelles formes de division du travail basées sur la connaissance, les États doivent trouver des stratégies pour stimuler la recherche-développement. C'est notamment dans ce sens que travaillent les autorités européennes depuis le sommet de Lisbonne en l'an 2000.

SECTION 1

DE NOUVELLES APPROCHES DE LA CONNAISSANCE EN ÉCONOMIE

À partir de la révolution industrielle, l'innovation devient le moteur essentiel du développement économique par la mise en valeur de nouvelles connaissances. Le savoir est donc depuis plusieurs siècles au cœur du raisonnement économique. Toutefois avec la part prépondérante qu'occupe aujourd'hui l'immatériel, de nombreux auteurs ont enrichi la réflexion sur ce que l'on appelle l'économie fondée sur la connaissance.

1. La connaissance à la base du développement économique

La révolution industrielle est l'événement historique qui donne naissance à de nouvelles formes de mécanismes économiques qui permettent à certains pays d'entrer dans l'ère du développement. Le développement économique est permis par les vagues d'innovations auxquelles on assiste au XVIIIe siècle en Angleterre puis au XIXe sur une plus grande échelle. Le progrès technique s'inscrit dans une logique productive et marchande. Les connaissances sont ainsi mises au service de l'économie et sont finalement à l'origine du développement. Quelques interrogations subsistent pour bien comprendre le processus d'accumulation continue des connaissances qui se déroule en Europe alors qu'en Chine et dans les empires musulmans au passé scientifique et technique comparable, on constate une très forte stagnation.

On peut trouver une première raison dans l'émergence des régimes politiques qui s'éloignent de l'absolutisme et autorisent une plus grande prise d'initiative des individus. Le déclin de la religion catholique comme force politique peu favorable à la recherche technique et scientifique expliquerait la mise en valeur de connaissances à des fins qui ne soient plus essentiellement spirituelles.

SUR LE RÔLE POSITIF DE L'ÉGLISE EN MATIÈRE D'INNOVATIONS

« L'Église joua un rôle important dans ce processus continu d'innovations en tant que gardienne du savoir et école de techniciens. On aurait pu s'attendre à tout autre chose, à voir la spiritualité organisée, avec son insistance sur la prière et la contemplation, se désintéressant de la technologie. L'Église, pour qui le travail était le châtiment de la faute originelle, ne chercherait sans doute pas à adoucir la sanction. Et cependant tout conspira en sens contraire : le désir de libérer les religieux des tâches bassement matérielles qui les accaparaient conduisit à l'adoption et à la diffusion de machines productrices d'énergie et les cisterciens n'hésitèrent pas à faire appel à une main-d'œuvre extérieure pour s'occuper des travaux ingrats. L'embauche d'individus entraîna à son tour un intérêt marqué pour le temps et la productivité. Tout cela amena le développement sur les terres monacales d'assemblages remarquables de machines mues par l'eau, de montages complexes qui visaient à tirer le meilleur parti de l'énergie disponible et à la distribuer au moyen d'une série d'opérations industrielles. »

David S. Landes, The Wealth and Poverty of Nations: Why some are so rich and some so Poor, 1998. Trad. française : *Richesse et pauvreté des Nations*, Albin Michel, 2000.

À partir du XVIIIe siècle, la recherche intellectuelle va s'intensifier en Europe stimulée notamment par les pouvoirs en place. Dans un premier temps, s'exprime une volonté de comprendre les phénomènes naturels. D'autre part, l'utilisation des mathématiques s'intensifie car elles permettent de décrire les observations et de formuler les résultats de façon précise. Se développe enfin l'expérimentation qui traduit l'ambition, par une attitude active, de provoquer les phénomènes pour mieux les comprendre.

Un fait important pour apprécier l'avance scientifique que va prendre l'Europe réside dans le morcellement du territoire en de nombreux États nations (contrairement aux empires chinois et musulman). De cette configuration géographique et politique va naître, en effet, une concurrence et une compétition favorables aux progrès techniques et scientifiques. Mais, s'il y a rivalité, celle-ci s'exerce dans le cadre d'une véritable communauté scientifique européenne dans laquelle les idées circulent et ce d'autant plus facilement qu'existe à l'époque une langue commune : le latin.

Mais la course au prestige et aux honneurs ne suffit pas à expliquer les progrès techniques et scientifiques qu'enregistre l'Europe au XVIIIe et au XIXe siècles. Les structures politiques, juridiques et sociales vont stimuler l'émergence de nouvelles connaissances car pour la première fois dans l'histoire l'inventeur, l'innovateur va pouvoir percevoir les fruits de ses découvertes. Le prélèvement d'un impôt fixe (forfaitaire) et non plus proportionnel pousse, par exemple, à la prise d'initiative en garantissant une rémunération plus intéressante à celui qui est à l'origine du progrès et aux financiers qui ont pu le soutenir dans son entreprise. De même, comme le mentionne le prix Nobel d'économie North (1993), l'apparition des brevets d'invention (dès le XVe siècle) est un élément déterminant dans le déclenchement de la révolution industrielle.

Il n'est donc pas étonnant que ce soit en Angleterre, pays où les mutations politiques ont peut-être été les plus importantes et les plus précoces, que les innovations se sont révélées les plus nombreuses et les plus spectaculaires.

LES AVANCÉES TECHNIQUES EN ANGLETERRE AU COURS DU XVIIIe SIÈCLE

Au cours du XVIIe siècle, l'Angleterre est encore devancée dans le domaine des techniques par de nombreux pays. Le tournant a lieu à la fin de ce siècle grâce notamment aux transferts technologiques en provenance du continent qu'a permis l'arrivée de milliers de huguenots français. 30 % des faits techniques en Europe sont du fait des Anglais ce qui, ramené à la taille de la population, signifie que le rythme d'innovation est trois à quatre fois plus élevé en Angleterre que sur le continent. Au cours du XVIIIe siècle, les choses vont aller en s'accélérant puisqu'au cours des quarante dernières années du siècle plus de 50 % des innovations techniques sont anglaises.

Le lien entre économie et connaissance devient alors très net. Le développement économique contribue à la diffusion des connaissances, cette dernière participant un peu plus encore à la croissance économique. En effet, profit et accumulation du capital au cours de la révolution industrielle s'expliquent par l'amélioration continue de la qualité du stock de capital physique. Les machines utilisées dans les processus de production incorporaient de plus en plus de nouvelles techniques. C'est donc par la diffusion du progrès technique que la révolution industrielle a trouvé sa principale source de financement.

La connaissance se matérialise donc à travers les progrès techniques incorporés dans les machines. En revanche concernant les salariés, ces techniques nouvelles ne nécessitent pas l'appel à un personnel très qualifié. En 1830, l'Angleterre compte plus de 40 % d'illettrés, ce qui aboutit à des chiffres beaucoup plus élevés lorsque l'on s'intéresse uniquement à la population ouvrière (60 à 70 %). À l'inverse, on peut considérer que les progrès économiques et sociaux vont faciliter l'accès à l'instruction. Ainsi, en France et en Angleterre, c'est à la fin du XIXe siècle que les premières lois concernant l'école sont votées.

Dans les premiers temps du développement économique, la connaissance est abordée dans ses formes les plus simples, c'est-à-dire technique et scientifique. La connaissance se fige donc dans les produits et se diffuse également par leur intermédiaire. La réflexion reste, par conséquent, très basique alors même que le terme de connaissance nécessite de plus amples précisions.

2. La connaissance, un bien économique particulier

L'évolution économique modifie la perception de la notion de connaissance. Comme nous le verrons par la suite, la connaissance ne se limite plus aujourd'hui aux savoirs scientifique et technique. De plus, la connaissance n'est plus simplement intégrée dans les produits comme nous venons de l'appréhender. La connaissance est de plus en plus souvent abordée comme un bien économique à part entière mais possédant des caractéristiques très spécifiques.

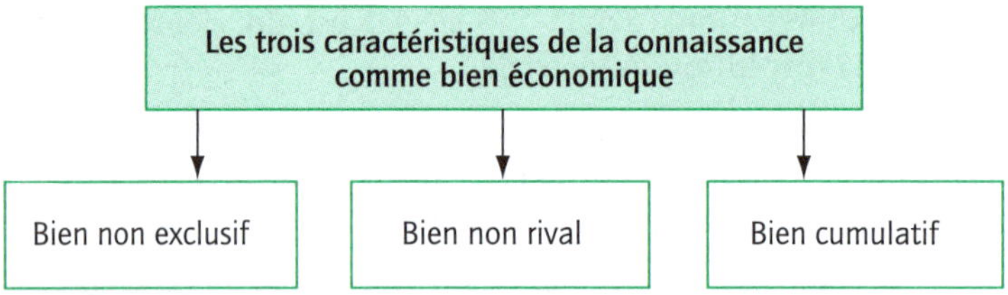

Si la connaissance est assimilée, assimilable à un bien économique, elle doit pouvoir faire l'objet d'un échange et suivre de ce fait les lois économiques régissant les marchés. Trois caractéristiques viennent donc nuancer cette proposition.

• En premier lieu, la connaissance ne présente d'intérêt, comme tout bien, que s'il est possible de l'utiliser. Toutefois, à la différence de la plupart des biens, l'usage de la connaissance contribue à sa diffusion et d'une certaine manière rend très complexe son contrôle. La connaissance est donc un bien non exclusif dans le sens où il est difficile d'en limiter la consommation à un agent en particulier. De cette caractéristique, deux conclusions peuvent être formulées. La première est que la connaissance doit faire l'objet d'une protection particulière. Les entreprises peuvent voir leurs concurrents s'approprier très facilement des connaissances qui représentent pour elle des avantages concurrentiels. La mise sur le marché des produits ou bien encore des discussions entre responsables de différentes firmes sont des exemples de captation non désirée de la connaissance.

Autre conséquence de cette caractéristique de la connaissance, l'existence d'externalités positives. La production et l'utilisation de la connaissance provoquent un impact positif sur des tiers sans que celui qui en est à l'origine en retire un avantage supplémentaire sous la forme notamment d'une rétribution financière.

• Deuxième propriété de la connaissance, il s'agit d'un bien non rival. En d'autres termes, cela signifie que la connaissance, contrairement aux autres biens, ne se détruit pas dans la consommation. Ici aussi deux conséquences sont à mentionner. Dans un premier temps, la propriété de non-rivalité permet à un individu d'utiliser la connaissance à l'infini sans que celle-ci ne perde de sa valeur et sans que cela ne lui occasionne un coût supplémentaire. D'autre part, la connaissance comme bien non rival peut être utilisée conjointement par plusieurs agents sans que, dans ce cas également, elle perde de la valeur et qu'il soit nécessaire de produire un exemplaire supplémentaire. En conséquence, la connaissance peut générer des externalités positives de façon illimitée.

• Enfin, la connaissance est un bien cumulatif puisque le savoir acquis ou diffusé va contribuer lui-même à l'émergence de nouveaux savoirs. De ce fait, outre qu'elle peut être considérée comme un bien de consommation, la connaissance doit plus encore être assimilée à un bien de production. On se situe alors dans un processus cumulatif de très grande ampleur puisque la connaissance dont l'usage est infini génère de nouvelles connaissances qui, à leur tour, ne se détérioreront pas lorsqu'elles seront consommées.

Une **externalité** est un avantage ou un inconvénient pour un agent provoqué par la production ou la distribution d'un bien ou d'un service par un autre agent sans que ces conséquences soient souhaitées et aient pu faire l'objet d'une quelconque tarification.

L'**externalité de connaissance** décrit le phénomène cumulatif généré par le stock d'idées disponibles sur l'émergence de nouvelles idées. Les nouvelles connaissances ne peuvent bien souvent voir le jour qu'en raison de l'existence de connaissances plus anciennes. C'est ainsi qu'il faut comprendre la célèbre formule de Newton : « c'est sur les épaules des géants que j'ai pu voir plus loin ».

Ressource inépuisable dont le coût marginal est nul, la connaissance ne peut donc suivre les lois qui régissent habituellement les marchés.

Outre les problèmes de tarification, se posent des questions d'incitation à produire un bien dont le rendement privé est beaucoup plus faible que le rendement social. Toutes ces propriétés et les conséquences qui en découlent font que la connaissance apparaît comme un bien qualifié de public dont il faut faciliter la plus large et la plus rapide diffusion.

Par **bien public**, on entend généralement un bien produit par la puissance publique. Le bien peut faire l'objet d'une tarification lorsque la consommation pourra être clairement individualisée (électricité par exemple). En revanche, ce principe ne pourra pas être appliqué pour des biens dont la consommation est collective (la justice par exemple), leur définition rejoint alors celle des biens collectifs purs.

Dire que la connaissance est un bien public ne signifie pas que sa production doit être obligatoirement assurée par l'État. Cela implique qu'au regard des caractéristiques de la connaissance, cette dernière ne peut pas faire l'objet d'échange sur la stricte base du jeu concurrentiel. En effet, l'agent producteur de la connaissance ne peut espérer, au regard de l'ampleur des externalités positives générées, percevoir une rémunération à la hauteur de son apport. *A contrario*, l'agent à l'origine de la diffusion de la connaissance ne peut pas construire son système de tarification sur la base du coût marginal puisque celui-ci dans le cas de la diffusion des savoirs est très proche de zéro.

La complexité du concept de connaissance explique que se soit développé un nouveau corpus théorique défini comme « économie de la connaissance » dans lequel cette dernière est donc analysée à travers les différentes propriétés que nous venons d'aborder. Il s'agit d'étudier l'évolution et les déterminants technologiques et institutionnels du traitement et de l'usage de la connaissance, ceux-ci ne se limitant pas bien évidemment aux activités formelles de production et de transmission de savoirs strictement technologiques. Si l'analyse économique s'est enrichie de ce « nouveau » champ théorique, c'est bien évidemment parce que les savoirs occupent une place prédominante.

3. « L'économie de la connaissance » pour mieux comprendre « l'économie fondée sur la connaissance »

On considère que les économies fondées sur la connaissance se sont développées à partir de la fin des années 1920. C'est à partir de cette période que l'on constate une progression historique des investissements en connaissance. Cette conclusion est le fruit des travaux de deux historiens en économie, M. Abramovitz et P. David (1996). Pour ce faire, ces deux auteurs ont retenu comme investissements en connaissance, les dépenses de formation et d'éducation, les dépenses de santé et de sécurité et enfin les dépenses relevant de la recherche-développement. Les travaux de J.W. Kendrick (1994) montrent que la part du capital intangible ne cesse de progresser allant jusqu'à dépasser au cours des années 1970 les montants consacrés au capital tangible.

ÉVOLUTION DU POIDS RELATIF DU STOCK RÉEL DE CAPITAL INTANGIBLE AUX ÉTATS-UNIS DE 1929 À 1990 (en milliards de dollars 1987)

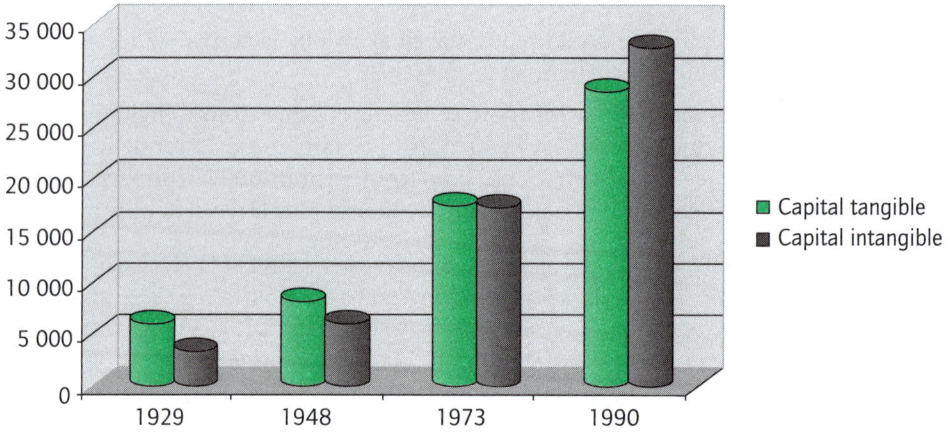

Source : J.W. Kendrick, 1994.

Tout ceci traduit une tendance lourde à une hausse des dépenses d'éducation et à une part croissante des salariés hautement qualifiés dans la main-d'œuvre employée dans les pays développés. De nouvelles pratiques en matière de gestion apparaissent avec notamment le management de la connaissance (*knowledge management*) et la recherche de système d'information et de codification afin de transformer les connaissances tacites en connaissances codifiées.

Depuis une cinquantaine d'années, et le mouvement devrait encore se poursuivre dans les années à venir, les technologies de l'information et de la communication (TIC) ont connu un développement considérable. Concernant l'économie fondée sur la connaissance, elles ont eu un impact important sous différentes formes. En premier lieu, les TIC contribuent à accélérer et à amplifier les processus d'innovation. Les outils de conception, de simulation, voire d'aide à la décision, augmentent l'efficacité des travaux de recherche. Les progrès constatés dans le domaine des télécommunications facilitent grandement la transmission des savoirs à travers les approches collectives que permettent les modes de communication en réseau. Enfin, les TIC ont un rôle croissant dans la mémorisation et la capitalisation des savoirs qui ne se limitent plus à proposer des capacités de stockage de plus en plus élevées mais offrent des possibilités en matière de codification des savoirs tacites de plus en plus intéressantes.

Souligner l'importance des technologies de l'information et de la communication ne doit pas se traduire par une dérive vers une approche strictement technicienne. Le rôle des TIC doit être apprécié également au regard des changements organisationnels qu'ils rendent à la fois possibles et nécessaires.

Pour D. Foray (2000), l'entrée dans une économie fondée sur la connaissance amène à distinguer trois approches. Une première approche renvoie à nouveau aux technologies de l'information et de la communication qui contribuent à amplifier les externalités de connaissance. En effet, elles permettent de réduire à la fois les coûts de codification, de transmission et de mémorisation de savoirs de plus en plus complexes.

Une seconde approche centrée sur l'innovation revient à considérer que nous sommes entrés dans une économie dans laquelle le rythme des innovations est beaucoup plus soutenu que par le passé. Même si cette approche est difficile à valider, on remarquera toutefois que les dépenses en recherche et développement augmentent sans cesse et que l'innovation est un critère essentiel de compétitivité.

ÉVOLUTION DES DÉPENSES DE RECHERCHE ET DÉVELOPPEMENT AUX ÉTATS-UNIS DE 1929 À 1990
(en milliards de dollars 1987)

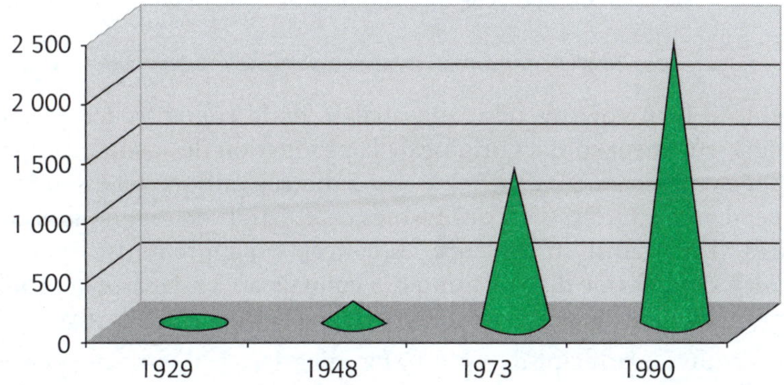

Source : J.W. Kendrick, 1994.

Une autre approche s'intéresse au mode de production de la connaissance et met l'accent sur son caractère plus collectif. L'acquisition des savoirs relève alors de l'organisation interne des entreprises mais aussi des relations inter-entreprises. Si la production de connaissances à l'intérieur des entreprises passe toujours par des dépenses importantes en recherche et développement, elle se réalise également par des processus d'apprentissage plus informels. La coopération sous la forme de réseaux inter-organisationnels demeure la voie privilégiée de création de nouveaux savoirs entre plusieurs partenaires, firmes ou institutions.

Cet essor des économies fondées sur la connaissance va justifier un certain nombre de travaux théoriques à l'origine du courant de l'économie de la connaissance.

Si R.R. Nelson et K.J. Arrow (1962) sont considérés comme les premiers grands théoriciens à porter leur attention sur le rôle de la connaissance scientifique et technique, il faut attendre H. Simon (1982) et surtout F. Machlup (1984) pour voir de grands auteurs aborder les savoirs dans une approche beaucoup plus globale.

F. Machlup apparaît à ce titre comme le premier économiste de la connaissance puisqu'il aborde les théories de la décision et la théorie économique des choix, les problématiques de production de nouvelles connaissances, les mécanismes d'acquisition et de transferts des savoirs.

Information et connaissance

F. Machlup, K.J. Arrow, ou bien encore F. Hayek, se sont attardés sur la différence ou l'absence de différences entre information et connaissance. À ce propos, on peut souligner que par information, il faut comprendre flux de messages, alors que la connaissance nécessite une activité cognitive de la part de l'agent. Il doit, en effet, sélectionner, comprendre et interpréter les messages pour leur donner un sens et en produire à son tour de nouveaux. De cette distinction, on aboutit à une différence plus intéressante encore puisque l'information semble exister indépendamment des individus alors que la connaissance est au contraire liée aux agents puisqu'elle repose sur leur subjectivité.

Une autre analyse est possible qui consiste à considérer que l'information est une forme de connaissance, à savoir une connaissance « objectivée », en d'autres termes codifiée et perceptible par tous de la même manière. La différence entre information et connaissance reviendrait à la distinction très intéressante du point de vue analytique entre connaissance explicite et connaissance tacite.

Même si K. Arrow restreint son analyse de la connaissance en considérant que certains agents seulement sont à l'origine de la production du savoir (équipes de recherche et développement, secteurs industriels où le savoir scientifique est essentiel), il est un des premiers cependant à s'intéresser à des formes de création de savoirs non formels et non universitaires. Il met ainsi en évidence les concepts d'apprentissage par la pratique (*learning by doing*). Cette forme d'acquisition des connaissances dépasse la problématique de la performance individuelle pour mettre en exergue l'efficacité collective.

On retrouve le principe de *learning by doing* dans la théorie de la croissance endogène. Cette théorie est apparue au milieu des années 1980 suite aux travaux des économistes néoclassiques P.M. Romer (1986) et R. Lucas (1988). La démonstration repose sur l'idée que la croissance économique s'explique par le processus même d'accumulation qu'elle provoque et non par le recours à des facteurs exogènes. Ainsi, l'augmentation de la quantité totale de capital disponible dans l'économie entraîne une hausse de la productivité par des mécanismes d'apprentissage et d'accumulation des connaissances au fur et à mesure que l'activité se développe.

Plus globalement, la diffusion du savoir dans la société, les investissements publics en éducation et en recherche-développement sont les principales sources étudiées pour expliquer la croissance endogène.

Il n'en reste pas moins vrai que l'appropriation de connaissances relève également de stratégie individuelle. C'est ce que montre la théorie du capital humain remise au goût du jour dans les années 1960 par les économistes néoclassiques, T. Schultz et G. Becker (1964). Dans cette analyse, la formation est appréhendée comme un véritable investissement qui pousse donc les individus à faire un choix. Il s'agit, pour eux, de comparer le sacrifice d'une partie de leur jeunesse que provoque la poursuite d'études avec les gains futurs que leur permettra d'obtenir un niveau de formation plus élevé. Le choix se fera en fonction de la préférence plus ou moins forte des individus pour le présent et de leur capacité à estimer les revenus futurs qu'ils pourront espérer recevoir. Mais la formation est un investissement particulier puisqu'il génère des externalités positives. Cela justifie donc une prise en charge par la collectivité d'une partie de cet investissement afin de pousser les individus à le réaliser. Pour conforter cette thèse, il faut ajouter que le capital humain est indissociable de celui qui le porte. En conséquence, toute entreprise qui engagerait des dépenses de formation pour ses salariés prendrait le risque de voir ces derniers chercher à monnayer ailleurs leurs nouvelles compétences.

SECTION 2

LES ENJEUX ÉCONOMIQUES ET SOCIAUX DE LA CONNAISSANCE

Si pendant très longtemps, l'analyse de la connaissance s'est limitée à une réflexion sur les processus d'innovation, il semble aujourd'hui plus pertinent d'appréhender plus largement la production de savoir en ne la confinant pas au seul service de recherche et développement. De même, le caractère de plus en plus tacite de la connaissance appelle de nouvelles réflexions quant à sa diffusion. La connaissance est notamment de plus en plus attachée à l'individu ce qui renvoie à des problématiques d'éducation et de formation.

1. La production de connaissances revisitée

Dans le cadre économique, il est possible de distinguer deux formes de production de connaissances. Une première relève d'une volonté délibérée des firmes d'accroître leur stock de savoirs, il s'agira alors d'une activité de recherche, plus précisément de recherche-développement. Une seconde forme de production de connaissance s'inscrit dans un processus très empirique où les différents agents, producteur, distributeur et usager, sont à la fois acteur dans l'émergence de nouveaux savoirs mais la subissent également. Nous nous trouvons alors dans ce cas dans un processus d'apprentissage à la fois individuel et organisationnel.

Concernant la recherche et développement, il s'agit d'une activité spécifique qui garde et doit garder ses « distances » avec le reste des activités de l'entreprise. Par distance, il faut comprendre le terme au sens premier et géographique du terme mais également au sens organisationnel. En effet, l'activité de recherche-développement pour s'exercer efficacement ne doit pas subir une pression trop « courtermiste » de la part du marché, pression relayée par différents services de l'organisation.

Toutefois, s'il fallait démontrer l'importance stratégique de l'activité recherche-développement nous pourrions rappeler qu'il s'agit d'un des rares services à ne pas faire l'objet de procédure de délocalisation et de rester étroitement lié hiérarchiquement à la direction générale.

De plus en plus aujourd'hui, au regard de la complexité croissante des sciences et des techniques, il apparaît difficile de considérer cette activité comme homogène quel que soit l'objet des recherches et le secteur d'activité concerné. Une étude de D. Stoke (1994) propose une classification des différentes formes de recherche en utilisant pour les symboliser trois noms de savants célèbres : H.D. Bohr, L. Pasteur et T. Edison.

LES DIFFÉRENTES FORMES DE RECHERCHE-DÉVELOPPEMENT		
	DEGRÉ D'APPLICATION	
Type de recherche	Pas d'application pratique	Application pratique
Fondamentale	Recherche de base pure H.D. Bohr	Recherche de base avec volonté d'application L. Pasteur
Non fondamentale		Recherche appliquée T. Edison

D. Stoke, 1994.

L'intérêt de cette typologie repose sur l'analyse qu'elle permet de mener concernant les recherches de base. Pour les recherches menées par le physicien danois, difficile d'apprécier les retombées économiques qu'elles peuvent entraîner. De ce fait, la réflexion est délicate quant au mode d'incitation même si l'on peut penser que les intérêts privés ne vont pas investir dans cette forme de recherche et développement qui ne présentera un intérêt qu'après de nombreuses phases successives qui séparent le passage de la recherche fondamentale de la commercialisation d'une application. Le problème est plus délicat pour la recherche de base de forme « Pasteur », « délicat » dans le sens où le champ des possibles, incitation publique ou incitation privée, est plus large. En final, la distance qui sépare la recherche du marché conditionne donc le mode d'incitation à mettre en œuvre et, par là même, le degré d'implication des pouvoirs publics.

La production des connaissances ne découle pas toujours d'une politique délibérée des entreprises se reflétant dans les dépenses de recherche et développement qu'elles engagent. L'émergence de nouveaux savoirs relève également d'un processus d'apprentissage qui s'observe presque quotidiennement dans les activités de production et de distribution des firmes mais également dans les usages qui sont faits des produits et des services commercialisés.

L'apprentissage et l'accumulation de savoirs qui en découle se déroulent lorsque l'organisation et ses acteurs trouvent des solutions à des problèmes non anticipés ou doivent faire face à des problèmes anticipés mais non encore résolus.

D'une façon générale, le caractère de plus en plus imprévisible de l'évolution de l'environnement amène à s'interroger sur la nature des savoirs que l'entreprise se doit de développer.

Ainsi, les travaux sur « l'apprentissage organisationnel » mettent en évidence deux approches : l'approche « opération » (accumulation dans un cadre donné, diffusion des savoirs durables, savoir pré-requis avant l'action) et l'approche « expérimentation » (acquisition des savoirs par essai-erreur en fonction des événements), cette dernière approche, adaptée à des environnements dont les évolutions sont imprévisibles, pose la question de la transmission de savoirs acquis essentiellement par expérience.

Une autre perspective peut également être envisagée, l'expérimentation en phase de production du bien ou du service. Possible surtout pour des activités non risquées et reposant plus largement sur une dimension immatérielle, cette forme d'apprentissage qui ne se limiterait plus à certains cas très particuliers (l'enseignement ou l'artisanat par exemple) constituerait alors une avancée plus importante encore dans l'économie fondée sur la connaissance. En effet, tendrait à disparaître alors la distinction entre ceux qui produisent de la connaissance et ceux qui l'utilisent.

Il reste d'ailleurs à ce propos une dernière forme d'apprentissage créatrice de nouveaux savoirs, le *learning by using*. Dans la société de l'immatériel, l'apprentissage par l'usage apparaît comme une source de création de connaissance. En effet, dans sa prise de connaissance et les nouveaux usages qu'il peut faire d'un produit ou d'un service complexe, l'utilisateur participe au phénomène cumulatif de création des savoirs.

La question reste posée de la mesure de la production des savoirs par les économies et les entreprises nationales. Depuis 1999, l'OCDE propose un *Tableau de bord de la science, de la technologie et de l'industrie* afin d'apprécier les évolutions des économies fondées sur la connaissance. L'OCDE a conçu à cette occasion des indicateurs synthétiques qui ont pour ambition de fournir une « indication approximative » de l'investissement dans le savoir et le poids des industries fondées sur la connaissance.

Les indicateurs synthétiques de l'OCDE

L'investissement dans le savoir est défini par trois ensembles de dépenses : les dépenses publiques et privées consacrées à l'enseignement supérieur, les dépenses de recherche et développement et les dépenses de logiciel. Ainsi mesuré, l'investissement dans le savoir représente 4,7 % du PIB à l'échelle de l'ensemble des pays de l'OCDE à la fin des années 1990. La progression a été de 3,4 % par an en moyenne tout au long des années 1990, ce qui constitue une croissance supérieure à celle de l'investissement en capital fixe.

Les industries du savoir sont définies comme les secteurs « qui emploient relativement intensément la technologie et/ou le capital humain ». Il s'agit des industries manufacturières de haute et de moyenne-haute technologie et de trois catégories de service : les services fournis à la collectivité, sociaux et personnels ; les activités de banque, assurance et autres services aux entreprises ; les services de communication. L'entrée dans une économie fondée sur la connaissance ne fait ainsi pas de doute quand on s'intéresse à l'évolution du poids économique de ces industries dans la valeur ajoutée des entreprises de l'OCDE : il représente plus de 50 % au milieu des années 1990, contre environ 45 % au milieu des années 1980.

2. Codification et transmission des savoirs

Le savoir prend, aujourd'hui, une dimension stratégique plus importante encore pour les entreprises ; on peut considérer que « de plus en plus, la concurrence entre les organisations repose moins sur l'accès à des ressources ou à des marchés [...] que sur l'accès à des savoirs ». Mais la question reste posée de connaître les savoirs que les firmes se doivent de capitaliser en tant qu'avantages concurrentiels et de quelle manière les diffuser pour en décupler l'efficacité.

Une première réponse peut être apportée avec l'approche du cycle de vie des savoirs (A.D. Little, 1999). L'importance des savoirs varie dans le temps : les savoirs en phase centrale ou cœur ont une dimension stratégique beaucoup plus grande que les savoirs en phase de base et qui sont largement diffusés dans l'industrie. D'autre part, c'est l'ambiguïté causale d'un savoir qui lui donne son caractère stratégique. En effet, la plus ou moins grande ambiguïté d'un savoir jouera directement sur sa facilité de transfert et par conséquent sur le risque d'imitation. La facilité d'imitation dépendra notamment du caractère tacite du savoir. À cela, on pourra ajouter qu'un savoir organisationnel sera également plus difficile à reproduire.

En conséquence, savoirs tacites et collectifs constituent les véritables sources d'avantages concurrentiels mais leur transmission au sein de l'organisation ne va pas sans poser problème.

La transmission des savoirs passe par une phase de mémorisation. On distingue deux types de mémoire : la mémoire « officielle » (centralisée), qui s'inscrit sur le long terme et reste peu affectée par un *turn over* important mais dont le caractère opérationnel demeure limité ; la mémoire « souterraine » (individuelle), qui concerne le court terme et reste très sensible à la mobilité du personnel, mais qui présente en revanche une portée opérationnelle forte.

L'analyse de la mémorisation passe également par la distinction entre les connaissances déclaratives (savoir), les connaissances procédurales (savoir comment faire) et les connaissances de jugement (savoir que faire). Selon les cas (contenu du travail, niveau hiérarchique), une forme de mémorisation prédominera. Ainsi, pour la réalisation d'expertise (analyse et résolution de problème), la mémoire de jugement sera privilégiée, alors que dans les unités opérationnelles, la mémoire procédurale sera mise en œuvre.

La mémorisation rencontre certains obstacles. En premier lieu, la place de plus en plus réduite de l'écrit nuit fortement à la préservation des savoirs. En second lieu, par manque de disponibilité ou de motivation ou par crainte de perte de pouvoir, les membres de l'organisation ne consacrent que peu de temps à cette phase qu'ils jugent bien souvent inutile.

La formation, en interne ou en externe, joue, bien évidemment, un rôle important en matière de transmission de savoirs formalisés. On peut souligner également la possibilité de transformer des savoirs formalisés en savoirs tacites; c'est ce que Nonaka (1995) appelle l'intériorisation, qui consiste, à force de répétitions, à intégrer un savoir formalisé au stade du réflexe (OST).

Il existe, de plus, une complémentarité importante entre savoirs formels et savoirs tacites. Aoki souligne, à cet égard, l'importance du savoir formel pour rendre efficace l'apprentissage par la pratique (notion d'accumulation de savoirs).

La transmission des savoirs tacites peut être envisagée sous l'angle de la formalisation (Nonaka, 1995) en d'autres termes la construction et la mise en œuvre de procédures.

Toutefois, à travers l'exemple des normes d'assurance qualité ISO 9000, on constate des différences importantes entre les procédures écrites dans le manuel qualité et celles qui sont effectivement pratiquées.

La transmission des savoirs tacites nécessite une réflexion pour comprendre sur quoi ils reposent. On constate, notamment, que certains savoirs font appel à différents sens : odorat, toucher… (une partie du savoir des opérateurs dans le secteur de la chimie repose par exemple sur l'odorat). En conséquence, outre la difficulté que pose la nature de ces savoirs quant à leur transmission, il est indispensable de réfléchir sur la nature des supports utilisés pour les diffuser.

Au-delà d'instruments dont la portée reste bien souvent limitée, la transmission des savoirs tacites passe essentiellement par le relationnel, Nonaka parle de socialisation (intégration). Les savoirs de groupe (« groupe de pairs ») se transmettent, ainsi, par dialogue et communication. À titre d'exemple de cette approche socialisation-intégration, on peut citer les processus de décision partagée au Japon qui permettent aux jeunes d'apprendre au contact des responsables plus anciens.

Dans le domaine des technologies de l'information, on est passé d'une logique d'automatisation de la décision à une approche d'assistance à la décision. Les axes de recherche, aujourd'hui, semblent porter sur une explicitation accrue de la connaissance. Des solutions de type « réseau de neurones », construit sur des mécanismes d'apprentissage de comportements par expérimentation-imitation, vont dans ce sens.

De plus, les technologies de l'information et de la communication (base de données partagée, messagerie électronique, réseau d'atelier, réseau bureautique…) favorisant la diffusion des informations au sein de l'organisation jouent un rôle essentiel dans la transmission des savoirs.

On peut évoquer également le rôle des cadres intermédiaires, qui sera abordé différemment selon la forme de savoirs privilégiée par l'organisation. Lorsque le savoir est fortement explicite, le rôle de transmission de l'information joué par les cadres intermédiaires est concurrencé par le développement des technologies de l'information. En revanche, dans une organisation où le savoir tacite prédomine, les cadres ont pour mission de synthétiser les savoirs des dirigeants et des exécutants.

Si l'on admet que les savoirs tacites constituent la principale source concurrentielle, la préférence devra aller à la socialisation et à la construction d'un cadre très informel favorisant les échanges. Se pose alors le problème de la maîtrise par les dirigeants de la transmission des savoirs. De plus, un apprentissage par intégration trop rapide comporte des risques. Les gains découlant de ce mode d'apprentissage sont en grande partie annulés par le fait que l'organisation ne bénéficie pas des apports potentiels du nouveau salarié. La disparition des savoirs tacites est souvent liée au départ à la retraite d'un salarié ou à la mobilité interne du personnel. On constate bien souvent que la période de transmission du savoir entre l'ancien et le nouveau salarié demeure trop courte pour être efficace. Dans une approche quelque peu différente, un *turn over* trop important comporte un risque de fuite des savoirs tacites et organisationnels, source d'avantages concurrentiels. On aborde ici un des points essentiels de la problématique de la transmission des savoirs. En effet, si l'explicitation et la formalisation des savoirs facilitent leur diffusion en interne, elle impliquent également le risque d'un transfert vers l'extérieur non souhaité.

Le modèle de Nonaka et Takeuchi (1995)

	Connaissance individuelle	Connaissance collective
Connaissance tacite	Socialisation	Externalisation
Connaissance explicite	Internalisation	Combinaison

Modèle remis au goût du jour en raison du « papy-boom » et du problème de transmission des savoirs qu'il va poser.

La création de connaissances est un processus continu d'interactions entre connaissances tacites et connaissances explicites. Pour les deux auteurs, les quatre modes de conversion des connaissances sont :

- la socialisation : partager la connaissance tacite par la communication en tête-à-tête ou, plus généralement, par le partage de l'expérience ; c'est l'exemple de l'apprentissage ;
- l'externalisation : concept qui intègre la connaissance combinée et qui permet sa communication ;
- la combinaison : combinaison de divers éléments explicites ; construire un prototype en est un exemple ;
- l'internalisation : étroitement lié à l'apprentissage en faisant que les connaissances explicites deviennent une partie de la base de connaissances de l'individu.

Les connaissances peuvent se diffuser d'une entreprise à l'autre dans un processus plus ou moins maîtrisé. La transmission peut s'exercer dans un seul sens, le savoir d'une entreprise étant diffusée vers d'autres. La transmission peut également être multiple. C'est le cas des relations donneur d'ordre/sous-traitant au Japon, la diffusion des savoirs s'effectuant du donneur d'ordre au sous-traitant de premier rang mais également dans l'ensemble du réseau. Ceci implique, bien évidemment, l'absence de mise en concurrence. Les échanges inter-entreprises donnent naissance à des phénomènes d'apprentissage délibérés (coopération pour développer le savoir scientifique et technique) mais engendrent, également, des apprentissages involontaires (transmission de savoirs organisationnels).

Cependant, dans le cadre de coopération ou dans le cadre de transferts technologiques, l'entreprise doit veiller à ne pas transférer ses compétences distinctives. On peut citer l'exemple des sous-traitants asiatiques qui se sont accaparé non seulement le savoir technologique mais également le savoir commercial (en matière d'organisation des marchés) des firmes américaines d'électronique avec lesquelles ils travaillaient. D'autre part, le passage par le marché pour effectuer des transferts technologiques engendre un risque d'opportunisme de la part d'une des parties en raison de l'asymétrie d'information.

Les transferts technologiques impliquent un transfert effectif de connaissances. Pour l'acquéreur, cela signifie qu'il devra accomplir le même processus d'apprentissage que le vendeur ou que ce dernier devra effectuer un effort important d'explicitation afin de formaliser la plus grande partie du savoir tacite. Dans les deux cas de figure, les coûts de transaction sont importants.

3. Le facteur humain au cœur des processus de production et de transmission des savoirs

La part croissante de l'immatériel et la place essentielle de la connaissance dans les économies font du savoir à la fois un avantage concurrentiel pour l'entreprise et un facteur d'exclusion/d'intégration pour les salariés. Les investissements immatériels dans la formation de la part des firmes comme des individus se situent donc au cœur de l'analyse de l'économie de la connaissance. Une première réflexion doit porter sur le contenu de ces investissements. L'évolution des technologies de l'information et de la communication amène les salariés à accroître et à actualiser leurs compétences dans le domaine.

Il s'agit donc dans un premier temps d'acquérir un savoir formel et technologique. Mais cette montée en compétence passe par l'apprentissage de savoirs fondamentaux comme la lecture et l'écriture.

Dans ce domaine, les inégalités demeurent importantes et il est illusoire de considérer que les immenses possibilités offertes par l'accès à internet suffisent à combler les inégalités quant aux compétences dans les technologies de l'information et de la communication.

Sur le thème des inégalités, il ne faut pas oublier également l'écart qui risque de se creuser entre les pays les plus riches et les pays les pauvres.

Au-delà des compétences techniques, l'économie fondée sur la connaissance demande d'autres formes de savoirs. Il s'agit, pour les salariés, de faire preuve d'une grande capacité d'adaptation pour faire face à l'imprévu. Il n'en demeure pas moins difficile de définir le contenu d'un programme de formation permettant aux individus d'acquérir ce « savoir apprendre ». On peut simplement souligner que le niveau de formation initiale et l'expérience accumulée constituent deux piliers importants pour cet apprentissage.

Division du travail et différentes formes de savoirs

La division du travail suscite un découpage de l'information économique en trois termes ou « savoirs » caractérisés par l'usage que déclarent en faire les agents économiques (Lundvall, 1999) :

- le « savoir-quoi » (*know what*) désigne « la connaissance relative aux faits » qu'on appelle habituellement information et qui est située dans les bases de données et de connaissances ;
- le « savoir-pourquoi » (*know why*) englobe les informations et connaissances scientifiques produites par les universités et les laboratoires de recherche, et à un moindre degré par les entreprises ;
- le « savoir-comment » ou savoir-faire (*know how*) regroupe les ressources cognitives, tacites, mises en œuvre dans tous les domaines de l'activité économique.

Pour autant, la distinction entre les agents opérant selon un seul de ces trois termes est loin d'être évidente et les relations complexes qui unissent le quoi, le comment et le pourquoi du savoir se manifestent par un terme synthétique que Lundvall nomme le « savoir qui ». Voilà qui nous ramène à l'agent économique : s'il recherche des informations (sous forme de données, connaissances, savoirs), il le fera en orientant sa recherche sur « qui sait quoi » et « qui sait quoi faire ».

B. Guilhon, J.-L. Levet, *De l'intelligence économique à l'économie de la connaissance*, Éd. Économica, 2003.

La formation se décompose en deux volets : la formation initiale et la formation continue, sachant que les deux formes peuvent se rejoindre. En matière de formation, deux modèles ont été et sont encore montrés en exemple, le modèle allemand et le modèle japonais. La formation allemande s'est toujours caractérisée par la place importante donnée à l'alternance et à l'apprentissage. S'inspirant de ces principes, le système éducatif français a fortement développé les contrats de qualification et mis en œuvre de nouveaux baccalauréats, les baccalauréats professionnels.

Le Japon, pour sa part, se distingue par le niveau élevé de formation initiale de ses ouvriers sans pour autant que la formation continue soit, par la suite, délaissée. La France a cherché également à s'inspirer de cette référence en amenant un pourcentage de plus en plus élevé de la population au niveau du baccalauréat.

QUELQUES DONNÉES SUR LE SYSTÈME ÉDUCATIF FRANÇAIS
POURCENTAGE DE BACHELIERS DANS UNE GÉNÉRATION (EN POURCENTAGE DE LA POPULATION TOTALE)

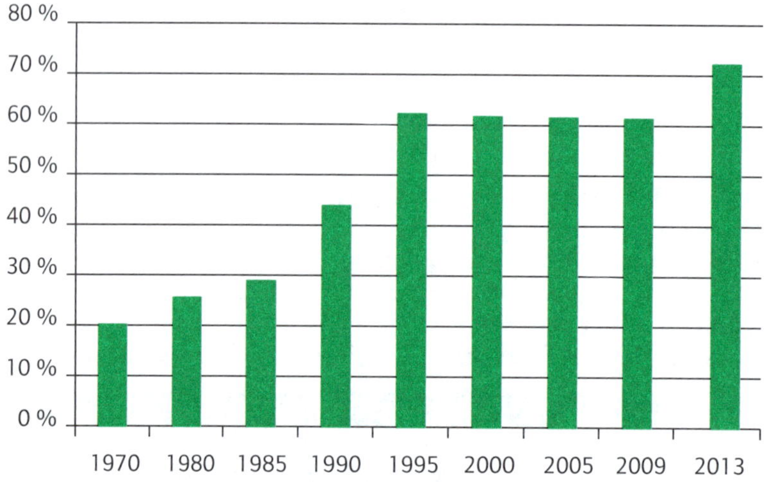

RÉPARTITION DES BACHELIERS EN FONCTION DU BACCALAURÉAT OBTENU (EN POURCENTAGE)

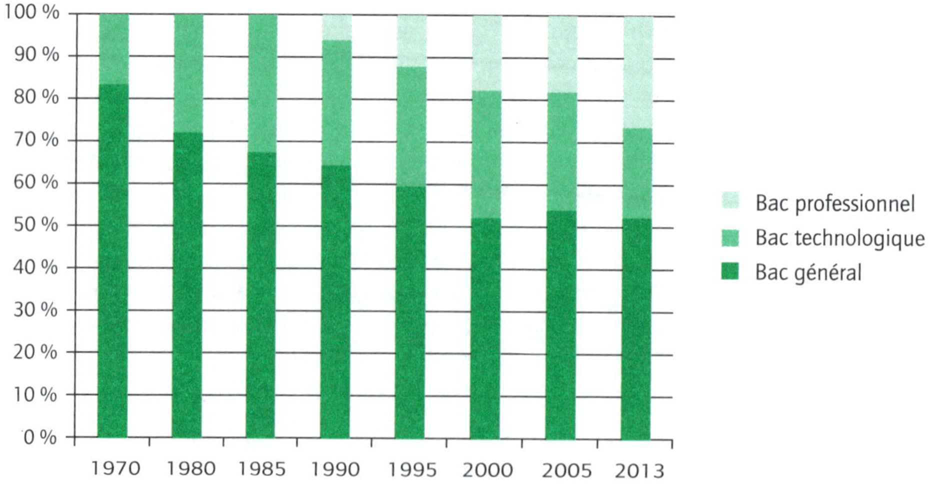

Comme le montre la théorie du capital humain de G. Becker, il n'en va pas de l'intérêt de l'entreprise d'investir en formation puisque la montée en compétence du salarié reste sa propriété exclusive. Seules des politiques très fortes de fidélisation de la main-d'œuvre comme dans les grandes entreprises japonaises réduisent le risque en matière d'investissement formation. Les pratiques d'entreprises semblent confirmer les travaux théoriques de Becker.

On constate, en effet, que les formations proposées aux salariés sont excessivement courtes et correspondent à un besoin d'adaptation à très court terme sur un poste de travail. On observe par ailleurs que les petites entreprises éprouvent beaucoup plus de difficultés à respecter les minima légaux que les grandes en matière de formation. Ceci s'explique par un risque de *turn-over* de la main-d'œuvre bien formée plus élevé dans les petites structures que dans les grandes et cela pour diverses raisons (moindres perspectives de carrière, niveau de rémunération plus faible, conditions de travail plus difficiles...). Il peut paraître enfin surprenant que l'offre de formation dans les grandes entreprises s'adresse aux salariés les plus qualifiés. Il s'agit, en fait, d'un faux paradoxe puisque les grandes entreprises proposent des perspectives de carrière plus intéressantes aux employés disposant d'un potentiel plus riche. De ce fait, le risque de départ est moindre et l'investissement formation jugé plus rentable. La formation continue n'apparaît plus comme un moyen de promotion mais à l'inverse les perspectives de carrière préexistante permettent la mise en place de programmes de formation ambitieux pour certaines catégories de salariés.

D'une manière plus générale, un lien fort existe entre formation continue et formation initiale, cette dernière, et plus particulièrement en France, conditionnant la première. De nombreux échelons dans des cycles de formation continue sont déterminés en référence aux diplômes de la formation initiale. Ainsi, les travaux de James Heckman (prix Nobel d'économie en 2000) montrent que les compétences cognitives et surtout non cognitives (concentration, motivation, relation à autrui...) acquises au cours de l'enfance vont s'avérer déterminantes quant à la formation du capital humain par la suite. En conséquence, si les compétences fondamentales ne sont pas acquises, les dispositifs de formation à l'âge adulte vont se révéler inefficaces. De ce fait, on peut considérer que le poids des pouvoirs publics, plus ou moins fort selon les pays, dans la hiérarchisation des certifications fige, de façon plus ou moins nette, les qualifications relevant de la formation continue.

Toutefois, au regard de la prudence des entreprises dans le domaine de la formation, l'intervention des pouvoirs publics est indispensable. Le besoin en formation ne peut être entièrement satisfait par les agents privés et le jeu des marchés. Ainsi, partout dans le monde, le financement public est largement majoritaire (80 % par exemple en France) même si la construction des programmes s'effectue par une collaboration entre privé et public afin d'adapter au mieux l'offre de formation aux besoins du marché du travail.

SECTION 3

DE NOUVELLES STRATÉGIES D'ACTEURS POUR L'ÉCONOMIE DE LA CONNAISSANCE

Si la connaissance devient une variable si importante qu'elle donne naissance à une nouvelle forme d'économie, cela doit nous amener à nous interroger sur la stratégie des acteurs dans ce domaine. Pour les entreprises, il s'agira de faire de la connaissance, sous toutes ses formes, un avantage concurrentiel. Mais la stimulation de la production de connaissances pousse également à une analyse sur la frontière entre la recherche publique et la recherche privée. Enfin, il faut s'intéresser aux politiques menées à l'intérieur de l'Union européenne et notamment à ce que l'on a appelé la stratégie de Lisbonne.

1. La connaissance au cœur de la poursuite d'avantages concurrentiels

Une certaine unanimité règne aujourd'hui pour considérer que les avantages concurrentiels sont à rechercher dans la capacité d'innovation et plus encore dans la maîtrise de l'ensemble des savoirs dont l'entreprise dispose.

En matière d'innovation, les politiques reposant sur le tout recherche-développement sont remises en cause, excepté dans les secteurs pour lesquels la dimension technologique et scientifique demeure centrale et doit être prise en charge par des équipes spécialisées (aéronautique, laboratoire pharmaceutique, biotechnologie...).

Pour le reste, les équipes de recherche et développement ne sont plus déconnectées des autres services de production et de commercialisation. L'innovation apparaît de plus en plus comme un processus interactif basé sur une plus grande ouverture vers l'extérieur. Interactif donc entre les différents services des entreprises mais également interactif plus en aval encore puisque le client constitue parfois un moteur essentiel dans le processus d'innovation. Ceci est d'autant plus vrai dans les services pour lesquels l'usager trouve parfois de nouveaux modes de consommation.

Si le savoir apparaît comme une ressource essentielle dans la construction d'avantages concurrentiels, c'est plutôt au pluriel qu'il faut en parler. Il s'agit en effet pour l'entreprise de valoriser l'ensemble de ses compétences, la gestion des connaissances (le *knowledge management*) est alors placée au cœur des pratiques de management et de la stratégie des firmes.

Dans le domaine il n'existe pas d'approche normative, l'analyse se doit d'être contingente, en d'autres termes d'intégrer les caractéristiques spécifiques des entreprises et de leur environnement. Pour simplifier, on considérera deux stratégies génériques. La première correspond à un environnement que l'on pourrait qualifier de routinier dans la mesure où la firme rencontre de manière régulière le même type de problème. Dans ce contexte, les entreprises concernées vont systématiser la codification des connaissances détenues par un individu pour mieux les diffuser vers les autres. La seconde stratégie va être mise en œuvre dans un environnement instable et complexe pour lequel les connaissances mobilisées sont le plus souvent nouvelles. Il ne s'agit donc plus d'axer ses efforts sur la codification puis la mémorisation de connaissances très rapidement obsolètes. Il faut en revanche favoriser la communication entre les membres de l'organisation afin de favoriser l'émergence de nouvelles connaissances et leur rapide diffusion.

Selon la stratégie adoptée, de nombreuses répercussions sur les autres domaines de la gestion seront à prendre en compte. L'usage des technologies de l'information et de la communication (au service du stockage ou de la circulation des connaissances), les profils de poste à pourvoir ou bien encore les modes d'incitation vont être abordés différemment selon la stratégie retenue.

Cette nouvelle dimension donnée à la gestion des connaissances appelle de nouvelles analyses quant aux choix à faire en matière de propriété intellectuelle. Les brevets restent bien sûr au cœur de cette problématique et exigent des réponses sur des questions essentielles (durée, degré, étendue de la protection). Toutefois, la protection des savoirs ne se limite plus à cela puisque ceux-ci ne se matérialisent plus uniquement dans les produits et les processus mais concernent également les individus et l'organisation elle-même dans sa manière de fonctionner notamment. Un arbitrage important doit se faire en matière de codification. Rendre la connaissance lisible et accessible présente l'avantage de faciliter son utilisation mais rend plus aisée aussi sa diffusion non souhaitée vers l'extérieur.

Dans le même esprit, l'évolution de l'innovation comme processus partagé entre plusieurs partenaires exige de la part des firmes une réflexion sur le degré d'ouverture et de fermeture qu'elles doivent adopter. Protection et prospection sont au cœur de la relation des firmes avec leur environnement et renvoient à des notions de veille ou d'intelligence économique.

L'intelligence économique

Le Commissariat au plan en propose la définition suivante : « Ensemble des actions de recherche, de traitement et de diffusion (en vue de son exploitation) de l'information utile à tous les acteurs économiques. »

Le terme « intelligence » a été choisi parce qu'il a des connotations moins passives que les termes de « veille » ou de « vigilance ». Cette définition combine le sens traditionnel du terme et le sens anglo-saxon. En effet, l'intelligence en tant que faculté intellectuelle est souvent définie comme la capacité de s'adapter à son environnement. Au sens anglo-saxon, c'est la faculté de s'informer et de comprendre son environnement.

L'intelligence économique est liée à la faculté de s'informer et de comprendre son environnement en produisant de l'information utile et pertinente. Elle regroupe tous les systèmes d'observation active de l'environnement tels que : veille technologique, veille sociale, etc.

L'économie de la connaissance et les stratégies mises en œuvre par les firmes ont contribué à façonner un nouvel environnement économique autour de ce que certains appellent la division cognitive du travail (Moati et Mouhoud, 1994). Pour ces auteurs, nous avons assisté à une remise en cause du modèle fordiste depuis les années 1970 en raison de bouleversements importants : modification des normes de consommation, concurrence mondiale accrue, accentuation de l'effort d'innovation (sur les produits et sur les processus), développement des technologies de l'information et de la communication, redéploiement des entreprises à l'international et globalisation financière…

En conséquence, la recherche d'avantages concurrentiels s'est profondément modifiée. Les théories évolutionnistes développées en premier lieu par Nelson et Winter en 1982 montrent, en s'appuyant sur les modèles biologiques et les principes de sélection naturelle, que les organisations évoluent et se transforment pour répondre aux modifications internes et externes qu'elles subissent. Cette adaptation aux variations de l'environnement va se faire grâce aux compétences accumulées dans des processus d'apprentissage. La performance de l'organisation repose alors beaucoup plus sur la mise en œuvre des facteurs que dans la qualité intrinsèque de ceux-ci. Il est important alors d'intégrer ces apprentissages dans des procédures organisationnelles, ce que Nelson appelle « des routines », pour exprimer cette idée d'adaptation constante.

Dès lors, les modes d'organisation vont se structurer en privilégiant au maximum la capacité d'apprentissage et d'innovation. Ceci se fera d'autant plus aisément que la firme se concentrera et se spécialisera autour de ses compétences clés. On aboutit alors à une division cognitive du travail, en d'autres termes au fractionnement des processus de production selon la nature des blocs de savoirs maîtrisés par les entreprises.

Ici aussi deux situations environnementales sont à envisager selon les auteurs de cette théorie. En premier lieu, la prise de risque se justifie dans un cadre où l'environnement notamment scientifique laisse entrevoir de nombreuses opportunités en termes de nouvelles connaissances. La nouveauté laisse une possibilité importante à des entrants potentiels de s'investir dans le secteur. Dans le même esprit, la nouveauté est facteur d'incertitude et donc source importante d'erreur lors des choix stratégiques. En conséquence, l'évolution des marchés qui correspondent à cet environnement se traduit par des phénomènes d'entrée-sortie très nombreux.

Le deuxième cas de figure correspond à un cadre concurrentiel dans lequel on constate une grande stabilité des connaissances y compris au sein même des entreprises. Les firmes déjà présentes sur le marché se trouvent donc dans une position dominante face aux entrants potentiels au regard des apprentissages internes et des routines qu'elles ont développés et qui leur ont permis d'accroître leur stock de connaissances tacites. Cette limite à l'apparition de nouveaux concurrents et le caractère cumulatif de l'acquisition des connaissances au sein des firmes vont favoriser des phénomènes de concentration.

PME et Multinationales dans l'économie de la connaissance

En lui-même, le développement des marchés de la connaissance favorise plutôt les grandes firmes que les PME. Ce déséquilibre est renforcé par le fait que les TIC jouent plutôt en faveur des grandes entreprises multinationales, en permettant à leurs réseaux télématiques de se ramifier par-delà les frontières, ce qui est source de rendements croissants. Plus fondamentalement, il existe un lien étroit entre le caractère imparfait de la concurrence et les caractéristiques mêmes de la connaissance. De manière générale, en effet, l'existence de firmes multinationales s'explique en partie par l'existence d'imperfections concernant les marchés internationaux du capital et, plus encore, de la connaissance. Dans cette perspective, l'essor des entreprises multinationales et de l'investissement direct apparaît pour une large part motivé par le souci de diminuer les difficultés et les coûts liés au transfert technologique entre firmes indépendantes et distantes dans l'espace. La constitution de filiales à l'étranger constitue en effet le seul moyen par lequel une firme parvient à transférer d'un pays à l'autre ses principes organisationnels et, plus largement, son savoir, c'est-à-dire l'ensemble des connaissances qui lui confère un avantage compétitif dans les domaines de la technologie, de la production, du marketing ou d'autres activités. Par suite, le fait même d'être multinationale ou transnationale offre à la firme d'appréciables avantages en matière de transfert de savoir. Ceci étant, si la commercialisation des nouvelles technologies convient plus particulièrement aux grandes entreprises, les PME sont en général mieux placées que les grandes firmes sur le plan de la création de savoir.

Source : Commissariat Général au Plan,
« La France dans l'économie du savoir », éd. La documentation française.

2. La connaissance entre sphère marchande et institutions publiques

On peut distinguer deux modes traditionnels d'incitation à l'émergence de nouvelles connaissances : l'incitation par le marché ou l'incitation par l'initiative publique. Le passage par le marché renvoie aux droits de propriété intellectuelle qui sont accordés aux innovateurs. Dans ce cas, l'accès aux nouveaux savoirs est restreint pendant une durée limitée, période durant laquelle l'inventeur est en situation de monopole. La privatisation de la connaissance n'exclut pas la mise en œuvre de mesures fiscales (crédits d'impôts) ou d'aides publiques (prime à l'innovation) visant à couvrir les coûts de l'innovation.

L'innovation et l'émergence de nouvelles connaissances peuvent être prises en charge par les pouvoirs publics. L'initiative publique se substitue à l'initiative privée. La connaissance n'est plus alors la propriété d'une personne mais d'une institution.

Déclaration universelle sur le génome humain et les droits de l'homme (11 novembre 1997)

Article premier

Le génome humain sous-tend l'unité fondamentale de tous les membres de la famille, ainsi que la reconnaissance de leur dignité intrinsèque et de leur diversité. Dans un sens symbolique, il est le patrimoine de l'humanité.

La justification pour l'inclusion du génome humain dans le patrimoine commun de l'humanité est fondée sur ses caractéristiques communes avec les fonds marins et la lune. Le principe du patrimoine commun de l'humanité interdit l'appropriation par les États des zones communes, et recommande que les bénéfices tirés de ces zones soient distribués à l'humanité entière, y compris les générations futures. Le patrimoine commun de l'humanité ne peut pas être approprié par un acteur étatique ou non étatique et doit être utilisé pour des buts pacifiques. La recherche scientifique doit être libre ; le transfert technologique du Nord au Sud est une nécessité.

Plusieurs commentateurs ont attiré l'attention sur les éventuelles graves conséquences éthiques de la privatisation du génome humain, un aspect essentiel de l'identité humaine. D'autres, ont mis en évidence les limites de la notion de patrimoine commun de l'humanité. Selon eux, les régimes juridiques du patrimoine commun de l'humanité dissuadent les investissements dans les zones concernées et déterminent le retard technologique. Les conventions qui comportent la notion ne sont pas signées et ratifiées par les principaux États développés à cause des conséquences inhérentes aux investissements et à la technologie.

Au-delà des risques de dérive eugénique, le génome humain pose des problèmes plus concrets et pratiques liés au droit de la propriété intellectuelle. La question de la brevetabilité de matériel génétique est, au plan purement matériel, sous-tendue par la nécessité que le coût des futures thérapies et tests génétiques ne soit pas prohibitif pour les personnes qui doivent bénéficier de la recherche dans le domaine du génome humain. Dans ce domaine en effet, la défense des intérêts catégoriels ne peut prendre le pas sur la protection de l'intérêt général : la diffusion universelle des connaissances et des inventions doit être garantie.

Dans les deux cas, les approches ne peuvent être que différentes puisque les objectifs le sont. Lorsque la connaissance fait l'objet d'une appropriation privée, l'objectif est de maximiser le profit en profitant de la rente offerte par la situation de monopole. Ainsi si la prise d'initiative est stimulée, en revanche la diffusion de la connaissance est grandement freinée car seules les transactions marchandes permettent à d'autres de profiter des nouveaux savoirs. De plus, si dans ce système des aides publiques sont apportées, on peut craindre l'apparition d'effet d'aubaine, à savoir que l'entreprise profite de subvention alors que la volonté d'innover était déjà présente.

Si l'innovation est le fruit d'une initiative publique, l'objectif est alors d'accroître le stock de connaissances nécessaires, voire indispensable à l'amélioration du bien être collectif. Dans un tel système, l'efficacité de la recherche n'est pas garantie. En effet, si l'État garantit un revenu aux chercheurs, celui-ci est loin d'être comparable avec celui que perçoivent les chercheurs dans le privé. La motivation ne peut venir que d'un sens poussé, mais assez rare, d'esprit civique ou de la reconnaissance d'une certaine forme de propriété, la propriété « morale » qui contribue à entretenir la réputation du chercheur ou du service et leur permet par la suite d'obtenir des aides plus importantes encore. De plus, l'État est-il plus performant que le marché pour déterminer les axes de recherche les plus intéressants et choisir les meilleurs spécialistes pour les mener à terme ? En revanche, la recherche publique contribue à accélérer la diffusion et nécessite de ce fait un intense travail de codification qui doit contribuer à faciliter les processus d'apprentissage.

On peut s'interroger sur les frontières qui séparent la recherche privée et la recherche publique. Cette frontière peut être visualisée dans le schéma suivant issu d'un travail de K.M. Brown.

BÉNÉFICE PRIVÉ ESPÉRÉ			
	ÉLEVÉ	Financement privé	Financement privé
	FAIBLE		Financement public
		FAIBLE	ÉLEVÉ
		BÉNÉFICE SOCIAL ESPÉRÉ	

Au regard de ce qui a pu être mentionné précédemment, les investisseurs privés seront intéressés si les espérances de retombées commerciales à relativement court terme dépassent les coûts générés par la recherche, sachant qu'il faut bien parler « d'espérance » puisque les résultats ne sont pas connus avec certitude. Dans le cas où seul le bénéfice social est élevé et ne peut donner naissance à aucune rétribution de l'agent à l'origine de l'externalité positive, l'initiative privée ne peut pas jouer et seul un financement public est envisageable. On retrouve ici une très ancienne distinction entre recherche fondamentale dont les retombées économiques sont encore lointaines et incertaines et recherche appliquée prise en charge par les investisseurs privés en raison de perspectives intéressantes de profit.

L'analyse des frontières entre recherche financée par le privé et recherche financée par le public doit s'accompagner d'une étude de leur complémentarité. On peut considérer que les résultats de la recherche publique constituent souvent la matière première de la recherche privée. De même, les innovations dans la sphère privée se traduisent par des débouchés qui donnent parfois sa raison d'être à la recherche publique. De nombreuses études mettent d'ailleurs en évidence une corrélation positive entre le niveau de la recherche universitaire d'un pays et la productivité enregistrée par la recherche privée.

Il faut ajouter également que les frontières ne sont pas toujours définies de façon évidente. Nous l'avons déjà mentionné, certains acteurs privés peuvent bénéficier d'aides publiques ce qui modifie leur calcul économique en rendant plus attractifs les efforts de recherche. À l'inverse, même si cela est plus rare, le fruit de la recherche universitaire peut être breveté.

Le brevet garantit a priori l'exclusivité des retombées commerciales. Cette avancée juridique qui stimule donc l'innovation et la prise de risque sans interdire à terme sa diffusion est encore relativement peu utilisée. Un peu plus de 40 % des innovations produits en Europe font l'objet d'un brevet (contre un peu plus de 50 % aux États-Unis), les chiffres sont encore plus bas pour les innovations de procédé (20 % en Europe, 44 % aux États-Unis). Cette faiblesse de l'usage de la protection juridique s'explique pour diverses raisons. En premier lieu, la protection n'est ni automatique, ni gratuite puisque la charge de la preuve incombe à l'entreprise innovante. Le devoir d'identifier le contrefacteur nécessite de disposer d'une capacité de surveillance très forte (judiciaire, technique, organisationnelle). En second lieu, c'est l'environnement juridique qui pose problème. Le droit en matière de protection de la propriété industrielle est uniforme alors que les problèmes sont différents selon les secteurs. D'autre part, la qualité du cadre juridique est très variable selon les pays.

LES DROITS D'AUTEUR

En ce qui concerne la protection intellectuelle portant sur des savoirs scientifiques, deux droits se sont imposés : les droits des brevets et les droits d'auteur. Curieusement, ces deux catégories se sont rapprochées l'une de l'autre, alors qu'au départ elles étaient très éloignées, traitant de manière autonome l'une de la propriété littéraire et artistique et l'autre de la propriété industrielle. La frontière se situait alors quelque part entre le beau et l'utile. Face au développement des savoirs scientifiques et technologiques, ces différents droits suivent désormais une destinée commune. Ce rapprochement est surtout le fait des droits d'auteur qui a conquis de nouveaux domaines. En devenant le droit favori des domaines des technologies de l'information et des industries de la culture et du multimédia, le droit d'auteur « est entré dans l'entreprise ».

D. Foray, *L'économie de la connaissance*,
Coll. Repères, Éd. La Découverte, 2000.

La relative sous-utilisation des brevets ne doit pas faire oublier qu'ils occupent une place de plus en plus croissante en économie. Ils couvrent aujourd'hui des champs ignorés jusque-là et, à l'échelle mondiale, les institutions internationales travaillent à la mise en place dans tous les pays d'un niveau de législation minimale sur la protection des droits de propriété intellectuelle. De plus, l'usage du brevet n'a pas pour unique finalité de protéger les innovations, il apparaît également comme un signal envoyé aux marchés (de biens et services mais aussi financier) afin de mettre en valeur la qualité des travaux de recherche de l'entreprise.

Paradoxalement, aujourd'hui, le nombre de brevets augmente très fortement et la propension à breveter également. Cela s'explique par le fait que les domaines pouvant faire l'objet de dépôt de brevet s'élargissent (logiciel, génétique, e-commerce...) et que les acteurs concernés deviennent plus nombreux aussi (universités et chercheurs du secteur public par exemple). Cette évolution fait naître la crainte d'un excès de privatisation de la connaissance limitant trop fortement sa diffusion et son utilisation pour de nouveaux progrès. Les externalités positives ne seraient plus possibles car la protection porterait sur le résultat sans prendre en compte la méthode ou, inversement, sur-protégerait les méthodes quelles que soient les applications dans lesquelles elles peuvent être utilisées. Autre biais dans la protection, la possibilité donnée de breveter très en amont et sur des fragments de découvertes (c'est le cas en génétique notamment) empêche toute possibilité d'assemblage indispensable aux découvertes importantes.

Au-delà de ces problématiques concernant les brevets, on assiste à une privatisation également de la recherche publique. Cette tendance observée aux États-Unis se traduit par l'autorisation donnée aux universités de céder des licences exclusives sur les fruits d'une recherche financée par les pouvoirs publics.

Il existe cependant des contre-pouvoirs. Les autorités publiques peuvent mettre en œuvre de systèmes de licence obligatoire qui contraint à la diffusion d'une connaissance privée si celle-ci est jugée d'intérêt général. Dans le même esprit, l'État ou certaines fondations peuvent se porter acquéreur de brevets afin de faire basculer certaines innovations dans le domaine public.

Ces mesures restent cependant limitées et les craintes sont importantes de voir la sphère privée privilégier son intérêt à court terme au détriment du progrès social à plus long terme.

3. La stratégie européenne : programme ambitieux, résultats en demi-teinte

Le conseil européen de Lisbonne a fixé un objectif stratégique visant à faire de l'Union européenne « l'économie de la connaissance la plus compétitive et la plus dynamique du monde d'ici à 2010, capable d'une croissance économique durable accompagnée d'une amélioration quantitative et qualitative de l'emploi et d'une plus grande cohésion sociale ».

Selon les conclusions de la présidence du Conseil européen de Lisbonne, la réalisation de cet objectif nécessite une stratégie globale visant à :

- « préparer la transition vers une société et une économie fondées sur la connaissance, au moyen de politiques répondant mieux aux besoins de la société de l'information et de la recherche et développement, ainsi que par l'accélération des réformes structurelles pour renforcer la compétitivité et l'innovation et par l'achèvement du marché intérieur ;
- moderniser le modèle social européen en investissant dans les ressources humaines et en luttant contre l'exclusion sociale ;
- entretenir les conditions d'une évolution saine de l'économie et les perspectives de croissance favorables en dosant judicieusement les politiques macroéconomiques ».

Il s'agissait donc de rattraper le retard sur les grandes puissances économiques puis de les dépasser dans le domaine de la recherche-développement et dans la diffusion des technologies de l'information et de la communication.

RÉPARTITITION DES UTILISATEURS D'INTERNET DANSLE MONDE (2012)

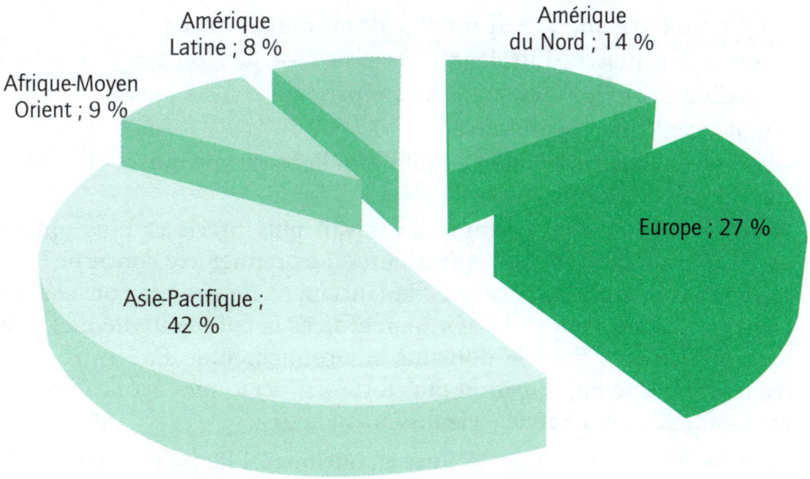

Source Comscore

DÉPENSES INTÉRIEURES EN RECHERCHE ET DÉVELOPPEMENT (DIRD) (en pourcentage du PIB, 1990-2011)

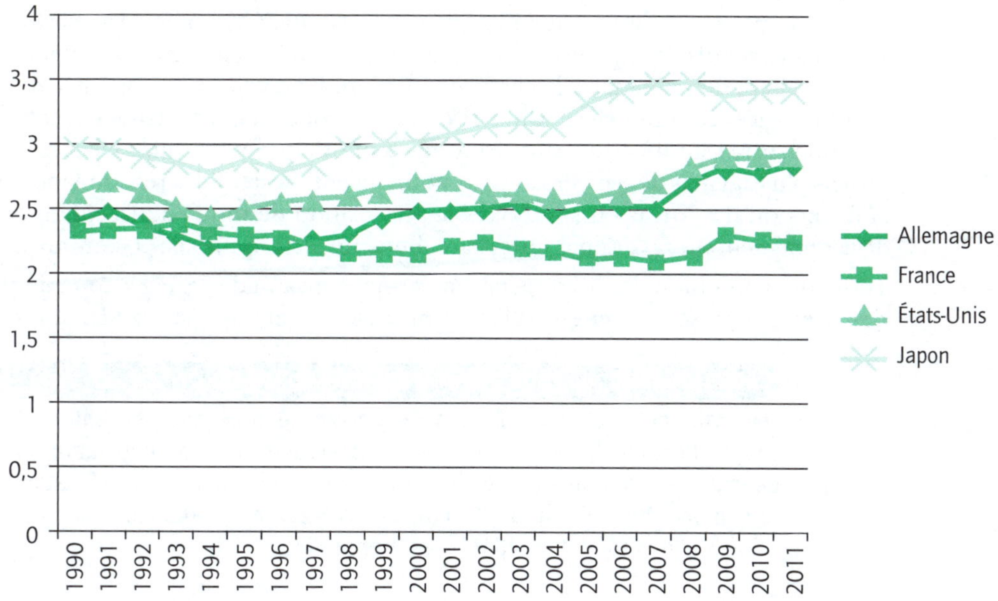

Source INSEE

On reconnaît notamment que le processus de Lisbonne présente l'intérêt de proposer une stratégie globale de progrès économique, social et environnemental sur le long terme. Mais le champ couvert est beaucoup trop large ce qui donne l'impression que la stratégie de Lisbonne « traite de tout et donc de rien ».

Le groupe d'experts européen chargé de relancer le processus a considéré qu'il était nécessaire de concentrer sur cinq domaines les efforts européens. Ces domaines sont les suivants :

- « promouvoir une société durable de la connaissance ;
- accroître le marché intérieur ;
- améliorer l'environnement des entreprises ;
- renforcer le marché du travail ;
- préserver l'environnement en diffusant l'éco-innovation et en améliorant durablement la productivité grâce à l'éco-efficacité ».

Pour proposer un programme de travail plus précis et plus opérationnel, le groupe a présenté trois axes d'actions prioritaires. Le premier axe concerne l'investissement dans les réseaux de la connaissance avec le lancement de projets considérés comme prioritaires. Dans un second temps, il s'agit de renforcer la compétitivité de l'industrie et des services plus précisément dans le domaine environnemental. Enfin, troisième et dernier axe, la recherche d'une participation plus forte des personnes âgées au marché du travail avec la promotion du concept de « vieillissement actif ».

Ces trois axes sont ensuite déclinés en quelque 24 lignes directrices.

Les critiques persistent et leur nature varie selon les institutions qui les émettent. Les représentants patronaux jugent le processus de Lisbonne trop social, alors que les syndicats le considèrent trop économique.

Un important effort doit être poursuivi en matière d'éducation dans l'esprit des conclusions adoptées par les ministres de l'Éducation nationale en 2001. Une politique globale doit être envisagée pour améliorer quantitativement et qualitativement les performances des systèmes éducatifs. Il s'agit notamment de proposer des indicateurs pertinents qui puissent servir de base de référence à l'échelle de l'Union. Une volonté est affichée de proposer de nouvelles idées comme celle d'universités d'été européennes construites autour d'une collaboration entre le monde étudiant, le monde économique et les collectivités territoriales. Des projets plus anciens de type Erasmus se poursuivent. Restent des recommandations quant à la formation des formateurs à travers la proposition de mise en place de programmes de développement professionnel sur la base d'une formation initiale et continue.

Toutefois, l'ambition d'une coopération européenne afin de partager connaissance et expérience ne pourra se réaliser que si l'apprentissage des langues est grandement amélioré.

Cadre stratégique pour l'éducation et la formation

Les États membres de l'UE et la Commission européenne ont renforcé leur coopération en 2009 avec le cadre stratégique pour la coopération européenne dans le domaine de l'éducation et de la formation (« Éducation et formation 2020 ») faisant suite au précédent programme de travail « Éducation et formation 2010 » lancé en 2001.

Les objectifs stratégiques à long terme des politiques de l'UE en matière d'éducation et de formation sont les suivants :

- faire en sorte que l'éducation et la formation tout au long de la vie ainsi que la mobilité deviennent des réalités ;
- améliorer la qualité et l'efficacité des systèmes d'éducation et de formation ;
- promouvoir l'égalité, la cohésion sociale et la citoyenneté active ;
- mettre en valeur la créativité et l'innovation, en particulier l'entreprenariat, et ce à tous les niveaux d'enseignement.

Une série de critères de référence ont été fixés pour 2020 :

- au moins 95 % des enfants entre l'âge de quatre ans et l'âge pour commencer l'enseignement primaire obligatoire devraient participer à l'enseignement préscolaire ;
- le taux moyen des jeunes de 15 ans ayant des lacunes en lecture, en mathématiques et en science devrait être inférieur à 15 % ;
- le taux moyen de décrochage scolaire devrait être inférieur à 10 % ;
- le taux moyen d'adultes entre 30 et 34 ans ayant une éducation de troisième cycle devrait atteindre au moins 40 % ;
- une moyenne d'environ 15 % des adultes (de 25 à 64 ans) devrait participer à l'éducation et la formation tout au long de la vie.

RÉSUMÉ

Très tôt dans l'histoire économique, la connaissance est apparue comme un des moteurs essentiels des progrès techniques puis scientifiques à l'origine du développement économique. La connaissance, somme de savoirs et d'informations, n'est pourtant pas apparue comme une variable essentielle dans la pensée économique. La prise en compte dans la théorie de cette notion abstraite va se faire au rythme de la montée en puissance du secteur tertiaire et de la dimension de plus en plus immatérielle de la production de richesses. Les premiers travaux significatifs, à l'orée des années 1960, ne prennent pas encore en compte les phénomènes d'apprentissage et de cognition auxquels renvoient les problématiques de la connaissance notamment en économie.

Aujourd'hui, les investissements en recherche et développement engagés par les entreprises et les économies nationales apparaissent comme source d'avantages concurrentiels déterminants. D'anciennes questions méritent donc d'être revisitées. À l'échelle nationale mais également européenne, la stratégie des États oscille entre différentes directions : soutien et protection des initiatives privées, substitution ou collaboration entre recherches publiques et recherches des entreprises. Ces stratégies restent d'autant plus difficiles à définir et à mettre en œuvre que les travaux de recherche et développement s'effectuent aujourd'hui dans des secteurs pour lesquels des considérations éthiques importantes doivent être prises en compte.

Mais la connaissance ne s'inscrit plus uniquement dans une logique d'innovation. Elle doit être abordée plus généralement dans une problématique de diffusion des savoirs. Il existe, en effet, une corrélation entre niveau de formation et d'éducation de la population d'une part et taux de croissance et taux de chômage d'autre part. Là aussi, le rôle des pouvoirs publics doit être étudié à travers des analyses déjà anciennes comme celle de la croissance endogène et du capital humain. Mais la théorie englobe également aujourd'hui toute la complexité de la notion de connaissance en proposant de nouvelles approches en matière de cognition et de transmission des savoirs.

SUMMARY

Very early on in economic history, knowledge was seen as one of the essential engines of technical, then scientific, progress at the origin of economic development. And yet knowledge, the sum total of known facts, information and know-how, did not at first appear as an essential variable in economic thinking. But, as the weight of the tertiary sector continued to grow and as wealth production acquired an increasingly immaterial dimension, this abstract notion was gradually incorporated into economic theory. The first significant works in the early 1960s were not yet taking into account the learning and cognitive phenomena associated with the problematics of knowledge, notably in economics.

Today, the investments made by companies and national economies into research and development are seen as the source of decisive competitive edge. So old issues are worth revisiting. At the national but also European scale, States' strategies waver between different directions: backing and protection of private initiatives, encouraging collaboration between public research and corporate research or substituting one for the other. These strategies are all the more difficult to define and implement as research and development work today occurs in sectors for which important ethical considerations have to be taken into account.

But knowledge can no longer be solely considered within a logic of innovation. It must be taken more generally within a problematic of the circulation of knowledge and information. This is because there is a correlation between the level of skills and education of the population on the one hand, and the growth and unemployment rates on the other. Here too, the role of public authorities has to be studied through already-old analytical models like that of endogenous growth and human capital. But economic theory today also encompasses the whole complexity of the notion of knowledge by offering new approaches to cognition and the transmission of knowledge.

MOTS CLÉS

En français	En anglais
Apprentissage organisationnel	Organisational learning
Apprentissage par la pratique	Learning by doing
Apprentissage par l'usage	Learning by using
Avantage(s) concurrentiel(s)	Competitive edge
Bien public	Public good
Brevets / breveter	Patents / patent
Capital humain	Human capital
Compétences	Skills
Connaissance, savoirs	Knowledge (indénombrable)
Économie de la connaissance	Knowledge economy, knowledge-based economy
Formation	Training
Formation dans l'entreprise	In-house training
Innovation	Innovation
Management de la connaissance	Knowledge management
Propriété intellectuelle	Intellectual property
Recherche et développement	Research and Development (R&D)
Savoir-faire	Know-how
Savoirs formalisés	Formal knowledge

Savoirs tacites	Tacit knowledge
Secteur tertiaire	Service sector, tertiary sector
Stock de savoirs	Pool of knowledge
TIC	Information and Communication Technologies (ICT)
Tranfert technologique	Technological tranfer
Transmission de savoirs	Transmission of knowledge
Vision à court terme	Short-termism

DATES CLÉS

XVIIIe siècle – XIXe siècle : Révolution industrielle, vagues d'innovations

1794 : Fondation de l'École polytechnique et de l'École des mines

1882 : Instruction obligatoire

Années 1990 : Développement des TIC et émergence de la « nouvelle économie »

RÉFÉRENCES BIBLIOGRAPHIQUES

- Commissariat Général du Plan, « La France dans l'économie du savoir pour une dynamique collective », La Documentation française, 2002.
- D. Foray, *L'économie de la connaissance*, Coll. Repères, Éd. La Découverte, 2000.
- Sous la direction de B. Guilhon et J.L. Levet, *De l'intelligence économique à l'économie de la connaissance*, Éd. Économica, 2003.
- Cahiers Français n° 323, « Croissance et innovation », La documentation française, novembre-décembre 2004.

SITES INTERNET

- ec.europa.eu/eurostat (pour la vision européenne)
- www.conseil-economique-et-social.fr/ (pour des analyses de groupes d'experts)
- www.cae.gouv.fr (*id.*)

APPLICATIONS

APPLICATION 1

Thèmes et questions de réflexion

1. Quels savoirs diffuser ?
   What kind of knowledge should circulate?
2. Quelle place pour la connaissance dans les mécanismes de croissance ?
   What part does knowledge play in the mechanisms of growth?
3. Le savoir est-il source d'inégalités ?
   Is knowledge a source of inequalities?
4. Quels mécanismes de marché pour la connaissance ?
   What are the market mechanisms of knowledge?
5. Faut-il toujours transmettre la connaissance ?
   Should knowledge always be transmitted?
6. Dans quelle mesure la connaissance est-elle source d'avantages concurrentiels ?
   To what extent does knowledge give a competitive edge?
7. L'économie de la connaissance remet-elle en cause le capitalisme ?
   Does the knowledge-based economy question capitalism?
8. Peut-on parler de mondialisation pour l'économie de la connaissance ?
   Can we speak about globalisation regarding the knowledge-based economy?
9. Quelle est la place de la connaissance dans les processus d'innovation ?
   What part does knowledge play in the innovation process?

10. Doit-on protéger la connaissance ?

Should knowledge be protected?

QUESTION

Répondre succinctement aux cinq premières questions.

APPLICATION 2

Extrait de texte en anglais

Back to school

Some remedial lessons are needed for European leaders

"Teachers, teachers, teachers." Thus the headmistress of a school near Helsinki gives her explanation for why Finland has the best education system in the world. This week, as European Union heads of government gather for their usual pointless spring summit to lament their lack of progress with economic reform - the so-called Lisbon agenda - they might remember this Finnish mantra.

The Lisbon agenda proclaimed that the EU should aim to become the world's "most competitive and dynamic knowledge-based economy by 2010". Obviously, the words competitive and dynamic are hilariously inapt at such a sluggish time, when most of France seems to have taken to the streets to defend the notion that one's first job should come with a lifetime guarantee[1]. But the phrase "knowledge-based" is almost as incongruous.

Europe is failing its students. Seventeen of the top 20 universities in the world are American, according to Shanghai's Jiao Tong university. Over a quarter of students studying outside their country of birth are in America. Moreover, the EU's universities seem to be falling further behind - and not just behind America. Britain has almost doubled its graduate numbers since the 1960s, but that increase (which is rapid by EU standards) has been enough only to keep it in roughly the same position in the rankings of countries measured by graduates[2] per head - in so far as numbers, rather than quality, can be a proxy for total educational output. Germany has increased its graduate population only slightly, and thereby plummeted from the middle of such rankings to near the bottom.

The fact is that global competition in higher education has become ferocious. South Korea has invested hugely in education and is now overtaking Europe in numbers of graduates (it has the third-highest number of graduates per head). China and India are producing more graduate engineers than the entire EU, which may be one reason why Microsoft has a huge research centre in Beijing (though it also has more than one in Europe).

The blunt fact is that most Europeans do not value degrees[3] as highly as Asians or Americans appear to. In a new study for the Lisbon Council, a Brussels pressure-group, Andreas Schleicher offers some calcula-

(1) Référence aux manifestations anti-CPE en 2006.
(2) Titulaire d'une licence.
(3) Licence, diplôme universitaire.

tions that try to estimate what degrees are worth to university graduates. Everybody does well: on average, a student gets a 10% return on his investment. But in America the average return is around 15%; in France and Italy it is only 8%.

Europe's failings in higher education are familiar enough. More surprisingly, it is falling behind in secondary schools as well. The performance in mathematics of an average 15-year-old from a big European country is at or below the international average, according to the PISA study run by the OECD. Top of the list are Hong Kong, South Korea and Japan, plus a few small outward-looking EU members (including Finland).

Worse still, European schools do not provide the equality of educational opportunity that people seem to think they do. The PISA study also tries to assess how much student performance is affected by socio-economic background and how much by personal skills, by considering variations in mathematics results both within and between schools. The first variation presumably reflects student skill; the second, the socio-economic background of schools and students. If EU countries had equitable education systems, one might expect a lot of variation within schools, because pupils vary, but rather less between schools.

In fact, one finds precisely the opposite. The differences between schools are larger in most big EU countries than in the United States. Only a few small EU countries actually deliver an equitable education; and these are the ones that have junked the devices, such as stringent national curricula, or central direction from state or national bureaucracies, that are supposed to ensure equal education.

The explanation, argues Mr Schleicher, is that European education is stuck with an industrial mindset and has not adapted to the post-industrial world. Post-industrial organisations insist that innovation must come from anywhere; that hierarchies must be flat; and that everyone should be well educated. Manufacturing required a pyramid: lots of unskilled manual workers, some skilled ones, plus a few highly educated managers. The schools that meet this old demand – with early selection of students into academic and vocational(1) streams, elite academic colleges and good vocational training – are still around, especially in Germany and central Europe. They are testimony to Europe's resistance to change.

Looking at France today, one might despair that change will ever come. Its government even blocked the publication of findings on French educational achievement and incomes (we have done some calculations which suggest that standards in French schools are more closely related to incomes than in other countries). Yet in the 1960s, Finland had all these faults. Now, it has the best schools in the world. Finnish 15-year-olds have the highest level of mathematical skills, scientific knowledge and reading literacy of any rich industrialised country.

It has achieved all this by changing its entire system, delegating responsibility to teachers and giving them lots of support. There is no streaming(2) and no selection; no magnet schools; no national curriculum; and few national exams. It is all, as that Finnish headmistress suggested, about getting good teachers —and then giving them freedom. If there is a lesson for EU leaders, it is: forget about multiple priority areas and action plans. European governments should go back to school. In Finland.

The Economist, March 23rd 2006.

---

(1) Désigne les filières professionnelles, techniques, etc.
(2) Séparation des classes par niveau d'aptitude.

1) Questions de compréhension

Résumé

Rédigez un résumé du texte en utilisant les mots clés suivants dans l'ordre où ils sont donnés :

§ 1: Finland, the best, rely, freedom, complain, imitate

§ 2: knowledge-based, goal, neglect, lag, ranking, outdistance

§ 3: gap, widen, equitable

§ 4: adapt, required, organisational, structure

Vocabulaire

Retrouvez les synonymes des mots suivants puis traduisez :

Mot du texte	Synonyme	Français
pointless *(line 3)*	middle	valoir
lack *(line 3)*	be of value	chuter
Mantra *(line 4)*	useless	moyen
Agenda *(line 4)*	motto	compétence
Sluggish *(line 7)*	qualification	slogan
plummet *(line 16)*	evaluate	évaluer
be worth *(line 25)*	schedule	jeter
average *(line 30)*	throw away	lent
assess *(line 34)*	slow	inutile
Skill *(line 35)*	absence	ordre du jour
Junk *(line 40)*	fall, drop	manque

2) Questions grammaticales

La proposition infinitive

Rappel

Certains verbes se construisent avec une proposition infinitive complète (nom ou pronom complément + to + base verbale), d'autres avec une proposition infinitive incomplète (nom ou pronom complément + base verbale)

Complétez les phrases en utilisant les amorces suivantes :

Teachers encourage their students, they want .... (they / get good grades)

In France, the government expects .... (teachers/follow a national curriculum)

The recent cuts in the number of teachers make .... (they/feel unsatisfied)

They would like .... (the government/devote more money/to education)

In Finland, the government lets .... (teachers/have total freedom/in the choice of programmes)

Many parents want .... (their children/succeed)

In Asian countries Governments incite .... (young people/go to university)
My parents prefer .... (I/attend a private school)

Le pronom personnel indéfini à sens général

Traduire les phrases suivantes :

1. On ne doit jamais manquer l'école (*skip school*)
2. On ne doit pas négliger son éducation
3. Il faut savoir se présenter lorsqu'on postule pour un emploi
4. On doit toujours penser à son avenir
5. Il est difficile de se décider rapidement

3) Questions économiques

1. Quel panorama peut-on dresser des systèmes de formation dans le monde aujourd'hui ?
   What is the outlook for training systems in today's world?
2. Peut-on parler d'investissement en formation ?
   Can we speak about investment in training?
3. Comment peut-on caractériser le système de formation postindustriel ?
   What are the characteristics of the post-industrial training system?

4) Thème de réflexion

À partir du texte et de vos connaissances, vous présenterez une réponse structurée au sujet suivant : « Économie de la connaissance et système de formation ».

CHAPITRE 4

Réseaux, territoires, pôles de compétitivité

Le territoire génère de nombreuses réflexions lorsque l'on cherche à l'aborder sur le plan économique. Traditionnellement et d'une façon générale, il couvre deux dimensions, la dimension géographique et la dimension politique, qui s'inscrivent également toutes les deux dans une perspective historique. Ces deux aspects ne sont pas indépendants l'un de l'autre, la réflexion quant à la délimitation géographique induit toute une analyse sur les zones de pouvoir. Alors que l'on évoque constamment la mondialisation, l'idée même de frontière semble déplacée. Il apparaît pourtant que l'État nation, considéré comme impuissant, parvient à retrouver de la puissance à travers les zones d'intégration internationales et à l'exprimer dans sa politique de soutien aux régions.

Bien que ces analyses quelque peu datées conservent de leur pertinence, l'analyse du territoire ne peut plus s'aborder en restant sur les réflexions classiques ou néoclassiques sur la division du travail. Même la division internationale des processus de production ne semble pas apporter des réponses entièrement satisfaisantes aux nouvelles situations de concentrations régionales que de nombreuses études viennent confirmer. À l'heure de l'économie de la connaissance et du développement des technologies de l'information et de la communication, l'idée même d'immobilité des facteurs apparaît comme saugrenue. Paradoxalement, les investissements directs à l'étranger reposant sur un programme d'innovation s'inscrivent dans la durée ; même si la connaissance peut s'échanger à distance, l'indispensable confiance qui sous-tend le développement des réseaux demande de la proximité.

Les principes d'implantation se sont modifiés depuis deux décennies, la stratégie des pouvoirs publics se devait de s'adapter à ces mutations. Il ne s'agit plus aujourd'hui de se contenter de programmes d'aides publiques pour attirer les capitaux étrangers, la qualité des infrastructures en matière de logistique mais aussi pour tout ce qui concerne la formation et la recherche sont des critères essentiels de choix des investisseurs internationaux. Avec le programme des pôles de compétitivité, l'État français cherche à s'adapter à ces nouvelles contraintes.

SECTION 1

LE TERRITOIRE DANS L'ANALYSE ÉCONOMIQUE

La notion de territoire est une notion ancienne en économie. Elle renvoie notamment aux atouts qu'offre le sol national pour la croissance et le développement du pays. Cependant, le territoire ne se limite pas à une approche économique, il comporte une dimension politique. De ce fait, le territoire économique explique les politiques offensives et défensives que les États ont mis en place pour protéger les intérêts nationaux. Aujourd'hui, il s'agit de s'interroger sur le niveau pertinent d'analyse : mondialisation, zone d'intégration régionale, nation, région…

1. Le déterminisme territorial dans le développement économique

Lorsque l'on s'interroge sur les raisons qui expliquent que le développement économique se soit déroulé en Europe, la place jouée par les éléments naturels et par conséquence par les données géographiques est très souvent évoquée. La place de la mer dans le développement du commerce est indéniable. Si l'on excepte la Russie, partout ailleurs sur le continent européen la mer est toujours à moins de 500 km alors que, pour certaines contrées d'Asie, elle est distante de plus de 2 000 km.

Le climat tempéré présente également un certain nombre d'avantages. On enregistre sous les cieux européens moins de maladies et moins de catastrophes naturelles ; les efforts s'en trouvent facilités. De plus, la régularité des vents et le calme des nombreux cours d'eau participent grandement au développement de l'énergie éolienne et hydraulique.

Autre élément à prendre en compte, l'importance des forêts qui couvrent presque 30 % du territoire, pour à peine 5 % en Afrique du Nord et 10 % en Chine. Cet aspect était très important car la forêt fournit le bois qui constitue le combustible essentiel et génère ainsi de l'énergie.

Si l'on s'intéresse plus particulièrement à l'Angleterre, cette dernière dispose de charbon et de fer mais, nous y reviendrons ultérieurement, les Anglais ne sont pas les seuls. La Belgique et l'Allemagne disposent de charbon en plus grande quantité. S'agissant du fer, si l'Angleterre fait partie des plus gros producteurs au début du XVIIIe siècle, elle n'est certainement pas le premier.

Une autre particularité de la Grande-Bretagne concerne les transports fluviaux très compétitifs puisque, sur le plan intérieur, l'absence de montagnes facilite la construction de canaux, tandis que, sur le plan extérieur, l'insularité ouvre des débouchés bien sûr vers l'Europe mais également vers les treize colonies que deviendront les États-Unis.

Les éléments démographiques ont pu également jouer. L'Angleterre enregistre une augmentation de sa population à partir de XVIIIe siècle. Cependant, cette évolution semble bien tardive pour expliquer notamment la révolution agricole anglaise que l'on situe généralement au début de ce siècle. Autre élément sur le plan démographique, la population urbaine. Avec une très grande ville comme Londres, les agriculteurs disposent d'un débouché essentiel pour écouler leur surplus. Londres est en effet dès cette époque une très grande agglomération ; dès 1600, elle compte 300 000 habitants. En 1700, avec 600 000 habitants,

Londres accueille un dixième de la population anglaise (Paris à la même époque correspond à un quart de la population française). En 1800, Londres passe le cap du million de citadins.

La structure du territoire est souvent évoquée pour expliquer l'expansion américaine. C'est notamment la thèse de la « soupape de sûreté » développée par Turner en 1893. Au regard de l'étendue du territoire, les Américains ont la possibilité de partir vers l'Ouest dès que les conditions économiques et sociales deviennent difficiles. Ce développement géographique permet un rééquilibrage du marché du travail et offre de nouveaux débouchés pour les produits manufacturés de l'Est du pays. La surface du territoire américain est un facteur important dans le déclenchement, au cours des années 1920, du processus production de masse – consommation de masse – production de masse. Ce qui est vrai pour l'industrie, se vérifie également pour l'agriculture. En 1910, chaque actif agricole américain dispose de 15 hectares contre 5 hectares pour l'agriculteur français.

Le contre-exemple du Japon

Sur plus des quatre mille îles qui composent le Japon, quatre (Honshu : 227 000 km^2 ; Hokkaido : 79 000 km^2 ; Kyushu : 36 000 km^2 ; Shikoku : 18 000 km^2) représentent 95 % de la superficie totale, soit 373 000 km^2. Les côtes s'étendent sur 33 000 km. Les montagnes occupent 71 % du territoire. La superficie habitable se limite donc à environ un cinquième du territoire. En conséquence, si l'importance de la mer et les avantages d'une forte densité ne peuvent être niés, dans le cas du Japon, les chiffres présentés apparaissent plutôt comme un très lourd handicap. Pourtant, le Japon va être le premier pays non européen ou de population européenne à réussir son développement. De même, la crise énergétique des années 1970 aurait dû provoquer l'effondrement de l'économie japonaise excessivement dépendante de l'extérieur quant à son approvisionnement en matières premières et plus précisément en ressources pétrolières. Non seulement, il n'en a rien été mais de plus l'économie japonaise est devenue une référence au cours des années 1980.

Mais l'analyse du territoire en économie ne se limite pas à la dimension géographique. Le territoire, c'est également le territoire national sur lequel s'exerce un pouvoir politique. Ce pouvoir peut fournir un cadre favorable ou néfaste au développement économique.

On considère souvent que les bouleversements politiques connus par l'Angleterre à la fin du XVIIe siècle, ont grandement favorisé l'essor agricole et industriel. L'émergence d'une classe intermédiaire (la gentry), dans laquelle on trouve de grands marchands mais également des nobles, voit ses intérêts représentés et défendus par le régime parlementaire. La classe intermédiaire (on ne peut pas parler encore de classes moyennes) fait également naître l'idée de mobilité sociale, favorable à la prise de risque et à l'innovation. En conséquence, les grands propriétaires vont s'investir dans l'exploitation de leurs terres, multiplier les expériences et finalement provoquer la révolution agricole.

De même, au Japon, le retour de l'empereur qui annonce l'ère Meiji en 1868 va se traduire par une mutation profonde des structures sociales et une ouverture importante du pays sur les progrès enregistrés à l'étranger. Dans un pays pauvre en ressources naturelles, seuls ces changements politiques et sociaux expliquent le décollage économique.

À l'inverse, l'insuffisance de réformes en Russie explique, pour une grande partie, le retard économique que va prendre ce pays au XIXe siècle. Malgré l'émancipation des paysans en 1861, les performances de l'agriculture restent médiocres. Deux raisons à cela : d'une part la poursuite de l'organisation rurale autour de la communauté villageoise qui ne stimule pas l'initiative individuelle, d'autre part, les bénéfices très importants tirés de l'exportation des céréales dont profitent les grands propriétaires et qui les placent dans une situation très confortable peu propice à la prise de risque économique.

Territoire économique et territoire géographique peuvent se rejoindre lorsque la puissance publique décide de dessiner de nouveaux contours à l'espace économique. Ainsi, l'avance prise par l'Angleterre sur la France au XVIIIe siècle est souvent expliquée par l'existence d'un véritable marché national en Grande-Bretagne ce qui n'était pas le cas sur le sol français. La Grande-Bretagne était, en effet, unifiée économiquement puisqu'il n'y avait ni douanes intérieures ni postes de péages.

L'unification économique avant l'unification politique : le cas du Zollverein

L'industrialisation et le démarrage économique de l'Allemagne au XIXe siècle sont étroitement liés à l'unification non pas politique (elle aura lieu seulement en 1871 avec la naissance de l'Empire allemand) mais en premier lieu économique. En effet, en 1834, est instituée une union douanière, le Zollverein qui permet la libre circulation des hommes et des capitaux entre tous les États allemands (39 États). C'est une étape essentielle pour faciliter la construction des voies de communication et lever les obstacles aux mouvements de main-d'œuvre et financiers.

2. La difficile détermination du territoire pour l'analyse économique

« Ce sont enfin les conséquences de la concurrence universelle, pour produire tout au meilleur marché possible, dont il faut prévoir les suites, aujourd'hui que tous nos progrès nous amènent à ne considérer l'univers que comme un seul vaste marché » (Sismonde de Sismondi, *Nouveaux principes d'économie politique*, 1819). À défaut de parler de mondialisation, on s'aperçoit que l'idée d'économie mondialisée est déjà relativement ancienne. Toutefois, avant que l'espace géographique mondial devienne un espace économique, encore faut-il que le monde soit « fini ». Au milieu des XVe et XVIe siècles, les grandes découvertes ont permis aux Européens d'« élargir » le monde au continent américain (1492) et à l'ensemble du continent asiatique (découverte du Japon par les Portugais en 1543). Après deux siècles de colonisation et d'organisation des nouveaux territoires, le navigateur français Bougainville peut regretter à la fin du XVIIIe siècle « qu'il n'y ait plus rien à découvrir » à la suite des dernières expéditions menées vers l'Océanie (Cook en 1774).

La Révolution industrielle au XIXe siècle va s'accompagner d'un développement important des échanges internationaux.

Si l'on définit simplement la mondialisation comme « l'extension de l'économie de marché à l'ensemble de la planète », il semble alors que ce phénomène apparaisse dès le XIXe siècle et se traduise notamment par la division du monde entre pays développés, d'une part, et pays sous-développés, d'autre part. Cependant, cet espace économique mondialisé ne signifie pas que les frontières aient disparu, les territoires économiques nationaux existent encore. Les politiques commerciales ou bien encore les politiques de change ont souvent pour objectif l'intérêt national. Pourtant la mondialisation qui fait débat aujourd'hui est une notion dont on situe l'émergence au début des années 1980. Par l'ouverture des frontières aux marchandises, aux hommes et aux capitaux qu'elle provoque, elle semble faire disparaître les cloisonnements territoriaux.

L'ÉCONOMIE-MONDE

« Par économie-monde, mot que j'ai forgé à partir du mot allemand de Weltwirtschaft, j'entends l'économie d'une portion seulement de notre planète, dans la mesure où elle forme un tout économique... Une économie-monde peut se définir comme une triple réalité : elle occupe un espace géographique donné ; elle s'organise autour d'un pôle, un centre, représenté par une ville dominante, une capitale économique ; elle est construite en zones successives, le cœur, autour du centre, des zones intermédiaires autour du pivot central, des zones périphériques qui se trouvent subordonnées et dépendantes plus que participantes... »

Fernand Braudel, *Civilisation matérielle, économie et capitalisme, XVe-XVIIIe siècles*, vol. 3 « Le temps du monde », coll. Références histoire, 1993.

Si sur le plan économique la notion d'État nation semble fragilisée du fait de la mondialisation, l'analyse doit être abordée sur le plan régional. Les années 1990 ont, en effet, été marquées par l'apparition de blocs régionaux dans toutes les zones de la planète. Outre l'Union européenne, projet déjà ancien, on peut citer l'ALENA (Accord de libre échange nord-américain), le Mercosur (Marché commun du Sud) ou bien encore l'ASEAN (Association des nations de l'Asie du Sud-Est). Ces zones ont pour but, en premier lieu, de favoriser le libre échange entre nations qui sont historiquement et naturellement des partenaires privilégiés car les plus proches. Mais le trait spécifique de la formation des ensembles régionaux réside dans son caractère institutionnel puisqu'il délimite le cadre concurrentiel des échanges, notamment, par la création de normes. Cette dimension institutionnelle (intervention des États) et cette production de normes peuvent laisser à penser que la création de zones d'intégration régionales s'inscrit dans une logique protectionniste.

Les blocs commerciaux (libre échange dans la zone mais protection vis-à-vis de l'extérieur) s'opposent, a priori, à l'idée d'ouverture qui prévaut dans l'espace économique mondial depuis la fin de la Deuxième Guerre mondiale. Si les institutions internationales acceptent l'existence de ces zones commerciales, il n'en est pas moins vrai que des conflits importants éclatent de plus en plus fréquemment, aujourd'hui, entre les différentes zones. Ainsi, les blocs commerciaux peuvent également s'envisager comme la reconstitution au niveau régional de la souveraineté des États face au phénomène de mondialisation.

D'autres approches sont envisageables en termes de pouvoir. Le bloc commercial peut être le moyen pour un pays dominant de chercher à réguler sa zone puis d'instaurer la suprématie de celle-ci sur les autres. On peut également citer la théorie de « l'arrière-pays » (*hinterland*) dans laquelle il s'agit pour un État de profiter des zones proches ayant une demande solvable et une main-d'œuvre bon marché. Ainsi, l'ALENA pourrait être considérée comme une combinaison de la technologie américaine, de la main-d'œuvre mexicaine et des ressources naturelles du Canada.

Pour les pays les moins avancés, l'existence de zone de libre échange se justifie pour éviter leur marginalisation face aux blocs des pays industrialisés. On peut ainsi citer le Pacte andin (Bolivie, Équateur, Pérou, Colombie, Venezuela) et l'Union douanière et économique de l'Afrique Centrale.

La théorie des dominos

« La proximité joue bien évidemment un rôle essentiel dans la formation des zones régionales. Les secteurs des pays périphériques à la zone constituée interviennent d'autant plus facilement en faveur de l'adhésion que la zone s'est agrandie par élargissements successifs. Les effets de proximité, combinés à l'influence de certains groupes de pression, poussent ainsi à la régionalisation des accords commerciaux. La « théorie des dominos » de R. Baldwin (1993) donne un élément d'explication à cette dynamique d'élargissement dans un contexte de concurrence imparfaite où les économies d'échelle sont limitées par les débouchés. La « prime » que confère aux producteurs l'intégration régionale par rapport à une simple intégration « naturelle » induit un manque à gagner pour les pays non membres. Celui-ci est d'autant plus élevé que ces pays exclus se situent à proximité de la zone et que, celle-ci, en s'élargissant, accroît encore sa dimension. Les secteurs exportateurs défavorisés sont alors de plus en plus incités à investir dans un lobbying qui peut modifier l'équilibre politique en faveur de l'adhésion. L'aspect compact de l'Union européenne a sans doute exercé un effet favorable, alors que le caractère relativement dispersé des pays asiatiques, et a fortiori des pays du Pacifique, tendrait au contraire à freiner le mouvement d'intégration « formelle ».

J.M. Siroën, *La régionalisation de l'économie mondiale*, Éd. La Découverte, 2004.

La nouvelle définition des territoires qui découle du processus de mondialisation semble montrer une dissolution des États dans des espaces régionaux internationaux. Un autre mouvement doit cependant être mentionné à travers le poids croissant accordé aux régions cette fois au sens national du terme.

En France, l'existence de régions a pendant longtemps été synonyme de cloisonnement (péages et douanes intérieures) et donc de frein aux échanges justifiant la centralisation. Il faudra attendre la fin de la Seconde Guerre mondiale pour qu'apparaisse une nouvelle unité territoriale, la région, instituée pour servir la politique de reconstruction nationale et non pour développer les initiatives locales.

C'est en 1982 qu'est relancé le processus de régionalisation avec les lois Defferre qui permettent aux collectivités territoriales de s'émanciper de la tutelle du préfet. D'autre part, des ressources financières supplémentaires sont dégagées pour faire face aux nouvelles compétences qui sont octroyées.

Au début des années 1990, une nouvelle impulsion est donnée au processus avec la possibilité offerte aux régions de recevoir tout ou partie des impositions de toute nature et les opportunités données quant à des redécoupages territoriaux (fusion entre deux départements). Le phénomène de décentralisation apparaît comme une autre forme de dislocation du territoire national mais cette fois de l'intérieur.

DÉCENTRALISATION-RÉGIONALISATION EN EUROPE

Grande-Bretagne : Réforme de décentralisation en 1999, dévolution de pouvoirs accordés à l'Écosse et au Pays de Galle ne semble pourtant pas avoir remis en cause l'unité du Royaume Uni.

Espagne : C'est le pays le plus engagé dans la voie de l'autonomie territoriale. Le gouvernement est notamment contraint de dialoguer avec 17 communautés autonomes dont certaines ont une très grande liberté fiscale. Un pouvoir de décision économique important reste entre les mains du pouvoir central.

Italie : On assiste à un renforcement du pouvoir des régions (5 régions autonomes). À terme, l'État italien conservera la maîtrise de la politique extérieure, de la défense et de l'économie.

Allemagne : 16 Länder fonctionnent comme des petits États (éducation, culture, police gérées localement) ; la Bavière dispose par exemple d'un budget treize fois supérieur à celui de la région Île-de-France.

3. Le territoire, objet de conflit économique

Dans l'histoire de la pensée et des faits économiques, le premier courant qui place le territoire au cœur de la compétition économique est le courant mercantiliste. Il serait préférable d'ailleurs d'évoquer « les » courants mercantilistes. Le plus ancien et le plus rudimentaire est le mercantilisme espagnol qui voit dans l'accumulation des métaux précieux la source de toutes les richesses. L'objectif de la colonisation à l'époque de Philippe II va donc être de faire entrer sur le territoire national, des flux de plus en plus importants d'or et d'argent et par la suite d'en empêcher la sortie.

Le mercantilisme commercial anglais est moins agressif mais s'il s'inscrit dans une perspective de libre échange, il aborde celui-ci dans l'optique d'une compétition voire d'une guerre économique.

C'est aussi sous cet angle qu'il faut comprendre le mercantilisme industriel français qui va marquer l'histoire économique en donnant naissance à la tradition qualifiée de colbertiste. Dans cette doctrine mise en œuvre par Colbert au XVIIe siècle, la force d'une nation réside dans la puissance de son industrie. Il s'agit donc de favoriser le développement industriel qui apparaît comme l'outil majeur de la croissance économique plus que la croissance du secteur agricole pourtant prédominant à l'époque. À cette idée originale vient s'en ajouter une seconde qui fait de l'État l'acteur essentiel dans l'expansion de l'industrie tant du point de vue décisionnel que dans la mise en œuvre. L'État va donc financer la création de manufactures et organiser la construction de canaux. Le système fonctionne ensuite sous la forme d'un monopole de production dans lequel l'État vérifie la qualité des produits. Dernière originalité enfin, l'appel à des techniques et de la main-d'œuvre étrangères dans les secteurs où la France connaît du retard. Le colbertisme apparaît comme la première manifestation significative de l'intervention de l'État dans l'organisation de la production nationale.

Le deuxième volet de la politique de Colbert renvoie encore un peu plus à la notion de territoire puisqu'il s'agit de la politique commerciale menée par la France qui se construit autour de mesures de défense de l'industrie nationale. En premier lieu, il s'agit de taxer les importations de produits manufacturés. Cette politique repose également sur la taxation des exportations françaises de produits de base. Cette mesure plus surprenante s'explique par la volonté de ne pas laisser les industries étrangères profiter des produits français à des prix trop faibles.

Concernant les activités de commerce et de navigation, Colbert décide d'accorder le monopole d'importations à certains ports seulement.

Ce qui va devenir une tradition économique française, à savoir interventionnisme industriel et protectionnisme, exprime bien l'idée que les échanges commerciaux entre les nations doivent être perçus comme une compétition, voire comme « une guerre d'argent ».

La guerre d'argent

Comme il faut que les peuples ayant de quoi payer avant qu'ils pensent à s'acquitter de leurs impositions, et qu'elles doivent toujours avoir leur proportion avec l'argent que chaque particulier peut avoir, la conduite universelle des finances doit toujours veiller et employer tous les soins et l'autorité de Votre Majesté, pour attirer l'argent dans le royaume, le répandre dans toutes les provinces pour procurer aux peuples la facilité de vivre et de payer leurs impositions [...]. Le bon état des finances et l'augmentation des revenus de Votre majesté consistent à augmenter par tous les moyens le nombre de l'argent [...] qui roule continuellement dans le royaume et à maintenir dans les provinces la juste proportion qu'elles en doivent avoir [...], augmenter l'argent dans le commerce public en l'attirant des pays d'où il vient, en le conservant au-dedans du royaume en empêchant qu'il n'en sorte, et donnant des moyens aux hommes d'en tirer profit. Comme en ces trois points consiste la grandeur, la puissance de l'État et la magnificence du Roi par toutes les dépenses que les grands revenus donnent occasion de faire, qui est d'autant plus relevée qu'elle abaisse en même temps tous les États voisins, vu que n'y ayant qu'une même quantité d'argent qui roule dans toute l'Europe et qui est augmentée de temps en temps par celui qui vient des Indes occidentales, il est certain et démonstratif que s'il n'y a que 150 millions de livres d'argent qui roulent dans le public, l'on ne peut parvenir à l'augmenter de 20, 30 et 50 millions qu'en même temps que l'on ôte la même quantité aux États voisins [...] je supplie Votre Majesté de me permettre de lui dire que, depuis qu'elle a pris l'administration des finances, elle a entrepris une guerre d'argent contre tous les États de l'Europe. Elle a déjà vaincu l'Espagne, l'Allemagne, l'Italie, l'Angleterre, dans lesquelles elle a jeté une très grande misère et nécessité, et s'est enrichie de leurs dépouilles, qui lui ont donné les moyens de faire tant de grandes choses qu'elle a faites et fait encore tous les jours. Il ne reste que la Hollande qui combat encore avec de grandes forces [...]. Votre Majesté a formé des compagnies qui, comme des armées, les attaquent partout [...]. Les manufactures, le canal de transnavigation des mers, et tant d'autres établissements nouveaux que Votre Majesté fait, sont autant de corps de réserve que Votre Majesté crée et tire du néant pour bien faire leur devoir dans cette guerre Le fruit sensible du succès de toutes ces choses serait qu'en attirant par le commerce une très grande quantité d'argent dans son royaume, non seulement elle parviendrait bientôt à rétablir cette proportion qui doit être entre l'argent qui roule dans le commerce et les impositions qui sont payées par le peuple, mais même elle les augmenterait l'un et l'autre, en sorte que ses revenus augmenteraient et elle mettrait ses peuples en état de pouvoir l'assister plus considérablement en cas de guerre ou d'autre nécessité.

Colbert, 1670 *in* P. Devon, « Lettres, instructions et mémoire de Colbert », *Le Mercantilisme*, Flammarion, Paris, 1969.

Au-delà de la compétition commerciale, les échanges internationaux peuvent être également perçus comme l'expression d'une domination des puissances industrielles sur le reste du monde. C'est ce que l'on appelle généralement l'impérialisme. Le XIXe siècle est le siècle de la diffusion de la Révolution industrielle mais c'est également celui de la montée en puissance des nationalismes. Ce double phénomène explique l'expansion coloniale des pays européens au premier rang desquels la Grande-Bretagne et la France. Dans la colonisation, il faut isoler les raisons qui relèvent de la dynamique économique. En premier lieu, elle constitue une réponse à la montée du protectionnisme constatée à la fin du siècle ; elle permet donc aux entreprises européennes de trouver de nouveaux débouchés pour des biens de consommation (le textile notamment) et pour des biens d'équipement (construction de ports ou de chemins de fer). En second lieu, les colonies constituent des sources d'approvisionnement pour les produits alimentaires et les matières premières. L'impérialisme apparaît alors comme la version la plus extrême de la domination territoriale en économie puisqu'en 1914, les colonies, marché captif, représentaient plus de 55 % de la superficie de la planète et plus d'un tiers de la population mondiale.

La théorie de l'impérialisme

La théorie de l'impérialisme a été élaborée par des auteurs marxistes ou sociaux-démocrates (R. Hilferling, Rosa Luxembourg). Le commerce international y est expliqué par l'évolution du capitalisme : l'exploitation des pays tiers est nécessaire à la prospérité des pays capitalistes avancés pour éviter les crises de surproduction. D'autre part, la baisse du taux de profit dans les pays capitalistes est compensée par le surprofit réalisé dans les pays les moins avancés, où le taux d'exploitation est plus élevé. La loi tendancielle à la baisse des taux de profit dans les pays capitalistes est contrecarrée par l'existence de salaires très faibles dans les pays pauvres.

A. Silem, J.M. Albertini, *Lexique d'économie*, Éd. Dalloz, 2006.

Depuis quelque temps, et plus précisément depuis qu'en juillet 2005 le Premier ministre français de l'époque, Dominique de Villepin, en a appelé au « patriotisme économique », l'idée de nation en économie a été remise au goût du jour. Il s'agissait notamment de venir secourir les entreprises françaises sur le point d'être rachetées par des firmes étrangères.

On peut s'interroger sur le pourquoi d'un renouveau du nationalisme en économie. Divers objectifs sont avancés à commencer par l'objectif social, les opérations de rachat d'une société française par un groupe étranger s'accompagneraient toujours d'un plan social que l'État se doit d'empêcher. Un objectif stratégique est également évoqué. Certains secteurs (énergie nucléaire, industrie d'armement…) sont considérés comme indispensables à la sécurité du pays et ne peuvent être, par conséquent, dirigés par des étrangers. Enfin, un objectif économique est envisageable s'il s'agit de permettre à l'État d'exercer sa « main visible » afin de créer des synergies entre différentes entreprises nationales et permettre de mener une action cohérente dans certains secteurs ce que les intérêts privés étrangers ne permettraient pas de mettre en œuvre.

Dans un espace économique mondialisé, on peut toutefois s'interroger sur le sens d'un patriotisme économique. Au-delà des difficultés à déterminer la nationalité d'une entreprise (lieu du siège social, nationalité des dirigeants, nationalité des actionnaires...), on peut douter que le sentiment patriotique d'un dirigeant ou d'un actionnaire puisse interférer dans la rationalité économique de ces agents au point de modifier significativement le sens de leurs décisions.

Le regain de ferveur pour cette défense du territoire national n'est toutefois pas sans risque. Elle fait resurgir les vieilles menaces protectionnistes mais sous des formes différentes. Il ne s'agit plus en effet de mettre en place des barrières douanières mais de construire des dispositifs contraignant les investissements étrangers sur le sol national. Les conséquences sont en revanche identiques avec une diffusion des mesures coercitives, phénomène assez paradoxal dans un monde libéral et plus encore dans le cadre de l'espace européen.

SECTION 2

LES RÉSEAUX : UNE NOUVELLE FORME DE DIVISION DU TRAVAIL

De tout temps, les territoires ont développé des compétences qui leur étaient spécifiques et qui devaient les positionner efficacement sur les marchés nationaux et internationaux. Longtemps cette division du travail dans l'espace économique s'est établie sur la base de savoir-faire productifs. Les mutations économiques font apparaître des stratégies nouvelles des entreprises qui cherchent à centrer leur activité sur les compétences de base pour mieux fonctionner en réseau par la suite.

1. La spécialisation économique du territoire

Adam Smith est le premier, dans la *Richesse des Nations* (1776), à construire une théorie du commerce international reposant sur l'idée de spécialisation. Il constate tout d'abord que les mesures protectionnistes émanent de groupes de pression non représentatifs de l'intérêt national. Toutefois, l'idée essentielle de Smith réside dans la théorie de l'avantage absolu, qui est l'avantage obtenu dans l'échange international par une nation lorsqu'elle produit et vend un bien à un prix inférieur à celui des nations concurrentes. En conséquence, la spécialisation des appareils productifs nationaux sur leurs points forts conduit à un accroissement général de la richesse de chaque pays. Pour le pays producteur, les firmes vont se diriger vers le secteur d'activité le plus lucratif et contribuer à l'augmentation de la richesse nationale. Dans les pays importateurs, les consommateurs vont pouvoir profiter des prix les plus bas proposés par l'économie la plus performante.

Au-delà de la défense du libre échange, Adam Smith montre de cette manière que la spécialisation est profitable pour l'ensemble des économies.

D. Ricardo va rester dans cette logique en considérant que le libre échange aboutit à une spécialisation des nations bénéfique à tous. Toutefois, chaque économie ne dispose pas d'un avantage absolu ce qui pose problème quant aux conclusions de Smith. Pour Ricardo, la spécialisation va se réaliser sur la base des avantages comparatifs, c'est-à-dire l'avantage obtenu dans l'échange international par une nation dans un secteur où ses performances sont les plus importantes même si elles restent en deçà des performances enregistrées par d'autres pays.

C'est aux deux célèbres auteurs suédois E.F. Hecksher et B. Ohlin dont les travaux seront complétés par P. Samuelson que l'on doit le renouvellement de l'analyse économique en matière de spécialisation (1919, pour les premiers travaux de E.F Hecksher). Ce modèle, connu sous le nom de modèle HOS, s'inscrit dans la mouvance de la théorie néo-classique. Ainsi, sont reprises les principales hypothèses de ce courant : immobilité internationale des facteurs de production et hypothèses de concurrence pure et parfaite. Sous ces conditions, le modèle HOS explique la division internationale du travail par la loi des dotations en facteur de production qui conclut qu'un pays va exporter les produits dont la fabrication nécessite une grande quantité du facteur qu'il possède en abondance. Le modèle HOS fournit donc une explication à la spécialisation dans les productions pour lesquelles les pays ont les plus grandes compétences. La mobilité des produits permettrait d'une certaine manière la mobilité des facteurs et donnerait naissance à un vaste marché mondial qui ne se limite pas aux seuls biens et services. Le théorème de W. Stolper et P. Samuelson (1948) aboutit d'ailleurs à la conclusion d'un équilibre à l'échelle internationale des prix des biens, des salaires et des taux d'intérêts.

Le paradoxe de W. Léontieff (1953 et 1956)

W. Léontieff met en évidence la nécessité de décliner la notion de facteurs de production. En effet, si l'on suit les conclusions du modèle HOS, les États-Unis devraient importer des biens dont la fabrication nécessite beaucoup de main-d'œuvre et exporter de biens intégrant de grandes quantités de capital. Léontieff montre toutefois, à travers ses études statistiques, qu'il n'en est rien. Mais ce paradoxe disparaît lorsque l'on constate que, certes les États-Unis exportent des biens intégrant une main-d'œuvre abondante, mais qu'il s'agit d'une main-d'œuvre hautement qualifiée.

La théorie de R. Vernon sur les différences internationales de technologie met en évidence, pour sa part, quatre phases dans le cycle de vie du produit dans une approche internationale.

Phase de lancement	Production et vente uniquement sur le sol national
Phase de croissance	Production effectuée sur le sol national et démarrage des exportations
Phase de maturité	Implantation de filiales à l'étranger
Phase de déclin	Chute de la production nationale et importation des produits fabriqués par les filiales

D'après R. Vernon, 1966.

Cette théorie est intéressante car elle est la première à mettre l'accent sur la recherche-développement dans la construction d'avantage comparatif. En matière de production, les phases de lancement et de croissance correspondent à la fabrication de petites séries puis de grandes séries avec une utilisation croissante du facteur capital. Dans la phase de maturité, l'implantation de filiales à l'étranger correspond à la mise en place de productions de masse très intensives en travail peu qualifié. En dernier lieu, la phase de déclin entraîne des transferts technologiques vers les pays en développement.

Toutes ces approches restent centrées sur le concept de nation. Il apparaît aujourd'hui que les firmes jouent un rôle important dans la manière dont se façonnent les territoires économiques. Les nouveaux théoriciens s'écartent de la notion de division internationale du travail pour évoquer plutôt la division internationale de processus de production (ou décomposition internationale des processus de production). En effet, il apparaît que la logique très complexe d'intégration des activités d'une multinationale à l'échelle internationale repose sur un certain nombre de paramètres : paramètres économiques (recherche de taille critique pour les filiales en fonction de la nature des pièces fabriquées, de la qualité de la main-d'œuvre et des infrastructures), d'un certain nombre de paramètres fiscaux et sociaux (implantation en fonction de la souplesse ou de la rigidité des régimes fiscaux, des aides reçues lors de l'installation sur le territoire, de l'importance de la place occupée par les régimes sociaux), enfin de paramètres de gestion comptables et financiers (liberté dans la fixation des prix dans les échanges entre filiales par exemple).

Ainsi, cette division internationale des processus remet en cause le rôle des États nations en termes d'acteurs économiques principaux, cela d'autant plus que le commerce intra-firme représente environ un tiers du commerce mondial. La lecture des échanges entre pays en est d'ailleurs rendue de plus en plus difficile (notamment pour certains pays en développement pour lesquels la part réalisée par des multinationales dans leurs exportations est très importante).

La stratégie des firmes semble donc déterminante dans la structuration de l'espace économique international.

2. La stratégie de localisation des firmes

Depuis quelques décennies, les travaux de recherche en économie s'intéressent au phénomène de concentration. À ce titre, les districts industriels italiens sont devenus un objet de curiosité à partir de la fin des années 1970, car représentatifs de ces zones de développement économique fortement localisées mais également très performantes dans la compétition internationale.

Les travaux dans le domaine sont toutefois très anciens puisque, dès le début du XXe siècle, A. Marshal avait mis en évidence le phénomène à travers l'industrie de la coutellerie dans la région de Sheffield. C'est d'ailleurs sur les travaux de Marshal que P. Krugman va centrer son analyse sur la localisation des activités économiques. P. Krugman part du constat que certaines zones aux États-Unis sont fortement spécialisées (l'automobile à Detroit par exemple). Cette localisation dans une même zone d'entreprises concurrentes s'expliquerait par la recherche d'économies d'échelle internes mais également par la volonté de profiter d'économies d'échelle externes. C'est cette notion « d'économies d'échelle externes » que Marshall a mise en évidence. Pour simplifier, nous pouvons considérer que ce phénomène permet aux firmes de profiter d'économies liées à la taille dans un premier temps du marché local puis par la suite du marché national. Sur cette base, les producteurs nationaux vont approvisionner le marché national à partir d'une localisation unique. Cette spécialisation géographique est favorisée par l'absence de barrières entre les différents États. La localisation des industries se fera au cœur des marchés plutôt qu'à leur périphérie, même si les différentiels de coûts sont significatifs.

LES EXEMPLES HISTORIQUES DES DISTRICTS ITALIENS

Le modèle des districts italiens repose sur une mutualisation des moyens de production proprement dits et reflète les évolutions contrastées du rôle et de l'intérêt de la puissance publique dans la constitution de réseaux d'entreprises. Ainsi, l'action des pouvoirs publics à l'égard des systèmes productifs locaux, baptisés dès la fin des années soixante-dix en Italie « districts industriels », peut encore faire l'objet de lectures contrastées car selon leurs étapes de développement, les régions ou encore les niveaux de collectivités, le soutien public à ces organisations n'a pas été de même importance.

Analysés comme des phénomènes socio-économiques spontanés et expressions de solidarités déterminées par l'histoire et la géographie, les districts industriels sont nés et se sont épanouis sans aide spécifique des pouvoirs publics. Toutefois, les collectivités territoriales de proximité (région, ville) ont été à leur côté et à leur écoute tout au long de leur évolution et ont, les premières, apporté un soutien à ces groupes d'entreprises. Il est vrai que, pour les observateurs et responsables publics nationaux, ces organisations productives ont d'abord été vues comme une étape préalable à la constitution d'unités productives plus importantes, la grande entreprise restant le modèle de référence. L'Italie a longtemps plus cru en Fiat ou en Montedison qu'en ses districts.

Mais, les districts se renforçant et affirmant leur compétitivité, on s'est interrogé sur ce qui faisait leur force mais aussi leur faiblesse. Leur force reposait bien sur cette multiplicité d'entrepreneurs souvent concurrents qui innovaient en permanence, grâce en particulier à leur proximité et à la courte distance entre concepteurs et exécutants.

La faiblesse serait venue en revanche de la lenteur avec laquelle les entreprises pouvaient absorber les avancées technologiques. Les institutions intermédiaires professionnelles ont joué un rôle de catalyseur en apportant une assistance aux entreprises sur les plus élémentaires des services comme la préparation des feuilles de paie ou la tenue de la comptabilité, à d'autres plus élaborés en relation avec les équipements, les process ou les technologies.

C'est à partir des années quatre-vingt-dix qu'un cadre normatif a été arrêté par l'État pour organiser et favoriser les interventions de l'État et des régions en faveur des districts industriels. Elles s'inspirent en particulier des modalités d'appui apportées par les municipalités.

Le premier pas de cette politique a été la définition et la délimitation des districts. À cet effet, la loi n° 317 du 5 octobre 1991 a défini des critères de reconnaissance des districts.

Malgré une traditionnelle ouverture à l'international des districts industriels, le ministère chargé des activités productives a fait de cette ouverture une priorité. Pour cela une « task force » a été mise en place. Son objet est de proposer toutes mesures qui, par le biais de l'internationalisation, permettront aux districts d'améliorer leur compétitivité.

De nombreux exemples témoignent qu'il s'agit là d'une voie largement empruntée. Nombreux sont en effet les districts qui ont procédé à des délocalisations productives conservant en Italie une base de « commandement » (avec des fonctions à haute valeur ajoutée) et qui développent leur production dans des pays à bas coûts de main-d'œuvre étrangère.

Le mouvement de « déterritorialisation » et de rupture avec la Vallée initiale semble donc engagé.

Par ailleurs, avec l'aide de l'Institut pour le commerce extérieur (ICE) qui promeut l'exportation des entreprises italiennes, se développent les partenariats entre « districts ». Le district de la soie de Côme-Brianza vient par exemple de se rapprocher avec les zones textiles de la préfecture d'Ishikawa au Japon.

Extrait de N. Jacquet et D. Darmon, *Les pôles de compétitivité à la française*, Éd La Documentation française, 2005.

Les phénomènes de polarisation ou de concentration des activités semblent s'intensifier aujourd'hui mais surtout prendre un caractère quelque peu différent. On peut distinguer deux grandes stratégies de localisations des firmes, celle basée sur la flexibilité productive et celle qui repose sur une volonté d'enrichir la capacité d'innovation.

Les stratégies de recherche d'une plus grande flexibilité s'expliquent par le caractère fluctuant de la demande en particulier sur le plan quantitatif. Dans ce cadre, les considérations logistiques deviennent essentielles. La production de biens dont la logistique de distribution est lourde va appeler une logique d'implantation qui permette l'installation à proximité des partenaires industriels (les sous-traitants). Pour les firmes dont la demande est très dispersée, les stratégies adoptées se traduisent par une centralisation des flux logistiques et par la réduction des centres de distribution.

Dans une perspective de valorisation des capacités de recherche de l'entreprise, il s'agit de se rapprocher de partenaires potentiels, privés ou publics, qui contribuent à accroître de façon significative les possibilités de l'entreprise en matière de recherche-développement.

On observe une tendance à la polarisation plus forte pour les activités de connaissance que pour les activités de production. Pour ces dernières qui relèvent pour certains d'une organisation taylorienne flexible (activité à faible valeur ajoutée pour lesquelles on recherche la meilleure adaptation au marché), les choix d'implantation se font sur la recherche des coûts les plus faibles. Les aides publiques dans ce cas sont un facteur très important. Le facteur coût placé au centre du raisonnement économique ne contribue pas à rendre l'implantation durable sur une zone déterminée. En d'autres termes, toute baisse de coûts quelque peu significative entraîne la délocalisation de l'activité.

Lorsque prédomine la logique d'organisation cognitive du travail, l'ancrage territorial est plus fort car c'est structurellement que la zone doit permettre de favoriser l'innovation. L'implantation sur un territoire se fera, pour reprendre la formule de J.B. Zimmermann (2000), que s'il existe et que peuvent être mises en œuvre des « rencontres productives ». Par cette formule, il faut comprendre « la capacité à résoudre des problèmes productifs par le biais de coopérations et d'apprentissages collectifs, la capacité à susciter et résoudre des problèmes productifs inédits ».

L'EXEMPLE AMÉRICAIN

Le concept de cluster

Le phénomène des clusters, défini par Michael Porter, repose sur la proximité géographique et culturelle ainsi que sur la complémentarité d'entreprises ou d'institutions partageant un même domaine de compétence. Il prend souvent la forme d'une agglomération d'entreprises en tissus industriels partageant une activité similaire. Il va au-delà de la simple recherche d'économies d'échelle entre entreprises concurrentes (mutualisation des moyens de production), mais crée des synergies entre différents acteurs (recherche, entreprise) qui suscitent une croissance endogène et jouent un rôle d'aimant en termes d'attractivité.

La Silicon Valley

L'exemple américain de la Silicon Valley repose depuis l'origine sur le dynamisme de l'initiative privée (exemple du capital-risque à l'américaine et des *business angels* ou capital-risqueurs) sans implication directe de la puissance publique.

L'exemple américain de la Silicon Valley est une excellente illustration des dynamiques à l'œuvre dans le développement des clusters.

Dans les années 20, la jeune université de Stanford (Californie), créée à la fin du XIXe siècle, a décidé de renforcer la qualité de son enseignement et de développer son prestige en recrutant des professeurs renommés tels que Frederik Terman, ancien élève de cette université et professeur d'ingénierie électrique au Massachusetts Institute of Technology (MIT).

À l'époque, la côte Est, beaucoup plus réputée et plus ancienne du fait de l'existence de sites tels que celui de l'université de Boston, attirait la majorité des jeunes diplômés à la recherche d'emplois de bon niveau. Le professeur Terman, souhaitant remédier à cette situation, incitait fortement ses élèves à créer leur entreprise près de l'université de Stanford. Deux d'entre eux, devenus célèbres depuis, William Hewlett et David Packard, particulièrement innovants puisqu'ils avaient réussi à mettre au point un nouvel oscillateur audio, décidèrent de suivre ces enseignements. Leur start-up, lancée dans un garage en 1939, fait aujourd'hui 74 Md$ de chiffre d'affaires. Ce n'est pas le seul exemple d'une telle réussite puisque l'université de Stanford a fourni également un local et 100 $ à deux jeunes frères, Sigurd et Russel Varian, pour mener leurs recherches en échange de royalties sur leurs découvertes. L'une d'entre elles, le tube klystron, allait permettre le développement de l'industrie des micro-ondes et rapporter plusieurs millions de dollars à l'université.

La vallée devint un cluster de high tech où se mêlaient chercheurs, ingénieurs, entrepreneurs et investisseurs. Elle produisit notamment les premiers circuits intégrés en silicium grâce à Fairchild, une entreprise fondée en 1958, d'où allaient naître plusieurs *spin offs* dont Intel et AMD, aujourd'hui respectivement numéros 1 et 2 mondiaux des semi-conducteurs. La richesse et la fertilité du cluster lui permirent de rester en pointe malgré les temps de cycles très courts des vagues de technologie : chaque fois que l'une d'entre elles s'essoufflait, c'est encore dans la Valley que naissait la vague suivante.

Dans ce microcosme, où tout le monde connaissait tout le monde, les relations de confiance étaient un facteur majeur de réussite. Le jour où Gordon Moore et Bob Noyce quittèrent Fairchild pour fonder Intel, ils purent obtenir 2,5 M$ de financement en 48 heures de la part d'Arthur Rock, un investisseur qui connaissait leurs compétences pour les avoir déjà soutenus auparavant.

Ces relations de confiance favorisaient la prise de risque : les bons ingénieurs savaient que, même si leur création d'entreprise échouait, ils pourraient toujours rebondir car ils étaient reconnus dans leur communauté. L'abondance du capital-risque et sa rapide mobilisation expliquent ainsi la réussite du cluster californien, qui est aujourd'hui le modèle mondial en termes de synergie entre recherche fondamentale et appliquée.

Extrait de N. Jacquet et D. Darmon, *Les pôles de compétitivité à la française*, Éd. La Documentation française, 2005.

3. Le développement des réseaux

L'axe stratégique majeur poursuivi par les firmes multinationales porte aujourd'hui sur la connaissance, les savoirs, la recherche-développement. On peut considérer que de véritables stratégies de globalisation de la recherche et développement se mettent en œuvre. Si pendant longtemps on a constaté une volonté des entreprises de conserver leurs activités de recherche sur leur territoire national, depuis la fin des années 1980 la recherche-développement s'internationalise. Cela se traduit par des investissements directs plutôt concentrés sur le développement et qui se polarisent encore énormément sur les pays de la Triade. Les firmes multinationales mettent donc en concurrence les territoires dans cette recherche de montée en compétence technologique. Cette dimension technologique est l'un des aspects d'une stratégie plus globale de mise en réseaux des entreprises.

Dans la course à l'acquisition de nouvelles connaissances, les grandes entreprises ont privilégié les opérations de fusion-acquisition qui permettaient de s'approprier rapidement des savoirs localisés de façon diffuse dans les organisations et non de façon explicite dans les produits. Le développement des entreprises qualifiées de « jeunes pousses » (start-up) s'inscrivait dans cette logique d'appropriation des compétences. Constituées autour d'une idée innovante, ces sociétés étaient par la suite rachetées une fois l'idée validée par le marché. Ces stratégies ont été observées dans le secteur des technologies de l'information et de la communication mais plus encore dans l'industrie pharmaceutique où les recherches en biotechnologies étaient réalisées par de jeunes sociétés, les « biotech ». On se trouve alors dans ce cas dans une forme originale d'externalisation de la recherche.

Cela traduit une tendance très forte, constatée sur les marchés, de recentrage des grandes entreprises sur leurs compétences clés et d'appel à l'extérieur pour un certain nombre d'activités jugées quelquefois comme non essentielles mais présentant parfois un caractère stratégique comme la recherche. Dans cette division cognitive du travail, les transferts de connaissance se font à l'intérieur des entreprises mais aussi à l'extérieur. L'importance donnée à la recherche-développement dans certaines sociétés situées sur des marchés de haute technologie est telle que les services concernés finissent par devenir en eux-mêmes des sources de débouchés puisque leurs performances sont directement valorisées sur les marchés pour une large part. Toutefois, cet exemple de « marchéisation » de la recherche (cession de brevet, de licence...) ne reflète pas la tendance générale en matière d'innovation et d'acquisition de savoirs.

L'évolution qui découle d'une plus grande externalisation se concrétise beaucoup plus par la mise en place de relations partenariales très étroites que par l'échange marchand. Sur des éléments aussi importants, l'incomplétude des contrats exige la mise en place d'une relation de confiance et de savoir très forte que la proximité géographique doit renforcer. Ce besoin de proximité est d'autant plus fort que les projets en sont en phase de recherche et que la connaissance reste encore très tacite

Ces alliances inter-entreprises autour du partage de la connaissance et du savoir prennent des formes différentes. Elles se constituent sous la forme d'alliances technologiques afin de partager les dépenses d'investissement de recherche et développement excessivement élevées dans certains secteurs d'activité. L'autre forme fréquemment rencontrée a pour finalité la combinaison de compétences ; c'est notamment ce qui se produit lors du développement d'internet avec des accords passés entre les fournisseurs de contenants et les fournisseurs de contenus.

En final, la constitution de ces réseaux présente l'avantage de fournir aux entreprises une plus grande souplesse en matière de recherche et développement que celle plus traditionnelle de l'internalisation.

Dans le développement des réseaux, il est nécessaire d'inclure également la relation recherche publique, recherche privée.

L'EXEMPLE DE L'INDUSTRIE PHARMACEUTIQUE

L'étude de Cockburn et Henderson [1995], sur 21 cas historiques de découvertes et développements de médicaments, montre le rôle essentiel de la connaissance publique produite et mise à disposition par les institutions de recherche publique puis exploitée et commercialisée par les entreprises privées. Dans ce modèle, la connexion des entreprises privées à la recherche publique est un facteur clé des performances innovatrices. Or cette connexion « se paie ». L'établir et la maintenir oblige les firmes privées à contribuer elles-mêmes à la recherche de base et à suivre les normes de publication et de divulgation prédominantes dans le secteur public. On découvre ainsi un « modèle » fait d'équilibre et de compromis (équilibre entre les deux secteurs dont les rôles sont relativement bien définis compromis des firmes privées qui, même dans les dernières étapes des processus d'innovation, continuent de publier et de divulguer leurs informations pour maintenir la règle d'échange et de réciprocité), modèle dont on voit qu'il permet de nombreuses et puissantes externalités entre le public et le privé et au sein même du secteur privé, entre les firmes concurrentes.

Mais cet exemple n'attire pas seulement notre attention sur la richesse des liens cotre les deux secteurs. Il montre aussi l'imbrication des comportements.

D. Foray, *L'économie de la connaissance*, coll. Repères, Éd. La Découverte, 2000.

En France notamment, les liens entre recherche privée et recherche publique se trouvent confrontés à des problèmes d'ordre financier. G. Dang Nguyen montre que le taux de financement de la recherche et développement des entreprises françaises est notoirement insuffisant au regard du financement public. Par ailleurs, faute de moyens, les laboratoires universitaires, pourtant nombreux, ne parviennent pas à produire des résultats de qualité car difficilement transférables aux entreprises.

En final, une plus grande compétitivité ne peut donc être obtenue que par des mesures visant à faciliter l'émergence de réseaux d'entreprises auxquels vient se greffer une recherche publique performante.

SECTION 3

ACCROÎTRE LA COMPÉTITIVITÉ PAR LE DÉVELOPPEMENT RÉGIONAL

Pendant longtemps, le soutien des pouvoirs publics aux régions a eu pour finalité l'aménagement du territoire ou la sauvegarde des emplois. En intégrant, les nouvelles stratégies des entreprises, les régions prennent l'initiative d'avancer des projets correspondant à leurs compétences traditionnelles ou présentant de nouvelles idées. À travers l'expérience des pôles de compétitivité, l'État français tente l'expérience de la région pour accroître les performances internationales de l'économie nationale.

1. Les approches traditionnelles de valorisation ou de défense du territoire

Différentes formes d'actions sont envisageables pour valoriser le territoire ; en premier lieu, les responsables publics se fixent pour objectif d'équilibrer le pouvoir et les moyens des différents pôles géographiques du pays, ensuite l'État a pour mission de venir en aide aux régions qui subissent le déclin industriel, enfin, une politique de relance de l'investissement sert parfois à valoriser des territoires jusque-là sous-développés.

La politique majeure en direction des régions est la politique d'aménagement du territoire. Elle se justifie car certaines régions se développent après avoir bénéficié d'avantages que l'histoire ou la géographie leur ont donnés. On aboutit ainsi parfois à de profonds déséquilibres sur le plan des infrastructures et des implantations industrielles. La concentration entraîne la concentration. L'État prête ainsi plus d'attention aux zones qui semblent jouer un rôle moteur en matière de croissance et d'emploi.

En France, la centralisation administrative a amplifié les effets pervers de la concentration économique en venant y superposer une concentration des décisions et des responsabilités.

PARIS ET LE DÉSERT FRANÇAIS

En 1947, J.F. Gravier publie *Paris et le désert français* qui va dans le sens d'une prise de conscience de la population des déséquilibres économiques et sociaux entre la région parisienne et le reste du territoire. La capitale n'a cessé d'accueillir les sièges sociaux des grandes entreprises, les ministères, les centres universitaires et de recherche... En conséquence, les investissements dans les plus importantes infrastructures culturelles et sportives sont réalisés dans la capitale.

À ce déséquilibre entre capitale et province viennent s'ajouter d'autres inégalités entre le nord et l'est du pays mieux développés que le sud et l'ouest.

C'est au cours des années 1950 que la France lance sa première politique d'aménagement du territoire qui comporte de nombreuses mesures d'incitations afin de rapprocher les grandes entreprises nationales et les responsables locaux. D'autre part, pour contrôler l'évolution de l'urbanisation, les pouvoirs publics inventent le concept de ville nouvelle qui devait permettre de soulager les grandes agglomérations existantes des contraintes liées à une trop forte densité.

En 1963, notamment avec la création de la Délégation à l'aménagement du territoire et à l'action régionale (Datar), les pouvoirs publics ont voulu montrer leur volonté de réduire la trop grande influence de la capitale. Pour ce faire, des organismes publics ont été transférés en province et des mesures prises pour éviter que des ministères ne continuent à agrandir leurs infrastructures dans la capitale. Cette tendance sera poursuivie en 1991 avec une nouvelle vague de délocalisations de service public.

En final, si les déséquilibres ne s'amplifient pas entre la capitale et la province, entre le monde rural et le monde urbain, ils persistent tout de même. En effet, au début du XXIe siècle, 80 % des Français vivent sur 20 % du territoire. Le problème reste entier puisque la politique menée pour réduire l'influence de la capitale est mise en œuvre à Paris. D'autre part, il semble difficile de lutter contre la trop grande centralisation en instaurant comme en 1963 avec la Datar un organisme centralisateur.

Dans le pays de la première Révolution industrielle, les politiques régionales se sont construites autour d'autres préoccupations. Dès les années 1920, l'Angleterre semble entrer dans une phase de déclin, les mutations technologiques mettent en grande difficulté des secteurs traditionnels comme le coton, le charbon et la métallurgie dont les zones de production sont très localisées dans certaines régions en particulier.

Dès les années 1930, l'État prend des mesures afin d'apporter une aide aux zones les plus sinistrées dans lesquelles le taux de chômage varie entre 30 et 60 %. Le *Development and Improvment Act* est construit autour de deux axes.

• En premier lieu, il s'agit de voter une aide pour encourager à la mobilité et au reclassement.

200 000 travailleurs viennent ainsi s'installer dans la région de Londres et dans le sud-est de l'Angleterre. De plus, des aides financières sont accordées aux entreprises qui viennent s'installer dans les zones sinistrées. C'est le système de *Trading Estates* qui permet à des entreprises de louer des terrains et des bâtiments appartenant à l'État.

Ces premières mesures ne vont pas rencontrer un franc succès sur le long terme, le déclin des régions de la première révolution industrielle se confirmant dans les décennies suivantes. Au cours des années 1960, sont définies onze régions de planification qui devaient faire l'objet des aides les plus conséquences afin de leur permettre de rattraper leur retard. Au cours de cette décennie, on assiste à une augmentation spectaculaire des crédits publics en faveur des zones les plus pauvres. De plus, on active à nouveau des instruments déjà anciens comme les « certificats de développement industriel » qui avaient été créés en 1947 pour dissuader les entrepreneurs d'investir dans les régions surchargées du sud-est et de se tourner vers les zones les plus défavorisées.

• En second lieu, plus classiquement furent accordées des subventions aux entreprises qui transféraient leurs activités vers les régions à développer.

• Enfin, une prime régionale à l'emploi est mise en place qui consiste à subventionner l'emploi en partant du constat que c'est la main-d'œuvre qui est la principale ressource en surplus dans les régions sinistrées.

L'exemple de la politique régionale anglaise visant à soutenir les régions en difficulté est instructif car il montre sur une longue période l'inefficacité d'une politique visant à maintenir artificiellement en activité des secteurs et par la suite des régions victimes de l'évolution économique.

Le célèbre exemple américain de la *Tennessee Valley Authority* dans le cadre du New Deal apparaît comme une réussite, dans laquelle se sont articulés harmonieusement relance de l'économie et aménagement du territoire. La récession dans laquelle se trouve l'économie américaine après la crise de 1929 pousse l'administration Roosevelt à stimuler l'investissement public pour pallier les carences de l'investissement privé.

En conséquence, il est décidé de lancer un programme de grands travaux dans la vallée du Tennessee afin de mettre un terme aux inondations, de rendre le fleuve navigable et de développer l'énergie hydraulique. L'aménagement doit porter sur plus de 1 000 km et concerner également les vallées de l'Ohio et du Mississipi.

À l'issue du programme, outre les emplois créés, le fleuve va permettre de fournir en électricité toutes les fermes aux alentours (auparavant, 2 % seulement étaient équipées). Les programmes d'assainissement des marais vont permettre également l'exploitation de nouvelles terres pour l'agriculture.

À l'ère de la mondialisation, les politiques régionales s'inscrivent dans la relation États/firmes multinationales. À partir des années 1980, les pays d'origine de ces firmes ont exprimé des craintes à l'égard de leurs multinationales car leurs implantations à l'étranger se traduisaient par des pertes d'emplois et des transferts technologiques. La problématique ne repose plus alors sur le contrôle des ressources, comme dans les années 1960-1970, mais sur la création de ressources. C'est d'ailleurs la thèse défendue par R. Reich dans son ouvrage *L'économie mondialisée* (1991). Il insiste en effet sur le fait que l'État nation en économie est dépassé et que le niveau de vie des citoyens ne dépend plus du profit réalisé par les entreprises nationales ni de leur part dans l'économie internationale, mais du capital humain et matériel que ces pays possèdent, c'est-à-dire des compétences maîtrisées par les hommes et des infrastructures disponibles sur le sol national. Ainsi doivent se mettre en place de nouvelles politiques d'attractivité des territoires nationaux.

2. La stratégie régionale

Si l'État, comme nous venons de le voir, joue un rôle en matière d'aménagement du territoire ou de soutien aux zones en difficulté, les régions elles-mêmes ont la possibilité de mener une politique de développement qui leur soit spécifique et cela d'autant plus aisément dans un cadre politique favorisant la décentralisation.

Ces politiques sont de différentes envergures ; on peut distinguer les grands pôles technologiques et les centres d'excellence. Les grands pôles technologiques ont une taille critique très importante et apparaissent dans quelques grandes régions françaises seulement. Les centres d'excellence locaux sont des projets de plus faible ampleur qui se construisent autour de quelques compétences spécifiques.

Les stratégies adoptées dépendront d'un certain nombre de critères spécifiques à chaque région. Les ressources naturelles et humaines vont conditionner l'ampleur et la nature des programmes qui sont envisagés et envisageables. De même, le positionnement géographique est source d'opportunités ou apparaît comme une contrainte forte. Enfin, l'histoire et la place que la région a occupée dans les politiques que l'État a mises en œuvre sont des éléments qui influencent notamment le caractère plus ou moins innovant des stratégies régionales.

Dans tous les cas de figures, il apparaît aujourd'hui en Europe une volonté des régions de mettre en place de véritables programmes de recherche-développement et de mobiliser à cet effet des ressources financières et matérielles. Cette détermination s'exprime à travers des travaux de prospective qui déterminent les axes à privilégier en fonction des atouts de la région. Il est possible d'observer trois stratégies.

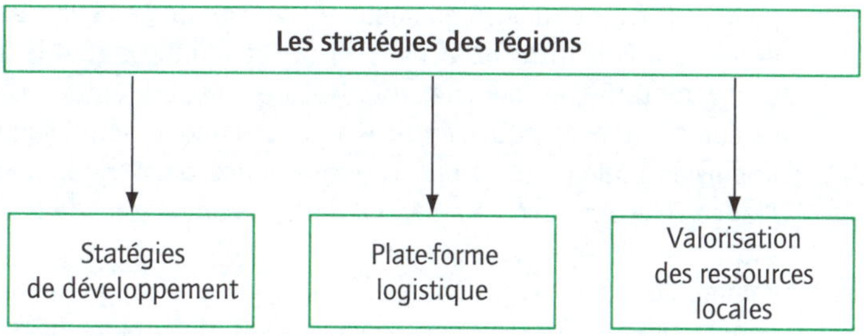

Les stratégies de développement de pôles technologiques correspondent à une concentration spatiale d'activité de recherche-développement. Il s'agit de faire circuler la connaissance entre les centres de recherche et les entreprises alors même que la concurrence peut exister entre les différents facteurs. Les moyens pour faire émerger ces pôles peuvent relever de l'initiative privée qui impulse la collaboration formation-recherche-entreprise et veille à sa cohérence. Une autre approche a été observée avec l'implantation d'entreprises, suivie quelque temps plus tard de la mise en place par l'État d'un système de formation de haut niveau.

L'HISTOIRE DE SOPHIA-ANTIPOLIS

Sophia-Antipolis compte aujourd'hui parmi les principaux pôles de haute technologie européens et figure comme un exemple de développement technopolitain. Il est une composante essentielle du pôle de compétitivité Solutions Communicantes Sécurisées (Du silicium aux usages), dont le label de pôle à rayonnement mondial reçu durant l'été 2005 consacre l'excellence dans le domaine des TIC (et plus particulièrement dans les technologies mobiles) (1). L'histoire du cluster sophipolitain est pourtant marquée par une succession de paradoxes. Ainsi, Sophia-Antipolis est né dans les années 1970 pour être un centre d'activités de recherche-développement (R&D), à haute valeur ajoutée, dans une région dépourvue de culture et ressources industrielles ainsi que de tradition universitaire. Dans les années 1960, l'implantation d'un centre de recherche d'IBM, puis de Texas Instrument dans la région de Nice, va renforcer

(1) Aujourd'hui, Sophia-Antipolis accueille environ 1 300 sociétés et 27 000 salariés. Avec quelque 25% des raisons sociales du parc, les technologies de l'information représentent quasiment la moitié des emplois. Si l'on prend comme indicateur de l'activité de recherche des entreprises la répartition nationale du crédit impôt recherche, Sophia-Antipolis est en 3e position. Selon la dernière analyse de l'OST, Sophia représentait, en 1999, 0,5 % des demandes de brevets européens de la France et 3,3 % des publications des SPI.

et crédibiliser une idée qui se fait jour à l'époque. Ce pays de « mer et de soleil », qui vivait essentiellement du tourisme, pouvait, à l'image de la côte ouest américaine, attirer des entreprises dans les secteurs de la recherche et des hautes technologies et générer un nouveau modèle de développement. Mais sans doute cette idée serait-elle restée en l'état sans l'influence d'un homme, Pierre Laffitte alors directeur adjoint de l'École des mines de Paris, et d'une vision, celle d'un « Quartier Latin aux champs » (1), « d'une cité des sciences, de la culture et de la sagesse ». P. Laffitte l'a concrétisée dès 1969 dans un projet précis visant à promouvoir les activités de recherche-développement (R&D) et d'enseignement sur un site dédié. Selon une règle explicite établie par P. Laffitte, les activités à caractère innovant et le tertiaire supérieur sont prioritaires, les activités doivent être non polluantes, les activités à faible valeur ajoutée et peu créatrices d'emplois sont normalement exclues. Une impulsion majeure au projet va être donnée par l'engagement important de France Télécom qui crée à Sophia-Antipolis une « zone de télécommunications avancées » (ZTA) (2), et dote ainsi le projet d'infrastructures de réseaux de télécommunications exceptionnelles. Soleil, mer, aéroport international (et plus généralement infrastructures de transport de qualité liées à l'industrie du tourisme) et tradition culturelle cosmopolite constituaient le capital du territoire ; les infrastructures de télécommunications vont s'y rajouter en tant qu'actif clé qui va constituer un avantage compétitif fort, au service d'un marketing territorial efficace. Soulignons enfin que ce projet de technopole s'inscrit alors dans un contexte d'action publique promouvant la décentralisation. Côté recherche, l'École des mines de Paris, l'INRIA, le CNRS installent différents laboratoires ; côté entreprises, Air France, Organic (société d'assurance)..., implantent à Sophia-Antipolis qui, leur centre de réservation, qui leur centre de ressources informatiques. Pour nombre de ces organisations industrielles, la stratégie de délocalisation est guidée par la politique publique mais le choix du territoire semble directement lié à l'offre d'infrastructures attachée à Sophia-Antipolis. L'offre d'infrastructure de télécommunications sur le site de Sophia-Antipolis va contribuer à drainer des implantations qui auraient pu se faire ailleurs en Europe.

Trois facteurs clés doivent être réunis pour le développement de ces pôles. En premier lieu, le volet formation-recherche doit être assuré par un grand pôle d'enseignement supérieur et de recherche et la mise en place d'infrastructures scientifiques et techniques afin de mettre à disposition une masse critique suffisante de personnel qualifié. La construction d'un parc industriel autour de quelques grandes entreprises pilotes constitue le deuxième facteur qui va permettre la mise en œuvre d'un réseau d'entreprises innovantes. Ensuite, mais peut-être aurions-nous dû commencer par cela, il est important de faciliter l'accès à différentes sources

(1) Selon l'expression utilisée par Pierre Laffitte dans son article publié en 1960 dans le journal Le Monde *et intitulé « Le Quartier Latin aux Champs ». L'association Sophia-Antipolis est créée en juillet 1969 avec, pour références, les modèles américains de la Route 128 près de Boston et de la future Silicon Valley.*

(3) Zone dans laquelle plusieurs organisations peuvent partager l'accès à une infrastructure télécommunication à haut débit.

de financement (capital-risque) sachant que la mise en réseau elle-même va contribuer à instaurer des relations de confiance entre financier et entrepreneur.

Le positionnement d'une région comme plate-forme logistique est un autre choix dans les stratégies que peuvent adopter les régions. Outre le positionnement géographique, l'importance des aides publiques est essentielle pour attirer les grands groupes. Ces aides peuvent parfois atteindre près de 10 % de l'investissement réalisé par les firmes. À cela doivent enfin s'ajouter des efforts importants en matière d'infrastructure de manière à assurer la performance logistique. Au regard des fonds publics qu'il est nécessaire de mettre en œuvre, il est rare que la région assure à elle seule la totalité de l'effort financier. Les aides viennent aussi de l'État, voire de fonds européens.

La dernière politique régionale consiste à valoriser les ressources locales ou ce que l'on appelle les ressources fixes. Il s'agit des stratégies adoptées par des territoires de petite taille disposant de faibles ressources financières et dépendant de facteurs naturels. Pour ces régions, il ne reste plus qu'à valoriser les actifs immobiles du territoire (d'où la formule « ressources fixes ») comme l'agriculture et le tourisme. Cette stratégie qui peut sembler modeste au premier abord s'avère quelquefois plus ambitieuse si à la valorisation des ressources locales viennent se greffer des activités complémentaires. Ainsi, le littoral sud de la côte atlantique française, qui n'avait que ses vagues à offrir comme ressources fixes, a su développer toute un pôle sur les sports de glisse autour de quelques très grandes firmes internationales du secteur.

Les différentes politiques régionales envisagées montrent bien l'existence d'inégalités en matière de développement, inégalités qu'il est parfois difficile de combattre au regard de certaines caractéristiques géographiques et historiques. L'élargissement de l'Europe donne plus d'ampleur encore à ce problème. Malgré la faiblesse de la politique structurelle européenne, on peut se demander si celle-ci doit avoir pour objectif le décloisonnement ou si elle doit accepter la polarisation des activités économiques dans certaines régions seulement. La réponse à cette question peut sembler évidente tant la puissance publique doit garantir un développement harmonieux sur le long terme. Toutefois, une volonté trop affirmée de parvenir à une convergence sur le long terme entraîne quelques effets pervers. Ainsi, le décloisonnement de certaines régions grâce aux investissements dans les infrastructures de transport contribue à réduire les coûts de celui-ci mais rend par là même possible l'approvisionnement de ces régions par d'autres alors que, jusqu'alors, celui-ci était assuré grâce aux productions locales.

Sur le plan de l'efficacité économique, les aides qui se dirigent vers des zones moins développées provoquent un effet d'éviction dans la mesure où elles seraient mieux employées dans des régions plus performantes. Dans cet esprit, l'effort des pouvoirs publics européens devrait avoir pour objectif d'accroître la mobilité des hommes même si cela a pour conséquence de stimuler encore un peu plus les phénomènes de concentration. La priorité aujourd'hui, dans une économie de la connaissance, est d'accroître les investissements dans les infrastructures de réseaux afin de permettre une diffusion plus grande des technologies de l'information et de la communication, et d'abandonner ainsi plus facilement l'objectif illusoire d'une occupation homogène de l'espace économique européen.

Plus globalement, il ne doit pas s'agir de freiner les ambitions des grands pôles technologiques mais de stimuler le développement de centres d'excellence locaux, projets peut-être moins ambitieux mais plus cohérents.

LES INSTRUMENTS DE LA POLITIQUE RÉGIONALE EUROPÉENNE

Les conclusions du conseil de Berlin précisent que les fonds structurels seront davantage concentrés dans les zones qui en ont le plus besoin au moyen d'une réduction du nombre des objectifs à trois contre six auparavant.

Le premier d'entre eux « vise à promouvoir le développement et l'ajustement structurel dans les régions en retard de développement ». Entre 1994 et 1999, près de 62 % de ces fonds ont été dirigés vers les régions dont le PIB par tête se situait en dessous de 75 % de la moyenne européenne. Entre 2000 et 2006, sur la base d'une hypothèse de travail prévoyant les premières adhésions en 2002, les régions en retard de développement devraient mobiliser près de 70 % des fonds structurels. Le second objectif vise « à soutenir la reconversion économique et sociale des zones en difficulté structurelle ». Il concerne « les zones en mutation socio-économique dans les secteurs de l'industrie et des services, les zones rurales en déclin, les zones urbaines en difficulté et les zones en crise dépendant de la pêche » et représente près de 12 % des fonds. Enfin, le troisième objectif vise « à soutenir l'adaptation et la modernisation des politiques et systèmes d'éducation, de formation et d'emploi » et représente lui aussi environ 12 % de la dotation.

Alors que les fonds structurels peuvent bénéficier à tous les États membres, les fonds de cohésion viennent s'ajouter aux fonds structurels pour les pays dont le PIB par tête n'excède pas 90 % de la moyenne européenne.

Pour la période 2014-2020, le fonds de cohésion couvre la Bulgarie, Chypre, la Croatie, l'Estonie, la Grèce, la Hongrie, la Lettonie, la Lituanie, Malte, la Pologne, le Portugal, la République tchèque, la Roumanie, la Slovaquie et la Slovénie.

Le fonds de cohésion alloue au total 63,4 milliards d'euros à des activités relevant des catégories ci-après :

- les réseaux transeuropéens de transport, et notamment les projets prioritaires d'intérêt européen désignés comme tels par l'UE. Le fonds de cohésion financera des projets d'infrastructure ;
- environnement : dans ce domaine, le fonds de cohésion peut aussi intervenir dans des projets liés à l'énergie ou aux transports, dans la mesure où ils présentent des avantages manifestes pour l'environnement.

L'aide financière du fonds de cohésion peut être suspendue par décision du Conseil (prise à la majorité qualifiée) si un État membre qui affiche un déficit public excessif n'a pas remédié à cette situation ni pris les mesures appropriées.

Rapport du Commissariat général au plan, « La France dans l'économie du savoir », groupe dirigé par Pascal Vignier.

3. Une nouvelle forme d'action publique : la promotion des pôles de compétitivité

Avant de devenir l'intitulé de la nouvelle politique industrielle français, le pôle de compétitivité était une notion théorique développée par G. Lafay (1981). La réflexion portait sur la manière de se positionner face à la concurrence internationale. Deux visions se sont très longtemps opposées avec une virulence accrue au cours des années 1970 : la stratégie de créneau et la stratégie de filière.

La notion de créneau renvoie à l'idée de spécialisation. Il s'agissait de repérer le produit ou le secteur faisant l'objet d'une demande croissante et encore en phase de décollage, avec par conséquent une offre limitée. Nous nous trouvions alors dans une stratégie micro-économique qui pouvait être difficilement stimulée par la puissance publique.

La notion de filière exprime l'enchaînement des différentes phases de production et d'échanges qui conduisent de la matière première au produit fini. La stratégie de filière est une stratégie que doivent mener en priorité les pouvoirs publics. L'idée repose sur la (re)conquête du marché intérieur, dans un premier temps par des actions protectionnistes et des mesures visant à favoriser la cohérence du tissu industriel national (opération de fusion par exemple).

Une fois dissipés les arrières-plans idéologiques, on s'aperçoit que les deux approches sont finalement très complémentaires. En effet, pour une industrie nationale, il est primordial de mettre en œuvre des stratégies sur les secteurs les plus prometteurs du commerce international (positionnement sur les bons créneaux) mais, dans le même temps, la recherche d'une plus grande compétitivité sur les secteurs choisis passe par une excellente maîtrise des activités situées en amont voire en aval (politique de filière). C'est cette synthèse que propose G. Lafay à travers la notion de pôle de compétitivité.

Le pôle de compétitivité correspond alors à l'ensemble des relations privilégiées au sein du tissu industriel constitué à l'intérieur d'une filière de production. Ces relations s'expliquent par la diffusion des effets des investissements réalisés par les entreprises d'une filière sur les autres. Ces effets sont d'autant plus forts que la détection puis la conquête d'un créneau nécessitent l'acquisition d'une forte compétitivité en amont. Le pôle de compétitivité apparaît donc sur le plan théorique comme l'ensemble des activités concernées par le créneau, cela tout au long de la filière.

Repérer les pôles de compétitivité

A. Orléan (1986) a cherché à apprécier la compétitivité de cinq pays (Japon, Allemagne, France, Italie, Royaume-Uni) par la mise en évidence de pôles de compétitivité. L'analyse a porté sur 121 branches de l'industrie pour lesquelles l'auteur a mesuré tout d'abord le taux d'internationalisation (exportation/production). Les branches pour lesquelles ce taux était inférieur à 20 % ont été considérées comme peu représentatives sur le plan du commerce international (produits peu échangés). Pour les autres, A. Orléan a mesuré le taux de couverture des importations par les exportations. De ce taux, il en a conclu l'existence de trois nouvelles catégories : les points faibles (taux de couverture inférieur à 80 %), les produits équilibrés (taux compris entre 80 et 120 %), les points forts (taux supérieur à 120 %). Les résultats peuvent être présentés de la manière suivante :

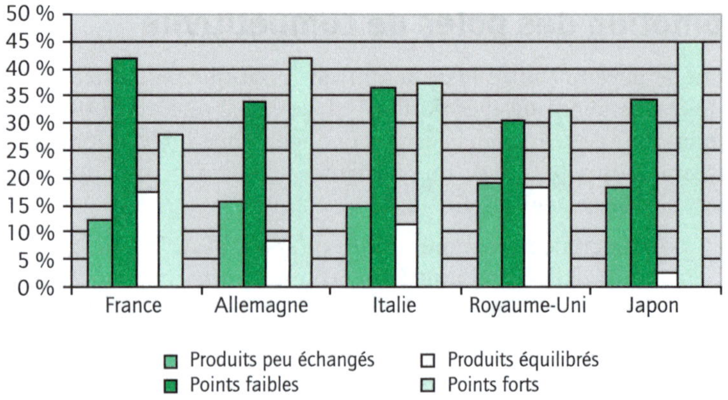

La conclusion est sans surprise, Allemagne et Japon confirment bien leur excellente spécialisation à travers le rôle prédominant des points forts. Mais l'analyse s'arrête ici faute de recul historique suffisant pour comprendre l'émergence des points forts.

Étude citée par M. Rainelli dans *Commerce international*,
Éd. La découverte, 2000.

Le terme de pôle de compétitivité est aujourd'hui associé à la nouvelle orientation de la politique industrielle. Cette politique prend deux aspects, une politique de stimulation des secteurs en devenir et une politique régionale visant au développement de ces dernières autour de leurs compétences clés. Cette approche est en France déjà assez ancienne et l'on cite toujours à cet égard la technopole Sophia-Antipolis dont le succès a été une surprise au regard des faibles traditions industrielles et universitaires de la région Côte d'Azur.

La définition de cette politique résulte des travaux de la Datar qui s'était intéressée aux phénomènes de concentration et de polarisation dans certaines branches d'activités, concentration à la fois sectorielle et géographique. Dans un premier temps, c'est le concept de « systèmes productifs locaux » que la Datar met en évidence. Les systèmes productifs locaux répondaient à trois conditions, une concentration géographique des entreprises, une spécialisation poussée autour d'un métier ou d'un produit, des coopérations se traduisant par une mutualisation des moyens, des outils et du savoir-faire mis en œuvre par les entreprises d'une même branche.

À partir de cette délimitation a émergé l'idée que, si la polarisation des activités dans les grandes agglomérations, notamment en recherche-développement, était profitable, il pouvait être intéressant également de soutenir d'autres formes de concentration au service de la compétitivité. C'est ainsi qu'en décembre 2001, une nouvelle politique industrielle a vu le jour en France, politique qui se voulait à la fois globalisante et stimulante des initiatives locales par une action publique volontariste. L'originalité de ce que l'on appelle maintenant les pôles de compétitivité est qu'ils s'inscrivent dans une démarche autour de domaines de compétences convergents sur un même pôle géographique. L'objectif est de faire naître des synergies entre les centres de recherche, les universités et les entreprises.

> « Un **pôle de compétitivité** est la combinaison, sur un espace géographique donné, d'entreprises, de centres de formation et d'unités de recherche publiques ou privées engagés dans une synergie autour de projets communs au caractère innovant. Ce partenariat s'organise autour d'un marché et d'un domaine technologique et scientifique qui lui est attaché et doit rechercher une masse critique pour atteindre une compétitivité et une visibilité internationale. »[(1)]

Les procédures d'appel à projets montrent bien la volonté étatique de laisser au final l'initiative au privé, même si les pouvoirs publics vont consacrer des sommes importantes afin de stimuler ces pôles. Les caractéristiques de cette politique résident en deux points :

– en premier lieu, il s'agit de reproduire des phénomènes de concentration géographique qui sont apparus de façon plus naturelle sans que la puissance publique ne s'investisse de façon significative (voir l'exemple de la Silicon Valley ou les districts italiens cités précédemment) ;
– en second lieu, cette démarche visant à faire émerger des clusters reflète une volonté de mener conjointement une politique d'aménagement du territoire et une politique industrielle de recherche d'une plus grande compétitivité.

Quelques exemples étrangers

• L'Espagne offre une bonne illustration de la promotion des réseaux d'entreprises par les collectivités locales et en particulier la région. En effet, dans ce pays, la politique de promotion de l'économie est transférée aux régions.

C'est dans ce cadre que le gouvernement de Galice a engagé en 1994 un programme en faveur des clusters. Cette politique industrielle cherche à améliorer la compétitivité des entreprises en stimulant les coopérations entre entreprises et universités. Bénéficient de cette politique les trois principaux clusters suivants : l'automobile (20 % de la production espagnole), les industries navales et le secteur du bois. De même, la région Catalogne a abrité dès la fin des années 1980 une quarantaine de clusters. Une réorientation stratégique a été opérée en 2004 vers quatre secteurs émergents : l'aéronautique (profiter de la proximité géographique avec la région toulousaine), les biotechnologies, l'agro-alimentaire, les énergies propres.

• Le système des clusters concerne également les pays émergents à commencer par la Chine. Dans ce pays se sont développés également des pôles de compétitivité qui revêtent différentes formes : les ZES (zones économiques spéciales) sortes de zones industrielles très généralistes, les ZDET (zones de développement économique et technologique) conçues surtout pour donner un cadre favorable aux investissements étrangers notamment, les ZDIHT (zones de développement industriel de haute technologie) organisées autour d'une spécialisation très précise. Plus généralement, on constate l'apparition de multiples parcs « high tech » stimulée par les autorités provinciales.

(1) N. Jacquet et D. Darmon, Les pôles de compétitivité, le modèle français, *Études de la documentation française, Éd. La Documentation française, 2005.*

RÉSUMÉ

F. Braudel fait la distinction entre économie mondialisée et économie monde. La première fait référence à l'espace économique mondial, la seconde renvoie à une zone géographique donnée mais qui s'est construite sur un ensemble de mécanismes cohérents. F. Braudel met ainsi en évidence la complexité du concept de territoire en économie. Dans une approche basique, il délimite l'espace dans lequel se déroulent les échanges. Dans une analyse plus poussée, il permet de mettre en évidence des modes de fonctionnement spécifiques. Les notions de mondialisation, de régionalisation, correspondent à cette seconde approche dans la mesure où elles mettent en perspectives les processus de division internationale du travail et les politiques commerciales mises en œuvre par les États. Les évolutions observées montrent le rôle majeur joué aujourd'hui par les firmes.

Dans le cadre de l'économie de la connaissance, des phénomènes de concentration géographique des activités de recherche sont apparus de façon très significative. Cette nouvelle forme de division internationale s'accompagne également de nouvelles stratégies d'entreprise construites à la fois sur des logiques de recentrage sur les compétences clés et d'intégration en réseaux. Ces choix en matière de localisation s'expliquent par les compétences distinctives des territoires et contribuent dans le même temps à les valoriser.

En conséquence, la volonté toujours affirmée de la puissance publique de raisonner dans une logique territoriale prend dorénavant une nouvelle ampleur. L'action régionale de l'État s'était traditionnellement exprimée à travers les politiques d'aménagement du territoire ou de soutien aux zones victimes du déclin industriel de certains secteurs. L'orientation aujourd'hui est différente, il s'agit de comprendre les attentes des entreprises pour rendre attractif le territoire mais aussi de contribuer à rendre plus performante la mise en réseau des entreprises comme tente de le faire le projet français de pôles de compétitivité.

SUMMARY

F. Braudel distinguishes between **the** globalised economy and **a** world-economy. The former refers to the global economic environment, and the latter to a given geographic area, but one which has taken shape according to a set of coherent mechanisms giving it a certain organic unity. Through this distinction Braudel thus shows how complex the concept of "territory" is in economics. In his study he first defines in a basic approach the space within which exchanges take place in a given period of history. In a more in-depth analysis, he then shows the existence of specific economic mechanisms. The notions of globalisation and of regionalisation correspond to this second approach in so far as they put in perspective international division of labour processes as well as States' trade policies. The developments observed show the major role played by firms nowadays in the shaping up of economic territories.

Substantial geographic concentration of research activities has been a feature of the knowledge economy. This new form of international division has also gone hand in hand with new corporate strategies based on firms both refocusing on core competence areas and integrating into networks. The motivation behind such localisation choices lies in the distinctive competences of regional territories, and at the same time they offer a favourable framework to enhance these territories' competitiveness.

As a consequence, public authorities' continuously reaffirmed commitment to a regional perspective now takes on a new dimension. Traditionally, the State's regional action plans had taken the form of regional development policies or policies aiming to rejuvenate regions which had experienced industrial decline in some sectors. Today, the new emphasis is on understanding what firms' expectations are, so as to bolster the attractiveness of regional territories but also to increase the efficiency of enterprise networking, as the French "poles of competitiveness" project has been trying to do.

MOTS CLÉS

En français	En anglais
Aménagement du territoire	Regional development
Avantage comparatif	Comparative advantage
Barrières commerciales / douanières	Trade barriers, customs barriers
Blocs commerciaux	Trade blocs
Centre d'excellence	Centre of excellence
Colbertisme	Colbertism
Concentration	Concentration, agglomeration
Commerce international	International trade
Concurrence internationale / mondiale	International / global competition
Créneau d'excellence	Area of excellence
Décentralisation	Decentralisation
DIPP (division internationale des processus de production)	IDPP (International division of production processes)
Échanges	Trade, commercial exchanges
Economie-monde	World-economy
Économie mondialisée	Global economy
Économies d'échelle externes	External economies of scale

État nation	Nation state
Impérialisme	Imperialism
Intégration régionale	Regional integration
Intervention de l'État	State intervention
Mercantilisme	Mercantilism
Mesures protectionnistes	Protectionist measures
Mise en réseau	Networking
Mondialisation	Globalisation
Patriotisme économique	Economic patriotism
Plateforme logistique	Logistics platform
Plateforme de réseau	Network(ing) platform
Pôle d'excellence	Centre / pole of excellence
Pôle industriel	Industrial cluster
Pôle technologique	Technological cluster
Politique régionale	Regional policy
Politique d'aménagement du territoire	Regional development policy
Protectionnisme	Protectionism
Régionalisation	Regionalisation
Réseau d'entreprises	Cluster, inter-enterprise network
Révolution industrielle	Industrial revolution
Stratégie de créneau	Focus / niche strategy
Stratégie de filière	Vertical integration strategy
Territoire économique et géographique	Economic and geographic territory
Stratégie de localisation	(Co-)Localisation strategy
Zone de libre échange	Free trade area (FTA)
Zone régionale de libre échange	Regional FTA
Cluster : terme anglais fréquemment utilisé en français, et englobant les notions de proximité, de mise en réseau et de spécialisation. Il correspond dans notre langue à diverses appellations, notamment : pôle de compétitivité, grappe d'entreprises, système productif local (SPL) (*Local Productive System* en anglais).	

DATES CLÉS

Milieu et fin XIXe siècle : Colonisation et impérialisme

1963 : Création de la Datar

1975 : Création du Feder

1995 : Relance de la politique d'aménagement du territoire

2002 : Annonce du programme des pôles de compétitivité

RÉFÉRENCES BIBLIOGRAPHIQUES

- Commissariat Général du Plan, « La France dans l'économie du savoir pour une dynamique collective », La documentation française, 2002.
- N. Jacquet et D. Darmon, « Les pôles de compétitivité à la française », Éd. La documentation française, 2005.
- M. Rainelli, *Commerce international*, Éd. La découverte, 2000.
- J.M. Siroën, *La régionalisation de l'économie mondiale*, Éd. La découverte, 2004.
- C. Blanc, « Les pôles de compétitivité, l'industrie de demain », Rapport à consulter sur www.christian-blanc.net

SITES INTERNET

- ec.europa.eu/eurostat (pour la version européenne)
- www.conseil-economique-et-social.fr/ (pour la vision globale des politiques françaises en matière de régularisation)
- www.cae.gouv.fr (*id.*)
- www.territoires.gouv.fr/ (pour une vision précise des politiques de pôles de compétitivité)
- www.diact.gouv.fr/ (*id.*)

APPLICATION 1

Thèmes et questions de réflexion

1. Quels territoires prendre en compte dans l'analyse économique ?
   Which « territories » are to be taken into account in economic analysis?
2. L'amélioration de la compétitivité passe-t-elle par une intervention de l'État ?
   Can competitiveness be improved through State intervention?
3. Quelle politique européenne pour les régions
   What are the best European policies for regions?
4. Quelles stratégies des firmes dans leur décision de localisation ?
   What are the firms' strategies when they decide to relocate?
5. Faut-il délocaliser les activités de recherche et développement ?
   Should research and development departments be relocated?
6. Quelles sont les spécificités des pôles de compétitivité à la française ?
   What are the specificities of French-style clusters?
7. Sur quelle base se fait aujourd'hui la division internationale du travail ?
   What is the international division of work based on today?
8. Pourquoi travailler en réseau ?
   Why should we work inside a network?
9. Quelles sont les limites d'une politique d'aménagement du territoire ?
   What are the limits of a regional development policy?

10. Le patriotisme économique a-t-il un sens ?
Does economic patriotism mean anything today?

QUESTION

Répondre succinctement aux cinq premières questions.

APPLICATION 2

Extraits de texte en anglais

Cluster audit in Montreal

The first task for policy makers was to identify the key characteristics of clusters and understand their different dynamics and potentials. This work was undertaken in Montreal through the Metropolitan Strategy for Economic Development by Area of Excellence (Stratégie métropolitaine de développement économique par créneaux d'excellence). Montreal's economy is based on strong specialisation in a number of sectors. The preliminary research phase identified 15 possible clusters to focus on in Greater Montreal: agriculture/bio-food, professional and business services, tourism/leisure; aerospace, information technology, lite sciences, nanotechnology, metals and metal products, fashion /textiles, transportation/distribution, plastics, composite materials, printing/ publishing, chemicals, and environmental industries. These were divided into three categories: existing/ traditional clusters, emerging clusters and diffused clusters (those not geographically concentrated).

The point of departure in the case of Montreal was that the strategy should take a metropolitan-region perspective. Unless cluster initiatives are specifically structured to engage actors throughout the Metropotitan region, they run the risk of heightening the tensions that exist between smaller municipalities in the region and the new megacity of Montreal itself. A second principle of the cluster strategy was that it should address problems of duplication among institutions, streamlining interventions according to an agreed set of priorities. Given the potential for conflict between proponents of specific locations or specific institutions, it was important that the process of identifying priority clusters and priority measures was both transparent and focused. In this respect, the initiative to engage a working group to elaborate a development strategy based on clusters "of excellence", appears to be an important step forward.

While there is a great deal of activity around the different clusters - various cluster-based associations and committees - there has net been until now an overview of the range of clusters in the metropolitan region that both diagnosed strengths and weaknesses and proposed concerted policy action. The ultimate aim of the group is to follow an open methodology by which the results are verified and lead to agreement regarding the policy actions as well as the level and type of public investment.

Source : OECD, Territorial Review of Montreal, 2004.

TAMA

The process that led to the emergence of the Industrial Cluster Programme owes much to the success of one of the most prominent examples of the cluster principle, the TAMA (Technology Advanced Metropotitan Area) association. The area of TAMA is in a suburb of Tokyo and became industrialised as enterprises moved out of inner city and coastal areas, partly due to the Factory Restriction Laws, to find less congested areas for industrial locations. The area developed a strong accumulation of subcontracting enterprises in the etectronics, transportation, precision machinery and other technologically advanced branches. Despite being sub-contractors for large firms, these SMEs developed strong product development capacities. As large films moved overseas or contracted out their operations during the 1990s, the smaller firms located in the TAMA region lost a major part of their customer base. A 1996 White Paper on SMEs noted that firms with the characteristics of those in the TAMA region could perhaps maintain their competitiveness through networking with other similar producers and with research generators such as universities and labs. The success of the TAMA initiative led directly to the national programme.

Source : OECD, "A review of National Cluster Policies: why are they popular again", 2006.

1) Question de compréhension

Retrouvez la définition correspondant aux mots suivants:

Networking (l 35)	Start doing something and accept responsibility for it
Strengths (l 22)	Liability to failure
Set of priorities (l 16)	People who are involved in making policies and policy decisions
Streamlining (l 15)	Active supporters of an idea or course of action
Undertake (l 2)	Assets
Weaknesses (l 22)	Process of establishing business contacts often through social activities
Proponents (l 16)	A number of things that come first
Policy-makers (l 1)	Making an organization or a process more efficient by removing unnecessary parts of it

2) Questions grammaticales

"Make or do"

Placez les mots de la liste dans l'une ou l'autre colonne suivant l'usage courant:

a service, research, a decision, a policy, business, an effort, nothing, a mistake, one's best, a job, a complaint, a fuss

MAKE	DO

Faux-amis

Retrouvez les équivalents français des mots suivants (attention aux pièges !) :

Anglais	français
chance	*retard*
actually	*finalement*
achieve	*réaliser*
hazard	*hasard*
eventually	*vraiment*
resume	*se reposer*
sensible	*raisonnable*
deceive	*reprendre*
rest	*tromper*
delay	*danger*

3) Questions économiques

1. Quel regard critique peut-on porter sur la classification des clusters proposée dans le premier texte ?

   What critical look can we have on the classification of clusters which was proposed in the first text?

2. Quels apports l'exemple du TAMA nous donne-t-il quant à l'analyse des phénomènes de concentration ?

   What does the example of the TAMA bring to the analysis of the phenomena of concentration?

3. Dans quelle mesure l'évolution du TAMA met-elle en évidence une des caractéristiques essentielles des phénomènes de concentration contemporains ?

   To what extent does the evolution of the TAMA highlight one of the essential characteristics of contemporary phenomena of concentration?

4) Thème de réflexion

À partir des textes et de vos connaissances, vous présenterez une réponse structurée au sujet suivant : « L'État face à la polarisation régionale ».

5

CHAPITRE

Les déséquilibres spatiaux, sociaux et environnementaux

La croissance constitue traditionnellement un enjeu clé pour les économistes compte tenu de ses liens étroits avec la plupart des grandes problématiques économiques, d'une part, et des choix politiques et sociaux qu'elle implique, d'autre part. Ainsi, la croissance peut-elle être mise en relation avec les questions de l'emploi et du chômage, de l'évolution conjoncturelle, de la répartition des revenus, du changement technologique, de la mondialisation, des ressources énergétiques, etc.

Traiter de la croissance et de ses effets suppose, pour commencer, de bien préciser la **terminologie** en matière de croissance et les **indicateurs de mesure** correspondants. C'est l'objet de la première section.

La croissance est loin d'être un phénomène linéaire, aussi est-on conduit à s'interroger, non seulement sur l'augmentation tendancielle de la production, mais aussi sur les périodes de crise particulièrement fréquentes avec la fin du 20e siècle dans une seconde partie intitulée « Théorie économique, croissance et crise ».

Le constat d'importants **déséquilibres** liés à la croissance est abordé dans les trois sections suivantes consacrées respectivement aux inégalités de développement, aux déséquilibres sociaux internes et enfin aux déséquilibres environnementaux.

La croissance et les problèmes qu'elle suscite constituent certes un phénomène macroéconomique mais ils renvoient aussi aux pratiques et aux stratégies des acteurs, notamment les **entreprises**. C'est pourquoi une sixième section est consacrée à la question de la responsabilité sociale et environnementale des entreprises, déclinaison **microéconomique** du développement durable.

SECTION 1

LA MESURE DE LA CROISSANCE ET DE SES EFFETS SOCIAUX ET ENVIRONNEMENTAUX

L'analyse de la croissance repose, pour commencer, sur des conventions terminologiques (l'objet à mesurer) avec derrière un certain regard sur les finalités de la croissance.

Les choix conceptuels appellent le recours à certains types d'indicateurs de mesure, principalement le PIB. Les limites du PIB permettent de comprendre tout l'intérêt d'indicateurs complémentaires ou alternatifs.

1. Terminologie et indicateurs de mesure

Les mots pour qualifier la croissance sont nombreux et divers selon que sont privilégiés les aspects quantitatifs ou qualitatifs. La désignation la plus courante reste cependant la vision quantitative dont on précise les indicateurs de mesure.

1.1 Les mots de la croissance

Tout un ensemble de termes d'usage courant chez les économistes fait intervenir de près ou de loin la notion de croissance : le terme de croissance économique lui-même mais également ceux d'expansion économique, de développement économique, social ou durable, voire ceux de progrès et de productivité.

On peut les différencier suivant l'objet pris en compte (dimensions quantitative ou qualitative) et l'horizon temporel concerné.

Traditionnellement, les économistes privilégient la dimension **quantitative**, soit l'idée d'une augmentation de la production. Deux appellations sont particulièrement utilisées : celles de croissance et d'expansion.

La **croissance** est l'augmentation soutenue de la production d'un pays d'une année sur l'autre.
La **croissance économique** est employée couramment pour désigner une croissance sur une longue période (plusieurs années).

La notion d'expansion se distingue de celle de croissance car elle correspond à la seule phase ascendante du cycle économique et implicitement de courte durée.

L'**expansion économique** est une augmentation conjoncturelle de la production d'un pays.

D'autres qualificatifs de la croissance renvoient aux conditions et aux effets mêmes de la croissance.

En ce sens, ils intègrent des dimensions **diversifiées** et **qualitatives** du phénomène (même si elles font l'objet d'opérations de quantification et de comptabilisation).

Ainsi, les termes de « **développement** » respectivement économique, humain et durable, illustrent le hiatus entre la seule mesure quantitative de la croissance de la production… et l'obtention effective de progrès en matières économique, sociale et environnementale pour les populations.

1.2 Les indicateurs traditionnels de mesure de la croissance

Les indicateurs de référence correspondant à la mesure de la croissance (dimension quantitative) sont respectivement le produit intérieur brut (le PIB) et le revenu national brut (RNB).

Le **PIB** est l'évaluation de la production d'un pays destinée à un usage final.

Il peut être calculé de trois façons différentes, la première consistant à calculer la valeur ajoutée, en d'autres termes la différence entre la production totale des entreprises et leurs consommations intermédiaires[1].

PIB = Σ valeurs ajoutées brutes = Production – Consommations intermédiaires

Le RNB est un indicateur qui recouvre un champ légèrement différent : on fait intervenir ici le critère de nationalité et non celui de résidence.

Le **revenu national brut** (**RNB**) s'obtient en ajoutant au PIB les revenus des facteurs en provenance du reste du monde et en déduisant les revenus des facteurs versés au reste du monde.

Le calcul de ces indicateurs fait intervenir différents calculs et choix complémentaires qui sont résumés dans le tableau suivant.

DIFFÉRENTS CALCULS ET USAGES EN MATIÈRE D'INDICATEURS DE LA CROISSANCE ÉCONOMIQUE

Composantes	Critères d'enregistrement de la production	Prise en compte de l'évolution des prix	Prise en compte de l'usure du capital fixe	Prise en compte de la population
PIB marchand	Nationalité (RNB)	Élimination de la variation des prix (PIB en volume)	Prise en compte (PIN)	Prise en compte (PIB par habitant)
PIB non marchand	Résidence (PIB)	Absence d'élimination (PIB en valeur)	Non-prise en compte (PIB)	Non-prise en compte (PIB)

Ces indicateurs de mesure renvoient tous à la perception traditionnelle de la croissance ; ils restent dominants malgré l'émergence d'autres indicateurs renvoyant à la problématique du développement.

(1) *Pour un exposé des autres méthodes, se référer par exemple au chapitre traitant de la croissance dans le manuel des mêmes auteurs,* DCG 5, Économie, Dunod éd., *4e édition, 2013.*

2. Les limites du PIB

Ces insuffisances sont de plusieurs ordres et sont bien connues :

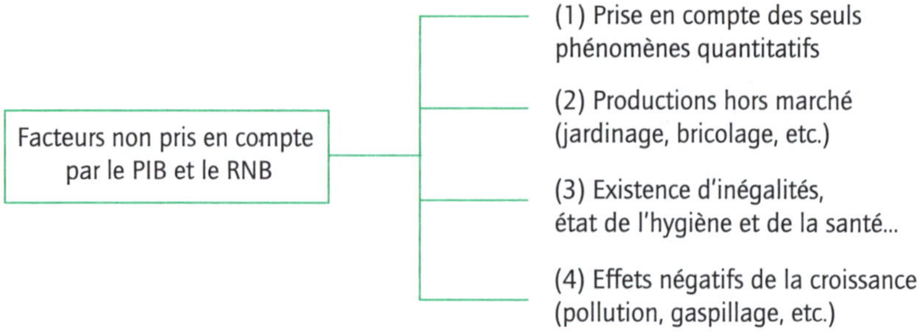

PIB et RNB donnent bien une mesure de la croissance mais ils rendent mal compte du développement notamment dans ses dimensions qualitatives et de long terme. Le PIB constitue donc un indicateur imprécis de la santé d'une économie ; en particulier, il ne dit rien de **la manière dont la richesse est utilisée et répartie**. Il ne rend pas compte des coûts de l'augmentation de la production sur le patrimoine et les conditions de vie. C'est pourquoi les économistes et les institutions internationales ont développé plusieurs indicateurs complémentaires ou alternatifs.

3. Les indicateurs complémentaires et alternatifs

À la différence du PIB, ces autres indicateurs cherchent à évaluer tout ou partie des dégâts sociaux et environnementaux engendrés par la croissance, y compris lorsque cette appréciation ne fait pas intervenir d'éléments marchands ou monétaires. Cette perspective a été renforcée par les travaux de la commission Stiglitz (2009).

3.1 Les indicateurs de développement humain

Le plus connu ouvrant sur des comparaisons internationales reste l'indicateur de développement humain (IDH) établi à partir des travaux d'Amartya Sen (prix Nobel d'économie en 1998) et produit par le Programme des Nations Unies pour le développement (PNUD).

COMPOSITION DE L'IDH

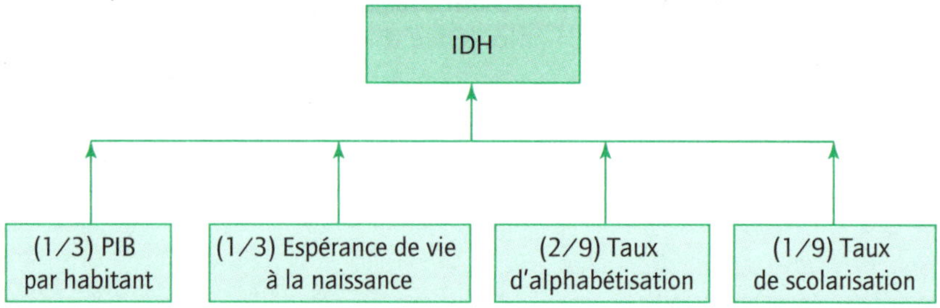

(Le chiffre entre parenthèses donne le coefficient de pondération de chaque critère dans le calcul de l'IDH.)

L'**indicateur de développement humain** (IDH), calculé en faisant la moyenne de quatre paramètres, donne une mesure du développement intégrant, outre le niveau de vie (PIB par habitant), une saisie de l'état sanitaire (espérance de vie) et de l'éducation (taux d'alphabétisation et de scolarisation).

Le développement ne repose plus par conséquent sur des critères seulement monétaires. Il bouscule les classements y compris au sein des pays développés en plaçant en tête notamment les pays scandinaves… loin devant des pays comme les États-Unis ou le Japon. L'IDH a ouvert la voie à de multiples indicateurs faisant intervenir des pondérations différentes des composantes du bien-être telles l'*Index of Human Progress* (IHP), l'*Index of Social Progress* (ISP), etc.

3.2 Les indicateurs de développement durable

D'autres indicateurs cherchent à aligner le calcul de la croissance sur la perspective d'un développement durable (voir section 5).

C'est le cas par exemple des « **indicateurs de bien-être économique durable** (IBED) », sortes de PIB corrigés en retranchant les dépenses défensives ou réparatrices d'un environnement économique dégradé ou d'inégalités sociales croissantes.

L'IBED est calculé à peu près comme suit :

IBED = Consommation marchande des ménages
+ Services du travail domestique
+ Dépenses publiques non défensives
– Dépenses privées défensives
– Coûts des dégradations de l'environnement
– Dépréciation du capital naturel
+ Formation de capital productif.

Cet indicateur reste cependant une construction complexe et pose des problèmes évidents d'évaluation de certaines composantes.

De même, pour intégrer la contribution d'un pays à la consommation de ressources naturelles et environnementales, on peut calculer l'empreinte écologique à la suite des travaux du Fonds mondial pour la nature (WWF).

L'**empreinte écologique** est en quelque sorte un indicateur mesurant la surface de la planète, exprimée en hectares, dont une population a besoin, compte tenu de son mode de vie, pour satisfaire sa consommation en ressources de la nature (produits du sol, forêts, etc.). L'empreinte écologique ne doit pas être confondue avec **l'empreinte carbone** qui mesure le volume d'émission de gaz à effet de serre dont le mode de vie est responsable.

L'intérêt de ce dernier indicateur est de mettre en relation le développement actuel avec l'état des ressources naturelles disponibles et, partant, d'évaluer l'orientation (ou non) des économies dans une perspective de développement durable.

Tant que cet indicateur sera en progression, il sera difficile de conclure au succès des réorientations économiques de l'économie mondiale et notamment des pays développés.

3.3 Les perspectives ouvertes par les travaux de la commission Stiglitz

La question des limites du PIB et de l'intérêt de recourir à d'autres types d'indicateurs a fait l'objet d'une importante contribution avec les travaux de la commission Stiglitz, auteur du rapport du même nom

À PROPOS DU RAPPORT STIGLITZ (2009)

La **commission Stiglitz**, qui rassemblait un certain nombre d'économistes français et étrangers (dont les prix Nobel Joseph Stiglitz et Amartya Sen), a remis un rapport consacré à « la mesure de la performance économique et du progrès social » au gouvernement français en 2009.

Ce rapport dresse tout d'abord un inventaire très complet des limites du PIB et fournit un certain nombre de recommandations. Le **calcul du PIB devrait être revu** en améliorant la mesure des services collectifs ou encore des services produits par les ménages pour leur propre compte. Mais modifier les modalités de calcul du PIB ne suffit pas. C'est pourquoi, le **PIB devrait être également complété** par d'autres instruments de mesure évaluant plus généralement le **« bien-être » des citoyens** au travers d'une prise en compte de leur état de santé, de la qualité de leur environnement, ou encore de l'éducation dont ils bénéficient.

La philosophie du rapport est de ne plus privilégier le seul court terme, mais au contraire de produire un système d'information permettant d'appréhender « la soutenabilité » de la croissance, c'est-à-dire la capacité des économies à maintenir dans le temps le bien-être de leur population.

Ces travaux largement médiatisés pourraient à terme ouvrir la voie à un enrichissement de la mesure du développement des économies et du bien-être des populations.

Les travaux actuels n'appellent pas la disparition de la mesure du PIB, critère essentiel pour appréhender la croissance de l'emploi ou encore la soutenabilité des finances publiques, mais ils soulignent le caractère très partiel de cet indicateur et donc la nécessité de construire une batterie d'indicateurs complémentaires.

On peut ajouter à cela le constat que le calcul d'indicateurs autres que le PIB fait quelquefois ressortir des rapports très contradictoires entre eux ; par exemple entre le niveau de développement humain, d'une part, et certains critères de développement durable tel la maîtrise de l'empreinte écologique, d'autre part. Ainsi, les pays à fort degré de développement humain sont ceux-là même qui opèrent les plus grandes ponctions sur l'environnement, à commencer par le premier d'entre eux, les États-Unis. Le débat sur le PIB va croissant avec la montée des inégalités et l'ampleur de la crise écologique.

SECTION 2

THÉORIE ÉCONOMIQUE, CROISSANCE ET CRISE

La croissance est tout sauf un phénomène linéaire, d'où la nécessité d'en connaître les ressorts. C'est tout l'intérêt de l'analyse des cycles économiques et, au-delà, des théories de la croissance. En outre, la fréquence des crises justifie des développements spécifiques.

1. L'analyse des cycles

Après une présentation des différents types de cycles économiques, il devient possible de fournir les grands types d'interprétation en la matière.

1.1 Cycles et *trend*

L'observation des courbes de croissance fait apparaître une tendance de long terme à l'accroissement des quantités produites (le *trend*) et **différents cycles de périodicités différentes** qui se traduisent par l'alternance de phases d'expansion et de dépression.

CYCLES ET *TREND*

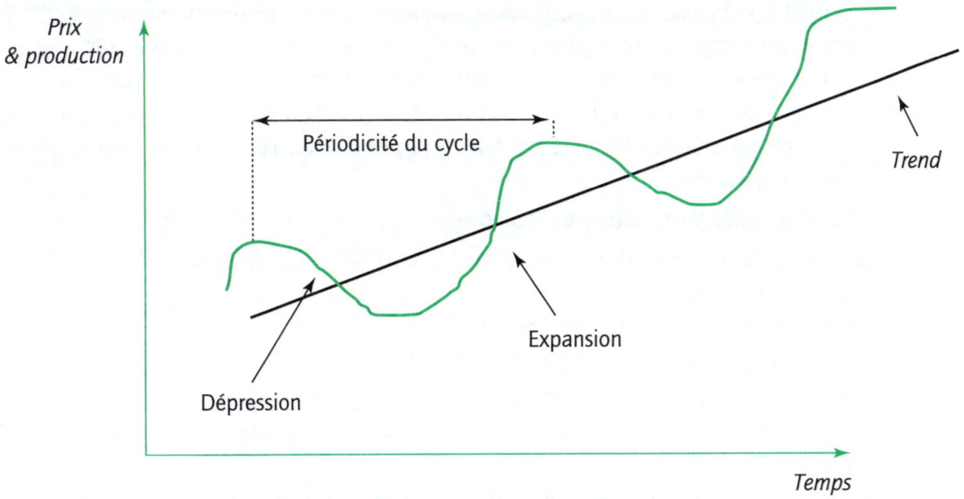

Ces cycles se caractérisent par une première phase de croissance forte (ou d'expansion) durant laquelle on peut observer un mouvement d'augmentation de la production et des prix, suivie d'une deuxième phase qualifiée de dépression (ou récession) marquée par un accroissement faible, voire négatif, de la production et des prix.

Si, au XIXe siècle, les cycles apparaissent marqués et de forte amplitude, au XXe on repère pour l'essentiel des phases de faible et forte croissances (le *trend* croissant s'affirme).

LES GRANDES FAMILLES DE CYCLES

Elles doivent leur nom aux économistes qui les ont découvertes : le Soviétique Kondratieff, le Français Juglar et l'Américain Kitchin.

- Il y a d'abord les cycles longs, dits « cycles de **Kondratieff** », qui présentent une forte amplitude (durée : 50 ans) avec deux phases respectivement d'expansion et de dépression.
- Il y a ensuite des cycles plus courts, « cycles de Juglar » (durée de 10 ans) et « cycles de **Kitchin** » ou « cycles ultracourts » (d'environ 3 à 4 ans).

Ces cycles sont en quelque sorte encastrés les uns dans les autres, mais ils ne sont, ni toujours parfaitement identifiables, ni toujours réguliers.

1.2 L'interprétation théorique des cycles

Les analyses qui sont faites de ces cycles fournissent de premières clés pour comprendre les irrégularités et déséquilibres qui affectent l'activité économique. Il faut de ce point de vue distinguer deux grands cas de figure.

a) L'interprétation des cycles courts

Les cycles de Kitchin sont commandés par l'alternance de mouvements de stockage et de déstockage, alors que les Juglar traduisent plutôt des phases de redimensionnement de l'appareil de production à la hausse (respectivement à la baisse). Derrière ces constats, on retrouve de grands types d'explications par la monnaie, par la demande (les keynésiens) ou par l'offre (les libéraux) :

– pour les keynésiens, ce sont les mouvements de la **demande** et notamment de l'investissement (composante la plus instable), sous les effets des anticipations négatives des entrepreneurs (en termes de ventes), qui commandent les cycles économiques ;
– pour les libéraux c'est l'**offre** au contraire qui est en cause : la croissance des coûts (par exemple salariaux) en réduisant les marges des entreprises conduit *in fine* à la baisse de l'investissement.

b) L'interprétation des cycles longs

Les cycles longs font l'objet également de différentes interprétations avec, en particulier, l'**explication schumpétérienne** reposant sur les caractéristiques même du phénomène d'innovation (*cf.* chapitre 2). Dans l'optique schumpétérienne, les crises apparaissent inévitables et constituent un passage obligé entre expansion et dépression.

D'autres types d'interprétations renvoient à la prise en compte des grandes transformations techniques, sociales et institutionnelles du système capitaliste (thèse de « **l'école de la régulation** »).

Au-delà de ces analyses explicatives des cycles, il convient d'insister sur le fait que le principe même de l'existence (ou non) de ces cycles constitue en lui-même un débat et cela pour différentes raisons : difficulté à cerner les cycles, caractère discutable de l'hypothèse de rendements décroissants dans des économies tertiarisées et soutenues par le développement des technologies de l'information et de la communication (TIC).

2. Les théories économiques de la croissance

Les différentes théories de la croissance dépassent le cadre éventuellement discutable d'une analyse économique fondée sur la seule interprétation de cycles. Elles s'efforcent de donner des éléments de réponse globaux à la question des origines de la croissance et de son caractère équilibré (ou non). Si l'on retrouve déjà des réflexions sur la croissance chez les économistes classiques, on s'attachera ici à restituer quelques grands travaux plus contemporains, essentiellement d'origine keynésienne ou néoclassique.

2.1 La thèse de la croissance déséquilibrée des keynésiens Harrod et Domar

L'un des objectifs centraux des travaux conduits par ces économistes keynésiens(1) dans les années 1940 est d'apprécier dans quelle mesure l'économie a tendance (ou non) à s'engager dans **une croissance équilibrée**, soit une croissance régulière suivant un taux maximum.

(1) *E.D. Domar, « Expansion and Employment »,* American Economic Review, *mars 1947 et R.F. Harrod,* Towards a Dynamic Economics, *Mac Millan, 1948.*

LE MODÈLE D'HARROD

L'analyse Harrod distingue, dès le départ, trois taux de croissance :

- le taux de croissance réalisé (réel) ;
- le taux de croissance assurant le plein-emploi ;
- le taux de croissance garanti (c'est-à-dire celui qui assure l'égalité entre l'épargne et l'investissement).

La possibilité d'une croissance équilibrée suppose que ces trois taux coïncident et donc que le taux de croissance garanti soit justement le taux de croissance de plein-emploi ; or, la probabilité d'une telle égalité est faible car le taux de croissance garanti a peu de chances d'être atteint puisqu'il résulte de plusieurs facteurs différents et indépendants, et il y a peu de chances qu'il coïncide lui-même avec le taux de croissance de plein-emploi.

L'hypothèse de la croissance équilibrée est jugée improbable, d'où la thèse « d'une **croissance sur le fil du rasoir** ».

2.2 Le modèle néoclassique de la croissance équilibrée et le rôle des facteurs exogènes

Les travaux des keynésiens qui viennent d'être rappelés étaient fortement marqués par le contexte sombre de la crise de 1929 et par un *a priori* favorable à l'intervention de l'État. Les économistes néoclassiques, en particulier Robert Solow[(1)], vont développer une analyse profondément différente conduisant, à l'inverse, à la thèse de la croissance équilibrée.

a) Les hypothèses de travail des économistes néoclassiques

LES FACTEURS DE PRODUCTION DANS LE MODÈLE NÉOCLASSIQUE

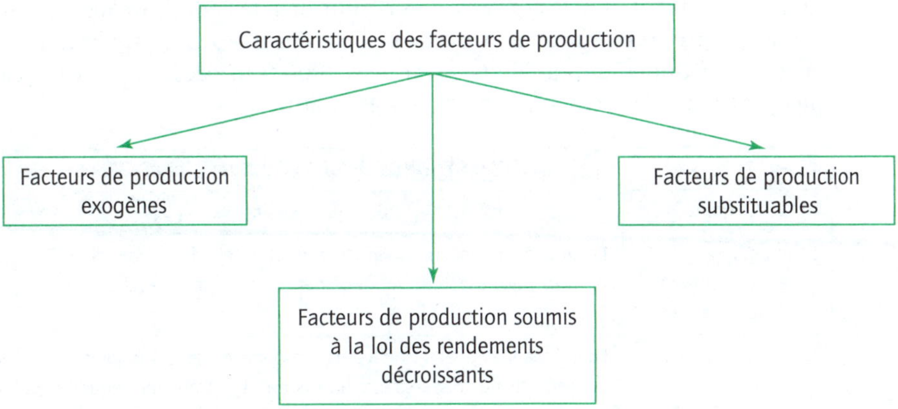

b) Un modèle de croissance équilibrée

En premier lieu, les déterminants de la croissance : le travail comme le capital sont des facteurs **exogènes** dont l'accumulation produit la croissance.

(1) R.M. Solow, « A Contribution to The Theory of Economic Growth », Quaterly Journal of Economics, *février 1956.*

De plus, comme dans l'univers néoclassique, la production fonctionne suivant **la loi des rendements décroissants** ; la productivité par tête au départ commence par s'élever avant de plafonner sous l'effet du processus d'accumulation du capital. L'accroissement continu du rapport capital/travail finit cependant par dégrader la productivité. Selon les néoclassiques, les économies développées sont donc conduites à **l'état stationnaire** et à n'évoluer qu'au rythme de l'augmentation de la population active. Cependant, comme l'élévation de la production apparaît bel et bien comme un processus durable, les néoclassiques, à la suite de Robert Solow, sont amenés à reconnaître l'impact d'un progrès technique exogène apte à contrecarrer la tendance à l'état stationnaire.

Enfin, les néoclassiques défendent la thèse « d'**une croissance équilibrée** » qu'ils justifient par l'hypothèse de parfaite substituabilité des facteurs (à la différence des keynésiens qui utilisent des fonctions de production à facteurs faiblement substituables).

2.3 La théorie de la croissance endogène

Dans les années 1980, plusieurs économistes, notamment Paul Romer, Robert Lucas et Robert Barro[(1)], néolibéraux mais aussi pour certains néokeynésiens, ont cherché à dépasser les hypothèses les plus irréalistes de la vision néoclassique et à fournir une analyse plus solide de la croissance en introduisant l'idée que le progrès technique sous différentes formes est une variable interne au système économique sur laquelle on peut agir (*cf.* chapitre 2).

L'intérêt de cette analyse est, non seulement de redonner une place et un rôle aux acteurs économiques (l'État et les entreprises notamment), mais aussi d'expliquer les différences de taux de croissance observés entre pays et ce en fonction justement de l'efficacité avec lesquels les supports du progrès technique (R&D, formation…) sont mis en œuvre.

2.4 Les courants de pensée face à la question de la croissance

Le débat sur la croissance fait intervenir en réalité de nombreux courants de pensée, le cœur du débat évoluant avec le contexte : les conditions de l'équilibre dans les années 1950-1960, le rôle du progrès technique à partir des années 1980…, jusqu'à la prise en compte des enjeux environnementaux dans les années 2000. On dresse ici un tableau synoptique de quelques courants particulièrement représentatifs.

TABLEAU SYNOPTIQUE DES COURANTS DE PENSÉE		
Courant	**Idées essentielles**	**Principaux auteurs**
Schumpéterien (qualifié quelquefois de structuraliste)	La croissance repose sur l'innovation et le rôle des innovateurs. La croissance est soumise fondamentalement à des cycles.	J. Schumpeter (1912)
Néoclassique	La croissance dépend de facteurs exogènes soumis à la loi des rendements décroissants et garantissant une croissance équilibrée.	R. Solow (1956)
Croissance endogène	La croissance est un processus cumulatif résultant de multiples facteurs (capital humain, infrastructures publiques, recherche…) liés pour une large part au rôle de l'État.	P. Romer (1986) R. Barro (1990) R. Lucas (1988)

☞

(1) P. Romer, « Increasing Returns and Long Run Growth », Journal of Political Economy, *1986 ; R. Barro, « Government Spending in a Simple Model of Endogeneous Growth»,* Journal of Polical Economy, *1990 ; R. Lucas, « On The Mechanics of Economic Development»,* Journal of Monetary Economics, *n°22, 1988.*

Courant	Idées essentielles	Principaux auteurs
Keynésien et néo-keynésien	Pour les keynésiens, la croissance dépend fondamentalement du partage salaires/profits ; elle présente un caractère fondamentalement instable	R. Harrod (1939) et E. Domar (1946)
Écologiste	La croissance économique épuise les ressources naturelles. Elle n'est pas soutenable dans le long terme.	D. Meadows (1972), S. Latouche (2004)
Théorie de la régulation	La croissance est expliquée par les caractéristiques du mode d'accumulation.	M. Aglietta (1976), R. Boyer (1986)

3. L'interprétation économique des crises

La croissance économique cède la place à intervalles plus ou moins réguliers à des **crises économiques.** Ces crises peuvent être interprétées grâce à différents types d'analyses (théories des cycles et théories des crises). Mais la fin du 20e siècle se caractérise surtout par le retour des crises financières.

3.1 De crise en crise

a) Plusieurs types de crises

La notion de crise comporte plusieurs acceptions.

Le terme de **crise** désigne, soit le **point de retournement** de la conjoncture d'une économie, soit l'ensemble de **la période** durant laquelle une économie sombre dans la dépression ou la récession.

En allant plus loin, on observe une **variété extrême des crises** en fonction de l'espace géographique concerné (national ou international), de leur durée (conjoncturelle ou profonde et durable comme celle de 1929) ou encore de leur nature (économique, boursière, monétaire, etc.).

b) Une succession de crises

Du 19e siècle au 20e siècle, les crises ont été nombreuses, avec un point d'orgue, la crise de 1929, alors que la croissance régulière, importante et durable des 30 Glorieuses a fait oublier un temps la possibilité même d'une crise… jusqu'à celle de 1973 qui constitue un véritable électrochoc. À partir de la fin des années 1980, les crises se succèdent à nouveau.

PETITES ET GRANDES CRISES

- Au 19e siècle et au début du 20e siècle, les crises se succèdent de façon rapprochée : 1857, 1864-1866, 1873-1877, 1882-1884, 1890-1893, 1900-1904, 1907, 1913, 1920-1922.
- La **crise de 1929**, qui ouvre la période de « la grande dépression », est une crise à part en raison de sa gravité, de son caractère généralisé et de sa durée. Elle s'étale sur plusieurs années et conduit à des changements économiques profonds (protectionnisme des années 1930, interventionnisme économique significatif par exemple aux États-Unis avec le *New Deal*, etc.).

• Après la Seconde Guerre mondiale, l'économie renoue avec la **crise**... seulement **en 1973** à la suite d'un premier choc pétrolier et sous des formes nouvelles, avec la coexistence pendant un temps d'un important chômage et d'une forte hausse des prix (notion de **stagflation**). En 1979, une nouvelle secousse intervient avec un second choc pétrolier.

• À partir de la fin des années 1980, les crises deviennent fréquentes, prenant de plus en plus la forme de **crises financières** : crise mexicaine (en 1994-1995), crise des « dragons » asiatiques (en 1997), crise russe (en 1998), crise argentine (en 2001), crise financière en 2002 avec l'effondrement des valeurs technologiques.

• Enfin, la **crise de 2008-2009** frappe par son importance (effondrement du commerce mondial, faillites nombreuses, remontée très marquée du chômage, etc.). C'est la crise la plus grave et la plus longue depuis celle des années 1930.

Les effets de la crise financière et bancaire sur l'économie réelle ont été contenus un temps grâce à la baisse massive des taux d'intérêt directeurs et des interventions massives des banques centrales d'une part, et à la mise en place de vastes plans de relance par les Etats d'autre part. Mais l'économie mondiale et tout particulièrement les pays européens ne sont pas sortis pour autant des difficultés économiques avec la mutation de la crise en crise de la **dette souveraine en 2010**. Cette situation a conduit les gouvernements notamment ceux de la zone € à s'engager dans des politiques de restriction budgétaire et d'austérité salariale aggravant au moins à court terme un chômage déjà massif et alimentant les pressions déflationnistes.

3.2 L'analyse des crises

Les crises sont toujours étroitement liées à un contexte ; il n'y a pas de théorie des crises comme l'on parle des « théories de la croissance ». Cela étant, l'économiste peut puiser dans le vivier des « théories des cycles » (puisque certaines crises peuvent s'intégrer dans une analyse en termes de cycles), mais également faire appel à des analyses souvent contextualisées des crises économiques.

On ne reviendra pas ici sur l'analyse des cycles et notamment la vision schumpétérienne présentées plus haut ; on rend compte plutôt de quelques grandes familles d'interprétation des crises économiques.

L'analyse économique des crises oppose fondamentalement les économistes pour lesquels toute crise est nécessairement **exogène** (extérieure à l'économie et en particulier au marché)..., à ceux pour lesquels elle découle de facteurs **endogènes**.

Parmi les premiers, on retrouve notamment des économistes libéraux qui raisonnent en termes de **chocs exogènes**, l'exemple type étant l'argument du choc pétrolier pour expliquer la crise de 1973. L'argument du non-respect des règles de marché est également invoqué : un excès de réglementation ou des interventions étatiques faussent le bon fonctionnement des mécanismes de marché. Dans la même perspective, les crises sont assimilées généralement à des crises de l'offre, qualifiées de « chocs d'offre » liés à des facteurs exogènes (crise climatique, conflit, etc.) mais également au progrès technique.

D'autres courants économiques influencés par les analyses keynésienne ou marxiste considèrent au contraire que les crises trouvent leur origine dans le système en lui-même. La crise est alors considérée comme **endogène** à l'économie de marché.

Ainsi, les keynésiens insistent sur les limites de l'autorégulation par les marchés et sur la possibilité d'un équilibre de sous-emploi.

Les marxistes ont des explications plus radicales en considérant que le système lui-même court à sa perte (suivant la fameuse loi de la baisse tendancielle du taux de profit). Quant au courant de la régulation influencé par le marxisme, il voit dans chaque grande crise la crise d'un **mode de régulation** (la crise de 1929 serait une crise du mode de régulation concurrentiel et celle de 1973, une crise du mode de régulation monopoliste).

Au-delà de ces grands clivages théoriques, il faut également reconnaître l'importance des spécificités et du contexte propre à chaque crise qui rentrent largement en ligne de compte dans les explications données. On prendra ici l'exemple de la crise de 1929.

SPÉCIFICITÉS ET INTERPRÉTATIONS DE LA CRISE DE 1929

Les grandes caractéristiques de la crise

La crise de 1929 conduit à la fois à une forte contraction de la production, à une baisse des prix (déflation), à un recul très important du commerce international et à un chômage massif.

Les différentes interprétations

- Pour John Maynard **Keynes** et les keynésiens, la crise de 1929 résulte avant tout d'une insuffisance de la demande.
- Pour les **marxistes**, c'est le système lui-même qui est en crise et la crise est inhérente aux caractéristiques mêmes du système capitaliste.
- Pour les économistes du **courant de la régulation**, la crise de 1929 est celle d'un mode de régulation, « le mode de régulation concurrentiel ».
- Pour les **libéraux**, dont le Français Jacques Rueff, c'est le blocage des mécanismes concurrentiels qui est en cause, à commencer par la forte rigidité des salaires (déjà) à l'époque.
- Milton Friedman et les **monétaristes** mettent en cause les responsables de la banque centrale américaine (le FED) et de la politique monétaire. Ils sont accusés d'en avoir trop fait, avant la crise... et pas assez ensuite.
- D'autres analyses encore mentionnent l'absence de leadership mondial à l'époque (thèse de Charles Kindleberger) ou l'absence de système monétaire international stable.

3.3 Le retour des crises financières

a) Différentes formes de crises financières

La fin des années 1980 voit le retour massif des crises dites « financières » qui frappent notamment nombre de pays émergents (d'Asie et d'Amérique du Sud) mais également les pays développés (avec la crise financière de 2002, celle de 2008-2009, la crise de la dette publique de la zone Euro en 2010.)

LES DIFFÉRENTS TYPES DE CRISES FINANCIÈRES

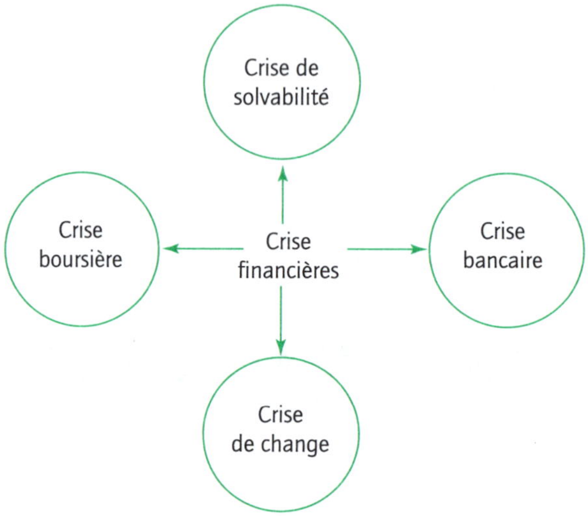

Ces crises financières sont de différentes natures : **crises boursières** (avec un effondrement brutal du cours des titres sur les marchés financiers), **crises bancaires** (avec l'entrée en faillite d'établissements bancaires), **crises de solvabilité** (difficultés de paiement d'États ou d'entreprises) et, enfin, **crises de change** (effondrement d'une monnaie).

b) Les origines des crises financières

Ces crises nombreuses, multiples souvent, se combinent ou plus exactement se succèdent. Elles peuvent être expliquées par le concours de différents facteurs dans le contexte très général d'une libéralisation totale des mouvements de capitaux.

La montée en puissance des marchés financiers et du financement par les marchés (accentuée par le phénomène de **titrisation**) s'est appuyée en particulier sur de très nombreuses innovations financières alimentant l'opacité des transactions, la spéculation mais aussi la formation puis d'éclatement des bulles financières (d'où les crises boursières).

> La **titrisation** consiste à transformer un crédit en un titre de dette qui peut être ensuite acheté et vendu à tout moment par un investisseur.

La mondialisation des transactions de toutes natures a accentué les déséquilibres au plan des échanges extérieurs avec d'importants déficits porteurs d'endettement, quelquefois peu soutenables, d'où les crises de solvabilité de certains États mais, également, des crises de change marquées par l'effondrement de la monnaie nationale.

On pourrait aussi distinguer les facteurs de déclenchement des crises suivant le type de pays concerné. Les pays émergents souffrent particulièrement de la financiarisation de leur déficit (extérieur), de la mobilité extrême des capitaux mais aussi de l'inadaptation fréquente de leur parité monétaire ; quant aux pays les plus développés, ils se sont révélés également plus fragiles du fait de l'importance même des transactions financières, du recours massif à la titrisation et de la recherche systématique de taux de rentabilité élevés.

Enfin, il convient de rappeler qu'une crise financière se prolonge fréquemment par une crise économique en raison par exemple d'un rationnement du crédit ou encore d'une fuite des capitaux.

SECTION 3

CROISSANCE, CRISE ET INÉGALITÉS DE DÉVELOPPEMENT

Tous les pays ne sont pas égaux en matière de croissance, d'où l'intérêt de disposer de théories permettant de donner sens aux performances inégales des différents États. Le retour sur les statistiques permet justement de constater le rattrapage de certains pays, notamment asiatiques, mais également la persistance d'énormes inégalités de développement. La mondialisation, source de croissance et de richesse pour certains, est en même temps à l'origine de différents déséquilibres.

1. Les théories du développement

Traditionnellement, on oppose deux théories : celle du retard et celle en termes de dépendance. Dans les années 1990-2000, on note toujours le renouveau des thèses libérales en matière de développement étendues d'ailleurs aux anciennes économies socialistes ; tandis que l'appel au développement durable et aux institutions régulatrices se fait plus pressant.

Les difficultés économiques et financières à répétition depuis les crises des *subprimes* et de la dette souveraine renforcent enfin les tenants de la **démondialisation**

1.1 La théorie du retard

L'observation des situations économiques et sociales permet de constater immédiatement de très grandes inégalités en matière de développement ; toute la question est de savoir si le faible niveau de développement de nombreux pays est un phénomène durable ou, à l'inverse, transitoire et si, par conséquent, l'économie mondiale peut s'orienter effectivement vers une réduction généralisée des inégalités entre pays.

Les économistes libéraux considèrent généralement, à la suite des travaux de l'historien américain Walt Whitman Rostow (1960[(1)]), que l'état de sous-développement n'est qu'une question de temps et que tous les pays peuvent être appelés à connaître une amélioration de leur niveau de vie ; cela suppose néanmoins de franchir un certain nombre d'étapes, respectivement : l'état de société traditionnelle, les conditions préalables au démarrage, le décollage (ou ***take off***), puis les progrès vers la maturité enfin l'ère de la consommation de masse.

Le franchissement de ces différentes phases prend un temps très variable suivant l'étape considérée. D'une façon générale, il suppose des changements sur différents plans : économiques, sociaux, politiques, afin de produire les enchaînements vertueux attendus. Au

(1) The Stages of Economic Growth, 1960 ; trad. Française : Les étapes de la croissance économique, Le seuil, 1970.

terme de cette course d'obstacles, les pays peuvent atteindre l'ère de la consommation de masse assurant l'accumulation des richesses et la hausse du niveau de vie.

LE SCHÉMA DU DÉVELOPPEMENT SELON ROSTOW

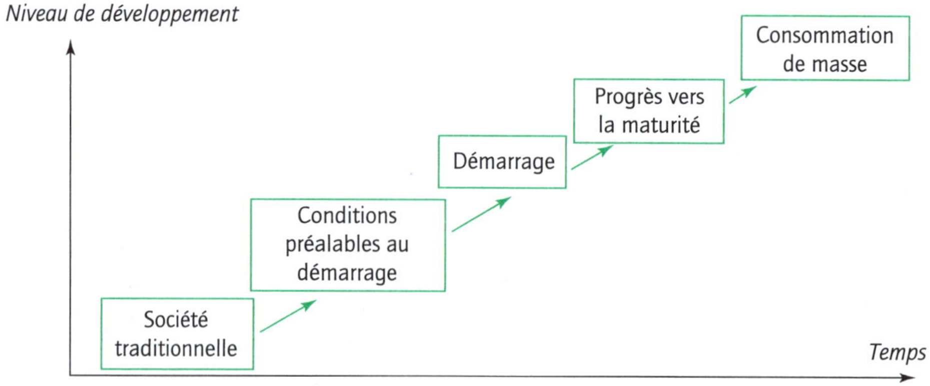

Selon cette perspective, le développement n'est plus qu'une question de temps et la croissance des uns n'empêche pas le développement des autres. Tout se résume à une question de transition et de degré d'évolution.

1.2 L'analyse en termes de dépendance

La vision proposée par Rostow a fait l'objet de nombreuses critiques : caractère mécanique et binaire, vision excessivement occidentalo-centriste, explications insuffisantes sur les dimensions démographiques et technologiques, constat de l'appauvrissement durable de certains pays, etc.

D'autres courants économiques qualifiés quelquefois de **tiers-mondistes** présentent des visions critiques en faisant valoir les **effets négatifs de la dépendance** des pays pauvres par rapport aux pays riches et préconisent des stratégies spécifiques de développement.

Cette domination des pays riches est à la fois d'ordre économique, industriel ou encore culturel ; elle conduit à retarder, à déséquilibrer ou empêcher purement et simplement le développement des pays pauvres. Dans cette perspective sont mis en avant le caractère fondamentalement déséquilibré de la croissance des pays en développement (PED) et l'existence d'un dualisme (avec une différenciation entre les secteurs dédiés à l'exportation à forte productivité… et le reste de l'économie souvent à l'abandon), les formidables inégalités sociales qui en découlent à l'intérieur des PED, enfin l'état d'infériorité structurelle des PED qui sont dans un rapport de force défavorable par rapport aux pays développés si l'on suit, par exemple la thèse de la détérioration des termes de l'échange.

La **détérioration des termes de l'échange** désigne une situation économique caractérisée par une évolution des prix des exportations de matières premières produites par les PED à un rythme inférieur à celle caractérisant les prix des biens manufacturés produits par les pays développés.

Cette autre vision du développement fait elle-même l'objet de sévères critiques liées, d'une part, à l'échec des stratégies de développement préconisées par les économistes partisans de cette vision et, d'autre part, au décollage et au développement accéléré de nombreux pays émergents d'Asie et d'Amérique latine.

1.3 Les orientations contemporaines en matière de théorie du développement

Au-delà des deux courants précédents, on peut noter différentes orientations quelquefois contradictoires qui orientent les débats et les choix actuels en matière de développement.

En premier lieu, à partir des années 1980-1990, se dessine un **renouveau économique libéral** qui dénonce les erreurs commises en matière de politique de développement au nom de la « théorie de la dépendance » et qui recommande aux PED de s'engager pleinement dans des politiques libérales faites de suppression d'obstacles aux échanges, de renoncement au pilotage étatique de l'économie et d'ouverture du capital des entreprises aux capitaux privés et étrangers. Cette politique largement relayée par les organismes internationaux (FMI, OMC, etc.) fait effectivement basculer la plupart des PED dans l'économie mondialisée.

Une autre tendance qui prend partiellement le relais dans le courant des années 2000 est d'encourager l'ensemble des pays, y compris les PED, à faire le choix d'un **développement durable** acceptable socialement et surtout écologiquement. Cette vision met l'accent sur l'importance de développer les ressources locales et de privilégier, lorsque cela est possible, un développement économe en ressources rares et préservant l'environnement. Les graves déséquilibres que connaissent nombre de PED conduisent certains économistes de premier plan (Paul Krugman, Paul Samuelson, etc.) à accentuer encore un peu plus la remise en cause de la vision libérale du développement en reconnaissant que le libre-échange intégral n'est pas nécessairement profitable aux PED et qu'on peut admettre des restrictions aux échanges quand elles sont économiquement ou éthiquement justifiées.

Enfin, les **nouvelles théories de la croissance** rejettent l'idée d'un processus linéaire et déterministe. La croissance (et donc le rattrapage) est un phénomène complexe lié à de multiples facteurs où interviennent par exemple la géographie ou encore le rôle des institutions.

2. Croissance et évolutions des inégalités mondiales

Les études statistiques disponibles sont quelque peu contradictoires et ne permettent pas de fournir de vision simple et incontestable concernant la réduction (ou non) des inégalités entre les pays au 20e siècle. Ces études peuvent même conduire à des constats opposés (constat d'une réduction ou au contraire d'une aggravation des inégalités), car elles dépendent en fait très largement de choix méthodologiques (calculs en taux de change de parité de pouvoir d'achat ou en taux de change courant, pondération ou non des données par pays suivant la population, etc.). Ainsi, le seul fait d'enregistrer en moyenne une croissance plus forte du PIB n'est pas en soi suffisante pour réduire les écarts de richesse, car il faut bien entendu tenir compte de la démographie. Cela étant, il est possible de dégager quelques grandes tendances.

2.1 Mondialisation et convergence économique

L'observation économique dans une perspective historique fait apparaître un phénomène de décollage et même de rattrapage de certaines zones économiques et de certains pays, lié plus ou moins directement au phénomène de la mondialisation.

La **mondialisation** désigne un état de l'économie caractérisé par un développement massif des échanges entre pays, une mobilité élevée des marchandises, des capitaux et des hommes, avec comme corollaire la perte d'autonomie des politiques nationales.

Ainsi, il est possible de repérer plusieurs vagues successives de rattrapage et de « convergence » vers le PIB par tête des États-Unis dans le courant de la deuxième moitié du 20e siècle. Ce mouvement concerne d'abord l'Europe de l'Ouest, puis le Japon ; plus tard, à partir des années 1970, vient le tour des pays d'Asie du Sud-Est, puis des deux géants asiatiques (la Chine et l'Inde) dans les années 1990-2000. Le graphique qui suit montre clairement la progression de ces deux grands pays.

CROISSANCE DU PIB PAR HABITANT DE QUELQUES ZONES ÉCONOMIQUES (EN %) ENTRE 1994 ET 2004

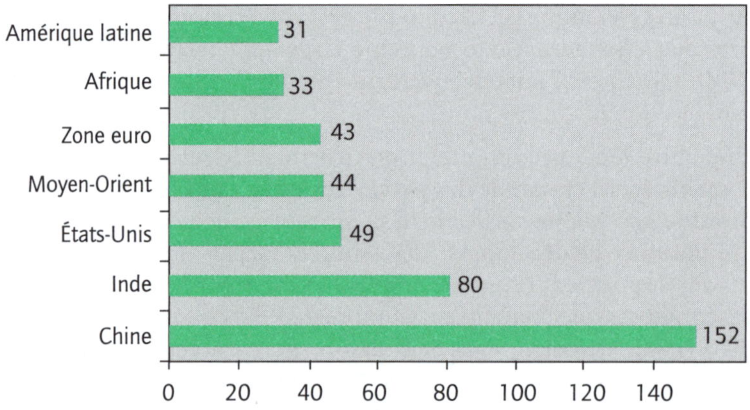

Source : FMI - *Alternatives économiques* n°66 (4e trimestre 2005)

Certains pays du « sud » ont visiblement pu et su tirer partie de la mondialisation ; c'est le cas de différents pays asiatiques comptant plus de 3 milliards d'individus. Ces pays sont effectivement engagés dans un processus de rattrapage des pays développés en raison d'une progression plus rapide du revenu moyen par habitant.

La croissance des économies émergentes est si rapide que le poids agrégé des pays en développement et des pays émergents dépasse depuis 2013 celui de l'ensemble des pays développés et pourrait représenter 60 % du PIB mondial en 2030.

RÉPARTITION DU PIB MONDIAL PAR TYPE D'ÉCONOMIE
(PIB EN PARITÉ DE POUVOIR D'ACHAT)

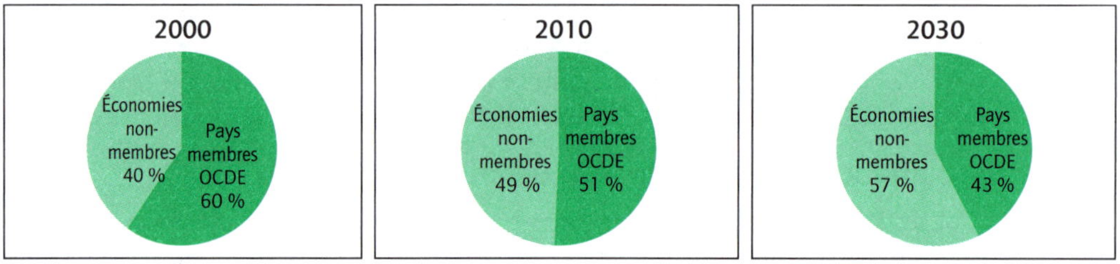

Source : OCDE - 2010

L'essor des pays émergents découle de différents facteurs dont, bien sûr, l'ouverture commerciale et financière caractéristique de la mondialisation, mais également de bien d'autres facteurs (un État puissant et très interventionniste, le maintien de mesures de protection sélectives, une histoire et une culture forte, etc.). La Chine tout particulièrement connaît un boum économique sans précédent appuyé par un engagement très important à l'exportation notamment dans le domaine industriel.

2.2 Mondialisation et persistance des inégalités

Depuis le début du 21e siècle, le revenu par habitant augmente davantage au sein des pays pauvres que dans les pays riches : ainsi entre 2001 et 2011, le PIB par habitant a augmenté de 42 % pour les pays à faibles revenus contre 14 % seulement pour les pays riches. Il y a donc un certain recul des inégalités entre les pays.

Le développement économique touchant les pays émergents et un grand nombre de pays en développement a permis aussi de réduire significativement le pourcentage de personnes vivant en extrême pauvreté (moins de 1,25 dollars par jour) de 43 % en 1990 à 22 % en 2008 ; leur nombre absolu a également diminué. Dans le même ordre d'idées, la différence d'espérance de vie entre pays riches et pauvres s'est réduite.

Cela étant différentes observations conduisent à nuancer le propos. Un certain nombre de pays voire de zones économiques, non seulement n'ont pas bénéficié pas de ce mouvement de rattrapage, mais se sont même enfoncés comme s'ils avaient basculé dans « **une trappe à pauvreté** ». Ces pays notamment d'Afrique et d'Amérique latine ne sont pas parvenus pendant longtemps à tirer partie de la dynamique mondiale des échanges et des investissements en provenance des pays riches souvent à cause d'une concurrence difficilement soutenable liée elle-même à différents facteurs de faiblesse.

Il semble cependant que dans la dernière décennie, de nombreux PED progressent ; c'est le cas du continent africain notamment l'Afrique subsaharienne qui a renoué avec la croissance en raison d'un boom des matières premières mais également de changements internes favorables.

Au final la croissance apparaît bien comme une **condition nécessaire** à la réduction de la pauvreté (pourcentage de population vivant avec moins d'un dollar par jour) ; elle n'est pas pour autant une **condition suffisante** pour des raisons démographiques évidentes. Enfin, la convergence des niveaux de vie quand elle se manifeste, est relative car les écarts entre régions du monde et entre pays restent souvent gigantesques.

3. Mondialisation et déséquilibres économiques et sociaux

La question de la mondialisation ne pose pas seulement la question de l'effet d'entraînement ou non des pays dans une dynamique de croissance, mais elle interpelle également l'économiste plus généralement sur l'ensemble de ses effets économiques et sociaux. Parmi ces effets, il y a les déséquilibres massifs, fréquents et communs à l'ensemble de la planète. Ces déséquilibres se donnent à voir de multiples façons. On en donne ici quelques illustrations simples.

En premier lieu, avec l'engagement des pays dans les échanges mondiaux, la **situation économique de chaque pays** est étroitement liée à l'état de la conjoncture mondiale. Les déséquilibres économiques mineurs ou majeurs se diffusent rapidement et significativement. À titre d'exemple, les pays du Sud ont été pris dans la tourmente de la crise en 2008-

2009 comme les pays riches, la plupart des pays du monde connaissant une baisse de leur taux de croissance sur cette période.

Sur un second plan, en dehors même de la situation extrême des crises économiques, la mondialisation est génératrice de déséquilibres importants ; on pense par exemple aux **déséquilibres des balances des paiements**. Ces déséquilibres sont souvent structurels (les mécanismes de rééquilibrage fonctionnent mal) ; ils s'accompagnent souvent de conséquences économiques et financières graves : fuite des capitaux, effondrement de la monnaie nationale, mise en place de politiques d'austérité, etc. On a vu d'ailleurs à ce propos que les PED sont particulièrement touchés par des crises financières depuis les années 1990 (*cf.* section 2). En fait, bien souvent sous l'emprise de la **mondialisation financière**, les déséquilibres frappent d'abord la sphère financière (monnaie, marchés financiers, etc.) avant d'atteindre l'économie réelle.

Les pays riches n'échappent pas aux effets économiques de la mondialisation : affectés aussi par la fréquence des crises ou plus généralement par les variations brutales à la hausse ou à la baisse de la conjoncture mondiale, ils connaissent des déséquilibres fréquents aussi bien au plan des **échanges extérieurs** qu'en **matière sectorielle** et **d'emploi**. Si la mondialisation est créatrice nette d'emplois (par exemple dans les industries exportatrices), elle signifie aussi la disparition accélérée de secteurs industriels entiers avec les entreprises et les emplois qui vont avec. Ces déséquilibres sont d'autant plus difficiles à corriger que les États nations ont vu leur capacité d'intervention largement réduite (recul du secteur public, abandon des politiques interventionnistes, respect de traités internationaux, etc.) alors même que les grands groupes internationaux, souvent multinationaux, pèsent de tout leur poids et ce, indépendamment des politiques nationales.

Les effets ne sont pas seulement économiques. L'engagement dans la mondialisation signifie aussi souvent l'approfondissement de **déséquilibres sociaux et écologiques** (*cf.* section 4). Le cas de la Chine est particulièrement révélateur à cet égard : si elle connaît une croissance fulgurante (à deux chiffres), elle enregistre aussi une explosion des inégalités sociales et des dégâts écologiques aussi importants que rapides. Cette situation, pour « exemplaire » qu'elle soit, est celle de nombreux pays émergents.

4. Le monde entre mondialisation et démondialisation

Si jusqu'ici la plupart des statistiques témoignent d'un approfondissement de la mondialisation (nombre de pays touchés, influence des firmes multinationales, diffusion universelle des nouvelles technologies) et de ses effets (dépendance très forte des économies, uniformisation des modes de vie, etc.) ; quelques signes laissent penser à la possibilité à terme d'une évolution en sens contraire ; en d'autres termes à une marche vers une « **démondialisation** »

Le terme **démondialisation** proposé par le sociologue altermondiste Walden Bello désigne un mouvement de déconstruction de la mondialisation compte tenu de ses nombreux effets négatifs (pertes d'emploi, délocalisations, croissance des inégalités, atteinte accélérée à l'environnement, etc.). Il se traduit concrètement par une réorientation des économies de la priorité à l'exportation vers une production pour les marchés locaux.

Cette évolution peut être encouragée par les pouvoirs publics par le biais de différentes mesures fiscales, sociales, réglementaires notamment à caractère protectionniste.

Au-delà des discours favorables à une telle orientation, on peut constater des évolutions en ce sens avec d'abord un certain recul de la mondialisation financière (renationalisation de l'épargne, recul de l'activité internationale des établissements bancaires, montée d'un certain protectionnisme financier, etc.).

On peut repérer aussi quelques réorientations de la stratégie de grandes entreprises vers des productions plus locale et vers la réinternalisation de certaines activités précédemment délocalisées…

Dans le même ordre d'idées certains grands pays exportateurs – on pense notamment à la Chine- pourraient se recentrer sur leur marché intérieur.

SECTION 4

CROISSANCE, CRISE ET DÉSÉQUILIBRES SOCIAUX INTERNES

Le rapport entre croissance et inégalités se pose donc également au niveau interne à chaque pays ; c'est une question complexe qui fait intervenir le processus même de la croissance mais également les choix politiques et sociaux propres à chaque pays. Après l'exposé des travaux de l'économiste Simon Kuznets, on rend compte des observations statistiques disponibles dans ce domaine en distinguant le cas des pays du Sud et de ceux du Nord.

1. L'analyse de Kuznets

L'économiste S. Kuznets a proposé une analyse des effets à long terme de la croissance sur les inégalités internes à un pays(1).

LA COURBE EN U RENVERSÉ DE KUZNETS

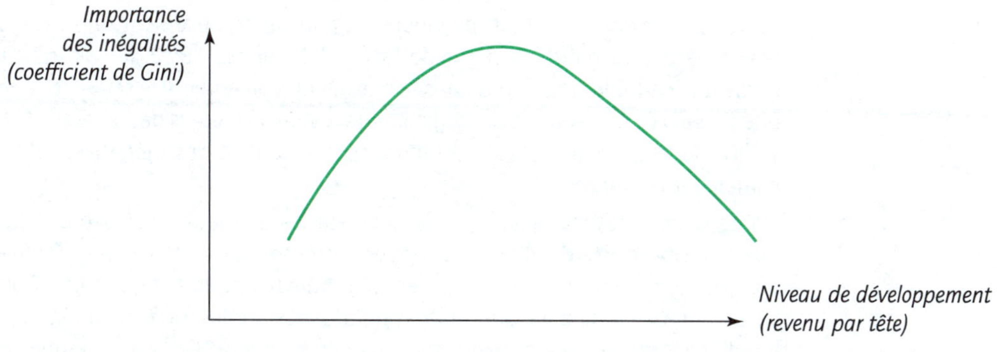

Kuznets est parti de l'observation d'une baisse des inégalités depuis le 19e siècle dans les pays développés et a développé l'analyse suivant laquelle les inégalités commencent par

(1) *S. Kuznets, « Economic Growth and Income Inequality »,* American Economic Review, *1955.*

s'accroître dans les premières phases du développement, avec la migration de la main-d'œuvre de secteurs à faible productivité mais égalitaires (le secteur agricole) vers des secteurs à forte productivité mais à degré élevé d'inégalités, avant de connaître finalement une stabilisation puis une réduction de ces mêmes inégalités. La progression des inégalités apparaît donc comme incontournable dans les premières phases de développement économique, mais cet effet ne serait qu'un phénomène transitoire.

2. Croissance et inégalités internes : des relations complexes

Une telle courbe en U renversé a été effectivement constatée dans les années 1960-1980 où les inégalités de PED d'Amérique latine en phase de croissance sont apparues bien plus élevées que celles caractérisant des PED en stagnation… tandis que les pays industrialisés connaissaient des inégalités plus faibles.

Les observations contemporaines ne permettent pas cependant de confirmer une telle analyse en raison de **nombreux contre-exemples** : pays en développement combinant faible croissance et grandes inégalités, croissance forte de certains pays du Sud-Est asiatique sans progression correspondante des inégalités, stabilisation ou reprise de la croissance des inégalités dans certains pays développés notamment aux États-Unis et au Royaume-Uni, etc.

Le cas chinois apparaît à l'inverse plus conforme au schéma de Kuznets, la Chine conjuguant croissance rapide, croissance des inégalités et réduction de la pauvreté. En Chine, mais également en Inde, une fraction de la population accède effectivement à la classe moyenne, mais, dans le même temps, les inégalités se creusent notamment entre les habitants respectivement des villes et des campagnes.

D'une façon très générale, on constate d'ailleurs que **le degré d'inégalité interne est très variable**, aussi bien au sein des pays du Sud que de ceux du Nord, et qu'il peut évoluer de façon bien différente d'un pays à un autre.

Les inégalités dans le cas français

Si, globalement, la plupart des pays développés connaissent un mouvement important de réduction des inégalités pendant les Trente Glorieuses (âge d'or de la conception de l'État providence), puis un mouvement très net de remontée des inégalités à partir de la fin des années 1970, le cas français garde une certaine singularité dans la mesure où l'on enregistre seulement une **pause** dans ce mouvement de réduction de revenus au cours des années 1990-2000. Toutefois depuis 2000 la tendance à **la reprise des inégalités** affecte également la France.

L'observatoire des inégalités qui s'appuie sur les données de l'Insee constate que le **rapport interdécile** soit le rapport entre le niveau de vie des 10 % les plus riches et celui des les 10 % les plus pauvres augmente depuis 2009 ; l'évolution de l'**indice de Gini** (autre outil de mesure des inégalités) témoigne lui d'une aggravation sensible des inégalités dès 2005. La situation est d'autant plus saisissante qu'en fin de période les revenus des catégories aisées (les 10 % les plus riches) progressent quand ceux des plus démunis (les 10 % les plus pauvres) eux, diminuent.

Au total, la relation entre croissance et inégalités internes (en termes de revenus) n'est ni systématique, ni unidirectionnelle ; la croissance a bien sûr des effets directs sur les inégalités mais d'autres facteurs, comme les grandes orientations économiques, les choix en matière d'organisation du marché du travail ou encore l'état du système de protection sociale, interviennent de façon très significative. Ainsi, partout dans les pays développés, **les inégalités en matière de revenus primaires se sont accrues** depuis la fin des années 1980 à la suite notamment de politiques de modération salariale et de la progression des revenus du patrimoine ; cela étant, l'effet final reste très variable d'un pays à l'autre suivant l'ampleur des corrections dues aux revenus de transfert.

3. La mondialisation, moteur des inégalités ?

Finalement sur la période récente on relève globalement une très forte augmentation des inégalités dans la plupart des régions du monde qu'il s'agisse des vieux et grands pays industrialisés (États-Unis, Royaume-Uni, France..) ou des pays émergents (Chine, Inde, etc.) ; alors même que ces pays sont à des niveaux de développement différents et connaissent des rythmes de croissance très variables. Ceci peut conduire à s'interroger sur les facteurs communs agissant sur l'ensemble des économies ; on pense par exemple à la mondialisation et à ses effets sur le pouvoir d'achat et l'emploi tant dans les pays riches que dans les pays pauvres.

SECTION 5

CROISSANCE, CRISES ET DÉSÉQUILIBRES ENVIRONNEMENTAUX

La représentation de la croissance a changé avec le constat des nombreux déséquilibres écologiques qu'elle engendre. La croissance n'est plus appréhendée seulement comme un phénomène quantitatif qu'il faut encourager et promouvoir pour assurer le plein-emploi (*cf.* chapitre 2). Dans ces conditions, une partie des économistes envisage autrement la croissance afin de la rendre compatible avec la préservation des différentes ressources de la nature. Ces nouvelles perspectives débouchent sur la proposition et la mise en place de différents instruments de maîtrise des risques environnementaux.

1. Le constat des effets négatifs de la croissance

Ce constat apparaît clairement à partir de la deuxième moitié du 20e siècle, et plus précisément à partir des années 1970, avec un point de repère majeur : les travaux du Club de Rome.

1.1 Les travaux fondateurs du Club de Rome

Le **rapport du Club de Rome** (« Halte à la croissance ») est un cri d'alarme lancé par un groupe d'experts internationaux en 1972 sur les dangers et les limites mêmes de la croissance. Ces experts avancent des prévisions très pessimistes sur les effets de la croissance à partir d'une prolongation des tendances observées dans le passé et prévoient un arrêt du processus de croissance (« **la croissance zéro** ») dans un horizon rapproché.

D'autres travaux célèbres (rapport de la commission Brundtland préconisant le développement durable en 1987, conférence sur l'effet de serre à Kyoto en 1997, etc.) jalonnent cette prise de conscience des dégâts écologiques et des risques graves induits par la marche accélérée vers la croissance.

1.2 Tour d'horizon des déséquilibres écologiques engendrés par la croissance

Aujourd'hui, les effets négatifs de la croissance sont mieux connus et peuvent être déclinés dans leurs différentes dimensions.

Le tableau suivant en donne des aperçus significatifs. Sa lecture permet de voir les effets cumulatifs de la croissance en matière écologique conduisant à l'épuisement de nombreuses ressources, à la multiplication des risques ou encore aux dérèglements climatiques.

CROISSANCE ET RISQUES ÉCOLOGIQUES	
Élément d'environnement concerné	**Effets et risques encourus**
Effets généraux de la croissance	
Production de déchets	• Multiplication des déchets • Coût de traitement et d'élimination croissant • Augmentation des risques sanitaires • Gaspillage d'éléments du patrimoine naturel (lorsqu'ils sont recyclables)
Émissions de gaz à effet de serre (CO_2)	Réchauffement climatique avec tous les effets induits (accroissement des risques de catastrophe, problèmes sanitaires en tous genres, etc.)
Urbanisation	• Poursuite du phénomène d'urbanisation • Accroissement des besoins de transport et donc des besoins en énergie générateurs eux-mêmes de pollution. • Problèmes de logement (...)
État de quelques ressources naturelles	
Eau	• Épuisement des ressources en eau • Gaspillages • Pollution très importante liée à l'agriculture intensive Ces différents phénomènes posent des problèmes sanitaires évidents, ainsi que la question de la viabilité de nombreuses productions agricoles
Pétrole	• Diminution des réserves • Explosion du prix du brut • Pollutions induites par l'utilisation de ce type d'énergie avec en perspective le réchauffement climatique
Bois et forêts	• Recul des forêts (*cf.* l'urbanisation, l'expansion des terres agricoles, l'exploitation du bois à des fins commerciales et énergétiques...) • Avec comme effets induits la réduction de la biodiversité, un moindre renouvellement de l'eau et des sols, des effets sur le climat...

Ces constats font l'objet d'évaluations incertaines et discutées concernant la gravité des effets repérés ou encore leur caractère irréversible (ou non) ; ils sont cependant suffisamment tangibles pour être désormais systématiquement étudiés, suivis régulièrement par la mise en place d'indicateurs et combattus par des mesures à caractère écologique.

2. La recherche d'une croissance compatible avec l'environnement

Les économistes n'ont que progressivement admis l'intérêt d'intégrer les variables écologiques dans la problématique de la croissance. Aujourd'hui, les analyses contemporaines de la croissance économique proposent de nouvelles perspectives allant de la notion de **développement durable** à celle plus contestée de **décroissance.**

2.1 L'intégration progressive des enjeux environnementaux par les économistes

Un passage en revue rapide de la pensée économique permet de saisir l'intérêt inégal manifesté longtemps par les économistes concernant la question des ressources naturelles et plus généralement du facteur « terre ».

Pour **les classiques**, la nature – facteur de production déterminant compte tenu des modes de production et de consommation de leur époque – est considérée comme un bien abondant et **gratuit**. Pour **Adam Smith** (1723-1790), la croissance ne connaît *a priori* pas de limites. L'économiste **Thomas Malthus** (1766-1834) s'inquiète toutefois des effets de l'accroissement accéléré de la population qui risque de ne pas permettre à terme la satisfaction des besoins de la population ; **David Ricardo** (1772-1823) souligne de son côté les limites possibles de la croissance (notion d'état stationnaire) en raison du rendement décroissant des terres

Plus tard, **les économistes néoclassiques** minimisent les conséquences d'un épuisement possible de certaines ressources naturelles en faisant l'hypothèse d'une parfaite **substituabilité** des facteurs de production et en intégrant les effets bénéfiques du progrès technique.

Dans cette perspective, l'intégration des ressources naturelles dans l'analyse économique et le constat d'une éventuelle dégradation de ce capital naturel sont contrecarrés par un progrès technique générateur d'une plus grande productivité de ce facteur et d'une substitution de facteurs de production : les facteurs, respectivement capital et travail, prennent le relais du capital naturel.

La découverte du phénomène des **externalités** par Alfred Marshall (1842-1924) et son exploitation par Cecil Pigou (1877-1959) au début du XXe siècle constituent une rupture majeure dans ce domaine ; c'est le point de départ de l'intégration des questions environnementales dans les problématiques économiques.

> Il y a **externalité** (ou effet externe) lorsque les effets positifs ou négatifs d'une transaction ne sont pas pleinement reflétés par les prix de marché. C'est le cas par exemple quand une entreprise occasionne une pollution de l'environnement sans supporter le coût (social) correspondant.

Ces travaux débouchent finalement sur l'idée que, d'une façon générale, l'optimum économique (ou bien-être social) peut différer des intérêts individuels et qu'en particulier, en l'absence d'une internalisation des effets externes de l'activité économique, les biens d'environnement risquent d'être sacrifiés, entraînant pollution et épuisement des ressources naturelles. Une telle situation pose à terme la question de la poursuite de la croissance.

Les économistes avancent différentes solutions pour traiter le problème posé par les externalités, ce qui conduit aux problématiques contemporaines du rapport entre croissance et environnement et aux différents types d'instruments de protection de l'environnement.

2.2 La problématique du développement durable

La prise en compte de certains effets négatifs de la croissance déjà repérés en 1972 lors de la publication du rapport du Club de Rome est redevenue une question centrale depuis la fin des années 1990 avec le concept de développement durable, équivalent français de l'expression *sustainable development* utilisée par la Commission mondiale sur l'environnement et le développement (**commission Brundtland**) en 1987. Le réchauffement climatique joue un rôle central dans cette prise de conscience. Il a conduit à briser le consensus général des économistes en faveur de la croissance.

Le **développement durable** est un développement qui répond aux besoins présents sans compromettre la capacité des générations futures à satisfaire les leurs.

Ce concept part de l'idée que le développement des activités humaines ne peut être abandonné aux seules considérations économiques ; il doit également tenir compte d'exigences sociales, sociétales et environnementales.

Dans cette perspective, il repose sur quelques principes fondamentaux, notamment les principes de solidarité (avec les générations futures et entre les populations de la planète), de précaution (recherche d'une approche préventive en matière de risques) et de participation (consultation et intervention de tous les acteurs à la prise de décision).

Le **principe de précaution** incite à prendre les mesures préventives nécessaires pour éviter les risques importants pour l'environnement, particulièrement ceux qui ont un caractère irréversible.

Ces principes servent de fil conducteur aux orientations recherchées et mises en œuvre, quoique à des rythmes et une intensité très variables, par les institutions internationales et les différents États (au niveau macroéconomique) et par les entreprises ou les citoyens (au plan microéconomique).

La vision économique soutenant ces principes maintient le principe de la nécessité d'une croissance mais pousse à des ruptures significatives tant dans les modes de production que de consommation ; ainsi, le choix d'une agriculture durable implique l'abandon du modèle agricole productiviste mais également un changement de notre régime alimentaire.

Le développement durable se décline ensuite en de multiples politiques : production industrielle durable, consommation durable, transport durable, urbanisation durable, etc.

PRINCIPES ET IMPLICATIONS DU DÉVELOPPEMENT DURABLE

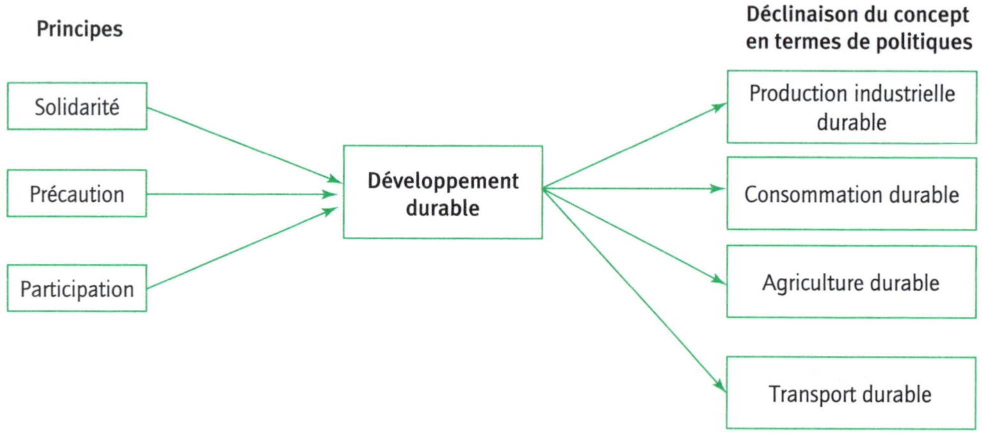

OBJECTIFS ET MOYENS D'UNE POLITIQUE DURABLE : L'EXEMPLE DES TRANSPORTS

Les objectifs

À titre indicatif, les orientations en matière de transport durable visent à satisfaire tout à la fois les besoins de transport et de mobilité des individus et des entreprises tout en économisant les ressources naturelles et en préservant la santé publique.

Quelques orientations générales envisageables

De tels objectifs peuvent être servis par de nouvelles orientations politiques, économiques et techniques : soutien au rail, développement des transports collectifs, diffusion de « véhicules propres », nouvelles politiques d'urbanisation et d'implantation des activités économiques...

Dans le même ordre d'idées, les économistes utilisent le concept de « croissance verte ». C'est un concept voisin mais au champ plus étroit que celui de développement durable.

La **croissance verte** est un mode de développement économique respectueux de l'environnement. Elle concerne les éco-activités (assainissement de l'eau, recyclage et valorisation énergétique des déchets, dépollution des sites, énergies renouvelables) mais aussi les secteurs traditionnels (transport, agriculture et bâtiment).

2.3 Du développement durable à la décroissance

Les politiques proposées dans le cadre d'un développement durable se mettent donc en place, mais lentement et de façon très irrégulière suivant les États, les acteurs considérés… et le champ concerné. Si bien que, dans de nombreux cas, les dégâts écologiques persistent, sinon s'aggravent. L'inertie de la relation de la croissance à l'écologie conduit certains économistes minoritaires à défendre une thèse radicale, celle de la « décroissance ».

LA THÈSE DE LA DÉCROISSANCE

Les hypothèses de départ

Les partisans de cette thèse, tels l'économiste roumain Nicholas Georgescu-Roegen ou le Français Serge Latouche, partent des hypothèses suivantes : le caractère inéluctable des catastrophes écologiques compte tenu de la croissance en cours, le fait que ce sont les pays les plus pauvres qui sont les premiers et les plus directement touchés par les dérèglements des écosystèmes, l'incapacité même des politiques de développement durable à prévenir ces dangers, et enfin la remise en cause radicale d'une croissance conçue généralement comme une fin en soi bien plus que comme un moyen.

Les moyens de la décroissance

Dans de telles perspectives, ces économistes recommandent l'engagement dans une politique de décroissance qui toucherait en premier lieu les pays industrialisés. Les moyens préconisés pour conduire cette reconversion des économies développées sont partiellement esquissés : développement d'une économie relationnelle (à base d'échanges de services), relocalisation des activités humaines (pour développer les relations de proximité), retour à des méthodes de production et de consommation traditionnelles...

Les limites de cette thèse

Cette thèse fait l'objet de vives critiques, y compris par les tenants du développement durable qui font valoir plusieurs transformations en cours de la croissance : le poids dorénavant majeur dans le PIB des activités tertiaires à forte utilité sociale et à impact faible sur l'environnement, le recours dans l'industrie à de nouvelles technologies économes en énergie sans oublier les capacités très importantes de production d'énergie renouvelables.

3. Les instruments de maîtrise des risques environnementaux

L'ampleur des risques et des pollutions liés à la croissance ainsi que les limites des mécanismes de prix ont conduit les économistes à proposer différentes solutions qui constituent autant d'outils au service d'un développement durable.

AVANTAGES ET INCONVÉNIENTS DES DIFFÉRENTS INSTRUMENTS		
Type d'instrument	**Avantages**	**Inconvénients**
Interdiction totale (exemple : cas des gaz CFC)	Adaptée si une réinternalisation est impossible	• Problème de la capacité à faire respecter l'interdiction • Risque de pollution par substitution
Norme	Adaptée si une réinternalisation est impossible	• Problème de fixation du niveau des normes • Caractère uniforme de la norme
Écotaxes	• Solution incitative • Simplicité de mise en œuvre • Donne les moyens aux pouvoirs publics de financer les réparations	• Problème de la fixation de l'écotaxe • Simple « signal prix »
Permis de polluer	• Solution incitative • Force « d'un signal quantité » • Permet d'atteindre des objectifs déterminés de pollution	• Système complexe et coûteux à mettre en œuvre • Les petits pollueurs échappent à ce système • Privatisation de l'environnement

Le système des permis de polluer connaît un succès indéniable : c'est en particulier la solution retenue au protocole de Kyoto en 1997 et entré en vigueur en 2005.

3.1 Les limites des négociations internationales

Les engagements pris par de nombreux pays lors de l'accord de Kyoto n'épuisent pas pour autant le débat pour différentes raisons : opposition de pays de premier plan, complexité de mise en œuvre et de suivi, également interrogations d'ordre éthique sur le bien-fondé « d'une privatisation de l'environnement ».

Le **protocole de Kyoto** est un traité international proposant un calendrier de réduction des émissions de gaz à effet de serre considérées comme la cause majeure du réchauffement climatique, grâce à la mise en place de marchés de permis d'émission négociables.

Au total, si le principe même de la croissance n'est pas généralement remis en cause, les impératifs écologiques conduisent les États à mettre en place progressivement des dispositifs pour orienter la croissance dans le sens plus conforme à « un développement durable ».

Le phénomène de plus en plus perceptible de **changement climatique** semble accélérer la prise de conscience de la gravité des enjeux mais la prise de décision en matière environnementale au plan international reste lente et peu contraignante comme en témoigne le demi-échec de l'**accord de Kyoto** en 1997 (non-ratification par les États-Unis, absence de contraintes pour les grands pays émergents), la faiblesse des résultats obtenus au sommet de Copenhague (2009) ou l'échec encore de la conférence de Varsovie (2013).

Certes le protocole de Kyoto a été prolongé jusqu'en 2020 lors de la conférence de Doha (2012) ; mais d'une façon générale les négociations avancent très lentement avec des résolutions peu contraignantes, des engagements insuffisants des pays riches et sans ressources prévisibles suffisantes pour aider les pays du sud à diminuer leurs émissions. La volonté politique manque alors que la situation au plan climatique continue à se dégrader rapidement.

SECTION 6

ENJEUX ENVIRONNEMENTAUX ET RESPONSABILITÉ SOCIALE DES ENTREPRISES

À côté des ses dimensions macroéconomiques, la croissance interpelle au quotidien les acteurs et notamment les entreprises. Au-delà de l'enjeu essentiel de la croissance et de la rentabilité financière (conditions de développement voire de survie des entreprises), se pose aujourd'hui la question de leur **responsabilité sociale et environnementale** (RSE), expression microéconomique de l'engagement pour un développement durable.

Après avoir défini le concept de RSE, l'on fera l'inventaire des différents outils à la disposition des entreprises avant de s'interroger sur la portée de ces nouvelles pratiques et sur leurs conséquences sur la croissance des économies.

1. Les contours de la responsabilité sociale et environnementale des entreprises

La responsabilité sociale et environnementale (RSE) des entreprises est une notion relativement récente. Très présente aujourd'hui dans la littérature économique et managériale, elle cohabite avec une multitude de termes voisins : éthique, entreprise citoyenne, responsabilité sociale voire développement durable, etc.

Dès lors il convient de bien préciser ce que recouvre ce concept.

LES COMPOSANTES DE LA RSE DES ENTREPRISES

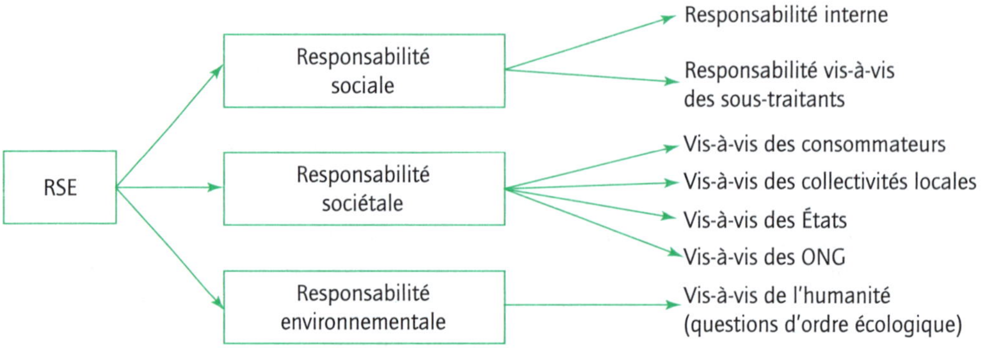

La **responsabilité sociale et environnementale (RSE)** des entreprises, équivalent français de *corporate social responsability*, fait référence à un ensemble de responsabilités et de bonnes pratiques en matières sociale et environnementale, que les entreprises entendent assumer au-delà de leurs objectifs financiers traditionnels et des contraintes légales.

La RSE comporte donc plusieurs volets suivant le champ considéré (social, sociétal ou environnemental), d'une part, et les parties prenantes impliquées (salariés, consommateurs, États, organisations, collectivités territoriales, l'humanité dans son ensemble), d'autre part. Elle conduit les entreprises à se soucier des conditions de travail et de rémunération de leurs salariés et de celles relevant de leurs sous-traitants, à veiller à la préservation de l'environnement (en termes de consommation de ressources naturelles, de gestion des déchets, etc.).

À ce stade, il convient d'ores et déjà de noter la multiplicité des formes que peut revêtir la RSE et le fait qu'elle peut donner lieu à des arbitrages, des actions et des résultats totalement différents selon le domaine et la partie prenante considérés.

Un dénominateur commun à ces pratiques reste leur montée en puissance explicable elle-même par une multitude de facteurs (montée des risques de tous ordres, extension du cadre réglementaire et injonctions des pouvoirs publics, pressions sociétales et citoyennes, effacement de l'État-providence, etc.).

2. Les outils et les pratiques de la RSE

Proposer un inventaire exhaustif des outils et des pratiques en matière sociale et environnementale serait une gageure tant les pratiques mêmes sont nombreuses et variables d'une entreprise à l'autre, d'un État à un autre.

Cela étant, il est possible de recenser quelques grandes familles d'outils :

LES OUTILS DE LA RSE DES ENTREPRISES

Les codes de conduite

De nombreuses entreprises se sont dotées de **chartes et codes de (bonne) conduite** pour améliorer et rendre plus transparentes leurs pratiques sociales et environnementales, par exemple en encadrant leur politique salariale et en édictant des normes salariales à destination de leurs fournisseurs. La limite ce type de démarche reste l'absence de contrôle de ces pratiques par un organisme externe et leur hétérogénéité même.

Les normes et labels

Ils constituent des formes plus achevées de RSE car le respect de normes ou l'apposition de labels signifient que l'entreprise considérée respecte un cahier des charges précis (labels) ou certaines procédures (normes). La supériorité de ces outils réside aussi dans l'existence d'une validation par un auditeur externe sanctionnée par une opération de certification. Parmi les normes les plus connues, on peut citer la norme environnementale (ISO 14001), la norme sociale (SA 8000) et la norme sociétale (ISO 26000). ISO 26000 définit désormais la RSE à l'échelle internationale, mais son application est entièrement volontaire. Elle n'est ni certifiable, ni labelisable !

Les rapports sociaux

Nombreuses sont les entreprises qui aujourd'hui élaborent un **rapport social** et environnemental dans le cadre (ou en marge) de leur rapport annuel. Cette disposition est d'ailleurs obligatoire pour les entreprises françaises cotées depuis la loi NRE (2001). Ces rapports, qui constituent certes un net progrès – en fournissant l'information –, sont cependant d'un intérêt inégal compte tenu de leur standardisation insuffisante. Enfin la loi « Grenelle 2 » de 2010 approfondit le cadre réglementaire français en étendant l'obligation à d'autres entreprises, en précisant les thématiques et en imposant la vérification par un organisme tiers indépendant.

La notation

Elle consiste à fournir une évaluation des performances sociales et environnementales d'une entreprise. L'évaluation assurée par des agences spécialisées et destinée en priorité aux gestionnaires de fonds contribue à alimenter l'investissement socialement responsable.

3. Évaluation des pratiques et impacts possibles de la RSE

Le développement de la responsabilité sociale et environnementale des entreprises fait l'objet aujourd'hui d'évaluations régulières qui permettent d'en évaluer grossièrement la portée. L'avenir et le succès de ces pratiques dépendent cependant de différents facteurs qui, en définitive, n'éliminent pas les incertitudes entourant l'orientation vers le développement durable.

3.1 L'état des pratiques en matière de RSE

La consultation et l'analyse des rapports sociaux et environnementaux des entreprises ainsi que la notation des entreprises par des agences spécialisées donnent une idée de l'importance des pratiques et de leurs effets.

Plusieurs indicateurs convergent pour montrer la sensibilité importante des entreprises à la problématique de la RSE et l'enregistrement de progrès à la fois au plan quantitatif et qualitatif : nombre croissant des entreprises produisant des rapports sociaux et environnementaux, référence croissante à la *Global Reporting Initiative* (GRI) pour la conception de ces rapports, généralisation du processus de normalisation, structuration d'agences de notation sociale et environnementale, etc.

Cette amélioration généralement observée ne doit pas dissimuler les limites et les incertitudes entourant ces démarches :

– elles reposent tout d'abord sur l'application de dispositions légales et ne touchent qu'une fraction des entreprises, généralement les plus grandes et les plus exposées sectoriellement ou médiatiquement ;
– ces pratiques souffrent souvent d'un manque de continuité, sont souvent difficiles à appréhender faute de standards internationaux ou d'impositions légales ;
– les démarches restent souvent teintées de superficialité ;
– enfin, des écarts significatifs demeurent entre les effets d'annonce et les progrès réels enregistrés.

Les pratiques de RSE en restent encore souvent à un combat d'image et à des déclarations d'intention, au point de faire de la RSE une simple « cosmétique du développement durable ».

3.2 Les conditions de validité des démarches de RSE

La responsabilité sociale et environnementale reste, il faut le rappeler, une démarche volontaire des organisations et notamment des entreprises, supposée aller au-delà des seules obligations légales.

La première condition de succès de ce type de pratique reste sa capacité dans le long terme à améliorer la position commerciale voire financière des entreprises s'engageant dans cette démarche.

LES BÉNÉFICES POSSIBLES D'UNE « DÉMARCHE RSE »

- D'abord au **plan commercial** et de **l'image** :
  - amélioration de la position concurrentielle ;
  - gains de parts de marché auprès des consommateurs et citoyens militants des causes sociales et environnementales ;
  - développement d'une image positive sur le long terme.
- Également au **plan** plus directement **financier** :
  - réduction de coûts (suppression de gaspillages, réutilisation de déchets) ;
  - obtention plus facile et éventuellement à moindre coût de ressources financières (placements et fonds éthiques) ;
  - élimination de coûts cachés (liés à la suppression de facteurs de mauvais climat social) ;
  - réduction des coûts liés aux risques de tous ordres.
- Enfin, la démarche RSE est un aiguillon favorable à la **dynamisation interne** de l'entreprise :
  - stimulation de la créativité ;
  - source d'innovation ;
  - élément clé d'une culture d'entreprise.

Cela étant, une démarche RSE implique des investissements et de nombreuses charges additionnelles de tous ordres, le plus souvent immédiates alors que la plupart des bénéfices attendus de ce type de pratiques relèvent plutôt du moyen et long terme et comportent une bonne dose d'aléatoire. Les études statistiques portant sur les liens entre profit et responsabilité sociale semblent majoritairement indiquer une corrélation positive (jusqu'à un certain point), mais les liens restent ténus, marqués par une forte réversibilité (sensibilité à la conjoncture) et les travaux sont souvent contradictoires.

En d'autres termes, pour devenir significatives et s'inscrire dans la durée dans un système d'économie de marché, ces pratiques doivent faire la preuve d'une efficacité commerciale et financière à tout le moins dans le moyen et long terme, faute de quoi les entreprises risquent de s'en tenir aux seules obligations légales. L'absence de rentabilité à court terme les expose même directement à l'opposition d'actionnaires soucieux d'un profit immédiat et élevé.

La deuxième grande condition de validité de ces démarches se rapporte à la question de leur sincérité et de l'efficacité de ces démarches aux plans sociaux et environnementaux : s'agissant de démarches volontaires souvent non contractualisées, le risque est grand que des objectifs d'image en restent au niveau d'une déclaration d'intention et de simples effets de communication ; c'est le risque encouru par exemple dans le cas des plans et chartes d'environnement mis en avant par de nombreuses entreprises. La réussite effective de ces démarches suppose alors la **réunion de certaines conditions** :

- d'une part, l'existence de pressions possibles des parties prenantes (boycott, menaces de réglementation…) qui élèvent immédiatement la rentabilité des actions de dépollution non profitables initialement ;
- d'autre part, l'existence de systèmes ou d'autorité de contrôle indépendants pour apporter l'information nécessaire sur les pratiques mises en œuvre effectivement.

Ces pratiques en développement rapide voient finalement leur succès conditionné par de nombreux facteurs :

- l'existence (ou non) de moyens d'action des parties prenantes (externes), notamment des pouvoirs publics ;
- l'affirmation de structures d'information et d'expertise (agences de notation et contrôleurs) ;
- enfin, la capacité à générer un avantage concurrentiel pour les firmes s'engageant dans ce type de démarche.

L'action volontaire des entreprises en matière sociale et environnementale reste malgré tout souvent considérée comme insuffisante ou instable, ce qui peut justifier de nouvelles réglementations ou encore la médiatisation des bons et mauvais comportements des entreprises (principe anglo-saxon du « *name and shame* »).

RÉSUMÉ

La croissance est une question centrale en économie, à la fois par l'importance des enjeux qui lui sont associés, par la richesse des questions d'actualité qu'elle pose, et enfin par les contributions nombreuses des plus grands économistes à son propos.

Pour aborder la croissance, il convient tout d'abord de maîtriser le vocabulaire c'est-à-dire les grands concepts et les indicateurs économiques associés. On aborde à cette occasion les grands débats en rapport avec les problèmes posés par l'indicateur de référence qu'est le PIB.

La compréhension du phénomène de la croissance conduit ensuite à rappeler un certain nombre de grandes références théoriques.

Les théories des cycles et surtout les théories de la croissance fournissent à cet égard une aide précieuse en proposant plusieurs types d'explication : caractère cyclique de l'innovation, multiplicité des déterminants de la croissance, rôle variable de l'État suivant le pays considéré, etc. D'autres analyses sont également présentées pour expliquer les crises économiques et financières nombreuses depuis la fin des années 1980.

De grandes problématiques sont par ailleurs générées par les déséquilibres de la croissance.

Le premier type de déséquilibre concerne la question des inégalités de développement que l'on cherche à expliquer en présentant les différentes théories du développement et en traitant des effets de la mondialisation.

Le second type de déséquilibre concerne les inégalités de développement internes à chaque pays. L'évaluation de ces inégalités comme de leur interprétation reste cependant délicate compte tenu de la variété des situations observées.

Les rapports entre croissance et environnement donnent lieu à la mise en évidence d'un troisième grand type de déséquilibre qui concerne l'écologie. Les effets négatifs de la croissance sur l'environnement sont nombreux, et la vision des économistes quant aux finalités et aux orientations à promouvoir en matière de croissance a suivi une évolution, liée en particulier au concept de développement durable. Ils envisagent ainsi différents instruments de protection de l'environnement mais souvent difficiles à mettre en place.

Dans un contexte marqué par l'omniprésence du marché et l'impératif du développement durable, certaines dimensions plus microéconomiques de la croissance retiennent l'attention, en particulier le développement des pratiques dites de « responsabilité sociale » des entreprises. Ces pratiques, pour intéressantes qu'elles soient, n'en restent pas moins fragiles et tributaires de nombreux facteurs internes et externes aux entreprises.

SUMMARY

Growth is a central issue in economics, because of what is at stake and because of the interest of the current questions it raises, and finally by the contributions of leading economists to the subject.

To understand the concept of growth, it is necessary to master the vocabulary, i.e., the major concepts and associated economic indicators. It addresses the crucial debates regarding problems posed by GDP benchmark data.

Understanding the phenomenon of growth subsequently leads to a certain number of important theoretical references.

The theories of cycles and especially the theories of growth are of great help by offering various explanations: cyclical nature of innovation, multiple determinants of growth, the role of the state varying with the country concerned, etc. Other analyses are likewise presented to explain the numerous economic and financial crises since the end of the 1980s.

Moreover, the imbalances of growth raise crucial issues.

The first type of imbalance concerns inequalities of development which can be explained through different theories of development and by taking into account the effects of globalisation.

The second type of imbalance concerns inequalities of development which are inherent to each country. The evaluation of these inequalities and of their interpretation remains difficult given the variety of observed situations.

The links between growth and the environment point out to a third type of imbalance regarding ecology. The negative effects of growth on the environment are numerous, and the economists'point of view on the goals and trends to promote growth has evolved, particularly in relation to the concept of sustainable development.

They envision different methods to protect the environment, but these are often difficult to implement.

In a context where the market is omnipresent and sustainable development is imperative, some more microeconomic aspects of growth are put forward, particularly the development of corporate social responsibility. As interesting as these methods may be, they remain fragile and dependent on numerous internal and external factors to firms.

MOTS CLÉS

En français	En anglais
Changement climatique	Climate change
Code de conduite	Code of conduct
Crise	Crisis, recession, downturn
Crise boursière	Crash
Crise financière	Financial crisis
Croissance	Growth
Croissance endogène	Endogenous growth
Croissance verte	Green growth
Croissance zéro	Zero growth
Cycle économique	Economic cycle
Décroissance	Negative growth
Déséquilibre économique	Economic imbalance
Développement durable	Sustainable development
Écotaxe	Green tax
Espérance de vie	Life expectancy
Externalités	Externalities
Indicateur de développement humain (IDH)	Human development index (HDI)

Inégalités	Inequalities
Mode de régulation	Regulation
Mondialisation	Globalisation
Norme	Standard
Notation sociale et environnementale	Social and environmental rating
Permis de polluer	Cap-and-trade system, emission trading scheme
Principe de précaution	Precautionary principle
Produit intérieur brut (PIB)	Gross domestic product (GDP)
Produit national brut (PNB)	Gross national product (GNP)
Protocole de Kyoto	Kyoto Protocol
Rapport du club de Rome	Club of Rome report
Rapport social	Social reporting
Responsabilité sociale et environnementale (RSE)	Corporate social responsibility (CSR)
Revenu national brut (RNB)	Gross national revenue GNR)
Stagflation	Stagflation
Termes de l'échange	Terms of trade
Théories de la croissance	Theories of growth
Titrisation	Securisation
Trend (tendance)	Trend

DATES CLÉS

[1945 – 1974] Période des 30 Glorieuses

1972 Publication du Rapport *Halte à la croissance* par le Club de Rome

1987 Rapport de la commission Brundtland

1997 Adoption du Protocole de Kyoto

2001 Loi sur les Nouvelles régulations économiques (NRE)

2009 Sommet de Copenhague

2010 Adoption du projet de loi Grenelle 2

RÉFÉRENCES BIBLIOGRAPHIQUES

- C. Aubertin et F.D. Vivien, *Le développement durableþ: enjeux politiques économiques et sociaux*, La documentation française, 2005.
- « L'économie durable», *Alternatives économiques*, n° 83, 4e trimestre 2009.
- « Relever le défi climatique », *Problèmes économiques*, La documentation française, n° 2983, novembre 2009.

- « Les inégalités économiques en question », *Problèmes économiques*, La documentation française, n° 2865, décembre 2004.
- « Faut-il dire adieu à la croissance ? », *Alternatives économiques*, n° 97, 3e trimestre 2013.
- « Mondialisation & démondialisation », *Alternatives économiques*, n° 101, 3e trimestre 2014.
- *Placer la croissance verte au cœur du développement*, OCDE, 2013.
- S. Moati, « Comment sortir de la dictature du PIB ? », *Alternatives économiques*, p. 32 et 33, n° 84, 2e trimestre 2010.

SITES INTERNET

1) Données statistiques sur la croissance (France, Europe, Monde)

- www.economie.gouv.fr/cedef/indicateurs-conjoncture-économique (indication des sites fournissant les principaux indicateurs de conjoncture écononomique)
- http://epp.eurostat.ec.europa.eu/ (données macroéconomiques sur les pays européens)
- www.oecd.org (données macro économiques sur les pays de l'OCDE)

2) Réflexions, analyses et programmes sur le développement durable

- www.developpement-durable.gouv.fr (Ministère de l'écologie, du développement durable et de l'énergie)
- www.agora21.org (portail d'informations sur le développement durable)
- www.oecd.org/ puis choisir le thème de la croissance verte et du développement durable
- www.decroissance.info (informations sur l'optique de la décroissance)

APPLICATION 1

Thèmes et questions de réflexion

1. Quel(s) agrégat(s) retenir pour mesurer la croissance et le développement économique et social ?

   What aggregates should be used to measure growth and social and economic development?

2. La thèse de la décroissance est-elle envisageable ? Et à quelles conditions ?

   Can the theory of negative growth be envisioned? And under what conditions?

3. Comment expliquer les inégalités de développement ?

   How can one explain development inequalities?

4. La responsabilité sociale et environnementale des entreprises est-elle une pratique rentable pour les entreprises ?

   Is corporate social and environmental responsibility profitable for companies?

5. Quels sont les principaux outils de la responsabilité sociale et environnementale ?

   What are the main tools of social and environmental responsibility?

6. Quelles sont les lignes de fracture entre les grandes théories de la croissance ?

   What are the dividing lines between the major theories of growth?

7. Le concept de croissance durable est-il véritablement mis en application ?

   Is the concept of sustainable growth really put into practice?

8. Quelles sont les différentes solutions économiques possibles pour préserver l'environnement économique ?

   What are the different possible economic solutions for preserving the economic environment?

9. Le développement durable est-il compatible avec la recherche du plein-emploi ?

   Is sustainable development compatible with the pursuit of full employment?

10. Est-il possible de « partager » la croissance ?
Is it possible to "share" growth?

QUESTION

Répondre succinctement aux cinq premières questions.

APPLICATION 2

Extrait de texte en anglais

Where to start?

Technological and economic solutions to climate change are available. The problem is politics

The sheer number of scientists, economists, businesspeople and policymakers working on climate change is a good sign. Surely, given so much will and enthusiasm, we can defeat this threat? Yet the projections are not encouraging. The concentration of CO_2 in the air has risen from 280ppm (parts per million) before the industrial revolution to around 380ppm now, and the IPCC[1] reckons that if emissions continue to grow at their current rate, by 2100 this will have risen to around 800ppm. [...]

In order to control these figures, it is important to pick some priorities. The sources of this problem range from smokestacks[2] to Amazonian deforestation to pig effluent; from Mexico to Mauritania. But identifying the main countries and sectors responsible will help target efforts.

The widely held notion that gas-guzzling cars are the core of the problem is wrong. Transport (including planes and ships as well as cars) produces only 13.5% of emissions. The biggest contributor is power generation[3] (24.5%); and the biggest contributor among sources of power is coal. Coal is cheap. Coal is dirty. America has lots of coal and China has vast reserves to fuel its economic boom. [...]

The second-biggest source of emissions is deforestation (18%). The tendency to focus on fossil fuel explains why this source gets left out when solutions are drawn up; and why campaigners are lobbying hard to get deforestation included in the European Emissions-Trading Scheme.

When it comes to the contribution of individual countries, America is still the principal source of greenhouse gases, but China is closing in and India is coming up from behind. If those three and Europe took the problem seriously, there would be a good chance of solving it.

But there is no silver bullet[4]. If an answer is to be found, it lies in using a combination of economics and a broad range of technologies.

(1) The Intergovernmental Panel on Climate Change has been set up "to assess scientific, technical and socio-economic information relevant for the understanding of climate change, its potential impacts and options for adaptation and mitigation." (http://www.ipcc.ch/).
(2) Cheminées d'usine.
(3) Power = *électricité.*
(4) Idiome : pas de remède miracle/magique (littéralement = pas de balle en argent).

Robert Socolow, an economist at Princeton University, offers an encouraging way of thinking about this. His "stabilisation wedges[1]" (see chart) show how different ways of cutting emissions can be used incrementally to lower the trajectory from a steep and frightening path towards a horizontal one that stabilises emissions at their current level.

One wedge might be carbon sequestration (storing carbon dioxide underground or below the oceans) to deal with emissions from coal-fired power plants. Sequestering CO2 emissions might raise the price of coal-generated power by 50%, but coal is such a cheap source of power that it might still be attractive. And it may have huge potential: a paper just published by Harvard's Daniel Schrag and colleagues argues that thousands of years-worth of American emissions could be stored under American coastal waters.

Another might be renewable energy sources. They supply around 14% of world energy now and the figure is unlikely to increase sharply in the near future. But their share can rise enough to bring the trajectory down a little.

Economics can help make these technologies viable. That can be done in two ways. One is to subsidise early-stage R & D (Research & Development) to bring down the price of alternatives. The second is to tax carbon (or set up a cap-and-trade system similar to Europe's ETS[2]) to push up the price of fossil fuels. Given that governments are reluctant to make themselves unpopular by taxing consumers or constraining companies, there is probably a need for a bit of both.

That leaves the hardest bit of the puzzle: the politics. The best solution would be to get the world's biggest polluters to share the burden. Kyoto tried to do that, and failed. [...]

America is the key. If America does nothing, then the developing world's big polluters will do nothing. If America decides, independently, to constrain emissions at a federal level, then China and India might come to accept that they have as much to lose as everybody else, and that they should lead the rest of the developing world towards cutting emissions. [...]

The Economist, September 7th, 2006.

TRIANGULATING THE FUTURE
GREENHOUSE GASES RELEASED*, PER YEAR, BN TONNES

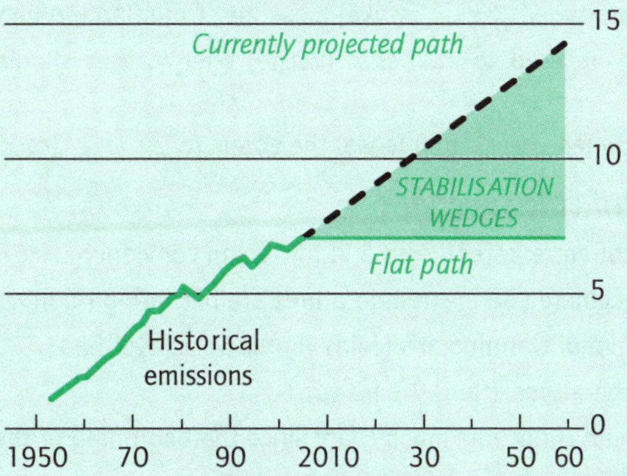

**** Measured as the equivalent of the carbon in carbon dioxide.***

Source : Rod Socolow.

(1) Wedge *: ici, levier de stabilisation (littéralement : cale, coin de bois).*
(2) EU Gas emission trading scheme *: système européen d'échange de quotas d'émissions de gaz.*

1) Question de compréhension

Dans le résumé du texte qui suit, remplissez les blancs avec les mots ci-après : carbon tax, sequestering, coal, subsidies, fossil fuel, polluters, deforestation, carbon emissions, renewable energies, greenhouse gas emissions.

In spite of the numerous people watching over the climate, ... continue to increase. .... is the main source of pollution. However one mustn't forget about ...., which comes second, because we tend to concentrate too much on .... Three countries plus Europe are responsible for most of the ....

One solution could be .... CO_2 emissions, another one is ....

These alternatives can be made possible thanks to .... or ....

Politically the main issue is to get the biggest ....to participate in the reduction of CO_2. If America leads the way, others will follow suit.

2) Questions grammaticales

Structures verbales

Observez les structures verbales suivantes :

- Emissions continue to grow
- Economics can help make
- To get the biggest polluters to share...
- Working on climate change.../ sequestering CO_2....

Dans les phrases suivantes utilisez la structure verbale appropriée :

- .... (set up) a real market of pollution rights may prove difficult
- When it comes to .... (cut) carbon emissions, economic powers are reluctant to .... (make) sacrifices.
- We will stop deforestation by......................... (compensate) native populations for the loss of income.
- If America starts .... (take) measures, China and India will follow
- Westerners are used to .... (waste) energy, they should be more committed to .... (recycle)
- Politicians prefer..................... (please) the voters to .... (tackle) the tough issues

Le comparatif et le superlatif

Mettez l'adjectif entre parenthèses à la forme qui convient :

- Because of climate change, temperatures are becoming (high×2)
- In spite of global warming, it's (cold) winter we've ever had
- (warm) temperatures, (thin) the ice cap
- The situation has become much (bad) since the beginning of the century
- India and China pollute nearly (much) the US

3) Questions économiques

1. Indiquez quelles sont les principales sources d'émission de CO_2 ?

   What are the main causes of CO_2 emissions?

2. Les solutions au problème posé par l'émission de CO_2 sont-elles d'ordre technologique, économique ou politique ? Justifiez votre réponse.

   Are the solutions to the problems raised by CO_2 emissions technological, economic or political? Justify your answer.

3. Quels ont été les résultats de la conférence de Copenhague de décembre 2009 ? La position des États-Unis a-t-elle évolué en matière de lutte contre le changement climatique et de réduction des émissions de CO_2 ?

   What was the outcome of the Copenhagen Summit in December 2009? Has the position of the US changed, regarding the struggle against climate change and the reduction of CO_2 emissions?

4) Thème de réflexion

À partir du texte et de vos connaissances, vous rendrez compte des problèmes posés par les effets de la croissance sur l'environnement et vous indiquerez les différentes orientations économiques envisageables face à ces problèmes.

6

CHAPITRE

Marché et économie non marchande

L'activité économique repose sur trois piliers, comme le montre Karl Polanyi (*La grande transformation*, 1944). Le premier d'entre eux est l'économie marchande, où la rencontre entre les besoins et les biens s'opère par le marché. Le deuxième est l'économie non marchande qui prend en charge les activités délaissées par le marché ; on y trouve à la fois les administrations publiques (économie non marchande publique) et les institutions sans but lucratif au service des ménages (économie non marchande privée). Le dernier pilier est celui de l'économie non monétaire qui, il faut bien le dire, échappe quelque peu aux statistiques officielles tant elle est difficile à mesurer en totalité ; l'économie non monétaire peut cependant être considérée comme non marchande au sens où nous l'entendrons ici, par référence à la comptabilité nationale qui y inclut les activités domestiques.

La comptabilité nationale française, elle, distingue la production marchande (PM), la production pour emploi final propre (PEFP) et l'autre production non marchande (APNM).

La **production marchande** est la « production écoulée ou destinée à être écoulée sur un marché » ; elle concerne les produits vendus à un prix « économiquement significatif », c'est-à-dire à un prix supérieur à la moitié de leur coût de production.

La **production pour emploi final propre** représente une production réalisée par un agent pour son propre compte, et non destinée à être vendue.

La PEFP comprend surtout les services de logement que se rendent à eux-mêmes les ménages propriétaires de leur habitation (dans le cas où ils loueraient à d'autres ce logement, le service rendu serait comptabilisé comme une production marchande) ou lorsqu'ils emploient du personnel domestique, ou encore lorsqu'ils réalisent une production agricole autoconsommée (légumes du potager par exemple).

L'**autre production non marchande** est ainsi dénommée car elle fait suite à la production pour emploi final propre qui n'est pas, elle non plus, échangée sur un marché. Elle représente la production qui est « fournie à d'autres unités, soit gratuitement, soit à un prix économiquement non significatif », c'est-à-dire inférieur à la moitié du coût de production.

L'autre production non marchande est ainsi constituée de services non marchands bien souvent indivisibles (défense nationale, police par exemple) et dont la valeur est mesurée au coût de production (essentiellement constitué de salaires et traitements) puisqu'on ne peut établir pour eux un prix de vente.

La définition de la production retenue par la comptabilité nationale inclut donc les activités domestiques mais aussi l'économie souterraine au sens où ce sont des activités légales mais non déclarées. Bien entendu, ces productions ne peuvent être estimées que de manière indirecte et approximative. En revanche, la définition de la production nationale exclut toutes les activités illégales telles que la production de drogues interdites.

Au cours du temps, le poids de la production non marchande a progressé dans la production totale au détriment de la production marchande. D'ailleurs, la production non marchande privée, par le biais de l'économie sociale et solidaire, a fait l'objet d'attentions particulières de la part des pouvoirs publics français, notamment avec le décret du 15 décembre 1981 qui crée la Délégation à l'économie sociale, mais aussi avec la création d'un Secrétariat à l'économie solidaire en 2000, ou encore avec le Secrétariat à l'ESS à l'origine du projet de loi Hamon sur l'ESS (2014). Mais celle-ci prend sa source dans des temps plus reculés avec les utopies socialistes du XIXe siècle, ou encore dans le rapport sur le « Palais de l'économie sociale » rédigé par Charles Gide à l'Exposition universelle de 1900 à Paris. D'emblée, l'économie non marchande privée se pense à la fois en termes de substitution ou de complémentarité à l'économie marchande.

Ainsi nous sommes amenés à nous demander, tout d'abord, quelles sont les justifications de l'existence de productions non marchandes privées et publiques, à travers les défaillances du marché. Ensuite, nous verrons quels sont le poids et le rôle de l'économie non marchande privée en économie de marché.

SECTION 1

LES CARACTÉRISTIQUES DE L'ÉCONOMIE NON MARCHANDE EN ÉCONOMIE DE MARCHÉ

L'économie de marché s'oppose à l'économie planifiée. Elle organise la rencontre entre les besoins humains et la production par le biais des marchés, lesquels fonctionnent de manière plus ou moins flexible. Le marché apparaît alors comme le plus efficace des modes d'allocation des ressources, au moins lorsqu'on l'oppose au plan. Cependant, les marchés ne peuvent garantir la production de tous les biens pour lesquels des besoins existent : une part de l'activité économique devient dans ce cas non marchande, dans le sens où elle conduit à une production hors de la logique du marché. La part de la production non marchande s'accroît dans le total de la production puisque celle-ci passe de 12,3 % en 1970 à 21 % en 2009.

1. Le marché concurrentiel est un mode d'allocation des ressources efficace

1.1 Définition et logique du marché

Le **marché** est le lieu de rencontre réel ou fictif entre l'offre et la demande d'un bien ou service. Cette rencontre aboutit à la fixation d'un prix et à la détermination de la quantité échangée du bien ou service.

Une économie de marché est donc une économie dont le principal mode d'allocation des ressources est le marché : marché des biens et services, marché des capitaux, marché du travail. Cela signifie que, dans cette logique, les consommateurs expriment une demande sur le marché, laquelle est entendue par les producteurs qui s'efforcent d'y répondre en quantité, qualité et prix. Il s'agit là de ce que John Kenneth Galbraith[1] nomme la « filière normale », filière dans laquelle le consommateur est souverain (« le client est roi »).

FILIÈRE NORMALE

Cependant, si Galbraith met en avant une filière normale, c'est que le fonctionnement du système capitaliste lui paraît substituer, au contraire, une « filière inversée ». Selon la logique de cette inversion, ce sont les producteurs qui proposent des biens sur les marchés et font naître des besoins chez les consommateurs, au besoin à grand renfort d'actions mercatiques.

FILIÈRE INVERSÉE

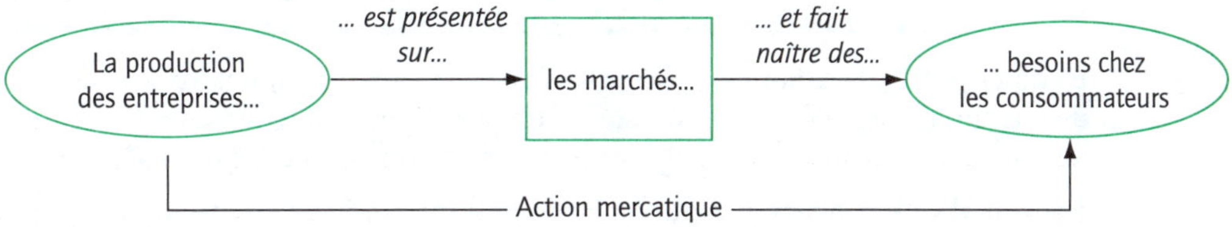

On peut imaginer d'autres modes d'allocation des ressources que le marché. Longtemps, par exemple, le plan, dans les ex-pays socialistes du bloc de l'Est de l'Europe et en particulier en URSS, a joué ce rôle.

1.2 La supériorité du marché sur le plan

Le planificateur central (l'État) doit *a priori* connaître les demandes des consommateurs pour orienter de manière autoritaire les productions des entreprises publiques. La rencontre entre les besoins et les capacités de production ne s'opère pas par le marché mais grâce à une collecte centralisée d'informations. On sait cependant qu'il est difficile pour un État de connaître précisément les désirs de consommations de tous les citoyens. Le marché apparaît ici supérieur au plan, autrement dit à l'économie décentralisée.

(1) The new Industrial State, *1967. Trad. française :* Le nouvel État industriel, *Gallimard, 1968.*

Économie de marché et économie planifiée

L'effondrement du communisme en Union Soviétique et en Europe de l'Est est certainement l'événement majeur des cinquante dernières années. Les pays communistes croyaient que des organismes de planification centrale au sein du gouvernement étaient les mieux placés pour guider l'activité économique. Ces organismes décidaient quels biens et services devaient être produits, en quelles quantités et qui devait les produire et les consommer. L'idée sous-jacente à cette planification centralisée était que seul le gouvernement pouvait organiser l'activité économique de manière à assurer le bien-être du pays entier.

Aujourd'hui, la plupart des pays qui ont fait l'expérience de l'économie dirigée ont abandonné ce système et cherchent à mettre en place une économie de marché. Dans une économie de marché, les décisions de l'organisme central de planification sont remplacées par les décisions de millions d'entreprises et d'individus. Les entreprises décident de leur production et de leurs emplois. Les individus choisissent l'entreprise pour laquelle ils vont travailler et ce qu'ils achèteront avec leurs revenus. Ces firmes et ces ménages sont en relation au sein du marché, où les prix et l'intérêt individuel guident les décisions à prendre.

À première vue, le succès des économies de marché est étonnant. On pourrait en effet penser que les décisions désordonnées de millions d'entreprises et de ménages poussés par un intérêt égoïste déclencheraient un abominable chaos. Ce n'est pourtant pas le cas. Les économies de marché ont fait la preuve de leur remarquable efficacité pour organiser l'activité économique de manière à promouvoir un bien-être économique généralisé.

N.G. Mankiw, *Principes de l'économie*, Économica, 1998, p. 74.

La supériorité de l'économie de marché sur le plan peut se comprendre au regard des conditions de fonctionnement efficace d'un marché. Ces conditions sont, du point de vue théorique, celles de la concurrence pure et parfaite, ou encore de la concurrence pure sur des marchés parfaits.

Pour qu'il y ait concurrence pure, deux conditions doivent être tout d'abord remplies :

- les agents économiques doivent être preneurs de prix *(price takers)*, c'est-à-dire qu'ils considèrent les prix comme des données sur lesquelles ils ne peuvent seuls exercer une influence (hypothèse d'exogénéité des prix) ;
- les agents peuvent entrer ou sortir d'un marché sans coût ni limite (hypothèse de fluidité du marché).

Il convient de s'arrêter un instant sur cette dernière condition. En effet, la présentation traditionnelle de la concurrence pure et parfaite insiste plus volontiers sur la seule condition de libre entrée sur le marché.

Mais, selon Baumol, Panzar et Willig (*Contestable market in the theory of industry structure*, 1982), la concurrence n'est pas liée au nombre d'offreurs et de demandeurs sur un marché, mais à la possibilité d'entrée et de sortie du marché. Ainsi, sur un marché contestable, même un nombre réduit d'offreurs conduirait ceux-ci à se comporter comme s'ils étaient en situation de concurrence, ce qui permet d'éviter des hausses démesurées de prix. Un marché contestable est un marché sur lequel l'entrée est libre, c'est-à-dire que de nouveaux concurrents peuvent chercher à s'accaparer les profits qui y sont réalisés (possibilité de contester la situation actuelle du marché). Cependant, la sortie du marché doit elle aussi être libre pour que celui-ci soit qualifié de contestable. Une sortie libre du marché signifie que l'entreprise peut se retirer de la concurrence sans pertes dommageables (les coûts supportés à la sortie doivent demeurer restreints sinon aucune entreprise ne prendrait le risque d'entrer sur le marché). Entrées et sorties sont donc liées. C'est la déréglementation qui a rendu contestables des marchés qui étaient jusque-là en situation de monopole. On pense notamment aux transports aériens qui étaient pour la plupart le résultat d'accords bilatéraux entre compagnies de pays reliés par une ligne aérienne. Désormais, les lignes aériennes européennes peuvent être « contestées » par l'ensemble des compagnies aériennes, sans que celles-ci soient de la nationalité du pays de départ ou du pays d'arrivée de la ligne. L'entrée sur la ligne (Paris-Nice) est libre, et la sortie peu coûteuse (les avions qui y étaient consacrés peuvent être affectés à d'autres lignes).

Pour que le marché soit parfait, deux autres conditions sont nécessaires :

– les agents connaissent à tout moment l'ensemble des biens et services disponibles et leurs prix respectifs (hypothèse d'information parfaite) ; en France, par exemple, l'affichage des prix est obligatoire ;

– les biens échangés sont parfaitement homogènes quelle que soit l'entreprise qui le produit (hypothèse d'homogénéité des biens échangés).

La théorie économique a pris pour habitude de raisonner à partir de ce modèle de base, quitte à en relâcher certaines des conditions pour faire apparaître des situations qui rendent mieux compte de la réalité observée (la concurrence imparfaite entre autres).

Si l'on conserve toutefois le modèle de base, on sait que le marché est le mode d'allocation des ressources le plus efficace (avec le monopole totalement discriminant) puisque le surplus collectif y est le plus grand. On entend par là l'efficacité au sens de Pareto, à savoir que la situation atteinte, à l'équilibre de marché, est telle qu'on ne peut améliorer le bien-être d'un individu sans être malheureusement obligé de détériorer celui d'au moins un autre (optimum de Pareto).

On peut voir que, dans le cas de la fixation d'un prix plafond (fixé en deçà du prix d'équilibre jugé trop élevé par les autorités publiques) par exemple, dans le but de favoriser l'accès au bien pour le plus grand nombre, la demande excède l'offre. Nombreux sont en effet les individus qui disposent d'un prix de réserve (le prix qu'ils sont disposés à payer pour obtenir le bien) plus élevé que le prix affiché. Cependant, pour ce même prix, moins nombreux sont les producteurs qui peuvent se permettre de fabriquer le bien (ceux dont le coût marginal de production est égal au prix de vente). Il en résulte une situation de pénurie : une partie de la demande est rationnée. Quels sont les individus qui obtiendront alors une unité de bien ? Probablement ceux qui se sont présenté les premiers, qui ont eu la possibilité de « faire la queue » (exemple des billets vendus pour une compétition sportive). Un marché noir peut se développer : ceux qui ont obtenu un bien sont tentés de le revendre à ceux qui n'en ont point obtenu et qui disposaient pourtant d'un prix de réserve plus élevé. Acheteur et vendeur voient alors leur satisfaction augmenter, prouvant par là que l'allocation précédente, qui résultait de la fixation par l'État d'un prix plafond, n'était pas optimale. On peut imaginer que ceux qui achètent sur le marché noir un billet donnant droit à une place pour assister à un match de coupe du monde de rugby à 1 000 euros entrent dans la catégorie de ceux qui ont un prix de réserve très élevé ! En revanche, ceux qui avaient obtenu le billet par tirage au sort au prix de 100 euros et qui sont prêts à le vendre à 1 000 euros, appartiennent à la catégorie de ceux qui considèrent plus satisfaisant de disposer de 1 000 euros en monnaie sonnante et trébuchante que d'aller assister à une rencontre de rugby. L'utilité qu'ils pourraient obtenir en achetant d'autres biens avec ces 1 000 euros, et en suivant la rencontre à la télévision, est supérieure à celle ressentie en regardant le match depuis les tribunes.

On peut d'ores et déjà faire remarquer que le « marché noir » relève de l'économie marchande : les biens échangés le sont à un prix de marché.

En vertu de ce qui précède, la théorie économique énonce alors ce que l'on nomme le premier théorème fondamental de l'économie du bien-être.

Selon le **premier théorème fondamental de l'économie du bien-être**, tout équilibre de marché concurrentiel est optimal/efficace au sens de Pareto.

A priori, toute intervention de l'État qui viendrait perturber le fonctionnement concurrentiel du marché (exemple du prix plafond) éloignerait de l'équilibre optimal au sens de Pareto. Mais le premier théorème fondamental de l'économie du bien-être renferme en lui-même une justification de l'intervention de l'État, pour peu que les conditions théoriques de la concurrence pure sur des marchés parfaits ne soient pas remplies. Selon les cas, on entre alors dans l'économie non marchande.

2. Le fonctionnement efficace du marché suppose des conditions souvent irréalistes, ce qui laisse la place à d'autres modes d'allocation des ressources

Nombreuses sont les situations réelles où l'une au moins des conditions de la concurrence pure sur des marchés parfaits n'est pas observée. Le marché lui-même ne rend pas suffisamment compte des formes d'échanges qui s'observent dans nos sociétés modernes. On peut ainsi mettre en avant une économie non marchande que nous appellerons « publique », et qui s'appuie sur l'intervention de l'État, et une économie non marchande que nous nommerons « privée », laquelle repose sur des formes diverses de solidarité entre individus hors marché et État. Le total de l'économie non marchande représente, au titre de ce que l'Insee nomme les « services administrés », près de 21 % de la valeur ajoutée crée sur le territoire national en une année par l'ensemble des branches (2009).

2.1 Les défaillances de marché et l'économie non marchande publique

Nous n'évoquerons pas ici les défaillances de marché qui résultent des interrelations entre agents économiques, telles que les externalités. Elles montrent seulement que, dans certains cas, les productions réalisées ne sont pas optimales au sens de Pareto. Cependant, elles n'induisent en rien un développement de l'économie non marchande, même s'il est vrai que les frontières entre biens publics et externalités sont poreuses : on peut montrer que le fondement de l'existence de biens publics réside dans la production d'externalités (Lévêque, *Économie de la réglementation*, 1998).

a) Le cas des monopoles naturels

Leur origine repose sur des rendements croissants.

Un **monopole naturel** est une situation de marché dans laquelle l'offre est représentée par une seule entreprise en raison de l'existence de rendements croissants dans le secteur considéré.

Dans ce cas, en effet, le coût marginal de production est décroissant et inférieur au coût moyen qui est, lui aussi et par force, décroissant. Une entreprise qui réalise la totalité de la production du marché parviendra toujours à le faire à un coût moyen inférieur à celui qui serait obtenu en concurrence pure sur un marché parfait (avec un grand nombre de producteurs preneurs de prix). On peut montrer que la gestion privée du monopole naturel conduit à une perte de surplus collectif (la « charge morte » du monopole), justifiant la nationalisation de l'entreprise qui de monopole naturel devient monopole public. L'État, qui gère le monopole dans l'intérêt collectif, et non dans l'intérêt particulier de l'entreprise, est amené à fixer un prix qui maximise le surplus collectif. Il se trouve que cette tarification (au coût marginal) correspond à un prix de vente inférieur au coût moyen : il ne s'agit plus d'un prix de marché (aucune entreprise privée ne peut durablement vendre à perte) mais d'un prix administré. On entre alors dans le domaine de l'économie non marchande (la comptabilité nationale, rappelons-le, considère « l'autre production non marchande » comme une production vendue à un prix inférieur à la moitié de son coût de production).

b) Le cas des biens publics

Les biens publics relèvent eux aussi de l'économie non marchande. Nous savons qu'ils vérifient deux caractéristiques bien particulières : la non-rivalité et la non-exclusion.

Un **bien** est dit « **non rival** » lorsque la consommation de ce bien par plusieurs individus en même temps est possible.

Le bien est considéré comme indivisible. C'est le cas d'une séance de cinéma, d'un feu d'artifice. Le fait qu'un individu assiste à un feu d'artifice, ou à une séance de cinéma (dans la limite de l'effet d'encombrement), n'empêche pas les autres individus d'y assister en même temps.

Un **bien public** est dit « **non exclusif** » lorsqu'il est impossible d'exclure un individu de la consommation de ce bien.

Pour illustrer cette non-exclusivité, on ne peut interdire à personne d'observer le feu d'artifice depuis son balcon, sa terrasse ou son jardin. Tout le problème est là. On comprend que des individus rationnels ont tout intérêt à ne pas révéler leurs préférences cachées pour le bien public, faisant financer la production de ce bien par les autres. Si une mairie devait demander à chaque administré une contribution pour le financement du feu d'artifice du 14 juillet, il serait rationnel pour chacun de faire savoir qu'il n'est pas intéressé, pour ne pas payer et profiter quand même du spectacle financé par ceux qui ont révélé leur préférence en payant. Bien entendu, si tous les agents sont rationnels, aucun ne révélera sa préférence pour le feu d'artifice et personne ne paiera pour financer un tel spectacle : le bien public ne sera pas produit alors que le plus grand nombre le désirait pourtant. On retrouve là le paradoxe de l'action collective de Mancur Olson selon lequel « personne ne participera à une action collective à laquelle chacun a intérêt à ce que tout le monde participe » (*La Logique de l'action collective*, 1966). En somme, il est rationnel pour chaque individu de se comporter en « passager clandestin », c'est-à-dire de profiter de la production d'un bien sans en payer le prix puisqu'on ne peut être exclu de sa consommation.

Ainsi, la poursuite des intérêts individuels ne conduit pas toujours à l'intérêt collectif. La « main invisible » qui le permettait (Adam Smith, *Recherche sur la nature et les causes de la richesse des nations,* 1776) doit être remplacée par une intervention de l'État. Celui-ci peut décider de produire les biens publics (défense nationale, justice, police) et de les distribuer à titre gratuit, ou quasi gratuit. Plus exactement, les agents économiques consomment ce type de biens et services sans bourse délier, certes, mais en les finançant par des prélèvements obligatoires. Bien entendu, l'État peut choisir des critères de financement des biens publics qui conduisent à faire payer différemment les agents économiques, occasionnant par là même une redistribution des revenus. On sait en effet, depuis le théorème de l'électeur médian de Duncan Black (*Une analyse des processus de prise de décision politique*, 1948), qu'un vote majoritaire avantage les individus qui désirent fortement le bien public (ceux qui disposent d'un prix de réserve, ou encore une disposition à payer le bien public, supérieure à l'impôt mis en place pour le financement).

LE THÉORÈME DE L'ÉLECTEUR MÉDIAN (DUNCAN BLACK, 1948)

Pour décider ou non de la production d'un bien public, on peut choisir la procédure du vote majoritaire. Il s'agit d'un vote qui a pour but de déterminer l'impôt à payer pour chaque individu d'une population, en vue de produire un bien public. C'est le cas, par exemple, lorsque la population doit se prononcer sur le projet porté par un ou des candidats à l'occasion d'une élection politique. Imaginons la procédure de vote suivante : on classe les individus par ordre de disposition à payer le bien public décroissante (prix de réserve du bien public). En effet, on comprend aisément que tous les électeurs n'accordent pas la même importance au bien public (construction d'un grand stade par exemple). Considérons ces dispositions à payer t_1, t_2, ..., t_n pour n individus, telles que $t_1 > t_2 > ... > t_n$. Supposons que l'État procède par tâtonnement (enchère descendante) : il annonce d'abord t_1 et compte ainsi le nombre de personnes disposées à payer un tel impôt (il n'y en aura qu'une dans ce cas puisque tous les t_i sont différents). Bien entendu, lorsque l'impôt descend à t_3, les individus qui ont des dispositions à payer égales à t_1 et à t_2 se prononcent toujours en faveur de la production du bien public (ils payent dans ce cas moins que leur prix de réserve) et ainsi de suite. En vertu du principe majoritaire, le résultat du vote conduit à l'adoption du projet pour un impôt t qui correspond à l'individu qui fait basculer le vote vers la majorité. Si n est un nombre pair il s'agira du

$\frac{n}{2}+1$ième individu, du $\frac{n+1}{2}$ ième individu si n est un nombre impair. L'impôt

adopté est celui qui correspond à la disposition à payer de l'individu médian, notée t_m (celui qui partage l'effectif des votants en deux parts égales de 50 %). Le montant total de l'impôt prélevé sur la population est alors $T = n.t_m$, ce qui dépend clairement de la disposition marginale à payer le bien public de l'électeur médian. Plus les électeurs désirent le bien public, plus t_m est élevé et plus le bien public sera produit en quantité importante (selon les préférences des électeurs, le grand stade peut avoir une capacité de 60 000 places, 80 000 places, 100 000 places par exemple). Par conséquent, si tout le monde paye le même impôt t_m, tous les électeurs qui disposent d'un prix de réserve supérieur à t_m consomment le bien public pour une somme inférieure à celle qu'ils étaient disposés à payer, et tous ceux qui font état d'une disposition à payer inférieure à t_m payent plus que ce qu'ils étaient prêts à verser pour consommer le bien public. Pour éviter une telle « tyrannie de la majorité », l'État est amené à différencier les impôts payés par les citoyens.

Tout ce qui précède consiste en une prise en charge par l'État des défaillances du marché. Les mécanismes de redistribution entre agents économiques sont étatiques, et supposent une solidarité « forcée », une forme de « charité publique ». Par exemple, l'éducation nationale est financée par tous les ménages qui payent des impôts, y compris par ceux qui n'ont pas d'enfants. Cette économie non marchande publique peut apparaître comme une restriction du choix de consommateur : une partie de ce qu'il consomme est choisie par la collectivité.

La souveraineté limitée du consommateur

Certaines consommations sont « socialisées », c'est-à-dire qu'elles sont décidées par la collectivité sans que le consommateur ait un choix direct et réel. Pour une part cette socialisation est inévitable : l'armée, la police, la justice sont au service de tous. Il s'agit de services publics collectifs n'assurant des prestations qu'au bénéfice général de la collectivité, et non de tel ou tel citoyen en particulier. D'autres services publics bénéficient directement à des individus (l'école, les soins, l'aide au logement). Cependant, le rôle de l'individu se limite à payer, obligatoirement, et à consommer, presque obligatoirement. C'est la collectivité qui prend les décisions, qui fixe le niveau des prestations et la manière de les répartir entre les citoyens. Au total, les consommations ainsi décidées par la collectivité et qui échappent donc aux choix individuels sont en augmentation constante. Elles représentent aujourd'hui un cinquième de la consommation totale.

Certains s'en inquiètent. Ils observent que le domaine des choix individuels se restreint au profit de celui des choix collectifs. Or, même dans la meilleure des démocraties, ces choix sont imposés à la collectivité par une partie de la population. D'autre part, la mise en œuvre des décisions publiques passe nécessairement par une bureaucratie qui est souvent puissante et parvient à imposer ses propres vues ou ses propres intérêts.

Enfin, la prise en charge de nouveaux services par l'État nous rend de plus en plus dépendants des institutions et des réglementations. Nous perdons notre liberté et notre autonomie. C'est le sens de cette mise en garde d'Ivan Illitch (*La Convivialité*) : « Passé un certain seuil, la société devient une école, un hôpital, une prison. Alors commence le grand enfermement. »

Michel Didier, *Économie, les règles du jeu*, Économica, 1992.

Il convient de préciser que, si l'équilibre de marché est optimal au sens de Pareto, cet optimum peut ne pas être jugé juste. En effet, si l'allocation des ressources par le marché conduit à attribuer la totalité des biens à un seul individu, les autres n'obtenant rien, l'équilibre de marché obtenu est bien optimal au sens de Pareto, puisqu'on ne peut améliorer le sort de ceux qui n'ont rien qu'en ponctionnant l'individu qui possède tout. L'équilibre de marché peut donc être efficace, au sens de Pareto, mais peu équitable. L'État peut alors intervenir pour tenter de concilier efficacité économique et équité, notamment en redistribuant les revenus entre les individus, et en laissant faire le marché pour atteindre un optimum de Pareto jugé plus équitable. Il cherche ainsi une répartition plus juste des richesses produites, non par une planification centralisée mais en procédant à une redistribution des dotations initiales entre les agents (l'impôt sur le revenu, l'impôt sur les successions par exemple) et en les laissant agir librement ensuite pour exprimer leurs besoins sur les marchés.

La théorie économique énonce alors ce que l'on appelle le second théorème fondamental de l'économie du bien-être être qui, à quelques nuances près, correspond à la réciproque du premier.

Selon le **second théorème fondamental de l'économie du bien-être**, toute allocation optimale au sens de Pareto peut être obtenue par un mécanisme de marché.

En somme, si l'équilibre de marché sans intervention de l'État est jugé peu équitable par les autorités publiques, celles-ci peuvent procéder à une redistribution de revenus entre agents économiques pour orienter le marché, en laissant faire les agents, vers un nouvel équilibre considéré comme plus juste. Autrement dit, puisque l'équité (justice sociale) et l'efficacité économique ne vont pas forcément de pair, l'intervention de l'État est justifiée, du point de vue théorique, par une redistribution des revenus (solidarité institutionnelle).

c) Une remise en cause des missions de service public

Le fonctionnement des services publics obéit à deux grands principes : le principe de continuité en vertu duquel les services nécessaires à la vie sociale ne sauraient être interrompus, et le principe d'égalité qui garantit qu'aucune discrimination tarifaire et de service ne peut avoir lieu. Le problème se pose de savoir si les services publics peuvent être rendus par des entreprises privées ou doivent nécessairement être produits par l'État. Il faut dire que l'Union européenne souhaite introduire de la concurrence dans ce domaine au nom d'une plus grande efficacité attendue. La Commission européenne a par exemple fixé comme ligne d'horizon la date du 1er juillet 2007 pour la libéralisation du marché de l'électricité. Depuis ce jour, les consommateurs peuvent faire jouer la concurrence en matière de distribution d'électricité, comme c'était déjà le cas pour les entreprises depuis le 1er juillet 2004.

Dans ce cas, le désengagement de l'État conduit à une remise en cause de la notion de service public, et particulièrement de la péréquation tarifaire qui permet d'offrir un tarif unique pour le service rendu (exemple : un même timbre-poste pour n'importe quel envoi de courrier de moins de 50 g en France métropolitaine). On peut comprendre qu'une logique lucrative amène à différencier les services rendus et les prix pratiqués (acheminer de l'électricité pour une nouvelle construction en haute montagne coûte plus que d'installer un nouveau compteur dans un lotissement qui s'agrandit).

Jusque-là, les services publics trouvaient leur fondement dans les rendements croissants de l'activité même (réseaux) ou dans la volonté, de la part des autorités publiques, de rechercher une plus grande équité par le biais de la péréquation tarifaire par exemple (*cf. biens publics* et *second théorème de l'économie du bien-être*).

Lorsqu'il s'agit de réseaux, la logique du monopole naturel s'applique et il est préférable qu'une seule entreprise propose le bien considéré. Cependant, la gestion privée du monopole fait apparaître une charge morte (perte de surplus collectif) qui conduit à privilégier une gestion publique (une tarification au coût marginal qui fait apparaître une perte pour l'entreprise publique, ou une tarification au coût moyen dite de Ramsay-Boîteux, qui garantit un profit nul). Toutefois, dans ce dernier cas, il est toujours possible de dissocier le service de production/distribution de celui d'entretien et d'extension du réseau de distribution, à l'image du Réseau ferré de France (RFF), utilisé par la SNCF, ou du Réseau de transport d'électricité (RTE) emprunté par EDF : le premier peut être soumis à la concurrence dans les limites du service universel défini par les instances européennes, le second relève du secteur public. Mais, à l'image des dysfonctionnements qui se font jour du fait de cette séparation, l'État français souhaite de nouveau regrouper les deux entités. On se rappelle en effet que la SNCF a commandé, indépendamment de RFF, des wagons trop larges qui nécessitent de refaire les quais d'un grand nombre de stations du RER en région parisienne (2014).

Le service universel vise à garantir un minimum d'équité entre les usagers de l'ancien service public, désormais clients d'un service privé. En effet, si les anciens monopoles publics doivent relever d'une logique de marché, l'Union européenne a tout de même contraint les entreprises privées à proposer des missions mimima de service public, dit services d'intérêt économique général (SIEG), encore appelés « services universels ». Les pouvoirs publics ont ainsi la possibilité d'imposer des prix plafonds ou de définir les prestations à fournir. Par exemple, dans la distribution du courrier, la directive européenne de 1997 définit le service universel de la poste comme celui qui garantit « tous les jours ouvrables et pas moins de 5 jours par semaine, au minimum une levée et une distribution au domicile de toute personne physique ou morale ».

2.2 La solidarité en dehors de l'État ou l'économie non marchande privée

Un grand nombre de services sont rendus aux agents économiques en dehors des circuits habituels que représentent l'État et le marché.

Il s'agit de services proposés par des organismes de droit privé pour un prix inférieur à leur coût de production. Dans le cadre de l'économie sociale, les mécanismes de redistribution qui en résultent sont choisis par les agents, la solidarité est voulue et non imposée par l'État, un peu comme une forme de « charité » privée dont les objectifs diffèrent de la charité chrétienne.

Il convient toutefois de préciser les contours de cette économie non marchande. D'ailleurs, nombreux sont les termes pour désigner cette part de l'activité économique qui échappe à la fois à la logique du marché et à celle de l'intervention de l'État : économie plurielle, économie alternative, économie sociale, économie sociale et solidaire, tiers secteur, économie non lucrative de marché, économie non monétaire…

L'**économie sociale** correspond à l'ensemble des activités économiques à but non principalement lucratif. Elle comprend les productions de biens et services réalisées par les associations, les mutuelles, les coopératives et les fondations.

Les termes **tiers secteur** et **économie alternative** montrent que cette forme d'économie non marchande ne relève ni de l'État, ni du marché, et propose donc une alternative, un troisième choix entre État et marché. Le terme d'« économie solidaire », largement diffusé par le sociologue et économiste Jean-Louis Laville dans les années 1990 (1), a connu son heure de gloire dans la société française lors de la création du secrétariat d'État de Guy Hascoët en avril 2000. L'appellation d'« **économie plurielle** » se substitue aujourd'hui plus volontiers à celle d'**économie solidaire** laquelle rappelait par trop la charité publique (intervention de l'Etat) et privée (œuvres caritatives), ce qui donnait une vision réductrice. Mais, en même temps, cette appellation passe sous silence la réciprocité que sous-entend l'économie « solidaire ». En effet, la logique de l'économie solidaire repose sur des engagements réci-

(1) L'économie solidaire: une perspective internationale, *Desclée de Bronwer, 1994.*

proques, en opposition avec la passivité présumée d'un bénéficiaire d'allocations publiques, ou d'un consommateur. On lui associe parfois l'expression « d'économie sociale » qui entre dans le droit français par le décret du 15 décembre 1971 créant la Délégation à l'économie sociale, ce qui donne finalement l'expression Economie sociale et solidaire (ESS) pour qualifier le Secrétariat d'Etat chargé de ce domaine depuis 2014.

CHARTE DE L'ÉCONOMIE SOCIALE (1980)

1. Les entreprises de l'économie sociale fonctionnent de manière démocratique. Elles sont constituées de sociétaires solidaires et égaux en devoirs et en droits.

2. Les sociétaires, consommateurs ou producteurs [...] s'engagent librement suivant les formes d'action choisies (coopératives, mutualistes ou associatives) à prendre les responsabilités qui leur incombent en tant que membres.

3. Tous les sociétaires étant au même titre les propriétaires des moyens de production (elles) s'efforcent de créer dans les relations sociales internes des liens nouveaux par une action [...] de formation et d'information.

4. [...] Elles affirment leur droit au développement dans le total respect de leur liberté d'action.

5. (Elles) se situent dans le cadre d'un régime particulier d'appropriation, de distribution ou de répartition des gains. Les excédents d'exercice ne peuvent être utilisés que pour leur croissance et pour rendre un meilleur service aux sociétaires qui en assurent seuls le contrôle.

6. Elles s'efforcent de participer au développement harmonieux de la société dans une perspective de promotion individuelle et collective.

7. Les entreprises de l'économie sociale proclament que leur finalité est le service de l'homme.

Cité par Claude Vienney, *L'Économie sociale*,
coll. Repères, La Découverte, 1994.

Ainsi, l'économie plurielle est un concept peut-être plus à même de traduire la diversité des activités économiques.

L'**économie plurielle** est un concept qui rend compte de la diversité des modes d'allocation des ressources dans l'économie : économie marchande, économie non marchande et économie non monétaire.

L'économie marchande, par le biais de l'impôt prélevé, finance l'économie non marchande. En contrepartie, celle-ci représente une aide pour l'économie marchande dans la mesure où les redistributions de revenus permettent de soutenir la consommation, voire de subventionner certaines productions. De plus, l'économie non marchande, par le biais de l'**État social** (l'expression **État providence** est celle qu'utilisent les adversaires de l'intervention de l'État, en particulier le député Émile Ollivier en 1864), confère aux citoyens une assurance contre les risques sociaux (Assedic par exemple), voire une assistance en dernier ressort pour les plus démunis (la couverture maladie universelle, le minimum vieillesse, le revenu de solidarité active). En revanche, les analyses ne prennent pas suffisamment en compte une partie occultée de l'activité économique, celle qui relève de l'économie non monétaire et qui pourtant contribue à la production de richesses.

L'**économie non monétaire** correspond à la production et aux échanges de biens et services qui ne donnent pas lieu à une transaction monétaire officielle : les activités domestiques, le bénévolat, l'entraide, les formes de travail non rémunérées d'une manière générale.

Cette économie non monétaire joue cependant un rôle non négligeable dans l'économie : elle est source de lien social, d'amélioration de la qualité de vie. En outre, elle remplit un véritable rôle de socialisation des individus, d'apprentissage des savoirs, savoir-faire et savoir-être (*i.e.* de capital humain) dont bénéficient les entreprises du secteur marchand.

LES TROIS PÔLES DE L'ACTIVITÉ ÉCONOMIQUE RÉELLE

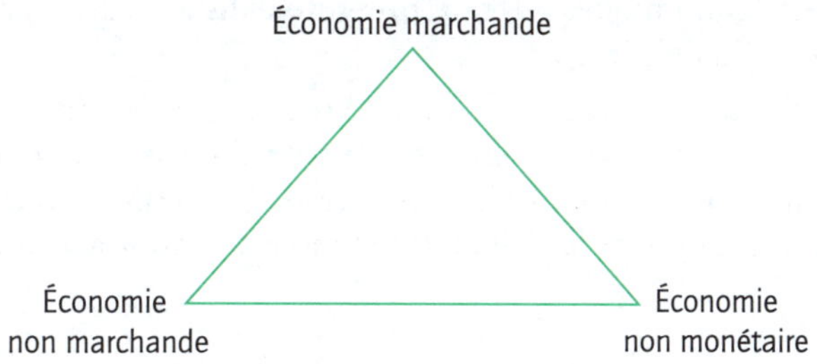

Toutefois, on aurait tort de croire que les frontières entre économie non-marchande, économie marchande et économie non monétaire sont étanches. L'économie solidaire ou plurielle serait donc une « hybridation » des trois types d'économie, avec la volonté de dépasser la conception selon laquelle l'économique serait séparé du social. Par exemple, un concert proposé gratuitement par une collectivité locale à ses administrés est en concurrence avec d'autres spectacles qui se déroulent au même moment et qui relèvent de l'économie marchande. De plus, les associations qui proposent des services à leurs membres, voire à l'ensemble d'une population de proximité non constituée de membres, sont bien souvent subventionnées par une collectivité locale (économie non-marchande), mais aussi par une entreprise privée (mécénat en provenance de l'économie marchande). Dans ce dernier cas, les entreprises de l'économie marchande souhaitent obtenir une crédibilité de citoyen en finançant des actions qui relèvent de l'économie solidaire : en quelque sorte, plus que la notoriété (le seul fait d'être connues) elles cherchent à se constituer une image (le fait d'être connues en bien) et œuvrent dans le sens du projet d'économie solidaire.

Mais que regroupe exactement le secteur de l'économie sociale et solidaire ? On y trouve aussi bien des entreprises coopératives que des mutuelles, des associations, des fondations, dans des secteurs aussi divers que l'assurance, la banque, l'industrie, la santé, la culture le tourisme.

Le fondement de l'économie solidaire, on le rappelle, se trouve dans les limites des secteurs privés et publics. Ainsi, tant du côté de la demande que de l'offre, des expériences parfois anciennes « pour faire de l'économie autrement » ont émergé : des producteurs qui s'efforcent de promouvoir d'autres types de relations internes et externes à l'entreprise, des consommateurs qui s'organisent pour faire entendre leurs voix en matière de qualité des produits et de transparence des processus de production, des collectifs d'usagers qui tentent d'orienter la conception et la production des services publics qu'ils jugent nécessaires.

Dans tous les cas, les actions entreprises dans le cadre de l'économie solidaire ne peuvent s'expliquer par le seul intérêt matériel des individus qui y participent. En outre, l'économie solidaire ne peut se satisfaire d'une communication hiérarchique au sein de la société, entre les représentants de l'État et les citoyens d'une part, ou entre les entreprises et les consommateurs d'autre part. Elle cherche à instituer des relations responsables, et non d'assistance, qui peuvent reposer sur un contrat avec des partenaires privés, ou une convention d'objectifs avec les institutions publiques et parapubliques. Dans l'idéal de ce type d'économie, les citoyens sont parties prenantes dès le départ d'un projet économique à travers les « espaces publics de proximité » qui sont de véritables lieux « permettant aux personnes de prendre la parole, de débattre, de décider, d'élaborer et de mettre en œuvre des projets économiques » (texte présenté dans le dossier parlementaire de l'Inter-réseaux économie solidaire, Irés).

Au total, l'économie solidaire souhaite réconcilier l'esprit d'entreprise et d'initiative avec la solidarité. Des services sont ainsi rendus aux citoyens par des organismes de droit privé pour un prix inférieur à leur coût de production : l'économie sociale procède donc à une redistribution de revenus dans le cadre d'une solidarité « choisie », d'une forme de « charité » privée.

SECTION 2

LE POIDS ET LE RÔLE DE L'ÉCONOMIE NON MARCHANDE PRIVÉE EN ÉCONOMIE DE MARCHÉ

Il importe à présent de mesurer l'influence de l'économie non marchande privée en économie de marché. On peut s'intéresser alors aux deux grands visages qu'elle emprunte : celui des coopératives et mutuelles d'un côté et celui des associations et fondations de l'autre. Nous rappelons bien entendu que l'économie dite sociale n'est pas véritablement non-marchande au sens de la comptabilité nationale. Les productions vendues le sont à un prix supérieur à la moitié du coût de production, mais l'esprit qui anime la gestion de ces entreprises en fait des acteurs à part, lesquels se sont bien souvent construits en opposition à la logique de rentabilité financière des entreprises de capitaux de l'économie marchande.

COOPÉRATIVES, MUTUELLES, ASSOCIATIONS

« Si les entreprises de l'économie sociale ne sont pas toutes d'intérêt public, elles sont toutes d'intérêt général. Donc, vous comprendrez ma méfiance sur les distinctions entre marchand et non-marchand et vous comprendrez donc que les modes d'approche ou même de financement ne soient pas si différents quand on parle des coopératives, des associations et des mutuelles. »

T. Jeantet, Conférence reprise dans T. Jeantet et R. Verdier, *L'Économie sociale*, CIEM, coll. « Tiers secteur », 1984.

1. Coopératives et mutuelles, un compromis entre marché et économie non marchande

La coopérative représente une forme d'organisation originale qui tranche avec la forme de la société privée. Elle s'appuie sur le facteur humain prioritairement au facteur capital, ce qui en fait à la fois son intérêt et sa limite.

1.1 L'originalité de la gouvernance des entreprises du secteur coopératif

a) La primauté de l'homme et du projet social sur l'économique

L'entreprise de l'économie sociale, **coopérative** ou **mutuelle**, est un groupement de personnes (physiques ou morales) qui mettent en commun des moyens (travail et capital) dans le but de réaliser un projet économique et social partagé, sans rechercher le profit.

On distingue essentiellement des coopératives de consommateurs, des coopératives de producteurs et des coopératives agricoles. Tout cela est rassemblé sous le nom générique de SCOP (Sociétés COopératives et Participatives) qui comprend aussi bien des Sociétés Coopératives de production (SCOP proprement dites) et des SCIC (Sociétés Coopératives d'Intérêt Collectif).

Le capital de ces entreprises est privé, au sens où il appartient à des personnes privées. Toutefois, ces entreprises se démarquent radicalement des sociétés de capitaux puisqu'elles ne sont que des sociétés de personnes qui fonctionnent selon un principe démocratique : une personne = une voix. Cela signifie que chaque membre de la coopérative ne dispose que d'une seule voix, quelle que soit sa part du capital possédé. On rappelle que dans une société de capitaux, en règle générale, un titre (action) confère un droit de vote à l'assemblée des actionnaires et un droit au dividende (part du bénéfice réalisé divisé par le nombre de titres émis). Ainsi, les détenteurs de parts sociales d'une coopérative sont appelés sociétaires et les revenus qu'ils perçoivent ne dépendent pas non plus de leur part du capital possédé. Dans une Scic, les mécanismes coopératifs et participatifs sont identiques à ceux de la Scop. Toutefois, les membres associés au capital sont par définition de toutes natures : salariés mais aussi celles et ceux qui souhaitent s'impliquer dans le projet : clients, bénévoles, collectivités territoriales, partenaires privés, etc.

Pour un sociétaire, la finalité n'est donc pas le profit mais la participation à un projet commun qui lui tient à cœur, la volonté de satisfaire les besoins des membres sans passer forcément par une logique de marché.

LA DIVERSITÉ DES ORGANISATIONS PRODUCTIVES			
Types d'organisation	**Exemples concrets**	**Pouvoir de décision**	**Finalité**
Entreprise individuelle	Exploitation agricole, artisan	Le chef d'exploitation, le chef d'entreprise	Produire et travailler à son compte
Entreprise d'économie sociale	Macif, Croix rouge, Banque populaire, Essilor	Le conseil d'administration élu par les membres	Réaliser un projet commun, répondre aux besoins des membres
Entreprise publique	SNCF	Le PDG, le ministre de tutelle	Servir l'intérêt général de la nation

☞

☞

Types d'organisation	Exemples concrets	Pouvoir de décision	Finalité
Société de capitaux	Microsoft, Carrefour	Les actionnaires majoritaires	Faire fructifier les capitaux placés dans l'entreprise

D'après *Semaine de la coopération à l'école*, édition 2007, Groupement national de la Coopération.

On peut retenir quatre grands principes qui caractérisent les sociétés coopératives :

– les membres, personnes physiques ou morales, bénéficient de la **double qualité** de sociétaire (associé de la coopérative) et de bénéficiaire des services qu'elle rend (en tant que client pour une coopérative d'achat, de fournisseur pour une coopérative agricole, de salarié dans les coopératives ouvrières de production) ;
– toutes les personnes qui bénéficieront des services de la coopérative obtiendront de droit la **qualité d'associé** ;
– le principe de **démocratie**, selon lequel à chaque personne correspond une voix à l'assemblée générale des membres, quel que soit l'apport en capital ;
– une part du profit est destinée aux réserves et, lorsqu'il est admis, le **partage du reste du profit** se fait de manière proportionnelle à la participation de chaque personne à l'activité de la coopérative.

LA DOUBLE QUALITÉ COOPÉRATIVE

« Le principe central d'organisation d'une entreprise d'économie sociale est celui de la double qualité qui désigne le fait que les acteurs sociaux qui constituent les bénéficiaires de l'action entreprise sont également les sociétaires de l'action entreprise. Dans une coopérative de production, les salariés sont les sociétaires ; dans une mutuelle, les mutualistes sont à la fois assurés et assureurs ; dans une coopérative de consommation, les consommateurs sont associés, etc.

Le principe de la double qualité trouve son origine dans les travaux de Georges Fauquet sur les coopératives. Les associations coopératives, affirme G. Fauquet, articulent deux éléments conjoints : une association de personnes et une entreprise commune. L'association de personnes est opposée au groupement impersonnel de capitaux, et la règle fondamentale de son fonctionnement est « une personne, une voix ». Chaque association coopérative est une démocratie. *L'entreprise coopérative est créée et gérée pour satisfaire les besoins des associés.* Les entreprises coopératives ont pour but de répondre aux besoins de leurs membres associés, et l'entreprise est le moyen de parvenir à ce but. L'auteur souligne l'existence de formes intermédiaires entre le modèle coopératif et le modèle capitaliste. Il affirme que c'est l'application de la règle d'égalité des personnes dans les assemblées qui constitue le trait distinctif de l'association coopérative.

Ainsi, la démocratie est-elle le trait essentiel de l'institution coopérative.

Il faut sans doute réviser la conception de G. Fauquet pour la traduire dans l'ensemble des organisations d'économie sociale. En effet, il est fréquent de ne pas trouver l'identité parfaite entre usagers et sociétaires dans les associations, par exemple dans le secteur caritatif ou dans celui de l'aide sociale. L'affirmation de la double qualité comme principe central de l'économie sociale équivaut ici à fixer comme horizon politique – ou comme l'un des objectifs – la participation des bénéficiaires à l'administration de l'entreprise, c'est-à-dire leur droit et leur devoir d'être membre de l'assemblée générale. »

L'Économie sociale de A à Z, Alternatives économiques, guide pratique n° 22, 2006.

Pour ce qui concerne les mutuelles, elles sont régies par le code de la mutualité et le code des assurances. Leurs activités doivent s'exercer « au moyen des cotisations de leurs membres » et consister à « mener, dans l'intérêt de ceux-ci ou de leurs familles, une action de prévoyance, de solidarité et d'entraide » (article L. 111.1 du code de la mutualité). Chaque sociétaire dispose d'une voix à l'assemblée générale des sociétaires. En outre, aucun partage des bénéfices n'est prévu entre les mutualistes : soit ils servent au financement des œuvres sociales, soit ils sont utilisés pour réduire les cotisations de l'exercice suivant.

Loi Hamon : les nouvelles règles pour les entreprises, en vue de l'obtention de l'agrément Economie Sociale et Solidaire et des financements dédiés

« 1. Qui peut prétendre exercer une activité économique sociale et solidaire ?

C'est tout l'enjeu des premiers articles du projet de loi. Dresser une définition claire de l'économie sociale et solidaire. Aux termes du texte, appartiennent ainsi à ce secteur les entreprises poursuivant un but autre que le seul partage des bénéfices, adoptant une gouvernance démocratique et respectant certaines règles de gestion. Les bénéfices doivent ainsi être majoritairement consacrés à l'objectif du maintien ou du développement de l'activité de l'entreprise. Mais encore, des limitations ont été inscrites quant au partage et à la distribution des réserves obligatoires.

Sont ainsi concernées des entreprises de droit privé (coopératives, mutuelles, etc.), des fondations ainsi que des associations déclarées loi 1901. Les sociétés commerciales peuvent également prétendre à intégrer ce secteur, sous réserve de respecter certaines obligations de gestion.

De nombreux amendements ont été déposés en vue d'intégrer de facto l'ensemble des entreprises exerçant dans les services à la personne. Sur ce point, Valérie Fourneyron a tenu à rappeler que le secteur ne se caractérisait pas par l'addition de différents secteurs d'activités, mais bel et bien par un mode particulier d'entreprendre. [...]

3. Comment bénéficier de l'agrément « entreprise solidaire d'utilité sociale » ?

Les entreprises pourront se prévaloir de leur appartenance à l'économie sociale et solidaire à travers l'obtention d'un agrément. Pour en bénéficier et se le voir remettre par les chambres régionales de l'économie sociale et solidaires, elles devront là encore démontrer que son objectif d'utilité sociale « a un impact significatif sur le compte de résultat ou la rentabilité de l'entreprise ». Mais encore, la politique de rémunération devra être strictement encadrée, puisque la moyenne des sommes versées, primes comprises, aux cinq salariés ou dirigeants les mieux payés n'excède pas sur une année un plafond fixé à sept fois le Smic, ou du salaire minimum de branche s'il est supérieur. Un plafond fixé à 10 fois pour le salarié ou le dirigeant le mieux rémunéré de l'entreprise. Ces entreprises ne pourront pas entrer en bourse.

4. Quels sont les avantages réservés aux entreprises agrées ?

L'intérêt de l'obtention de cet agrément ne se limitera pas à une simple reconnaissance du mode de gestion de l'entreprise ou de l'utilité de son activité pour la société. En effet, le secteur pourra bénéficier de nouvelles aides spécifiques, afin d'accélérer son développement. Les financements seront donc facilités, notamment via l'ouverture d'un fonds dédié par la Banque publique d'investissement, à hauteur de 500 millions d'euros.

Le texte évoque également le cas des pôles territoriaux de coopération économiques, regroupant sur un même territoire des entreprises du secteur. Après les avoir reconnues, l'État promet de les soutenir dans le cadre d'appels à projets, dont les modalités seront fixées par décret.

5. À quels contrôles seront soumis les entreprises ?

Forcément, l'obtention de l'agrément n'aura rien de définitif. Les entreprises devront en effet prouver qu'elles respectent sur la durée les règles de fonctionnement du secteur. Le contrôle de ces bonnes pratiques sera réalisé au niveau des chambres régionales de l'économie sociale et solidaire, qui auront toute légitimité pour intenter des actions en justice, afin d'obtenir le respect des règles par les entreprises contrevenantes. Elles seront par ailleurs chargées de tenir à jour la liste des entreprises répertoriées dans le secteur de l'économie sociale et solidaire. »

L. Gallet, « Loi sur l'Économie sociale et solidaire (ESS), le guide pour l'entreprise », *L'Express*, 16.05.2014
Numéro de document : news-20140516-EWL-xpr1544073

b) Une histoire qui prend sa source dans la contestation des excès du capitalisme

Il convient de préciser que l'économie sociale n'est pas le fruit de la réflexion d'un auteur isolé, elle est d'abord une réalité dont les fondements sont anciens. Il est toujours possible de remonter dans le temps jusqu'à la cité idéale de Platon (427-347) ou, encore plus proche de nous, à *l'Utopie* de Thomas More (1516) dont le titre de l'ouvrage constitue un « jeu » de mot puisqu'il est constitué du mot grec « topos » et d'un « u » privatif qui signifie qu'il s'agit d'un lieu qui n'existe pas… mais qui est proche de « eutopia », lieu de bonheur. On l'aura compris, l'âge d'or de la réflexion en termes d'économie sociale est le XIXe siècle avec les socialistes utopistes qui ont pour nom, en France, Pierre-Joseph Proudhon, Charles Fourier, Louis de Rouvroy duc de Saint Simon, Louis Blanc et, en Angleterre, William King et Robert Owen. Ils constatent que la révolution industrielle ne profite pas à tous et que nombreux sont les laissés-pour-compte du capitalisme. Cette misère est d'ailleurs décrite dans les romans sociaux d'Émile Zola, mais aussi à travers le fameux rapport du docteur Villermé (1840) intitulé *Tableau sur l'état physique et moral des ouvriers dans les manufactures de coton de laine et de soie* qui a débouché sur la loi limitant le travail des enfants en 1841 (8 h par jour pour les enfants de moins de 12 ans). Friedrich Engels, lui-même fils d'entrepreneur allemand, décrivait la sortie des usines comme le retour de guerre d'une armée, tant il observait de fatigue sur les visages et de personnes éclopées. Très tôt, les socialistes utopistes imaginent des formes d'organisation de la production dans lesquelles la recherche du profit n'est pas le seul objectif.

L'économie sociale naît donc du réformisme, non du réformisme de l'État cher à Hegel, mais du réformisme social par l'idée de mettre en commun ses efforts (coopérer) pour obtenir à plusieurs ce qui est impossible à un seul. Cette idée n'est pourtant pas nouvelle puisqu'on la trouvait déjà, par exemple, au début du XIIIe siècle quand les fruitières locales mettaient en commun le lait pour fabriquer du fromage de gruyère dans le Jura et en Franche-Comté.

Cependant, c'est véritablement avec les « Équitables Pionniers de Rochdale » en 1844 en Angleterre que commence l'ère moderne de ce que l'on peut appeler désormais la coopération.

La coopérative de Rochdale (près de Manchester, Royaume-Uni)

« La coopérative de Rochdale a été créée en 1844. De très nombreux auteurs ont étudié et commenté l'expérience considérée aujourd'hui comme celle qui a fixé les règles de la coopération moderne. Le « système de Rochdale » va en effet avoir une influence décisive sur l'ensemble du mouvement coopératif mondial.

En 1844, la création du magasin de Rochdale intervient alors que le mouvement ouvrier anglais a déjà tenté l'expérience coopérative et constaté ses limites ; il s'est engagé dans l'organisation politique, luttant désormais pour son émancipation essentiellement au moyen de la grève.

La réunion en vue de la création de la coopérative a lieu au lendemain d'une grève qui échoue. Il s'agit dans un premier temps d'acheter en commun pour payer moins cher et réaliser une première épargne. Ensuite, on procède à l'achat d'un magasin. Les membres de Rochdale observent que les coopératives de consommation déjà constituées admettent la vente à crédit, n'exigent pas des coopérateurs le choix préférentiel de l'achat coopératif et répartissent le bénéfice en proportion du capital versé, ils s'engagent au contraire à pratiquer une plus grande solidarité que celle dont avaient fait preuve leurs prédécesseurs. Les règles qu'ils fixèrent à leur société ont prévalu dans la majorité des coopératives de consommation, et pour certaines, dans l'ensemble des coopératives. Ce sont les suivantes :

Concernant le fonctionnement :

- Vente et achat au comptant,
- Vente au prix courant de détail du marché,
- Distribution de l'excédent (ristourne) au prorata des achats.

Concernant la structure de la société :

- Principe démocratique « une personne, une voix »,
- Qualité d'associé du sociétaire : le sociétaire remplit ses devoirs de coopérateur,
- Non-limitation du nombre des sociétaires,

- Sélection des membres sur la base de l'honnêteté,
- Neutralité politique et religieuse,
- Destination d'une partie du bénéfice aux œuvres sociales et au logement. »

L'Économie sociale, Utopies, pratiques, principes,
Presses de l'économie sociale, 2e édition.

En France, Jean-Baptiste André Godin fut le fondateur, en 1859, du célèbre « familistère de Guise, inspiré des « phalanstères » de Fourier. Un phalanstère constitue la base de la vie sociale, une association de travail pour un nombre déterminé d'individus qui représentent une « Phalange ».

Godin et le familistère de Guise

« En 1842, Godin découvre la théorie de Fourier dans un journal local : "Pour la première fois, dit-il, je trouvais la pensée affirmant la justice, et les lois de son équilibre applicables à toutes les actions humaines" *(Solutions sociales*, p. 139).

Le familistère qu'il conçoit est une "association coopérative du capital et du travail", qui administre une entreprise de production d'appareils de chauffage domestique et de cuisine en fonte émaillée. Cette entreprise fut à la fin du XIXe siècle la première mondiale pour la production d'appareils de chauffage domestique. Elle fonde sa réussite économique sur une innovation technique permanente. (C'est Godin qui le premier utilise la fonte à la place du fer dans la construction des poêles.) L'excédent dégagé par le travail permet de réaliser un habitat collectif (en famille) extrêmement moderne (grands espaces, eau chaude, éclairage au gaz, vide-ordures aux étages, système de ventilation naturelle, etc.), ainsi que des services très étendus : un système mutualiste complet, des services médicaux gratuits, des magasins communs (épicerie, boucherie, boulangerie, vins, liqueurs, mercerie, étoffes, chaussures, vêtements, combustibles, débits de boissons, salles de jeu, restaurants, etc.), des buanderies, une "nourricerie" pour les enfants de 0 à 2 ans, un "pouponnat" (pour les 2-4 ans), un "bambinat" (pour les 4-6 ans) accessibles à tout moment pour une heure ou pour la journée, une école laïque, gratuite et obligatoire jusqu'à 14 ans où garçons et filles suivent le même enseignement, le paiement des études supérieures des enfants, un théâtre – situé au centre de l'ensemble et relié à la fois à l'école élémentaire et à la bibliothèque –, des cours du soir, des associations sportives, musicales, des salles de conférence, une piscine, des jardins, un parc, des écuries, étables, porcheries et basses-cours, etc.

L'usine du familistère employa selon les périodes entre 1 000 et 2 000 salariés, et le familistère abrita entre 1880 et 1968 environ 2 000 familistériens, dits "associés". La première condition pour devenir associé est d'être instruit. L'instruction est considérée par Godin comme étant la clef de la réussite du familistère : un travailleur ne peut devenir associé sans s'impliquer dans un apprentissage qui revêt un aspect moral et un aspect professionnel. "Nommé dans un conseil, l'illettré ne peut par lui-même prendre connaissance d'aucun document" et il est "toujours placé dans une condition d'infériorité du point de vue des services qu'il peut rendre" (conférence du 2 juin 1881, *Le Devoir,* tome 5, p. 386). L'éducation s'exprime ensuite dans la créativité et l'innovation exprimée dans le travail. Elle est la condition de la réussite sociale et économique. C'est pourquoi J.-B. André Godin entreprit dès les premières années de son installation de donner des cours du soir pour les employés. »

L'Économie sociale. Utopies, pratiques, principes,
Presses de l'économie sociale, 2e édition.

Toutefois, suite au congrès ouvrier de Marseille en 1879, le monde ouvrier, agité par les anarcho-syndicalistes et les marxistes, refuse de s'investir plus longtemps dans la voie de la coopération, par le biais des sociétés coopératives ouvrières de production (SCOP), dans le sens où elle divise le prolétariat et ne s'inscrit pas dans le dogme de la « lutte des classes ». Le mouvement ouvrier s'engage alors dans la création de syndicats revendicatifs qui militent pour la dictature du prolétariat. En effet, avec les SCOP, l'apparition d'une classe d'individus à la fois « prolétaires » (ils vendent leur force de travail pour obtenir un moyen de subsistance) et « bourgeois capitalistes » (ils sont propriétaires privés des moyens de production) fait voler en éclat l'idée même de classes sociales marxistes. La propriété privée n'est plus le critère de distinction des classes car, par définition d'une classe d'équivalence en mathématiques, un même élément ne peut appartenir à deux classes distinctes. La « conscience de classe » ne peut plus être la même, la révolution prolétarienne n'a plus lieu d'être.

On comprend dès lors la méfiance à l'égard des SCOP de la part des syndicats de tradition révolutionnaire en France.

c) Les spécificités des SCOP

Les SCOP proposent une structure juridique à même de garantir l'originalité de la démarche coopérative.

	SA CLASSIQUE	SA SCOP	SARL CLASSIQUE	SARL SCOP
Associés (minimum)	7	7 parmi les salariés	2	2 parmi les salariés
Capital minimum	37 000 €	18 500 €	Fixé librement	30 €, soit au minimum 1 part de 15 € par associé
Capital fixe/variable	Fixe	Variable	Fixe ou variable (rare)	Variable
Commissaire aux comptes	Oui	Oui	Non, sauf si 2 seuils réglementaires sur 3 sont atteints (1)	Non, sauf si : - 2 seuils réglementaires atteints sur 3(1), - émission de parts sociales réservée aux salariés, - option de révision coopérative annuelle.
Révision coopérative	Non	Oui	Non	Oui

☞

☞

	SA CLASSIQUE	SA SCOP	SARL CLASSIQUE	SARL SCOP
Taxe professionnelle	Oui	Non, si au moins 50 % du capital détenu par les associés salariés.	Oui	Non, si au moins 50 % du capital détenu par les associés salariés.
Participation aux résultats	Obligatoire si > 50 salariés, dans la proportion de 5 % du résultat.	• Obligatoire si > 50 salariés, mais mise en place dans toutes les SCOP, souvent de 40 % à 50 % du résultat. • Défiscalisée d'IS et non imposable au titre de l'IRPP.	Obligatoire si > 50 salariés, dans la proportion du 5 % du résultat.	• Obligatoire si > 50 salariés, mais mise en place dans toutes les SCOP, souvent de 40 % à 50 % du résultat. • Défiscalisée d'IS et non imposable au titre de l'IRPP.
Impôt sur les sociétés	Oui, au taux de droit commun.	• Oui, au taux de droit commun. • Possibilité de défiscalisation à 100 % sous 4 conditions : - signature d'un accord de participation, - mise en réserves égale au montant mis en participation, - réserves affectées en PPI (2) à investir dans les 4 ans, - aucune distribution de dividende.	Oui, au taux de droit commun.	• Oui, au taux de droit commun. • Possibilité de défiscalisation à 100 % sous 4 conditions : - signature d'un accord de participation, - mise en réserves égale au montant mis en participation, - réserves affectées en PPI(2) à investir dans les 4 ans, - aucune distribution de dividende.
Pouvoir des associés	Proportionnel au capital détenu.	1 associé = 1 voix, sauf application de dispositions particulières pour les associés extérieurs.	Proportionnel au capital détenu.	1 associé = 1 voix sauf application de dispositions particulières pour les associés extérieurs.
Statut du PDG ou du gérant	• Salarié ou non. • Pas d'assurance chômage.	• Assimilé à un salarié, s'il est rémunéré. • Assurance chômage.	• Salarié ou non. • Pas d'assurance chômage.	• Assimilé à un salarié s'il est rémunéré. • Assurance chômage.
Réserves	Réserve légale : 5 % du résultat obligatoire.	• Réserve légale : 15 % du résultat. • Fonds de développement doté chaque année. • Les réserves sont exonérées d'IS si accord de participation. • Tiennent lieu de PPI (2). • Leur montant est proche de 45 %.	Réserve légale : 5 % du résultat obligatoire.	• Réserve légale : 15 % du résultat. • Fonds de développement doté chaque année. • Les réserves sont exonérées d'IS si accord de participation. • Tiennent lieu de PPI (2). • Leur montant est proche de 45 %.

☞

☞

	SA CLASSIQUE	SA SCOP	SARL CLASSIQUE	SARL SCOP
Capital individuel	• Pas de remboursement. • Peut être vendu suivant valeur de l'entreprise sur le marché.	Remboursé en cas de départ.	Pas de remboursement (sauf si capital variable). Peut être vendu suivant valeur de l'entreprise sur le marché.	Remboursé en cas de départ.
Valorisation du patrimoine	La plus-value est distribuée aux associés lors de la cession de parts ou lors de la liquidation ou lors d'une distribution de réserves.	• La plus-value correspond aux réserves qui restent dans le patrimoine de la SCOP. • Pas de plus-value aux associés à leur départ de la SCOP ou en cas de boni de liquidation, sauf constitution d'une réserve de revalorisation des parts.	La plus-value est distribuée aux associés lors de la cession de parts ou lors de la liquidation ou lors d'une distribution de réserves.	• La plus-value correspond aux réserves qui restent dans le patrimoine de la SCOP. • Pas de plus-value aux associés à leur départ de la SCOP ou en cas de boni de liquidation, sauf constitution d'une réserve de revalorisation des parts.
Répartition du résultat	Libre, avec priorité à la rémunération du capital social (dividendes).	Trois parts : – salariés : part travail, sous forme de complément de salaire ou de participation bloquée pendant 5 ans, – entreprise : réserves, – associés : intérêts au capital.	Libre, avec priorité à la rémunération du capital social (dividendes).	Trois parts : – salariés : part travail, sous forme de complément de salaire ou de participation bloquée pendant 5 ans, – entreprise : réserves, – associés : intérêts au capital.

1) Seuils :
– total du bilan : 1,5 million d'euros,
– chiffre d'affaires HT : 3 millions d'euros
– nombre moyen de salariés : 50
(2) PPI : provision pour investissements

Tableau réalisé par la Confédération générale des SCOP, www.scop.coop

1.2 Les limites du mouvement coopératif

Le poids du secteur coopératif, sans être négligeable, demeure faible en termes de création de richesses

CHIFFRES 2014 DE LA CONFÉDÉRATION GÉNÉRALE DES SCOP

Population entreprises et emplois

- 2 165 coopératives adhérentes, dont 2004 SCOP et 161 SCIC
- 43 860 salariés (hors filiales)
- 23 371 associés salariés
- 80 % : pourcentage de salariés associés après 2 ans d'ancienneté
- Taille moyenne : 20,3 salariés

Principaux agrégats financiers

- 3,9 milliards d'euros de chiffre d'affaires
- 1,8 milliard d'euros de valeur ajoutée
- Plus de 130 millions d'euros de résultat net

Quelques entreprises du secteur coopératif

- Banques : Crédit Agricole, Caisse d'Épargne, Crédit Mutuel, Banques populaires
- Assurance : MAIF, GMF, MATMUT

L'extension du secteur coopératif semble limitée du fait de sa nature même. Le principal obstacle réside dans l'accès aux capitaux pour financer son développement. Il s'agit en effet d'un mal endémique qu'il semble difficile d'éradiquer. Puisque les sociétés coopératives n'offrent qu'une propriété limitée du capital aux investisseurs, ceux-ci sont peu enclins à se tourner vers ce type de société. Ce sont des sociétés de personnes, personnes qui ne peuvent faire appel qu'à leur patrimoine personnel (forcément limité). Toute augmentation de capital se heurte à la fortune personnelle des membres et au peu d'intérêt des sociétés de capital-risque, voire à la dilution de la propriété dudit capital, gênante pour l'esprit coopératif. Il est toutefois possible de proposer aux investisseurs des **titres participatifs**, c'est-à-dire des actions sans droits de vote, lesquels donnent droit à versement d'une part des bénéfices en fonction du capital détenu, et non selon la participation à l'activité de la société coopérative. Toutefois, pour qu'un placement soit attractif vis-à-vis d'un investisseur extérieur à la société, il faut qu'il procure, à l'idéal, un rendement élevé pour un risque modéré, comme pour tout placement auprès d'entreprises du secteur privé traditionnel. À ce sujet, les entreprises du secteur coopératif, en concurrence sur les mêmes marchés que les entreprises capitalistes, font preuve de performances semblables. La différence, qui est pourtant de taille à rebuter un investisseur, vient de la faible liquidité des titres émis par les sociétés coopératives. Il n'existe pas un marché secondaire d'ampleur suffisante pour pouvoir assurer la liquidité des titres (un placement financier revêt trois caractéristiques fondamentales : le rendement, le risque, la liquidité). Un marché des titres d'occasion étroit est donc le principal obstacle au développement de ce type de société.

Cependant, il est à noter que le secteur coopératif lui-même développe des structures de « capital-risque solidaire » à travers les **Cigales** (Club d'investisseurs pour une gestion alternative et locale de l'épargne solidaire). Ces clubs, d'une durée de vie de cinq ans, proposent une mise en commun de l'épargne pour financer la création et le développement d'entreprises du secteur coopératif par des apports en capital. Au terme des cinq ans, les titres sont revendus et la somme récupérée est partagée entre les membres du club au prorata de leurs apports. Bien entendu, ces « **investissements éthiques** » et « **finances solidaires** » (pour des prêts à 0 %) se portent sur des projets choisis non seulement pour leur rentabilité mais aussi pour leur dimension sociale et environnementale.

Malgré cela, le problème de financement des entreprises coopératives demeure aigu. Les projets proposés ne peuvent concerner que des investisseurs en phase avec l'esprit solidaire, et non les puissants investisseurs financiers à la recherche de création de valeur. En conséquence, il arrive bien souvent que les Scop et mutuelles filialisent une partie de leur activité auprès d'entreprises de droit privé, créées pour l'occasion, qui ont le statut juridique de société de capitaux (SA). Ce faisant, elles perdent un peu de leur âme si les sociétaires se désintéressent de la gestion au profit des partenaires financiers extérieurs. On trouve dans ce cas les grandes banques coopératives et les grandes mutuelles d'assurance (le Crédit Agricole a racheté le Crédit Lyonnais, la Mutuelle d'Assurance des Instituteurs de France a créé Filia Maif, etc.). Paradoxalement, c'est lorsqu'elles rencontrent le succès et que leur taille devient comparable à celles des sociétés de capitaux, que l'esprit coopératif se dilue : les membres ne se comprennent plus comme sociétaires mais comme de simples clients, et ne participent d'ailleurs que très peu aux élections des dirigeants prévues par les statuts. Aujourd'hui, il est bien difficile, au regard des services rendus quotidiennement, de faire la différence entre une banque coopérative et une banque commerciale, même si les banques coopératives sont celles qui sont les plus engagées dans les placements éthiques.

Enfin, lorsque les sociétaires ne participent plus à la définition du projet de la société, il arrive quelque fois, comme ce fut le cas en Grande-Bretagne dans les années 1990, que la société change de statut, avec l'accord des sociétaires bien entendu, pour se transformer en société de capitaux.

2. Le cas du secteur associatif, ou l'économie non marchande privée

On peut distinguer ici, certes de manière un peu arbitraire, ce qui relève des associations proprement dites et donc de l'économie non marchande, et ce qui a trait à l'économie non monétaire par le biais des systèmes d'échange local (SEL), lesquels sont bien souvent mis en place par des associations. Nous ne nous intéresserons donc pas ici à la partie domestique de l'économie non monétaire lorsqu'elle relève d'une activité isolée des autres agents économiques (bricolage domestique, jardinage potager, etc.).

2.1 Le poids et le rôle du secteur associatif en France

L'ensemble des associations (dites « loi 1901 ») est connu à travers les déclarations d'associations auprès des préfectures ainsi que par le biais des enquêtes sur les adhésions des ménages. Le « boom associatif », que l'on connaît maintenant depuis plus de trente ans, n'indique pas forcément une modification des rapports de production (au sens marxiste) mais plutôt des mouvements d'opinion, une mobilisation des individus autour de thèmes fédérateurs (environnement). Il s'inscrit aussi dans une logique d'extension du temps libre (congés payés, durée hebdomadaire du travail) et d'allongement de la durée de la retraite (vieillissement de la population).

L'HISTOIRE DES ASSOCIATIONS

« Aux origines

Les hommes et les femmes ont toujours eu besoin de s'associer. Ainsi on retrouve, en Égypte à l'époque de la construction des pyramides, des structures qu'on peut considérer comme les ancêtres des associations de secours mutuel.

De même, la vie économique et politique du Moyen Âge a largement reposé sur des formes d'organisation à caractère associatif (communes, confréries, monastères, corporations...).

La IIIe République établira en 1901 la liberté d'association.

Cette loi est fortement marquée par les idées libérales : c'est la liberté qui prévaut et notamment celle du contrat.

La loi de 1901 reconnaît la liberté pour tout citoyen d'être ou non membre d'une association. Celle-ci peut être créée sans autorisation ou déclaration préalable sous réserve qu'elle ait un objet licite et qu'elle respecte les lois et règlements en vigueur. Si son objet paraît illicite au préfet, celui-ci doit saisir le juge, seul compétent pour interdire la création ou la dissolution d'une association.

L'article 1 est toujours en vigueur. Il définit l'association comme : « La convention par laquelle deux ou plusieurs personnes mettent en commun d'une façon permanente leurs connaissances ou leurs activités dans un but autre que de partager les bénéfices. Elle est régie, quant à sa validité, par les principes généraux du droit applicables aux contrats et obligations ».

Il en résulte que les associations sont libres de s'organiser. Elles n'ont aucune obligation d'être déclarées.

Seules celles qui le sont peuvent avoir des moyens juridiques leur permettant vraiment de s'organiser matériellement : droit aux subventions, au compte bancaire, à être employeur, à ester en justice. Les associations reconnues d'utilité publique ont seules pleine capacité juridique (notamment en matière de dons et legs) mais elles doivent alors adopter des statuts types.

Les préfectures diffusent des modèles de statut pour faciliter la vie des petites associations mais ces modèles ne comportent aucune mention obligatoire.

Succès grandissant des associations au XXe siècle

Nombre de grandes associations qui existent encore aujourd'hui ont été créées au début du 20e siècle. Beaucoup d'associations ont survécu ou se sont reconstituées dans la clandestinité pendant la Seconde Guerre mondiale. Le mouvement associatif a pris un nouvel essor après la Libération dans les secteurs de la jeunesse, de la protection de l'enfance, des sports, de la culture et de l'éducation populaire.

Le paysage associatif contemporain

Depuis les années 70, le mouvement associatif fait preuve d'une vitalité remarquable. Plus d'associations ont été créées durant les trente dernières années que depuis 1901 !

Aujourd'hui, on estime à 1 million le nombre d'associations en activité et, chaque année, 70 000 associations nouvelles se créent (contre 20 000 dans les années 70). »

www.associations.gouv.fr, mars 2012.

On recense en France près d'un million d'associations, 70 000 sont créés chaque année ; on les trouve surtout dans le sport, les loisirs, la vie sociale et la culture (ces quatre pôles représentent à eux seuls près de 65 % du total des associations). Elles brassent un budget cumulé qui approche les 60 milliards d'euros.

Les budgets sont très variables, selon la taille des associations : 2/3 des associations ont des budgets annuels inférieurs à 7 500 €. Seules 5 % des associations, soit environ 40 000, disposent de budgets supérieurs à 150 000 € ; 92 % ont des budgets inférieurs à 75 000 €.

Leurs ressources proviennent à 51 % de subventions publiques (État et collectivités locales, Caisse nationale d'allocations familiales, Caisse nationales de l'assurance vieillesse), à 32 % des recettes d'activité privée, à 12 % des cotisations et à 5 % des dons. Il est à noter que le mécénat de la part des entreprises demeure très peu développé en France au contraire des pays anglo-saxons (9 % des associations seulement en bénéficient en France). Il concerne surtout les associations de grande taille notamment dans le secteur humanitaire. Les financements publics sont liés aux domaines de compétences des collectivités : les communes interviennent sur l'ensemble du champ associatif même si elles privilégient les secteurs culturels, des loisirs et des sports, les conseils généraux financent principalement les associations du secteur social de grande taille, les régions et l'Europe se concentrent sur les secteurs de l'éducation et de la formation.

BUDGET CUMULÉ DU SECTEUR ASSOCIATIF

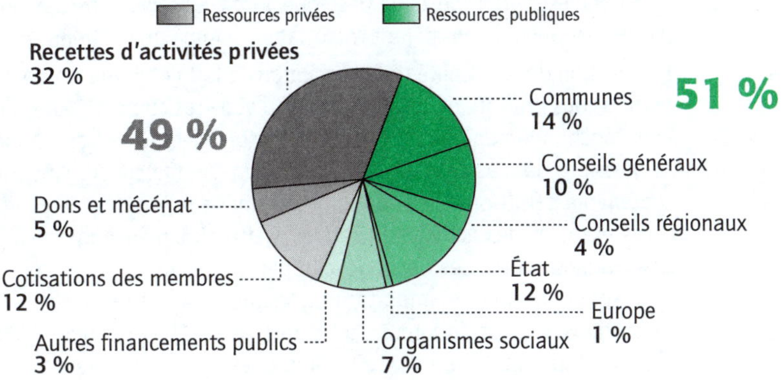

Total : 59 391,2 millions d'euros

Le Monde, 7 décembre 2006, p. II.

Les associations fonctionnent grâce au travail de 12 millions de bénévoles et de 1,6 million de salariés (5 % des salariés français), et comptent 21 millions de membres (un individu peut bien entendu être membre de plusieurs associations).

La loi du 23 mai 2006 a créé un nouveau contrat de volontariat associatif, qui ne relève pas du code du travail. Ainsi, le **volontariat** est un statut qui vient compléter les statuts de salarié et **bénévole** de l'association. Il organise la reconnaissance et la protection sociale des personnes volontaires. Celles-ci se voient proposer des contrats de deux ans maximum sans rémunération salariale. En outre, la durée cumulée des missions accomplies par un volontaire pour le compte d'une ou plusieurs associations ou fondation ne peut excéder trois ans. Une indemnité non imposable peut être versée au volontaire dans la limite de 50 % de la rémunération à l'indice brut 244 de la fonction publique, soit 627 euros mensuels.

Bien entendu, le statut de volontaire associatif est incompatible avec toute activité rémunérée, et la personne volontaire ne peut percevoir une pension de retraite publique ou privée, le RSA, le complément de libre choix d'activité de la prestation d'accueil du jeune enfant (PAJE) ou une assurance chômage. Sous certaines conditions, le service civil volontaire (SCV) peut être articulé avec un contrat de volontariat associatif. Pour encourager le SCV, l'État prend en charge 90 % de l'indemnité versée au volontaire associatif, 100 % des cotisations sociales et verse même 175 euros par mois à titre de contribution à l'encadrement et à la formation du volontaire. La tendance est donc à la professionnalisation du bénévolat/volontariat.

Cependant, on aurait tort de croire que le secteur associatif est fondamentalement coupé du secteur marchand. D'abord parce que les associations sont quelquefois employeurs

(150 000 associations employeurs dont 40 000 font travailler plus de 10 salariés), ont parfois des activités commerciales et payent à ce titre l'impôt sur les sociétés et la TVA.

LES « ASSOCIATIONS-ENTREPRISES »

« Une association à but non lucratif ne doit pas générer de profit et doit être à gestion désintéressée. Une association est, en principe, exonérée de tout impôt sur les sociétés et de la TVA. Au fil des années et du développement de la vie associative, la limite entre une association à but non lucratif et une entreprise du secteur marchand est parfois devenue très floue. Aussi, les services fiscaux ont-ils procédé à des redressements, considérant l'association comme une entreprise déguisée.

La question de la fiscalité des associations a fait l'objet de nombreux débats, les associations pratiquant de plus en plus d'activités commerciales afin de financer leur fonctionnement et leurs actions associatives. Tout en rappelant la non-soumission des associations aux impôts commerciaux, l'instruction du 15 septem-bre 1998 précise que ces organismes sont soumis à ces impôts dès lors qu'ils exercent des activités lucratives. Cette réglementation n'empêche pas les associations-entreprises de se développer. On les repère ainsi soit parce qu'elles disposent d'un nombre important de salariés, soit parce qu'elles fournissent des prestations à leurs adhérents concurrençant le secteur privé. Ainsi, une association dispensant des conseils juridiques à ses adhérents concurrence les cabinets de conseil du secteur privé. Les cotisations et participations aux frais sont à un faible montant. De plus, les adhérents ne viennent que par opportunité et ne restent pas au sein de l'association. Il en est de même dans le domaine de l'environnement. De nombreux bureaux d'études prennent le statut associatif mais en réalité fournissent des conseils à leurs adhérents clients concurrençant ainsi le secteur privé. De telles structures paracommerciales devraient revêtir un autre statut : celui d'une entreprise ou un statut intermédiaire.

Reste que la limite entre une association et une entreprise est parfois difficile à entrevoir. Une association offrant des repas à un prix modeste de 2 euros à des résidents immigrés concurrence-t-elle le marché ? Elle a une activité commerciale mais elle ne concurrence pas le secteur privé dans le sens où les personnes concernées ne sont pas économiquement viables. En outre, elle a nécessairement une mission d'intérêt général voire de service public. »

Rapport de Jean-Pierre Decool au Premier ministre, mai 2005.

En outre, au regard de la loi 1901, les associations sont libres d'acquérir des titres de valeurs mobilières et d'exercer les droits que confèrent ces titres. Ainsi, elles peuvent créer des filiales sous forme de sociétés anonymes, et se trouver indirectement dans le champ des sociétés à buts lucratifs.

En dehors de cette logique de filialisation privée, les associations peuvent disposer de fonds importants en provenance de donateurs privés, fonds dont elles doivent étaler l'utilisation dans le temps… et qu'elles décident de placer sur les marchés financiers pour les faire fructifier plutôt que de les laisser dormir. Par exemple, les **organisations non gouvernementales** (ONG) ont reçu près de 148 millions d'euros de dons en quatre semaines après le tsunami de 2004. Placer ces fonds sur les marchés financiers devient donc une nécessité, et l'esprit associatif, en partie fondé sur une opposition à la logique financière de l'économie capitaliste, s'en accommode désormais fort bien : l'important est que les sommes recueillies soient gérées sans gaspillage et au profit de l'objet de l'association.

2.2 L'émergence d'un nouveau type de solidarité organisée : les SEL

La solidarité par le biais de l'économie monétaire trouve ses limites dans la quantité de monnaie que possèdent les individus qui souhaitent organiser entre eux cette solidarité. Cela explique pourquoi les **SEL** se sont créés dans les territoires touchés par le sous-développement économique, la pénurie d'emploi et de monnaie.

a) Qu'est-ce qu'un SEL ?

Il s'agit d'un regroupement d'individus, dans le cadre d'une association, qui décident de créer une monnaie à usage local en vue de pratiquer des échanges équitables de biens et services entre eux. Chaque membre indique les biens et services qu'il est prêt à échanger (confiture maison, formation pour faire des confitures, apprentissage de la poterie, etc.) et les biens et services qu'il souhaite obtenir. Le tout constitue un « marché » ou bourse des échanges, ou encore un catalogue récapitulatif des offres et des demandes de chaque membre. Ces bourses d'échange sont organisées à intervalle régulier (tous les 15 jours, tous les mois, tous les trimestres).

Renouant avec la théorie de la **valeur travail** (Smith et Ricardo, Marx), la mesure des échanges se fait en temps de travail. Par exemple, une minute de travail peut valoir un « grain de sel ». Ainsi, l'échange est équitable dans la mesure où un grain de sel ne peut être échangé que contre un autre grain de sel (une heure de formation à la confection de confitures contre une heure de peinture du portail du jardin, ou une heure de cours d'économie). Cette monnaie n'a pas besoin d'être matérialisée, une simple écriture en compte sur le cahier de chaque membre permet d'enregistrer à la fois le montant de l'échange et le solde du compte de chacun. Les membres sont vivement encouragés à ne pas se laisser constituer des soldes créditeurs trop importants sur leur compte (thésaurisation de grain de sel) en vue de dynamiser les échanges. Dans ce dernier cas, des taux d'intérêt négatifs sont parfois envisagés par certains SEL.

Il est vrai que les SEL trouvent leur fondement dans les utopies socialistes du XIXe siècle. Cependant, si les projets d'Owen et de Fourier prenaient racine dans des sociétés pauvres, les SEL émergent aujourd'hui dans des économies développées ou des poches de précarité subsistent, et notamment en milieu rural éloigné, où l'économie non monétaire est bien souvent une réalité préexistante aux SEL. Dans un esprit militant, on retrouve des SEL aussi en milieu urbain, organisés par des individus qui ne sont pas en situation de précarité.

b) Les SEL sont des vecteurs de solidarité

Pour reprendre Durkheim (*De la division du travail social*, 1893), la division sociale du travail dans les sociétés modernes, loin d'éclater la société en miettes, est source de lien social. Il est en effet nécessaire de s'adresser aux autres pour obtenir les biens et services que l'on ne produit plus soi-même lorsque la société divise le travail de production de biens et services entre ses membres. Le plus souvent aujourd'hui, le lien s'établit sur le marché et, pour éliminer le problème de la double coïncidence des besoins que fait naître le troc, l'invention de la monnaie représente un progrès certain ; mais il s'agit d'un rapport marchand et monétaire qui, pour beaucoup, prolonge la guerre de tous contre tous (Hobbes, *Le Léviathan*, 1651) dans l'attribution des richesses. La monnaie est le pouvoir d'achat du fruit du travail des autres, et la transaction monétaire, le « doux commerce » de Montesquieu, n'en cache pas moins des rapports de force, une violence contenue que beaucoup n'entrevoient même pas, mais que d'autres rejettent.

Lorsque les individus en recherche de solidarité ne possèdent que peu de monnaie (situation de précarité sociale) et/ou qu'ils sont méfiants à son égard, ils s'orientent généralement vers des formes d'**économie non monétaire**, par le biais des Systèmes d'échange local.

En réalité, le SEL n'est autre que la formalisation de pratiques anciennes de voisinage : des paysans qui s'aident mutuellement dans les moments forts de la vie agricole, un voisin qui fait part de son expérience dans la réparation automobile, un autre qui aide les enfants de ses amis à faire leurs devoirs, un autre encore qui vient donner un coup de main pour déménager, creuser un puits, tuer le cochon, faire des conserves, des confitures, etc. Ce type traditionnel d'entraide fonctionne à partir d'un réseau de relations (capital social au sens de Pierre Bourdieu). C'est parce que des individus se connaissent, se côtoient et s'apprécient qu'ils en viennent à l'entraide. On pourrait dire que le capital social est le point de départ de cette solidarité. Dans les SEL cette logique n'est pas absente : c'est certes parce que des individus se connaissent et se fréquentent qu'ils en viennent à créer un réseau d'entraide. Toutefois, la logique inverse est aussi à l'œuvre : c'est surtout pour constituer un réseau, tisser du **lien social** que la solidarité est organisée. Bâtir et participer à une organisation d'entraide et d'échange, c'est la garantie d'échanger autre chose que les fruits de son travail, c'est s'assurer une insertion dans la vie locale, créer du lien social entre des individus qui se croiseraient sans cela en n'échangeant qu'un bonjour de politesse. C'est finalement rassembler ceux qui se ressemblent puisqu'ils ont fait le même choix d'adhésion à un SEL. D'ailleurs, les SEL organisent régulièrement des moments de convivialité (fêtes, banquets, pique-niques) qui peuvent être interprétés comme des moyens visant à renforcer la cohésion entre les membres.

LES MOTIVATIONS À LA PARTICIPATION À UN SEL

« Pour certains, l'accent est mis sur l'économique : le SEL permet à ses membres de subvenir à certains de leurs besoins sans avoir à donner de l'argent.

Pour d'autres, le SEL est surtout un acte de résistance constructive, de militantisme, contre la mondialisation et ce qu'elle engendre d'iniquité et de misère.

Pour d'autres encore, c'est l'aspect relationnel qui prime : le SEL permet la véritable rencontre avec l'autre, est un moyen de combattre l'exclusion ; au-delà de la "rencontre", c'est un véritable réseau de solidarité(s) qui peut se tisser.

D'autres encore insisteront sur ce que le SEL permet d'épanouissement personnel, grâce notamment à l'adoption de critères de valeur plus humains, à la possibilité de devenir utile à un groupe, etc.

Enfin, certains privilégieront le côté "intellectuel", voyant dans le SEL le lieu idéal pour réfléchir sur le système économique dominant, la monnaie, les relations humaines, etc., et d'expérimenter des voies alternatives.

Le SEL, en vérité, c'est tout ça, et bien plus encore ! Si la diversité entre les gens et les groupes est importante, il y a néanmoins un "air de famille" frappant : une certaine volonté d'améliorer son quotidien et, de petits pas en petits pas, conduire le monde vers une société plus équitable, plus adulte, plus humaine. La route est longue, elle doit être pavée de respect de la liberté d'autrui, de tolérance.

À partir de ces réflexions, certains ont imaginé que tous les groupes SEL pourraient se réunir autour du texte d'une charte qui définirait "l'esprit du SEL".

Cela n'est encore qu'un projet, soumis à la réflexion de chacun. En effet, l'une des qualités assez répandue chez les gens des SEL est qu'ils chérissent leur liberté, et le mot "charte" fait parfois peur. »

www.selidaire.fr

Avec le SEL, l'important n'est pas seulement que la monnaie est absente des rapports sociaux, mais plus exactement que la monnaie officielle (l'euro) apparaît en creux sous sa dimension politique en sus de son aspect technique. Les SEL obligent à repenser le rapport à l'argent, mais aussi les limites de l'intervention de l'État dans les relations sociales.

c) Les SEL : une échappatoire à l'État et au marché

Il faut comprendre en effet que les SEL proposent des échanges qui échappent à la **fiscalité** : pas de TVA sur la transaction, pas de cotisations sociales sur les heures de travail effectuées. Inutile d'évoquer l'impôt sur les bénéfices, lequel n'est pas ici concerné puisque, par définition, les échanges sont équitables. Ainsi, les premières expériences de SEL en France ont tourné court, au bout d'un an, soit sous la pression de la Banque de France parce qu'une monnaie papier viole son monopole d'émission monétaire (Nice, 1933), soit sous celle du Trésor public en raison de l'insoumission à l'impôt (Lignères-en-Berry en 1957 et Marrans en Charente-Maritime en 1959). Aujourd'hui, ils sont parfois accusés d'abriter une nouvelle forme de « travail au noir ».

De ce fait, on peut considérer que les échanges échappent à l'impôt et que les individus y participant se soustraient au financement des biens publics dont ils profitent pourtant. Cependant, une analyse coût/avantage devrait prendre en considération le fait que les membres d'un SEL sont éligibles ou non à l'impôt sur le revenu et aux impôts locaux. Dans le cas où ils ne le sont pas, leur participation à un SEL ne modifie que très peu les choses (le non-paiement de la TVA), et peut être source de bien-être social qui amène à un moindre recours aux biens publics (santé, assistance sociale). Toutefois, bien conscients de ce problème, certains SEL proposent de payer un impôt en « grain de sel », c'est-à-dire en heure de travail qu'ils mettent à la disposition de l'État et des collectivités locales pour accomplir des travaux d'intérêt général.

Par ailleurs, les SEL, tout comme les associations, s'élèvent parfois en véritables concurrents des entreprises de statut privé, dans la mesure où ils substituent une offre non-marchande à une offre marchande. On peut suivre un cours de danse auprès d'un membre comme on le ferait dans une entreprise privée, on peut faire réparer ses volets par le biais du SEL comme en faisant appel à un artisan. Dès lors, on peut se demander si l'on est vraiment en présence de concurrence déloyale lorsque l'individu qui bénéficie du bien ou du service, par le biais du SEL, ne dispose pas de moyens financiers suffisants pour avoir recours à une entreprise privée. Dans le cas contraire, la question peut effectivement se poser.

LES SEL EN MANQUE DE STATUT

« La loi n'encadre pas suffisamment l'entraide dispensée par les systèmes d'échanges locaux. Résultat : l'un d'entre eux vient d'être condamné.

Les promoteurs des systèmes d'échanges locaux (SEL) viennent de subir leur premier revers judiciaire. Le tribunal correctionnel de Foix (Ariège) a condamné, mardi, trois adhérents d'un SEL pyrénéen à une amende de 2 000 francs avec sursis. Les juges ont estimé que le fait de réparer une toiture en échange de quelques pâtes de "tofu" (une préparation alimentaire à base de soja) s'apparentait à un travail clandestin. Une première en France, où plus de 20 000 personnes sont adhérentes des SEL, ces associations qui proposent d'échanger des biens et des services sans faire circuler d'argent.

Les SEL existent depuis 1994. Perçus comme un rempart contre l'exclusion, ils n'ont encore jamais été inquiétés par les pouvoirs publics. Le tribunal de Foix en a jugé autrement, considérant qu'une activité d'entraide pouvait aussi être assimilée à un travail non déclaré, donc à une forme de concurrence déloyale.

Les trois personnes condamnées à Foix doivent verser un franc de dommage et intérêts à la Fédération du bâtiment et des travaux publics et à la Chambre syndicale des artisans et petites entreprises de l'Ariège, parties civiles. "C'est aberrant. La femme qui devait faire réparer son toit n'avait pas les moyens de faire appel à une entreprise. Sans le SEL, elle aurait demandé une aide à la mairie. Bref, elle pouvait être assistée, mais pas aidée", commente, amer, François Terris, l'un des fondateurs des SEL de l'Ariège, qui envisage de faire appel.

Point faible

Pour les pionniers du système d'échange local, ces trois condamnations mettent en évidence les carences des textes sur l'entraide. "Si on ne définit pas plus précisément le régime de l'entraide, toutes nos activités peuvent être considérées comme illégales. Il faut changer la loi", poursuit François Terris. En France, seule l'entraide agricole est encadrée. Elle intervient lorsqu'un agriculteur se fait aider par un ami pour les travaux des champs. Pour les travaux non agricoles, en revanche, l'entraide doit rester ponctuelle et non extensive.

Dans certains cas, les SEL peuvent ainsi s'apparenter à une centrale de services répétitifs. C'est le point faible du système. "Évidemment, on peut imaginer qu'un artisan dissimule son travail dans un SEL et propose ses services aux adhérents après une journée de travail. Mais c'est purement théorique. Nous n'avons jamais vu cela. Si un artisan veut faire du travail au noir, c'est qu'il veut de l'argent. Or, dans un SEL, on n'obtient pas d'argent. À Foix, les deux personnes qui réparaient la toiture n'étaient pas des ouvriers professionnels. L'un était professeur, l'autre sociologue", commente Armand Tardella, fondateur du premier SEL d'Île-de-France, à Saint-Quentin-en-Yvelines, en 1995.

Les responsables de SEL n'admettent pas non plus que l'on qualifie leurs associations d'économie parallèle, alors qu'elles sont reconnues d'utilité publique en Grande-Bretagne où l'État les subventionne. "Il faut arrêter de nous considérer comme des ghettos pour pauvres. C'est de l'entraide, du bon voisinage au niveau local. Rien n'est systématique. On ne trouve pas tous les services dans un SEL. Certes, il y a un problème d'argent à la base, mais on ne survivrait pas s'il n'y avait pas ce besoin de solidarité et d'échange entre voisins", explique Armand Tardella. "Nous ne sommes pas contre le principe de payer des impôts mais nous n'avons pas d'argent."

Pour payer des impôts sur leurs échanges, les SEL acceptent de donner des grains de SEL, c'est-à-dire leur travail. Certains envisagent, pourquoi pas, des travaux d'intérêt général pour rendre service à leur commune et payer leur dette à l'État. »

A. Bouilhet, *Le Figaro*, 08.01.1998, repris sur www.selidaire.fr

RÉSUMÉ

En somme, ce sont les limites à l'efficacité économique, mais aussi à l'équité (justice sociale) des marchés, qui expliquent l'existence d'une économie dite non marchande. D'ailleurs, celle-ci trouve sa source dans la contestation de l'ordre capitaliste que l'on observe chez les socialistes utopistes du XIXe siècle, et chez les défenseurs d'un État social (ou État providence comme le nomment les adversaires de l'intervention de l'État au XIXe siècle). L'économie non marchande privée, au sens où elle ne relève pas du secteur public, se retrouve dans ce que l'on nomme aujourd'hui l'économie solidaire ou économie plurielle, somme des économies marchande, non marchande et non monétaire.

Dès le départ, tout comme le socialisme hésite entre révolution et réformisme, l'économie solidaire est pensée en termes de substituabilité au marché ou en termes de complémentarité. On retrouve aujourd'hui encore cette logique en économie de marché : l'économie solidaire se partage entre la production de biens et services marchands, par le biais de mutuelles et coopératives, et la production de services non marchands, notamment par le biais de l'État, des organismes de sécurité sociale et des associations. Le développement des systèmes d'échanges locaux (SEL), dans lesquels la monnaie est abandonnée au profit du troc, montre que l'économie non marchande emprunte aussi de nouvelles voies.

Ainsi, l'économie non marchande prend en charge les productions délaissées par le marché, mais se pose aussi, dans certains cas, en concurrent des marchés.

SUMMARY

In a nutshell, the existence of a so-called non-commercial economy can be explained by the limits to markets' economic efficiency as well as to their ability to provide social justice. In fact, this economy finds its source in the opposition to the capitalist order among the utopian socialists of the 19th century and among the advocates of a social State – or Welfare State, the term coined by opponents to state intervention in the 19th century. Nowadays, the private non-commercial economy, "private" in that it does not fall within the province of the public sector, is found in what is called the social economy, or the plural economy, the sum of the market, non-market and non-money economies.

From the start, in the same way as socialism wavered between revolution and reformism, the social economy was thought in terms of either substituting for the market or being complementary to it. This dual approach can still be found in today's market economy: the social economy is split between the production of commercial goods and services – through mutual societies and cooperatives – and the production of non-commercial services, notably through the State, social security bodies and non-profit associations. The development of Local Exchange Trading Systems (LETS), in which money is replaced by barter, shows that the non-market economy has also been following new orientations.

Thus, the non-market economy is concerned with types of production not taken care of by the market, but in some cases it also acts as a competitor to markets.

MOTS CLÉS

En français	En anglais
Économie marchande	Market economy
Économie non marchande	Non-market economy
Économie non monétaire	Non-money economy
Production marchande	Market production
Production non marchande	Non-market production
Marché	Market
Économie de marché	Market economy
Économie planifiée	Planned economy
Concurrence pure et parfaite	Perfect competition
Marché contestable	Contestable market
Défaillances de marché	Market failures
Externalités	Externalities
Biens publics	Public goods
Bien non rival	Non-rival good
Bien non exclusif	Non-excludable good
« Passager clandestin » ou « cavalier libre »	Free rider
Théorème de l'électeur médian	Median voter theorem

Équité	Equity, social justice
Service(s) public(s)	Public service(s) (utilities)
Entreprise (privée ou publique) assurant un service public	Utility company
Entreprise de service public responsable des infrastructures	Public utility
Service universel (ou service d'intérêt économique général)	Service of General Economic Interest (SGEI)
Solidarité	Solidarity
Économie sociale, économie solidaire	Social economy
Coopérative	Cooperative
Coopérative agricole	Agricultural cooperative
Coopérative de consommateurs	Consumers' cooperative
SCOP	Worker cooperative, producer cooperative
Mutuelle	Mutual society
Investissement/placement éthique	Ethical investment
Association	Non-profit association
Organisation caritative	Charity
Bénévolat	Voluntary work, volunteering
Volontariat	Non-paid / paid voluntary work
Système d'échange local (SEL)	Local Exchange Trading System (LETS)

DATES CLÉS

1844 : Création de la coopérative de Rochdale, près de Manchester, Royaume-Uni

1859 : Création du familistère de Guise

1900 : Charte sociale de Charles Gide

1981 : Délégation à l'économie sociale

2000 : Secrétariat à l'économie solidaire

2005 : Rapport Decool

RÉFÉRENCES BIBLIOGRAPHIQUES

- C. Vienney, *L'Économie sociale*, Coll. Repères, La Découverte, 1994.
- T. Jeantet, *Économie sociale*, La Documentation française, 2009.
- J.-L. Laville, *Une Troisième Voie pour le travail*, Desclée de Brouwer, 1999.
- J.-L. Laville, *L'Économie solidaire : une perspective internationale*, Desclée de Brouwer, 2007.
- K. Polanyi, *La Grande Transformation : aux origines politiques et économiques de notre temps*, 1944.
- « L'Économie sociale et solidaire de A à Z », *Alternatives économiques*, 2e édition, 2009.

- J.-F. Draperi, *L'Économie sociale. Utopies, pratiques, principes*, Presses de l'économie sociale, 2e édition, 2005.

SITES INTERNET

- www.insee.fr
- www.scop.org
- www.scop.coop
- www.associations.fr
- www.selidaire.fr

APPLICATION 1

Thèmes et questions de réflexion

1. Économie marchande et économie non marchande : substitution ou complémentarité ?
   Market economy and non-market economy: substitution or complement?
2. Le capital risque est-il susceptible de s'intéresser aux organisations de l'économie sociale ?
   Is venture capital likely to be interested in the way social economy is organised?
3. Peut-on considérer que les organisations de l'économie sociale font concurrence aux entreprises du secteur marchand ?
   Can it be said that social economy organisations compete with companies in the private sector?
4. Le consommateur est-il souverain ?
   Is the consumer king?
5. Le marché est-il un mode d'allocation optimale des biens ?
   Is the market the optimal way to allocate goods?
6. Les SEL : abandon de la monnaie ou création d'une monnaie nouvelle ?
   Local exchange trading systems: abandoning money or creating a new currency?
7. Comment expliquer la part peu importante des SCOP dans la production française ?
   How can we explain that workers' cooperatives represent such a small percentage of French production?
8. Comment produire les biens publics ?
   How can public goods be produced?
9. Dans quelle mesure l'intervention de l'État se justifie-t-elle en économie de marché ?
   To what extent is State intervention justified in a market economy?
10. Efficacité économique et équité sont-elles conciliables ?
    Can economic efficiency and equity be reconciled?

QUESTION

Répondre succinctement aux cinq premières questions.

APPLICATION 2

Extrait de texte en anglais

Private companies aren't better at providing public services

Labour's health and education reforms are based on ideology, not evidence

When the unions fought the [2005] general election with Labour(1), we campaigned for quality public services. We were supporting a government that has given us more doctors, nurses and teachers, shorter waiting lists and new schools and hospitals. But now this same government is introducing policies that threaten our public services, particularly the National Health Service (NHS(2)) and education. These policies were never discussed openly during the election.

What is worrying me is not only the direction but also the speed of reform. "What matters is what works" implies building a strong evidence base for policy. The rapid pursuit of outsourcing(3) and private-sector provision(4) without an evidence base, while actually ignoring evidence that challenges the policy, can only be described as ideological.

Hospitals and schools will shut if they don't win enough contracts or attract enough pupils in competition with their "rivals" from the private sector. Sometimes the rules are tilted further against the public sector, as in the case of housing, where councils(5) are in effect prevented from investing directly in their own housing and are required instead to transfer them to private management. All new school investment is now being forced through the PFI or academy(6) route. Architects' professional bodies are despairing at the lack of design imagination and at structures built to last little longer than the lifetime of the contract, typically 25 years. [...]

It is common for school meals and cleaning contracts in PFIs(7) to be given to subsidiaries of the private consortium's members for 25 years without tendering(8) or competition. And even when the service is poor the public sector has to pay to escape the PFI. For example, when Bedfordshire county council sacked HBS for poor performance on a £250m contract it had to fork out £7.8m to pay it off.

Gordon Brown made a speech to the Social Market Foundation (SMF) in which he said that markets in healthcare were inefficient and prioritised the wrong things. But in August John Hutton, the Cabinet Office minister, used the SMF to make the case for markets and competition in health and education to deliver better services and more social justice. He did this on the day the Office for National Statistics announced that social inequality had risen for the first time since 1997. Labour had stemmed the rise in

(1) Labour *(avec une majuscule) : Parti travailliste.*
(2) *Organisme national de santé publique.*
(3) *Sous-traitance.*
(4) *Fourniture (de services).*
(5) *Conseil (de région, département, etc.).* Council housing : *logement public.*
(6) *École privée indépendante financée par des fonds publics.*
(7) PFI, Private Finance Initiative : *financement de contrats publics par des consortiums privés.*
(8) *Appel d'offres.*

inequality under the Tories[1] with its public-spending increases and tax credits, but can it be right to conclude that we need more marketisation rather than less?

Markets in health are distinguished by the fact that every activity has a price and that more resources are diverted into negotiating prices, respecting contracts and administering financial flows. [...] Now publicly funded but privately run independent treatment centres (ITCs) have been imposed on local areas. The health secretary, Patricia Hewitt, has promised £3bn to the private sector for ITCs. It sounds like a good idea to shorten waiting lists – but not when they can steal scarce NHS staff; not when they are guaranteed a quota of operations that means NHS hospitals lose their work; not when they are paid more than the NHS. The ophthalmology department at the John Radcliffe hospital in Oxford was undermined by the imposition of a treatment centre by the Department[2] of Health, losing the routine cases that made it possible to train doctors and pay for the specialists used for the more difficult cases.

Efficiency will be the guiding force, not social need, and hospitals will specialise to maximise income. Preventing health problems is not a priority; as US health companies know, the real money is in treating long-term illnesses.

Already "payment by results" is destabilising local health budgets and the cost of PFI constricts hospitals even more. In 2004 we found that PFI hospitals had some of the biggest deficits and were shutting wards[3] and freezing recruitment. This is being repeated in 2005 and the British Medical Association is warning that there may not be jobs for those in the expanded doctor-training programme.

Meanwhile, the education secretary, Ruth Kelly, is turning secondary schools into academies – owned by rich businessmen, showered with tens of millions of pounds of public money and allowed to teach whatever they want, even creationism!

All this wouldn't be so bad if there was any evidence to show that private companies are better at providing public services or that competition drives up standards. Quite the opposite. We have plenty of evidence showing that markets harm public services. What about hospital cleaning, or school meals, or the railways? These services have failed miserably. Is this what we can expect for other public services when competition and markets rule?

Take hospital cleaning, probably the service that has had the longest exposure to market forces. Now it is cheap to run but fails to meet the standards of cleanliness needed. There are too few cleaners, a lack of training, casualisation[4] and unacceptable levels of infections. That is the logic of the market.

Governments have short memories. This one has forgotten why we have public services in the first place – to tackle market failure, to ensure a safe environment, to safeguard public health and education.

Although I lead Unison, the largest public-service union, I've deliberately not focused on the workforce. I have hardly mentioned the harmful effects contracting out[5] has on pay, conditions, hours, training, holidays, maternity leave and pensions. That's because I'm not just a trade unionist[6], but also a citizen who cares passionately about public services. That's why, as a friend of the government, I am worried that the waste and instability of public-service markets will not deliver a fourth term.

---

(1) The Tories : *Parti conservateur.*
(2) Department *(avec majuscule) : ministère.*
(3) *Service hospitalier.*
(4) *Précarisation du travail.*
(5) Contracting out : *sous-traitance.*
(6) *Syndicaliste.*

We know what works: sustained, high levels of investment; cooperation and collaboration, not competition; investment in staff and teamwork; continuity rather than fragmentation... That's the message Labour members want to hear.

Dave Prentis*, *The Guardian*, September 26th, 2005.

1) Questions de compréhension

Résumé

Complétez le résumé avec les mots suivants : private, work hand in hand, caters, Labour, harmful, privatisation, housing, compete, curbing, damage, failed, lifetime, invested, profitability, protect

When .... was re-elected in 2005, it promised more public services and better ones. But it hasn't kept its promise. Indeed, it is now introducing .... services to .... with public ones, especially in health, education and .... Yet there is no proof that .... is going to improve the services, on the contrary.

In fact, between 1997 and 2005 the first Labour government .... a lot on services (which had been reduced to a minimum by the previous Tory government). It resulted in .... social inequalities.

The public sector .... to social needs whereas the private sector is mainly focused on efficiency and .... For instance, in housing, a private company will build houses which last only the .... of their contract. In health the .... is the worst: loss of jobs, hospital departments closed, lack of prevention....

It is obvious that markets are .... to public services, and have .... in the past (railways). Originally services were created to .... citizens from markets.

What is necessary is for the public and private sectors to .... instead of competing.

Vocabulaire

Trouvez dans le texte le mot qui correspond aux définitions suivantes :

a) organised association of workmen of a trade formed for protection and promotion of common interests

b) the procuring of services or products from an outside supplier or manufacturer in order to cut costs

c) company controlled by another, holding more than 50% of its issued share capital.

d) offering in writing to execute work or supply goods at fixed price.

e) had fought against, struggled against

f) provided (with)

g) damage, hurt

h) engaging a person outside an organisation by contract to undertake or produce

2) Questions grammaticales

Les quantitatifs

> RAPPEL
>
> Much, little, a little s'utilisent avec des noms indénombrables.
> Many, few, a few s'utilisent avec des noms au pluriel.
> Much et many s'utilisent surtout dans des phrases négatives, interrogatives et avec « too »

**Dave Prentis (born 1950) is the current General Secretary of UNISCON, the United Kingdom's second largest trade union. He was originally elected on 1 January 2001 and was re-elected in March 2005.*

Complétez les phrases suivantes avec les quantitatifs suivants : much, many, little, a little, few, a few

a) The Government thinks public services cost too ....

b) .... attention is paid to customer satisfaction by private companies.

c) In Health, for instance, only .... prevention awareness campaigns are organised

d) Private companies providing hospital cleaning employ too .... cleaners. This way, they save .... money.

e) When hospitals don't have .... patients, they have to close.

f) .... people in England, especially unionists protest against privatisation.

« Enough » et « too »

RAPPEL

« enough » se place devant les noms mais après les adjectifs et les adverbes.

« too » (trop) s'utilise avant un adjectif ou un quantitatif.

Complétez les phrases suivantes en utilisant « enough » ou « too » :

a) If public services are not competitive, they will be replaced by private companies. (enough)

b) Actually, public schools will close if they don't register students. (enough)

c) Hospitals will close if they don't have patients. (enough)

d) When hospital cleaning is given over to the private sector, there are few cleaners. (too)

e) When railway services are managed by the private sector, they don't invest ; consequently there are many accidents. (too, enough)

f) Governments tend to consider public services expensive. (too)

2) Questions économiques

1. Citez des exemples selon lequel le marché s'est avéré une menace sérieuse pour les services publics en Angleterre.

   Quote examples of situations in which the market proved to be a serious threat to public services in England.

2. Quel est le fondement de l'existence de services publics ?

   According to the author of the text, what is the basis for the existence of public services?

3. Dans le cas des services de cantine scolaire français, quels peuvent être les risques d'une privatisation ?

   In the case of French school lunchrooms, what are the risks entailed by privatisation?

3) Thème de réflexion

À partir de vos connaissances et du texte précédent vous vous interrogerez sur les enjeux d'une privatisation des services publics.

7

CHAPITRE

Protection sociale et solidarité

La **protection sociale**, thème économique majeur, est aussi à bien des égards un thème citoyen par ses implications sociales et politiques. C'est un problème sensible pour des sociétés riches et développées qui se sont dotées au fil du temps de systèmes de protection importants face aux différents risques de la vie et qui doivent envisager des changements significatifs compte tenu d'évolutions économiques ou démographiques lourdes de conséquences sociales et financières. Ce constat induit de multiples questions relatives aux évolutions souhaitables, aux changements envisageables, à l'intérêt ou non de s'aligner sur d'autres modèles, à la part à réserver aux solutions collectives ou individuelles, etc.

Pour aborder ces différentes questions qui constituent autant de débats pas toujours tranchés, une première section est consacrée à **la caractérisation du périmètre de la protection sociale et à ses justifications théoriques**. Puis sont examinées **les grandes caractéristiques du système français de protection sociale en référence à quelques idéaux types**. La protection sociale est un domaine en devenir, faisant face à de nombreuses difficultés et soumis à des changements nombreux parfois profonds ; c'est pourquoi la troisième section traite des **difficultés, enjeux et réformes de la protection sociale en France**.

La protection sociale comporte aussi de **nombreuses dimensions thématiques** faisant intervenir des déterminants sociaux, financiers ou techniques spécifiques qu'il convient d'aborder plus en profondeur d'où une quatrième section dans laquelle sont exposées deux grandes problématiques : **la santé** et **les retraites**.

SECTION 1

LES CONTOURS ET LES JUSTIFICATIONS DE LA PROTECTION SOCIALE

La protection sociale comporte de nombreux qualificatifs et concepts voisins. La définition des principaux mots clés est, dans ces conditions, un préalable précieux à la compréhension générale du système. La protection sociale est une construction qui s'est faite en rencontrant souvent de fortes oppositions, aussi est-il utile d'en apprécier les principaux éléments de justification.

1. Les mots de la protection sociale

Un ensemble de termes (protection sociale, État providence, Sécurité sociale, assurances sociales, etc.) couvre les concepts usuels de la protection sociale. Aucun ne rend parfaitement compte de l'aire de la protection sociale, d'où le recours au vocable plus pertinent de « système national de protection sociale ».

1.1 Les concepts usuels

La **protection sociale** est constituée par un ensemble de droits sociaux assurés à chacun par la collectivité pour couvrir différents types de risques (maladie, vieillesse, chômage, etc.). Elle repose sur une **logique de solidarité** entre les citoyens et fait intervenir à la fois des institutions et des mécanismes de prévoyance collective.

Il convient d'insister ici sur l'**approche collective** qui doit être bien distinguée des démarches individuelles que pourraient adopter les agents en utilisant une partie de leur propre épargne à se couvrir personnellement contre les différentes formes de risques.

Du fait même de la mise en jeu de cette logique de solidarité, la protection sociale s'appuie largement dans les sociétés modernes sur l'intervention de l'État, qualifié alors d'« **État providence** ».

L'**État providence** comporte plusieurs définitions. Au sens large, il désigne un état interventionniste sur les plans économique et social, alors que la définition au sens strict réserve l'appellation à un État agissant de façon active en matière de protection sociale, en assurant en particulier une couverture contre les différents risques sociaux.

La protection sociale ne doit pas être confondue systématiquement avec l'État providence car elle ne passe pas systématiquement par l'intervention de l'État ; plusieurs organismes relèvent par exemple dans le cas français du **droit privé**, et sont en tout ou partie indépendants de l'État. En allant plus loin, les mutuelles mais aussi les entreprises interviennent de façon significative dans le processus de financement collectif de la protection sociale à côté et indépendamment de l'État (*cf.* section 2).

Un troisième mot clé est celui de « **sécurité sociale** » qui recouvre globalement mais non systématiquement les concepts précédents.

La **sécurité sociale** désigne l'ensemble des organismes chargés en France de collecter des cotisations sociales et de verser les prestations sociales concernant les risques maladie, invalidité, famille et vieillesse.

La sécurité sociale comporte donc une dimension nationale reconnue ; elle recouvre assez largement le spectre de la protection sociale à l'exception notable de la couverture du risque « chômage » qui relève lui de l'assurance chômage et du tandem UNEDIC/Pôle emploi. La sécurité sociale prend appui sur l'État providence dont certaines fonctions cependant dépassent la seule protection sociale (par exemple le financement et la gestion des services publics).

Aux termes de protection sociale, de sécurité sociale et d'État providence sont rattachés généralement ceux d'**assurances sociales** (obligatoires).

Le système de l'**assurance sociale** repose sur un principe de couverture **mutuelle** des risques sociaux et d'ouverture de droits sociaux moyennant le versement de cotisations sociales.

L'assurance sociale renvoie directement à la protection sociale dans la mesure en particulier où cette assurance est **obligatoire** et repose sur une logique de **solidarité** (redistribution des actifs vers les inactifs, des bien portants vers les malades, etc.). Toutefois, l'expression d'« assurances sociales » ne recouvre que l'une des modalités de la protection sociale à côté notamment de la logique de l'**assistance** (principe de solidarité qui n'exige pas des bénéficiaires qu'ils aient versé une contribution préalable sous forme de cotisation par exemple).

Le système reposant sur une logique d'**assistance** autorise le versement d'un minimum de ressources (RSA, minima sociaux, allocation logement, etc.) sous conditions de ressources indépendamment des versements effectués ou non par les bénéficiaires.

1.2 Notion de système national de protection sociale

La multiplicité de ces termes usuels qui se superposent sans qu'aucun d'entre eux ne recouvre en totalité la richesse et la variété de la protection contre les grands risques sociaux amène de nombreux spécialistes du domaine social tels que le sociologue Jean-Claude Barbier et l'économiste Bruno Théret(1) à préférer d'autres concepts, en particulier celui de « **système national de protection sociale** ».

Ainsi, le concept de **système national de protection sociale** intègre à la fois les interventions de l'État et les systèmes gérés collectivement par les partenaires sociaux, mais également la couverture des risques dans un cadre familial ou encore par le recours à des services privés achetés sur le marché.

2. Les théories justificatrices de la protection sociale

La protection sociale résulte bien sûr de facteurs historiques bien identifiés : recul des solidarités familiales et villageoises, urbanisation, extension du rôle de l'État en relation souvent avec les périodes de conflit, revendications ouvrières…

(1) *J.-C. Barbier et B. Théret,* Le nouveau système français de protection sociale, *coll. Repères, La Découverte, 2009.*

DIFFÉRENTES PERCEPTIONS ET RÉALITÉS DE LA PROTECTION SOCIALE

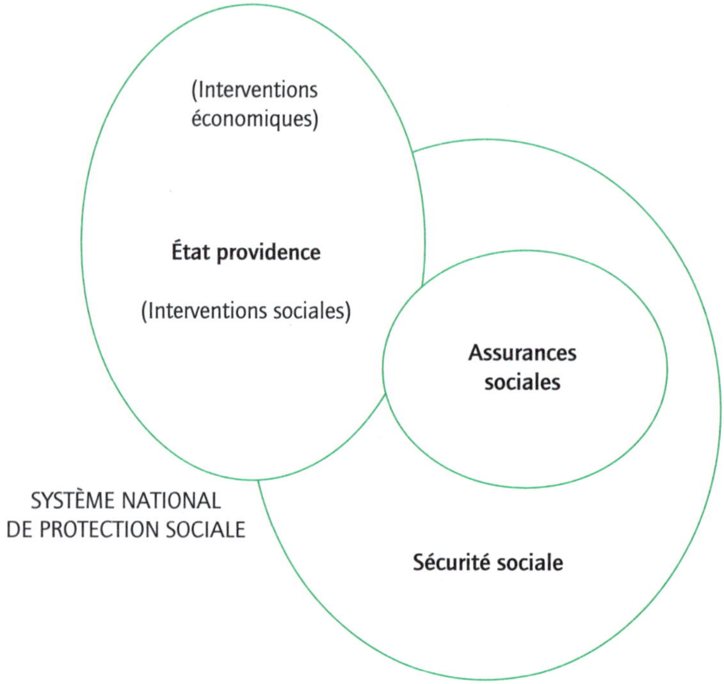

Au-delà même des faits, des économistes, des philosophes et des sociologues ont fourni à cette protection sociale différentes justifications d'ordres économique, politique ou social dont on dresse ici un panorama succinct.

LES JUSTIFICATIONS DE LA PROTECTION SOCIALE

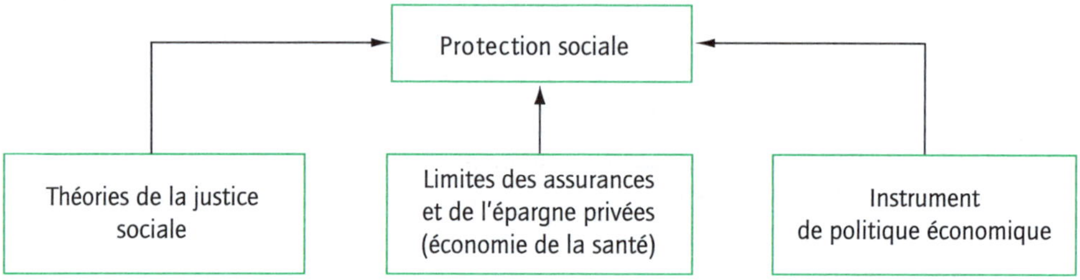

2.1 Les théories de la justice sociale

La **justice sociale** touche au caractère équitable (ou non) de la distribution des ressources entre les membres d'une société ou d'un pays.

La **justice sociale** peut être définie comme le respect d'un principe de répartition des richesses conforme aux valeurs de la société considérée.

Elle pose donc la question de **l'utilité d'une redistribution** et ouvre (ou non) ce faisant la porte à **un système collectif de protection sociale.** L'attention portée à la justice sociale fait intervenir la morale et en appelle au besoin à l'action politique ; elle peut s'incarner dans des règles de droit ou encore dans la conception de certaines institutions.

Plusieurs conceptions en matière de justice sociale cohabitent, allant de la justification de la redistribution et de la protection sociale (collective)... au refus de toute redistribution.

- Parmi les défenseurs de la justice sociale, on compte habituellement les **courants d'inspiration socialiste** qui mettent en avant les limites et les excès de la propriété privée comme de l'héritage et appellent à la redistribution.
- Il y a également les **doctrines personnalistes** qui mettent en avant la dignité de l'être humain et le droit de tous les hommes à un minimum social.
- Les **libéraux** ont des visions globalement réservées voire franchement hostiles à la justice sociale. Certains défendent toutefois l'idée d'un soutien étatique à la justice sociale dans la lignée des « utilitaristes ».

La notion de justice selon les utilitaristes

L'**approche utilitariste** est déjà fort ancienne puisqu'elle a pour origine les travaux des philosophes et économistes anglais des 18e et 19e siècles (J. Bentham et J.S. Mill). Leur conception de la justice sociale est fondée sur le principe de la redistribution de richesses au profit des plus pauvres en référence au concept « d'utilité sociale ». Le raisonnement repose sur les deux hypothèses suivantes : un objectif de **maximisation par l'État de l'utilité sociale** qui n'est autre que la somme des utilités individuelles et le principe bien connu de la décroissance de l'utilité marginale. Dans de telles conditions, la redistribution des revenus est source (jusqu'à un certain point) d'un accroissement de l'utilité sociale, et donc du bonheur.

D'autres soutiennent au contraire l'idée d'une inégalité de la répartition compatible avec la justice sociale sous condition (thèse de la justice sociale du philosophe américain John Rawls[1]). En effet, pour J. Rawls, il existe des inégalités justes (liées au mérite) et efficaces (elles profitent à tous puisqu'elles incitent à la performance).

Enfin, pour les plus radicaux, l'idée même de justice sociale a peu de sens, elle serait même dangereuse (l'économiste Hayek[2] voit par exemple dans la justice sociale un instrument d'action au service des intérêts corporatistes de groupes de pression).

2.2 Les thèses relatives aux limites de l'assurance et de l'épargne privées

Sur un autre plan, l'économie de la protection sociale, plus particulièrement celle de la santé, mobilise différents arguments pour expliquer les limites, les dangers, voire l'impossibilité de faire reposer le système de la santé sur le seul recours aux marchés privés ; elle justifie par conséquent l'appel aux pouvoirs publics et à la mise en œuvre de solutions collectives dans ce domaine.

(1) A Theory of Justice, *1971. Trad. française :* Théorie de la justice, *Le Seuil, 1987.*
(2) *F. A. Hayek,* Law, Legislation and Liberty, *1978. Trad. française :* Droit, législation et liberté, *tome 2, PUF, 1995.*

LES JUSTIFICATIONS DE L'INTERVENTION PUBLIQUE EN MATIÈRE DE SANTÉ

Sachant que deux grandes fonctions de la protection sociale sont respectivement l'**assurance** et l'**épargne privée**, les défenseurs de la protection sociale soulignent les dangers et les limites des systèmes privés en la matière et l'intérêt de solutions collectives. Différents arguments sont invoqués dans cette perspective.

• Les ménages sont considérés dans cette perspective comme insuffisamment prudents : ils auraient facilement tendance à épargner ou à s'assurer insuffisamment face aux grands risques sociaux. L'**État** exerce de ce point de vue un **comportement de tutelle**... qu'il réalise en imposant une couverture obligatoire.

Les justifications peuvent être appuyées en reprenant le langage de la nouvelle théorie microéconomique en termes de **problèmes informationnels** : les individus ne disposent pas d'une information suffisante sur les risques qu'ils encourent, ne les anticipent pas convenablement, choisissent une couverture volontairement incomplète par opportunisme...

• L'ampleur de nouveaux risques d'ordre macroéconomique affectant une forte proportion de la population les rend aussi **difficilement mutualisables** ; seul l'**État** peut organiser la couverture de tels risques en l'amortissant sur plusieurs générations (avec la possibilité de reporter la dette éventuelle correspondante sur les générations futures).

• Certains cas sont encore plus évidents ; on pense aux situations où la **probabilité de risque est proche de l'unité** (cas des maladies chroniques et congénitales) ; il n'y a plus alors d'assurance privée possible et la couverture ne peut que relever de la solidarité nationale. Un raisonnement similaire peut être tenu dans le cas de la **probabilité de coûts de risques non évaluables**...

Base de la nouvelle théorie microéconomique, l'**économie de l'information** renouvelle ainsi en profondeur la façon d'appréhender économiquement les questions de protection sociale en mettant l'accent sur la fréquence des situations d'information asymétriques, par exemple en matière d'assurance et ouvre de nouvelles perspectives en matière de gestion des différents champs de la protection sociale.

2.3 La protection sociale comme instrument de politique économique

La protection sociale peut aussi être appréhendée ou défendue au titre de ses effets favorables sur l'activité économique ; elle n'est plus considérée comme une fin en soi, mais plutôt comme un moyen d'action macroéconomique. Il est fait ici référence à l'analyse keynésienne qui, pour mémoire, met l'accent sur les effets favorables de la demande sur l'offre et l'emploi, effets d'autant plus importants qu'ils peuvent s'appuyer sur une propension marginale à consommer élevée(1). Les pensions de retraite ou encore les indemnités maladie jouent de ce point de vue le rôle de revenus supplémentaires dopant la demande et relançant l'offre.

(1) Voir à ce propos le Manuel DCG 5, Économie, Dunod Éditeur.

LECTURE KEYNÉSIENNE DES EFFETS D'ENTRAÎNEMENT DES PRESTATIONS SOCIALES

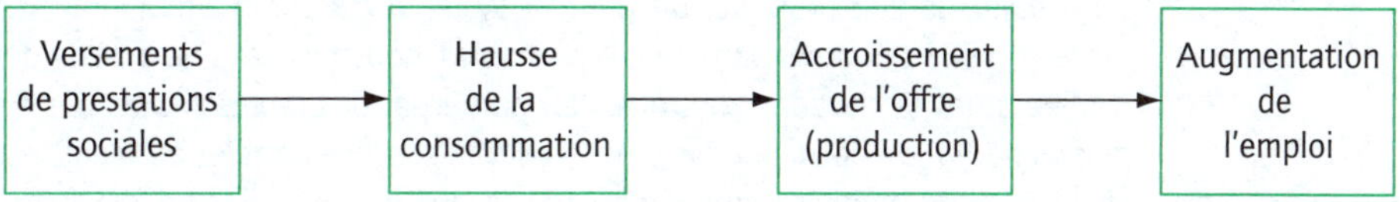

Il va sans dire que les effets sont d'autant plus favorables que les prestations sociales réduisent les inégalités et profitent aux ménages les plus modestes à forte propension à consommer. De plus, les prestations sociales sont largement déconnectées de la conjoncture économique : les dépenses sociales sont en effet versées indépendamment de l'activité économique (à la différence des recettes fiscales) et permettent précisément d'atténuer les effets déflationnistes d'une conjoncture défavorable.

SECTION 2

LE SYSTÈME FRANÇAIS ET LES DIFFÉRENTS MODÈLES D'ÉTAT PROVIDENCE

La protection sociale peut être appréhendée d'une façon générale en référence aux deux grands modèles alternatifs que sont les modèles dits beveridgien et bismarckien. Ce qui conduit à présenter les grandes typologies en usage en matière de protection sociale. Dès lors, on peut caractériser le modèle français après avoir rappelé les grandes dates de sa construction.

1. Les deux formes canoniques de l'État providence

Chaque système national de protection sociale comporte ses propres caractéristiques ; néanmoins il est souvent fait référence à un premier niveau à deux grandes formes, l'une et l'autre européennes, qui ont servi d'exemple pour les autres pays.

1.1 Le modèle bismarckien

Ce premier modèle porte le nom du chancelier Otto von Bismarck qui a institué au cours de la décennie 1880 un système d'assurances sociales en Allemagne. C'est à lui que l'on doit le premier système généralisé de protection sociale.

Ce système comporte les caractéristiques suivantes :

- il est de type **assurantiel**, c'est-à-dire que les actifs cotisent eux-mêmes pour se couvrir contre les grands risques sociaux tels que la maladie, la vieillesse ou encore le chômage ;
- ces cotisations sont obligatoires et proportionnelles **aux salaires** et ce sont elles qui ouvrent des droits aux salariés ;
- c'est un système d'assurance horizontal par **branche** qui appelle une **logique de cogestion**. En vertu du principe « qui paye gère », les représentants des travailleurs et des employeurs sont en effet amenés à gérer le système de protection sociale ; l'**État** ne joue alors qu'un rôle d'instigateur des règles du jeu.

UN PREMIER ÉTAT PROVIDENCE DÈS LE XIXe : L'ALLEMAGNE BISMARCKIENNE

D'un point de vue pratique, un premier système d'assurance-maladie est mis en place en 1883 pour une partie des ouvriers de l'industrie avec une gestion des fonds confiée à des institutions contrôlées en partie par des représentants des ouvriers ; puis viendront un deuxième système d'assurance concernant les accidents du travail en 1884 et un premier système d'assurance vieillesse-invalidité en 1889.

1.2 Le modèle beveridgien

Ce second modèle est celui de la Grande-Bretagne et porte le nom de l'économiste Lord William Beveridge qui publia un rapport célèbre sur le ***Welfare State*** (mot à mot « **état** de bien-être ») pendant la Deuxième Guerre mondiale dans le but de lutter contre la misère. Il est à l'origine de la notion actuelle d'**État providence**.

Ce modèle comporte les caractéristiques suivantes :

- ici, la notion de **solidarité** remplace la notion d'**assurance**, c'est-à-dire que tous les citoyens ont droit à être protégés contre l'ensemble des risques sociaux ; ce qui compte, c'est l'individu en tant que tel et non le travailleur ;
- la conception d'un modèle reposant sur les trois principes d'universalité, d'uniformité et d'unité (on parle à son propos de **modèle des « 3 U »**) :
  - l'universalité signifie que toute la population doit être couverte,
  - l'uniformité caractérise un système dans lequel les prestations sont versées selon les besoins quel que soit l'effort contributif et sont calculées pour couvrir les besoins fondamentaux de l'individu ; elles sont forfaitaires et indépendantes du niveau de salaire,
  - l'unité s'appuie sur une gestion confiée à un service public, en l'occurrence il s'agira du National Health Service (NHS) qui est un service de santé publique permettant à tout citoyen d'accéder à un système public et gratuit de santé ;
- comme la solidarité s'exerce à l'échelle de la nation (et non plus d'un groupe social particulier), les ressources doivent provenir de l'**impôt** (dont l'assise est plus large que celle des cotisations sociales).

1.3 Mise en perspective des deux modèles

CARACTÉRISTIQUES MAJEURES DES DEUX MODÈLES DE RÉFÉRENCE

	Modèle bismarckien	Modèle beveridgien
Période et localisation	Allemagne (années 1880)	Angleterre (années 1940)
Contexte	Exode rural et révolution industrielle	Les suites de la crise de 1929 et de l'entrée en guerre
Logique d'assurance	Professionnelle	Universelle
Individu concerné	Le travailleur	Le citoyen
Conditions d'accès aux prestations	Avoir cotisé	Être dans le besoin
Gestion confiée	Aux partenaires sociaux	Aux élus de la nation (État)
Moyen de financement	Cotisations sociales	Fiscalité

Source : d'après P. Batifoulier *et alii*, *La Protection sociale*, 2000.

Comme on peut le voir dans le tableau, les deux modèles s'opposent point par point même si les évolutions ultérieures conduiront à certains rapprochements.

2. Typologie des systèmes de protection sociale

Les systèmes de protection sociale ne se réduisent pas à ces deux formes « extrêmes » et les pays développés notamment européens ont développé dans la deuxième moitié du 20e siècle des systèmes mixtes et parfois spécifiques compte tenu de nombreuses variables économiques, politiques, sociologiques, etc.

Dans ces conditions, les économistes ont proposé plusieurs typologies des systèmes de protection sociale en multipliant les paramètres d'analyse sur les systèmes concrètement en vigueur. On présente ici la plus connue, due au Danois Gøsta Esping-Andersen[1].

2.1 La diversité des modèles de protection sociale

G. Esping-Andersen a construit une typologie d'État providence à partir de la prise en compte de trois paramètres clés : le degré de **démarchandisation** (*decommodification*), les effets de la redistribution en matière de stratification sociale, enfin la contribution respective de l'État, du marché et de la famille au financement de la protection. Cette typologie est d'autant plus intéressante qu'elle met l'accent sur plusieurs enjeux essentiels de la protection sociale.

LES INDICATEURS RETENUS DANS LA TYPOLOGIE D'ESPING-ANDERSEN

- La démarchandisation désigne le degré de liberté plus ou moins important dont dispose tout individu pour vivre convenablement sans pour autant nécessairement travailler et avoir un emploi (vendre sa force de travail). Ici interviennent par exemple les règles plus ou moins restrictives d'éligibilité aux allocations, d'importance des droits garantis, etc. La qualité des droits sociaux permet de distinguer trois grandes logiques possibles : universaliste, assurantiel et assistantiel.
- Les effets de la redistribution sur la stratification sociale peuvent conduire à une société plus ou moins égalitaire.
- La façon dont l'État, le marché et la famille contribuent au financement de la protection est un indice également important du caractère plus ou moins collectif de la protection sociale..

Les travaux d'Esping-Andersen conduisent, par suite, à identifier trois grands régimes d'État providence, représentés dans le tableau suivant.

LES TROIS RÉGIMES D'ÉTAT PROVIDENCE D'ESPING-ANDERSEN

	Libéral	Corporatiste	Socialiste
Couverture	Marginale	Professionnelle	Universelle
Critère d'accès	Niveau de ressources	Travail	Citoyenneté
Mode de financement	Fiscal	Contributif (cotisations sociales obligatoires)	Fiscal

☞

(1) Three Worlds of Welfare Capitalism, *Polity Press, 1990. Trad. française :* Les trois mondes de l'État providence, Essai sur le capitalisme moderne, *PUF, 1999.*

☞

	Libéral	Corporatiste	Socialiste
Type de redistribution	Verticale	Horizontale	Verticale
Principes de fonctionnement	Sélectivité	Contributivité	Universalité
Mode de régulation	Autorités publiques (État central)	Caisses gérées par les partenaires sociaux	État décentralisé

Source : d'après F.-X. Merrien, *Cahiers français* n° 330, 2006.

2.2 Les gradations de l'État providence

Cette classification présente plusieurs intérêts au plan de l'analyse des systèmes de protection sociale. En effet, elle permet d'abord de faire apparaître trois grandes catégories génériques d'État providence, de positionner les différents systèmes de protection sociale nationaux suivant ces différents idéaux types, enfin de les classer sur une échelle de performance en fonction d'un critère essentiel, celui de l'autonomie plus ou moins grande par rapport au **marché** (critère de démarchandisation).

La première situation correspond au ***Welfare State*** libéral, sorte de **régime minimal** dans lequel la charge de protection contre les risques sociaux est abandonnée pour l'essentiel au marché et à la famille. L'**État** n'a vocation à agir que de façon résiduelle au bénéfice des individus les plus fragiles. On reconnaît ici les situations prévalant par exemple au Royaume-Uni depuis les années « Thatcher » (années 1980) et surtout aux États-Unis. Ainsi, aux États-Unis, la protection sociale des habitants relève pour l'essentiel de l'assurance privée et de l'épargne volontaire à l'exception des personnes âgées et de quelques groupes sociaux spécifiques. Le *Patient Protection and Affordable Care Act* (réforme « Obama Care ») entré en vigueur en 2013 améliore cependant la protection sociale en rendant de fait obligatoire l'assurance maladie.

Le système **corporatiste** est une généralisation du modèle bismarckien repérable dans plusieurs pays européens (l'Allemagne, l'Autriche, les Pays-Bas, etc.). La finalité de ce système consiste dans la protection des travailleurs contre les grands risques sociaux à l'aide d'un système contributif (cotisations sociales obligatoires adossées au travail).

Enfin, le dernier système, qualifié de **socialiste** (ou encore de social-démocrate), correspond à un degré élevé de protection sociale concernant tous les citoyens (système universaliste), soutenu par une offre importante de services sociaux, le tout sous l'égide d'un État interventionniste. On peut parler de **régime maximaliste**. C'est le système souvent associé aux régimes de l'Europe du Nord (les pays scandinaves).

Cette typologie est loin d'épuiser les débats, car elle ne rend pas parfaitement compte de la variété des situations, comme en témoigne par exemple le cas français (*cf. infra*).

3. Les grandes caractéristiques du modèle français

Le système français de protection sociale a déjà une longue et vieille histoire. À bien des égards, il s'apparente à un système mixte qui a emprunté ses caractéristiques principales aux deux grands modèles de référence bismarckien et beveridgien. C'est un système enfin à l'organisation très complexe dont on présente ici à grands traits la structure organisationnelle.

3.1 Principaux points de repère historiques

Le système de protection sociale s'est établi progressivement en France avec quelques initiatives avant la Seconde Guerre mondiale (loi des assurances sociales de 1930) et un flux ininterrompu de décisions et de créations d'institutions et de dispositifs après 1945.

QUELQUES DATES CLÉS EN MATIÈRE DE PROTECTION SOCIALE

1893 Loi d'assistance médicale gratuite aux indigents

1930 Loi sur les assurances sociales (Seuls sont couverts les salariés de l'industrie et du commerce.)

1945 Création de la Sécurité sociale

1958 Création de l'assurance-chômage

1988 Loi instituant le revenu minimum d'insertion (RMI)

1993 Réforme des retraites (dans le secteur privé)

1999 Institution de la couverture maladie universelle (CMU)

2003 Réforme Fillon des retraites (privé-public)

2004 Réforme de l'assurance maladie

2007 Réforme des régimes spéciaux de retraite

2009 Généralisation du revenu de solidarité active (RSA)

2010 Réforme Woerth des retraites

2014 Réforme Ayrault des retraites

Schématiquement, on peut dégager **trois temps forts** :

- de la fin du 19e siècle au début du 20e, la mise en place de plusieurs lois relevant d'une logique d'assistance,
- puis l'année 1930 avec la naissance de la notion de protection sociale obligatoire,
- enfin l'ordonnance de 1945 qui aboutit à la création et à la généralisation de la Sécurité sociale.

L'**ordonnance de 1945** occupe cependant une place à part car elle voit l'édification des **grandes caractéristiques du système français** toujours en vigueur, soit : la mise en place et l'extension à tous les salariés des différentes assurances obligatoires (vieillesse, maladie, etc.), le choix d'un financement par cotisation sur les revenus professionnels tant des salariés que des employeurs, le choix en faveur d'une gestion paritaire par les représentants respectivement des salariés et des employeurs, enfin le principe de l'unification et de la généralisation de la Sécurité sociale à toute la population.

3.2 Le caractère mixte du système français de protection sociale

TRAITS GÉNÉRAUX DU SYSTÈME FRANÇAIS

Système français

- Assurances obligatoires pour tous
- Gestion décentralisée et paritaire
- Financement essentiellement par cotisations mais aussi de plus en plus par l'impôt et la CSG
- Prestations sociales proportionnelles assorties de minima sociaux

Le système français de protection sociale constitue ainsi une formule mixte qui a emprunté différents aspects aux deux grands modèles de référence : il combine de façon globale des méthodes bismarckiennes avec des objectifs beveridgiens.

Il tient du modèle germanique les caractéristiques de son financement (avec une dominante de ressources provenant des cotisations des travailleurs), également l'absence d'unicité du système de gestion avec le maintien de nombreux régimes particuliers et le principe d'une gestion paritaire par les partenaires sociaux.

À l'inverse, il a emprunté au modèle britannique certains aspects relevant de la solidarité : en effet, tous les individus peuvent bénéficier d'une couverture de l'absence de revenus dans les cas où ils sont dans l'incapacité de subvenir à leurs besoins, et cela indépendamment de leur position sur le marché du travail comme de leur contribution financière au système (cas des allocations familiales, du dispositif du RMI, etc.). Ainsi, la logique de l'assistance (appelée en France communément « **aide sociale** ») prend le relais de la logique de base qui, elle, relève de l'assurance, ce qui conduit les observateurs à évoquer une **dualisation du système de santé** en distinguant les populations qui relèvent de l'assurance ou au contraire de l'assistance.

Enfin, certains traits d'évolution notamment en matière de financement (montée de la contribution des impôts et de la CSG) tendent à tirer le système dans un sens toujours plus beveridgien.

3.3 Les dimensions organisationnelles et financières du système français

a) Une couverture des risques partagée entre la Sécurité sociale et l'Unedic

La protection sociale en France relève de deux grandes familles d'organismes : la Sécurité sociale stricto sensu d'une part, et l'Unedic d'autre part.

En effet, la Sécurité sociale couvre contre tous les risques grâce à son organisme collecteur, l'Urssaf, à l'exception notable du risque « chômage » qui relève de l'assurance-chômage et de l'Unedic. Depuis 2011, l'URSSAF collecte l'ensemble des cotisations sociales y compris celles concernant le chômage.

La gestion distincte de ces deux familles de risques tient à plusieurs raisons contingentes : hostilité initiale de certaines catégories sociales à « la généralisation de la Sécurité sociale », inexistence du problème de chômage à l'époque de l'ordonnance de 1945 et absence de pression sociale pour couvrir ce risque, etc.

b) Une gestion paritaire avec une forte présence de l'État

Les organismes sociaux (Urssaf et Unedic) sont gérés traditionnellement suivant une approche paritaire associant syndicats et organisations patronales ; il vaut mieux cependant parler de **tripartisme** car l'État intervient à plusieurs niveaux au plan de la protection sociale.

En effet, l'ordonnance de 1945 a conféré à l'État un rôle clé de contrôle et de tutelle sur la Sécurité sociale en lui accordant également le soin de définir les procédures de nomination des dirigeants des caisses et d'agir par voie réglementaire en fixant le niveau des cotisations et des prestations.

Le rôle de l'État ne cesse d'ailleurs de croître avec son intervention grandissante au plan du financement de la protection sociale, mais aussi avec la mise en place du vote annuel d'une **loi de financement de la protection sociale** qui vise à définir *a priori* les ressources disponibles pour la Sécurité sociale. Si la majorité des prestations restent contributives, la loi de financement de la sécurité sociale (LFSS) multiplie les instruments de limitation budgétaire avec la définition d'enveloppes, de plafonds et de taux d'évolution des dépenses.

c) Un système d'une grande complexité

L'organisation de la Sécurité sociale est une architecture complexe comportant **quatre branches de risques**, plusieurs **régimes** différents (ensemble de personnes définies par leur activité professionnelle et soumises à la même réglementation) et un millier d'organismes locaux et nationaux.

LES BRANCHES DE LA SÉCURITÉ SOCIALE

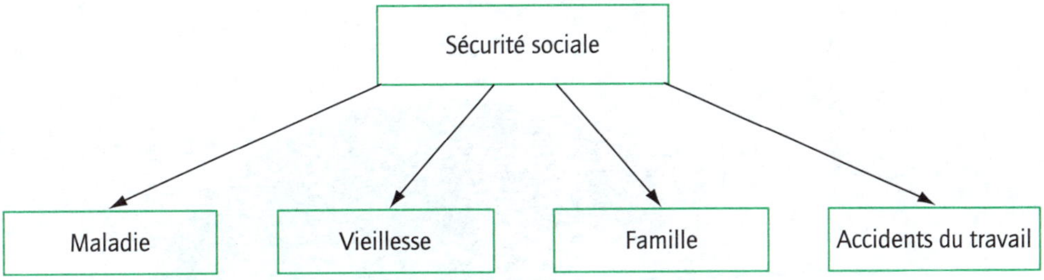

LA DIVERSITÉ DES RÉGIMES AU SEIN DE LA SÉCURITÉ SOCIALE

Les très nombreux régimes existants peuvent être regroupés en quatre grandes familles d'importance et de situation très variables.

- Le régime **général** assure la couverture la plus étendue d'une très grande partie de la population.
- Le régime **agricole** et celui des **non-salariés** qui rassemblent des populations de travailleurs spécifiques ont vu leurs conditions (contributions et prestations) s'aligner progressivement sur les standards du régime général.
- Il y a enfin les **régimes spéciaux** (environ une centaine) réunissant des personnels notamment de la fonction publique et des entreprises publiques qui jouissent dans l'ensemble de niveaux de prestations plus favorables que celles du régime général. Les dernières réformes des retraites tendent cependant à rapprocher les régimes spéciaux du régime général.

LES GRANDES FAMILLES DE RÉGIMES DE LA SÉCURITÉ SOCIALE

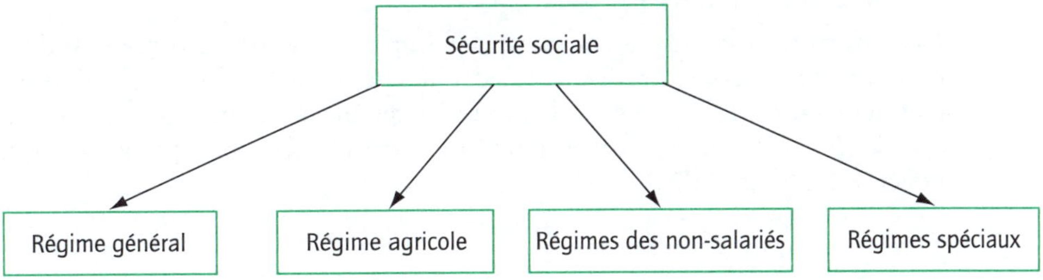

La complexité est accrue encore par la coexistence de très nombreux dispositifs de couverture ; en effet, les différents risques sont couverts fréquemment par des dispositifs mixtes : certains relèvent de l'assurance, d'autres de l'assistance.

d) Deux postes financiers majeurs

Parmi ces risques, deux pèsent aujourd'hui d'un poids essentiel : le risque-vieillesse en liaison avec le vieillissement de la population et le risque-santé.

RÉPARTITION DES PRESTATIONS PAR NATURE (DONNÉES 2001 EN %)

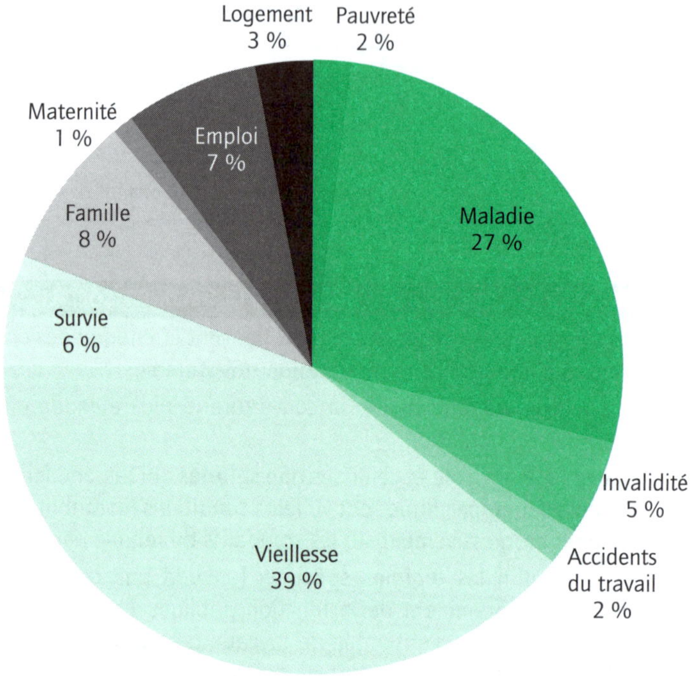

Source : d'après données des Comptes de la protection sociale en France et en Europe en 2011 paru en 2013

e) Le poids dominant et en déclin du financement par les cotisations sociales

La couverture de ces risques est assurée par un ensemble de ressources de diverses origines : cotisations sociales respectivement salariales et patronales, mais également contributions étatiques sous forme de concours de l'État servant à financer les dépenses d'intervention sociale (RSA, etc.) et à assurer l'équilibre de certains régimes spéciaux et d'impôts et taxes affectées (CSG et CRDS).

RESSOURCES DE LA PROTECTION SOCIALE (en 2011)	
Type de ressources	**En %**
Cotisations sociales	63
Ressources fiscales et budgétaires Impôts et taxes affectées Contributions budgétaires	35 (25) (2)
Autres ressources	2
Ensemble des ressources	100

Source : d'après données des comptes de la protection sociale en France et en Europe en 2011 paru en 2013.

La **contribution sociale généralisée (CSG)** créée en 1991 est un **système hybride** d'impôt et de cotisation. Comme l'impôt, elle a un caractère universel et elle est partiellement non déductible du revenu soumis à impôtþ; comme les cotisations sociales, elle est proportionnelle, pour partie déductible du revenu imposable… et ne rentre pas dans le budget de l'État.

La **contribution au remboursement de la dette sociale (CRDS)** est une taxe créée en 1996 pour assurer l'apurement de la dette sociale.

L'essentiel du financement repose sur les cotisations sociales (à 63 % environ en 2011) mais on observe la contribution significative de l'État (environ 35 %) et la montée en puissance de la CSG.

SECTION 3

DIFFICULTÉS, ENJEUX ET RÉFORMES DU SYSTÈME FRANÇAIS DE PROTECTION SOCIALE

La protection sociale connaît des difficultés répétées, à commencer par celles touchant à son financement. Le problème est cependant plus large et met en cause le bien-fondé de plusieurs caractéristiques majeures du système français. Cela nous amène à présenter de façon schématique les implications de plusieurs réformes contemporaines de la protection sociale.

1. Le problème récurrent du financement de la protection sociale

Le déficit chronique de la Sécurité sociale constitue en effet l'expression la plus évidente et la plus immédiate des difficultés de la protection sociale. Derrière ces difficultés, à l'origine d'un « effet de ciseaux », on retrouve différents facteurs, les uns touchant aux recettes et les autres aux dépenses.

1.1 Un déficit chronique

La protection sociale connaît des difficultés chroniques (avec le fameux « trou de la Sécu ») ; ainsi le régime général de la Sécurité sociale a-t-il toujours été déficitaire depuis 1990 à trois années près, le déficit étant concentré pour l'essentiel sur deux postes, l'assurance-maladie et l'assurance vieillesse. En 2012, le déficit concerne toutes les branches (maladie, vieillesse, accidents du travail et famille), atteignant un total de 17,5 milliards d'euros après un déficit record de 28 milliards en 2010.

Le « **trou de la Sécu** » est le qualificatif courant et familier désignant le déficit global des organismes de Sécurité sociale.

SOLDE ANNUEL DU RÉGIME GÉNÉRAL DE LA SÉCURITÉ SOCIALE DE 1990 À 2012 (en milliards d'euros)

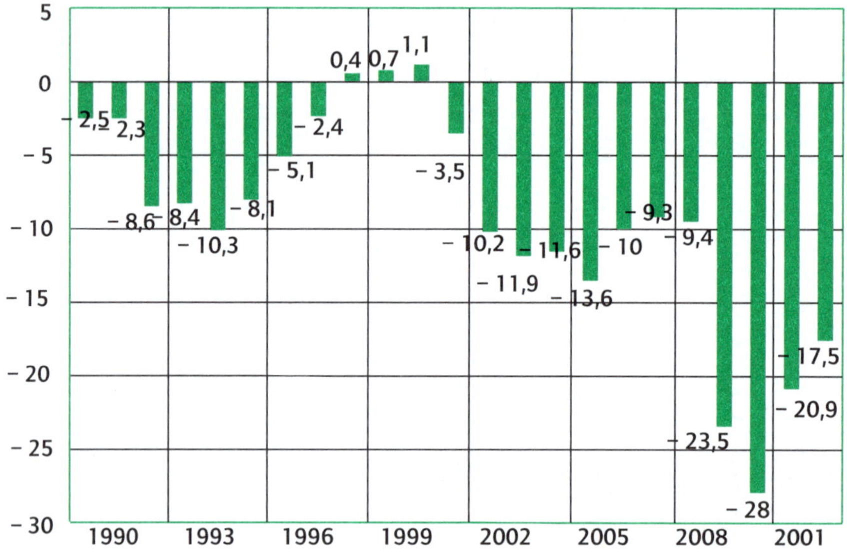

La question du déséquilibre, en l'occurrence du déficit, n'est en soi pas nécessairement un problème, d'autant que le budget a toujours de bonnes chances d'être déséquilibré dans un sens ou dans un autre en raison du caractère imprévisible des dépenses (mais également des recettes), d'où d'ailleurs le caractère incontournable du bouclage des comptes de la Sécurité sociale en fin d'année.

Le problème se situe en fait au plan de l'importance même du déficit et de son caractère répété, si bien que les préoccupations comptables sont devenues centrales dans l'appréhension de la protection sociale et tendent à éclipser les progrès sociaux qu'elle a permis de réaliser.

1.2 Les facteurs à l'origine d'un effet de ciseaux

Ce déficit récurrent s'explique à la fois par la faiblesse des recettes et par la forte montée générale des dépenses :

- l'**insuffisance des recettes** résulte fondamentalement de la faiblesse de la croissance économique qui se traduit d'une part par un ralentissement de la croissance de la masse salariale sur laquelle repose le calcul des cotisations sociales et d'autre part par un chômage élevé qui réduit le nombre même de cotisants ;
- les **dépenses sont orientées systématiquement vers le haut** sous l'influence de multiples déterminants : des facteurs démographiques avec notamment le vieillissement de la population qui non seulement augmente le poids des retraites, mais accroît également les dépenses de maladie ; en second lieu les effets du progrès technique qui, en permettant l'amélioration de la qualité des soins et des techniques chirurgicales, conduit simultanément à l'accroissement du prix de la santé ; sans oublier certaines caractéristiques du système français de protection sociale (le remboursement jusqu'à 100 % par certaines mutuelles n'incite pas à l'économie) ou encore les conséquences de certaines mesures (renchérissement des honoraires médicaux). Enfin, il convient d'ajouter que les dernières décennies ont été globalement caractérisées par l'amélioration et la généralisation de la couverture des risques.

PRINCIPAUX FACTEURS À L'ORIGINE DU DÉFICIT

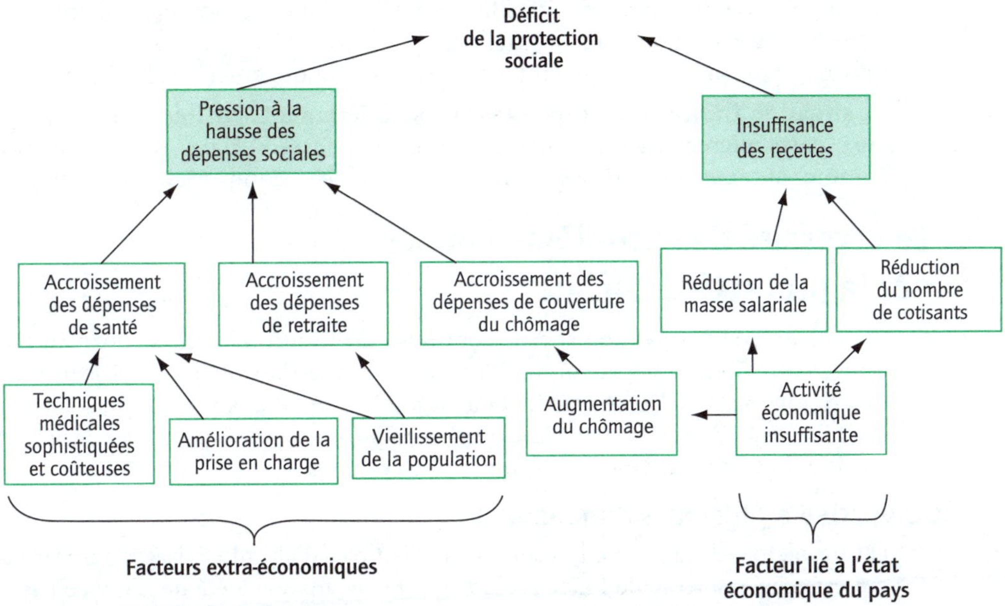

En d'autres termes, la conjonction de facteurs économiques (la faiblesse de la croissance), de phénomènes démographiques (le vieillissement de la population) et d'un système social protecteur (qualité des soins, proportion des remboursements, généralisation de la couverture des risques) conduit à « un **effet de ciseaux** » : les recettes ne parviennent pas structurellement à couvrir la croissance soutenue des dépenses.

1.3 Des problématiques similaires en Europe

Les problèmes de protection sociale ne sont pas une spécificité française car des difficultés similaires se retrouvent dans les autres pays européens, avec en particulier un niveau élevé de dépenses sociales et une tendance à leur augmentation significative dans la plupart des pays jusqu'à aujourd'hui.

DÉPENSES DE PROTECTION SOCIALE DE QUELQUES PAYS EUROPÉENS (en pourcentage DU PIB)				
	1993	2003	2007	2011
Zone euro (18 pays)	-	27,7	26,8	30,0
Allemagne	26,1	30,8	27,8	29,4
Espagne	23,4	20,3	20,8	26,1
France	28,7	31,0	30,9	33,6
Italie	25,2	25,7	26,6	29,7
Royaume-Uni	27,7	25,5	24,7	27,3

Source : d'après données Eurostat

Les niveaux de dépenses atteints sont élevés et posent de sérieux problèmes de financement à plusieurs de ces pays, des situations facilement explicables par la proximité sociale, économique, démographique (*cf.* le vieillissement général de la population, commun à tous les pays européens) ou encore culturelle et qui se traduisent partout par la mise en place de réformes plus ou moins similaires (par exemple l'allongement de la durée de vie active).

La **situation française est cependant particulièrement sensible** et aiguë compte tenu du taux particulièrement élevé atteint par les dépenses sociales (au-dessus des moyennes communautaires) et de leur accroissement notable (y compris en pourcentage du PIB).

2. La diversité des problèmes posés par la protection sociale

Les enjeux de la protection sociale sont bien sûr multiples et ne se bornent pas aux seules dimensions financières et comptables. Ainsi la question même de la légitimité et du bon fonctionnement de l'**État providence** est posée. Quant à la protection sociale *stricto sensu*, elle fait l'objet de remises en cause de plus en plus ouvertes à partir des années 1990, et bien au-delà du seul problème de l'équilibre des comptes.

2.1 Une crise à plusieurs dimensions

Les problèmes de la protection sociale peuvent être d'abord envisagés à un niveau supérieur qui est celui-là même de l'État providence. Cette analyse a été développée par exemple par l'historien Pierre Rosanvallon(1) au début des années 1980 ; elle est importante à connaître compte tenu du rôle clé de l'État dans la redistribution et la régulation de la protection sociale.

Selon P. Rosanvallon, il convient de parler d'une triple crise de l'État providence : crise de financement, crise d'efficacité, mais aussi crise de légitimité.

---

(1) La crise de l'État providence, *Le Seuil, 1981.*

La crise de l'État providence selon P. Rosanvallon

La **crise du financement** a été déjà abordée en détail au travers précisément de la dimension de la protection sociale. Il convient de noter cependant sa prégnance accrue depuis le traité de Maastricht qui assigne des limites précises au déficit public (pour mémoire, somme des déficits éventuels du budget de l'État, mais aussi des collectivités territoriales et bien entendu de la Sécurité sociale). Cette « solidarité » de fait entre les différents budgets soumis globalement à une contrainte commune ne peut que rendre encore plus aiguë la contrainte du financement pour chacun d'entre eux.

La deuxième critique concerne l'**efficacité même de l'État providence** avec au plan macroéconomique l'échec de plus en plus patent des politiques de relance keynésiennes dans les décennies 1970-1980.

Enfin la troisième critique, peut-être la plus grave, porte sur la **légitimité** même de cet **État providence** qui rend compte de la désaffection progressive des citoyens pour certaines formes de l'intervention de l'État mais aussi de la difficulté croissante de celui-ci à répondre à leurs attentes.

2.2 La remise en cause de plusieurs piliers du système français de protection sociale

Le constat précédent concerne bien évidemment au premier chef la protection sociale : source de déficits répétés, accusée de contribuer à la perte de compétitivité des entreprises nationales (en raison du poids important des cotisations sociales), considérée comme inadaptée pour soutenir ceux qui sont le plus dans le besoin (les non-cotisants) compte tenu de son orientation bismarckienne, enfin toujours en difficulté pour promouvoir les réformes nécessaires en raison d'une gestion paritaire conflictuelle et d'un compromis social de plus en plus difficile à trouver.

Ainsi, la crise de la Sécurité sociale ne porte pas seulement sur la question du déficit chronique mais aussi et de plus en plus sur les déficiences patentes du système en matière de service rendu : **la protection sociale offerte par la Sécurité sociale est d'autant moins généralisée que les mesures de restriction des assurances sociales en ont exclu un nombre croissant de personnes.**

Trois caractéristiques de plus en plus discutées

Avec les années 1990 plusieurs des caractéristiques majeures du système français sont remises en cause :

- le fait de fonder les droits acquis sur le (seul) **travail** ;
- le principe d'un financement essentiellement par les **cotisations sociales** ;
- une gestion confiée pour l'essentiel aux **seuls intéressés** (la fameuse gestion paritaire).

Ces différentes observations permettent de mieux comprendre la cascade de réformes qu'a connue et que connaît toujours le système de protection sociale, les motifs de ces réformes comme les raisons de leur échec ou de leurs insuffisances et surtout les transformations de plus en plus substantielles du système français..

3. Des plans de redressement aux réformes structurelles

Il s'agit ici précisément d'identifier un certain nombre d'orientations qui traduisent des changements de fond du système jusqu'à en modifier le positionnement par rapport au modèle bismarckien retenu depuis la Seconde Guerre mondiale. On commentera ensuite ces différentes orientations suivant leur point d'application (recettes ou dépenses).

3.1 L'identification de quelques ruptures majeures

Face à la détérioration persistante des comptes sociaux, les pouvoirs publics ont été amenés à prendre régulièrement des mesures correctives sous forme de plans de redressement quasi-annuels jusqu'à leur institutionnalisation en 1996 avec le vote annuel d'une loi de financement de la Sécurité sociale. Les orientations retenues ont toujours un même profil : **la recherche d'une réduction ou d'un plafonnement des dépenses notamment en matière de santé et une volonté d'accroître les ressources (au départ les cotisations sociales, ensuite la CSG)**. On ne fera pas ici l'inventaire détaillé des mesures, d'autant qu'une quatrième section est consacrée à l'étude thématique de la protection sociale. On se borne ici à pointer quelques mutations contemporaines essentielles qui concernent plusieurs risques simultanément et à en restituer la cohérence d'ensemble.

QUELQUES GRANDES « RUPTURES »	
Recettes	**Dépenses**
Fiscalisation de la protection sociale (avec la CSG)	Développement des dépenses d'assistance (orientation beveridgienne) Lutte contre l'exclusion
	Modèle de financement *a priori* des dépenses (avec le vote de la loi annuelle de financement de la Sécurité sociale)
Extension des mécanismes de marché (recettes & dépenses)	

La présentation en termes d'actions respectivement sur les recettes et les dépenses ne doit pas abuser le lecteur : il ne s'agit pas seulement de mesures « comptables » mais bel et bien de mesures impliquant une révision en profondeur de l'organisation et du fonctionnement du système.

3.2 Une fiscalisation croissante de la protection sociale

Il faut d'abord observer le recours à de nouvelles ressources qui modifient sensiblement le sens et les orientations de la protection sociale.

Traditionnellement, le financement de la protection sociale repose en France sur les cotisations sociales si bien que la France est, sur ce plan, le pays « le moins étatisé » d'Europe. Cependant, cette orientation est apparue de plus en plus inadaptée pour des raisons tant économiques que sociales :

- d'abord l'augmentation des dépenses ne pouvait pas permettre la croissance éternelle des taux de cotisation ;
- en second lieu, l'action sur les cotisations sociales tendait à pénaliser les entreprises utilisant particulièrement le facteur travail, cela dans un contexte de mondialisation (*cf.* la problématique du coût du travail), alors même que le développement de l'exclusion impliquait l'appel à de nouvelles ressources.

Dans ces conditions, la mise en place de la **CSG,** mi-impôt, mi-cotisation sociale a permis de collecter des ressources de plus en plus importantes avec l'intérêt majeur de s'appliquer à toutes les catégories de revenus y compris les revenus du capital et les pensions de retraite. Conçue initialement pour financer les quelques prestations « non contributives » (c'est-à-dire non couvertes par les cotisations sociales), elle tend de plus en plus à remplacer le financement traditionnel assuré par les cotisations sociales (*cf.* les politiques publiques d'exonération de charges sociales).

La CSG n'est pas à proprement parler un impôt mais plusieurs de ses caractéristiques l'apparentent à lui (elle est d'ailleurs en droit français assimilée à un impôt). Dans ces conditions, la fiscalisation de la protection sociale est une première transformation marquante, alors même que les contributions budgétaires stricto sensu jouent un rôle de plus en plus restreint.

3.3 Une recherche de maîtrise des dépenses et d'orientation dans une logique de solidarité

Plusieurs changements interviennent également du point de vue des dépenses.

En premier lieu, les pouvoirs publics ont pris acte de l'importance croissante des populations peu ou mal couvertes par le régime traditionnel des assurances sociales. Ce phénomène a été amplifié certes par l'extension du chômage mais surtout par la réduction de nombreuses prestations et l'évolution défavorable des conditions d'éligibilité à certaines allocations. Les mesures de restriction ont ainsi fini par exclure un nombre croissant de personnes de la protection sociale assurantielle. On peut parler d'ailleurs à ce titre de **crises endogènes** de la Sécurité sociale.

C'est la raison pour laquelle toute une série de mesures relevant de la **solidarité** (**logique d'assistance**) a progressivement vu le jour depuis la fin des années 1980, dont les plus emblématiques sont le revenu minimum d'insertion (RMI) créé en 1988, la couverture médicale universelle (CMU) créée en 1999 et l'entrée en vigueur en 2009 du **revenu de solidarité active** (RSA).

Le **revenu de solidarité active (RSA)** offre un revenu minimum aux plus démunis et a été conçu avec l'objectif de favoriser l'insertion économique et sociale de ses bénéficiaires. C'est un complément de revenu pour les travailleurs pauvres et un minimum social pour ceux qui ne travaillent pas.

En second lieu, et dans un but à la fois de rationalisation mais aussi de rationnement des dépenses, l'État a entendu accroître son rôle en tant que **régulateur du système** avec la mise en place d'une loi annuelle de financement de la Sécurité sociale. Sans limiter strictement les dépenses (c'est techniquement difficile !), cette loi contribue cependant à organiser un rationnement des dépenses à coups d'enveloppes, de plafonds et d'objectif de taux de progression des dépenses. Cette évolution confortée par d'autres mesures traduit une orientation vers une **régulation administrée** voire une « **planification de la santé** ».

3.4 Une politique d'extension du recours aux mécanismes de marché

Le pilotage de la protection sociale comporte des dimensions bien différentes qui vont, elles, dans le sens d'une individualisation et d'« une privatisation » de la protection sociale. La France s'engage dans cette direction avec le lien de plus en plus étroit établi entre cotisation et prestation conduisant finalement à une réduction de la couverture sociale garantie par les assurances sociales. C'est la raison pour laquelle les Français dépendent de plus en plus de la protection sociale complémentaire reposant sur des mutuelles ou carrément sur des assurances privées. Cela est particulièrement visible après les multiples réformes relatives aux retraites et à l'assurance-maladie. Il va sans dire que ces compléments privés et individualisés de protection concernent (seulement) ceux qui peuvent se les offrir.

Au total, le système de protection sociale enregistre des transformations profondes avec cependant le maintien affirmé de l'État providence. Les grandes orientations retenues traduisent la difficulté mais aussi la nécessité de mettre en place des réformes assurant le difficile équilibre entre l'efficacité économique et la justice sociale. Ces observations n'épuisent pas bien sûr le débat ; ainsi, d'autres orientations sont régulièrement avancées : on pense par exemple à la possibilité d'une TVA sociale ou à l'application d'un principe « pollueur-payeur » aux entreprises en matière d'emploi.

SECTION 4

DEUX DIMENSIONS THÉMATIQUES : LES DOSSIERS DE LA SANTÉ ET DE LA RETRAITE

La protection sociale peut être appréhendée globalement dans ses objectifs, ses grandes orientations et ses transformations de fond ; elle peut aussi être appréciée avec un regard plus fin en analysant séparément les situations concernant chaque type de risque. Sont développés ici les cas de deux grands secteurs d'application de la protection sociale, ceux de la santé et de la retraite.

1. La santé : la régulation étatique plutôt que la privatisation

Comprendre la dynamique du système de santé suppose tout d'abord qu'on identifie quelques caractéristiques structurelles de ce système. L'analyse des enjeux requiert ensuite de connaître les grands contributeurs et leur poids relatif. Il est alors possible de prendre la mesure des grandes réformes en matière de santé et d'en apprécier la portée.

1.1 Des dépenses de santé tirées vers le haut par l'offre et la demande

Les dépenses de santé représentent un **poids particulièrement élevé** en France : à titre indicatif elles représentaient, en 2012 près de 12 % du PIB en France, soit le pourcentage le plus élevé de l'Union européenne. Elles constituent aussi généralement un poste essentiel pour sa contribution négative au déficit de la Sécurité sociale.

Elles présentent également la particularité d'être tirées vers le haut par des forces s'exerçant à la fois sur l'offre et sur la demande.

Du point de vue de **la demande**, la santé est classée comme un **bien « supérieur »** dont la consommation est légitime (elle est supposée améliorer l'état de santé de la population) et dont la part est appelée à croître, non seulement en valeur absolue mais aussi en valeur relative dans le budget des ménages (lois d'Engel).

Les dépenses de santé sont alimentées par plusieurs facteurs propres à la demande, qu'il s'agisse du vieillissement de la population, de l'augmentation du nombre de chômeurs et d'exclus (plus fragiles et plus vulnérables aux problèmes de santé) ou encore de l'élévation générale du niveau de vie (qui conduit à se préoccuper plus de sa santé et à faire appel plus facilement aux praticiens).

C'est ici une particularité importante du risque santé, l'**offre** joue également un rôle clé car les soins médicaux n'ont lieu que moyennant l'intervention des médecins : producteurs de soins, ils décident également de la consommation médicale des patients, d'où la thèse économique de « la demande induite » (par l'offre). Ainsi, l'accroissement du nombre de prescripteurs (médecins), la multiplication de leurs actes ou encore l'accroissement de la rémunération de ces mêmes actes tirent vers le haut les dépenses de santé ; phénomène renforcé encore par la sophistication croissante des techniques chirurgicales.

OFFRE, DEMANDE ET DÉPENSES DE SANTÉ

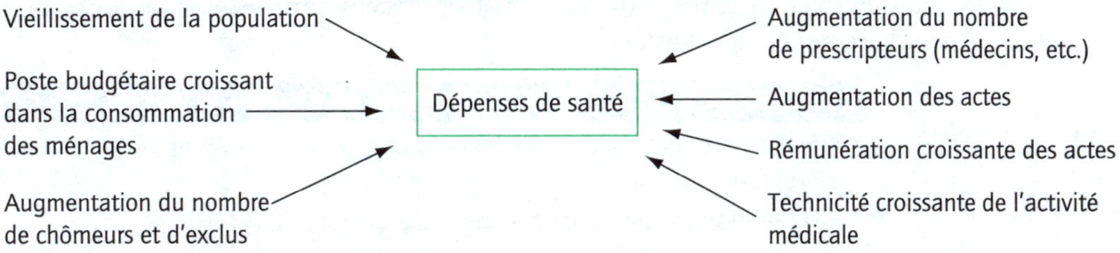

On comprend dans ces conditions pourquoi l'action des pouvoirs publics pour maîtriser les dépenses passe toujours par des actions de contrôle à la fois de la demande et de l'offre de soins.

1.2 L'importance du financement collectif

On dispose de statistiques précises sur l'origine du financement de la santé qui font apparaître quelques points essentiels : la contribution déterminante du financement collectif (*cf.* le poids de la Sécurité sociale) et une grande stabilité d'ensemble de la part des différents contributeurs sur la dernière décennie. Cela relativise globalement l'importance des transformations récentes opérées dans le domaine de la santé, même si des évolutions très contrastées sont repérables suivant les lieux et types de consommation.

STRUCTURE DE FINANCEMENT DES DÉPENSES DE SOINS ET DE BIENS MÉDICAUX

	1995	2005	2008	2011
Sécurité sociale	77,1	76,8	75,7	75,5
État et collectivités territoriales	1,1	1,2	1,2	1,3
Mutuelles	7,3	7,6	7,6	7,4
Sociétés d'assurance	3,3	3,0	3,3	3,7
Institutions de prévoyance	1,6	2,3	2,4	2,5
Ménages	9,6	9	9,7	9,6
Total	100,0	100,0	100,0	100,0

Source : données Drees, Comptes de la santé

La consultation de statistiques détaillées fait apparaître ainsi des écarts importants en matière de contribution de la Sécurité sociale suivant le type de soins : proche de 95 % pour les dépenses hospitalières à l'hôpital public, atteignant 100 % pour les patients souffrant d'affection de longue durée, elle n'atteint pas 35 % pour les soins dentaires ; on retrouve les enjeux de la couverture du panier de soins et une différence de fait entre « **petits** » et « **gros** » **risques**, la Sécurité sociale ayant vocation à financer en priorité les risques jugés « les plus lourds ».

1.3 Maîtrise des dépenses, CMU et privatisation limitée

Ce titre montre le caractère complexe et diversifié de quelques grandes tendances repérables concernant les dépenses de santé ; il signale au passage la difficulté sinon l'impossibilité de donner une seule image des transformations actuelles du système de santé.

D'innombrables mesures jalonnent l'histoire récente du système de santé avec trois dates particulièrement importantes.

QUELQUES DATES IMPORTANTES DE RÉFORME DU SYSTÈME DE SANTÉ

1995 Plan Juppé comportant la mise en place des lois de financement de la sécurité sociale

2000 Création de la Couverture médicale universelle (CMU)

2004 Réforme structurelle de l'assurance-maladie

Les mesures en matière de santé comportent généralement des décrets visant à contrôler la demande (déremboursement des médicaments, création du forfait hospitalier, etc.) et à contrôler sinon à rationner l'offre (numerus clausus en matière de recrutement de praticiens, limitation du volume des actes de la médecine ambulatoire, etc.).

Trois types de mesures retiennent particulièrement l'attention.

■ *La recherche d'une maîtrise des dépenses de santé et d'une régulation étatique du système*

Cette recherche passe bien entendu par des mesures classiques de contrôle de la demande et de l'offre (*cf. supra*) ; mais elles se sont enrichies de la fixation chaque année « **d'un objectif national de dépense d'assurance-maladie** » (Ondam) voté annuellement par le Parlement qui a fini par contraindre effectivement l'augmentation annuelle des dépenses de santé par une multitude de mesures assurant un pilotage et un contrôle de celles-ci (définition de références médicales obligatoires dites RMO, création d'agences régionales de l'hospitalisation dites ARH en 1996, dotées de compétence de planification et de financement pour les hôpitaux, etc.). La **réforme de 2004** prolonge la tendance avec la création d'une Haute autorité de la santé, le développement de bonnes pratiques médicales ou encore la multiplication et la diffusion de protocoles de soins.

■ *La création de la couverture médicale universelle en 2000*

Ici, il ne s'agit plus de rationner les soins, mais d'assurer une couverture santé aux plus démunis dont on sait que le nombre a très fortement augmenté depuis les années 1980.

La **couverture médicale universelle** permet non seulement de n'exclure personne de la protection maladie (CMU de base), mais également d'assurer une couverture complémentaire aux personnes qui n'ont pas les ressources nécessaires pour cotiser à une mutuelle (CMU complémentaire)

Elle joue d'ailleurs un rôle essentiel : la CMU de base compte près de 2,2 millions d'allocataires et la CMU complémentaire environ 4 500 000 (données 2012).

■ *Une privatisation (encore) limitée*

Différentes mesures prises à partir des années 1980 ont contribué **à abaisser significativement la prise en charge de différents types de dépenses de santé par la Sécurité sociale**, avec entre autres la création en 1983 d'un forfait hospitalier (qui est une contribution des malades aux frais hospitaliers) augmenté ensuite à plusieurs reprises, des vagues successives de déremboursement de nombreux médicaments, etc. Ces différentes mesures vont dans le sens d'une **privatisation accrue de la fourniture de soins.** L'effet a été cependant largement atténué par la prise en charge d'une grande partie de ces charges nouvelles par les mutuelles. La **réforme de 2004** qui a mis en place la définition de parcours de soins coordonnés avec le choix d'un médecin traitant par chaque patient et l'obligation de passer par lui pour consulter éventuellement un spécialiste correspond d'abord à une nouvelle volonté de contrôler et de limiter les dépenses de santé ; la possibilité de consulter directement un spécialiste moyennant des dépassements d'honoraires non remboursés par la Sécurité sociale peut élargir à terme le périmètre des soins à la charge des patients et ouvrir de nouveaux espaces à une « marchandisation » de la santé.

2. Les retraites : priorité au système de financement par répartition

La question des retraites appelle pour commencer une réflexion sur un déterminant majeur, celui de la démographie, qui met en péril l'équilibre des systèmes fondés sur une logique de répartition. Le caractère aigu et immédiat des problèmes d'équilibrage des régimes de retraite a conduit à la mise en place de réformes successives reposant pour l'essentiel sur l'aménagement du système de financement par répartition.

2.1 Les problèmes posés au financement des retraites par répartition

Derrière la question des retraites est posée fondamentalement la question des incidences de l'évolution démographique qui met en difficulté le système dominant actuel de financement des retraites par répartition.

Un système **de retraite par répartition** est un mode de financement par prélèvement de cotisations effectué sur le revenu des actifs, reversé ensuite sous forme de pensions aux retraités. Ce système instaure par conséquent une **solidarité intergénérationnelle** puisque ce sont les actifs qui paient les pensions des retraités. De plus, les ressources correspondantes ne sont pas placées sur les marchés financiers (comme dans le système alternatif de la capitalisation) dans la mesure où elles transitent immédiatement d'un individu (actif) à un autre (retraité).

a) Les incidences démographiques

Ce système est mis en difficulté de façon durable par **trois phénomènes indépendants :** le papy-boom lié au surplus de naissances de l'après-Deuxième Guerre mondiale, l'allongement de la durée de vie et la réduction de la natalité. L'interaction de ces trois facteurs conduit à dégrader le pivot du système de répartition qui est le rapport du nombre d'actifs au nombre d'inactifs car, pour que le système par répartition fonctionne, il faut bien sûr que le nombre d'actifs soit suffisant par rapport au nombre de retraités.

Le phénomène du ***papy-boom*** concerne la période la plus immédiate. Il comporte un effet **contraignant et transitoire** en élevant de façon significative le nombre d'inactifs dans les trois décennies à venir.

L'allongement de **la durée de vie** des individus est un phénomène fort ancien et s'inscrivant dans la durée que l'on peut mesurer à l'aide de l'indicateur de « l'espérance de vie à la naissance ».

L'**espérance de vie à la naissance** (ou à l'âge 0) représente la durée de vie moyenne – autrement dit l'âge moyen au décès – d'une génération fictive soumise aux conditions de mortalité de l'année.

ESPÉRANCE DE VIE À LA NAISSANCE

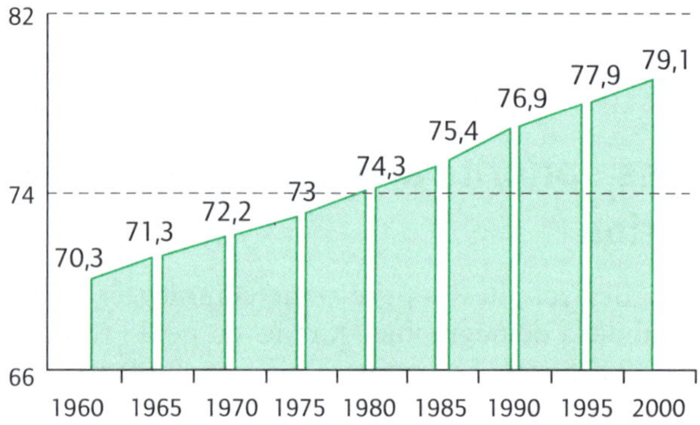

Source : ministère de la Santé.

Cette espérance de vie ne cesse de croître : en 2013 elle est de plus de 78 ans pour les hommes et de 85 ans pour les femmes ; de plus un trimestre est gagné chaque année, ce qui est en soi un progrès social majeur. Cette tendance exerce donc une pression durable et multiple en élevant la charge de financement des retraites à législation constante (en matière de départs à la retraite) en poussant à la hausse les dépenses de santé et en renforçant l'importance du risque de « dépendance ». Ce facteur pose donc directement la question de la révision et de l'adaptation du système de retraite.

Le troisième facteur est celui de la baisse de l'**indice de fécondité des femmes** (qui a atteint 1,66 en 1993 avant de remonter ensuite).

L'**indice de fécondité** mesure le nombre d'enfants qu'aurait une femme tout au long de sa vie si les taux de fécondité observés demeuraient inchangés.

Ce troisième élément joue lui aussi défavorablement sur la période à venir et ce de façon irréversible puisque les actifs cotisants potentiels qui ne sont pas nés ne naîtront jamais en tout état de cause, ce qui dégrade nécessairement le ratio actif/inactif. Cela étant, la situation sous l'angle de ce dernier facteur est moins préoccupante compte tenu de la remontée très sensible de l'indice de fécondité (1,99 en 2013) qui est l'un des plus élevés d'Europe.

b) Un financement sous tension permanente

Avant même de parler de financement, il convient tout d'abord de rappeler que les prestations vieillesse sont (de loin) le premier poste de la protection sociale (elles pèsent près de 45 % des prestations totales) et représentent un poids élevé dans le PIB (13,6 % en 2011).

Ce poids aussi se donne à voir en matière de besoin de financement ; la charge des retraites contribue en effet de façon de plus en plus nette au déficit de la Sécurité sociale. Les chiffres manifestent l'incidence des facteurs démographiques sur l'équilibre des retraites, malgré les réformes mises en œuvre.

SOLDES PAR BRANCHE DU RÉGIME GÉNÉRAL (en milliards d'euros)				
	2005	2010	2011	2012
Maladie	- 8,0	- 11,6	- 8,6	- 5,4
Accidents du travail	- 0,4	- 0,7	- 0,2	- 0,1
Vieillesse	- 1,9	- 8,9	- 6,0	- 5,0
Famille	- 1,3	- 2,7	- 2,6	- 2,5
Total régime général	- 11,6	- 23,9	- 17,4	- 13,1

Source : d'après données ecosanté.fr - Cnamts

De nombreux rapports ont ainsi alerté et informé les pouvoirs publics à propos de l'ampleur des menaces pesant sur les régimes de retraite, tel le rapport Charpin (1999) selon lequel le nombre de personnes à charge de 10 actifs passera de 4 à 7 personnes entre les années 2000 et 2040 ; ce rapport a été élaboré, précisons-le, avant la réforme des retraites de 2003.

L'évaluation de la charge de financement à venir et des tensions prévisibles reste cependant délicate compte tenu de la **multiplicité des facteurs** agissants ; ainsi le nombre de cotisants qui est un paramètre clé dépend lui-même de multiples facteurs : taux de fécondité, taux d'activité, taux de chômage ou encore taux d'immigration. Certains de ces taux (tel le taux de fécondité) peuvent fortement évoluer et pas toujours de façon prévisible ; on peut aussi agir significativement sur d'autres tels le taux d'immigration. Enfin, le **contexte économique,** en un mot la croissance, peut modifier radicalement les données du financement. Ce qui explique l'existence de scenarii très différents sur le moyen terme mais aussi le principe retenu dans la réforme des retraites de 2003, de réévaluer périodiquement la situation en la matière.

2.2 Aménagement du système de répartition et encouragement de la capitalisation

Après un examen des différentes solutions possibles aux problèmes du financement des retraites, nous présentons l'état des réformes engagées

a) Différents axes de réforme possibles

Deux grandes pistes peuvent être envisagées pour améliorer l'équilibre du système de retraites : la première consistant à faire évoluer le système de financement par répartition retenu depuis la Deuxième Guerre mondiale et la seconde à développer un autre système, dit « par capitalisation ». Derrière cette alternative existent en fait de nombreuses modalités pratiques envisageables.

Tous les pays européens ont engagé des réformes combinant ces mesures y compris la création de fonds de réserve pour pallier aux difficultés de financement des régimes de retraite.

LES AXES POSSIBLES DE RÉFORME DU SYSTÈME DE RETRAITE

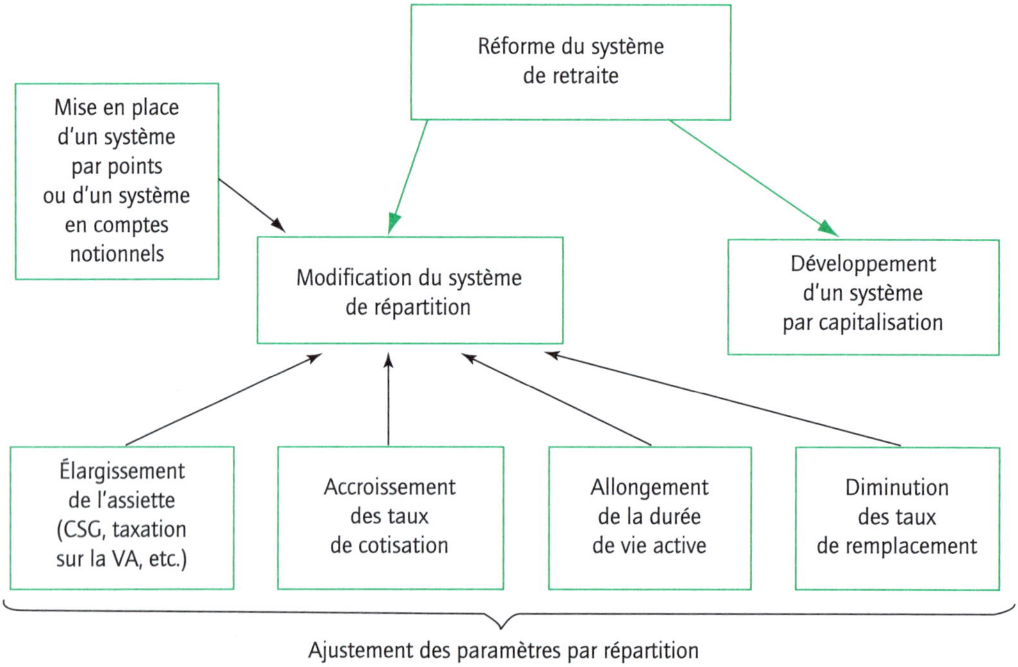

L'AJUSTEMENT DES PARAMÈTRES DU SYSTÈME DE RÉPARTITION

Différentes solutions peuvent permettre d'aménager le système de répartition, mais elles comportent chacune des inconvénients :

• L'**allongement de la durée de la vie active** (solution la plus évidente *a priori* et utilisée partout) bute cependant sur l'hostilité fréquente des principaux intéressés et pose également le problème de la capacité et de la volonté des entreprises à assurer un emploi aux travailleurs âgés. En effet, le sous-emploi des « seniors » conduit mécaniquement en définitive à un abaissement de leurs pensions faute d'aligner un nombre suffisant d'annuités pour bénéficier d'une retraite complète.

• L'**accroissement des taux de cotisation** est une solution aujourd'hui difficile à mettre en œuvre car elle ne peut qu'alourdir le prix du travail dans une économie mondialisée et soumise en partie au dumping social et fiscal. De surcroît, elle est contraire à la position de la Commission européenne qui incite les pays membres à la baisse des prélèvements obligatoires.

• La **diminution de taux de remplacement** (c'est-à-dire du rapport pension de retraite/dernier salaire d'activité perçu) est toujours difficile à faire accepter socialement. Elle peut avoir aussi des effets défavorables sur la conjoncture économique en tirant vers le bas les revenus et donc la demande des ménages..

• L'**utilisation de cotisations assises sur des assiettes plus larges** est aussi une solution fréquemment envisagée mais qui n'est pas sans poser d'autres problèmes (mode de calcul, problème de la compétitivité, etc.).

Au-delà de l'ajustement des **paramètres** du système par répartition, il est possible d'envisager une rupture plus radicale avec un changement des mécanismes mêmes du système par répartition en s'inspirant de réformes conduites dans d'autres pays. Les deux pistes les plus couramment avancées sont celle du système par points et du système en comptes notionnels qui sont donc deux alternatives au système actuel par annuités.

Un **système par points** est un système dans lequel le cotisant acquiert des points en fonction des cotisations versées et du prix d'achat de ce point. Lorsque le cotisant prend sa retraite, le montant de la pension équivaut à la somme des points acquis au cours de la vie professionnelle, multipliée par la valeur du point à cette date.

Un **système en comptes notionnels** consiste pour un assuré à se voir ouvrir un compte individuel fictif d'épargne retraite, sur lequel il accumule des droits en contrepartie de ses cotisations. Ces cotisations sont seulement virtuelles dans la mesure où elles servent à financer les pensions des retraités actuels. Au moment de la liquidation, le « capital » est transformé en rente actuarielle ; c'est-à-dire que la valeur actualisée des pensions perçues pendant toute la période de retraite doit correspondre au montant des cotisations accumulées et actualisées.

Le premier système existe déjà en France pour les retraites complémentaires ; le second a été retenu par différents pays notamment la Suède.

Ces systèmes présentent différents avantages : souplesse, lisibilité des droits, facilité de pilotage et possibilité d'auto-équilibrer les régimes de retraite en jouant sur la valeur du point ou sur le montant du capital versé. Mais ils ont un coût qui peut être très important pour l'assuré : l'ajustement à opérer pour financer le déséquilibre démographique revient à baisser le niveau des pensions.

Enfin, il est possible de changer totalement de système et de mode de financement en se tournant vers la solution de la « **capitalisation** ».

Un système **de retraite par capitalisation** est un mode de financement, cette fois-ci individuel, basé sur l'épargne accumulée et placée notamment sous la forme de placements collectifs sur le marché financier. L'épargne « capitalisée » permet à l'individu de toucher une rente pendant sa retraite.

Largement développé dans de nombreux pays (États-Unis, Royaume-Uni, Pays-Bas, etc.), ce système peut emprunter un très grand nombre de formes différentes : dispositifs d'entreprises, de branche mais aussi plans d'épargne individuels, régimes à prestations définies ou à cotisations définies, etc. Il comporte différents avantages dont en particulier la possibilité de déconnecter *a priori* les questions du financement comme de l'équilibre du système de retraite des contingences démographiques ; cela étant, il pose aussi de multiples et sérieux problèmes dont le premier est de rendre aléatoire le niveau des pensions, d'où les hésitations de nombreux pays à développer massivement cette solution.

Pour éclairer les enjeux du débat répartition/capitalisation, on dresse ici un inventaire de quelques grands arguments en la matière.

ATOUTS ET DANGERS D'UN SYSTÈME PAR CAPITALISATION	
Avantages	**Inconvénients**
• Affranchissement du financement des retraites des contraintes démographiques (en particulier celle de la baisse du nombre d'actifs par rapport aux retraités)	• L'allongement de la durée de vie suppose également le prélèvement de **ressources additionnelles** (pour maintenir le niveau de la retraite). • Risque d'**inégalités intergénérationnelles** (les retraites dépendant de l'état conjoncturel des marchés à la date de la liquidation des droits).
• Rendement supérieur pour un même montant de cotisations	Nombreux contre-arguments • Le rendement de la capitalisation n'est supérieur au rendement des cotisations dans un système de répartition qu'**à condition** que le taux d'intérêt soit toujours plus élevé que le taux de croissance de la valeur ajoutée (hypothèse très discutable à long terme). • La généralisation de la capitalisation risque d'accroître l'instabilité financière... et d'**abaisser les taux de rendement**.
• La capitalisation accroissant l'épargne favorise donc l'investissement et la croissance	• Argument valable **seulement** pour les États et les périodes où les taux d'épargne sont très faibles • Par ailleurs les possibilités d'épargner sont très **inégales** (*cf.* la distribution des revenus) ; ce qui pose un problème d'équité et induit par conséquent la mise en place par les pouvoirs publics de cotisations obligatoires ou de mécanismes de compensation (la capitalisation perd alors une large partie de ses avantages théoriques).

Source : d'après J.-C. Barbier *et alii*, *Le Nouveau Système français de protection sociale*, 2005.

Ainsi, le débat sur les arbitrages à faire entre système de répartition et de capitalisation est très complexe et marqué par de grandes incertitudes sans oublier la dimension idéologique évidente.

Enfin, la crise financière et économique de 2008-2009 a eu des conséquences immédiates et très significatives sur les pensions versées dans les pays ayant donné une grande place au système par capitalisation. La chute des marchés financiers a abaissé notablement la valeur des investissements des fonds de pension et a eu des conséquences sévères pour certains retraités et surtout pour les cotisants proches de l'âge de la retraite.

b) Les évolutions très progressives du système français de retraite

Le système français a connu au cours de son histoire plusieurs changements successifs avec un premier projet de loi en 1790, puis un premier système de retraite par capitalisation pour la fonction publique en 1853 (qui devra être renfloué par l'État)... et remplacé plus tard par un régime par répartition. Avec les années 1930, la France opte pour un régime par capitalisation qui finira par échouer à la suite de la crise économique (érosion monétaire). Enfin, après la Seconde Guerre mondiale, la France choisit un système par répartition qui fonctionnera avec succès pendant les Trente Glorieuses. À partir des années 1980-1990, les évolutions démographiques et la mise en débat des logiques de solidarité conduisent à de grandes réformes (réforme Balladur en 1993, réforme Fillon-Raffarin en 2003).

Les trois réformes marquantes postérieures aux Trente Glorieuses illustrent à la fois l'orientation fondamentale d'un maintien du système de répartition quitte à en revisiter de façon substantielle les modalités et une ouverture à d'autres solutions (la capitalisation). Les

QUELQUES DATES IMPORTANTES DE RÉFORME DU SYSTÈME DE RETRAITE

1946 Mise en place de l'assurance-vieillesse (avec le choix d'un système de répartition)

1982 Abaissement de l'âge de départ de l'âge de la retraite de 65 à 60 ans

1993 Réforme Balladur concernant le régime général du secteur privé

2003 Réforme Raffarin des retraites

2007 Réforme des régimes spéciaux

2010 Réforme Woerth des retraites

2014 Réforme Ayrault des retraites

dangers et les aléas de la capitalisation (notamment dans le contexte de grandes turbulences des marchés financiers), l'impossibilité de basculer brutalement d'un système à un autre (il y aurait « une génération sacrifiée » qui devrait à la fois supporter les prestations versées aux anciens et le coût de sa propre retraite) et l'attachement des Français à leur système par répartition inclinent les pouvoirs publics à la plus grande prudence en la matière.

• La **réforme Balladur** a concerné le (seul) régime général du secteur privé, réformé suivant plusieurs modalités complémentaires : allongement de la durée de la vie active portée progressivement de 37,5 à 40 ans, modification de la base de calcul des pensions (avec la prise en compte des 25 meilleures années et non plus des 10) enfin une indexation du calcul des pensions sur l'indice des prix (et non plus sur l'évolution générale des salaires), ce qui revient à ne plus faire profiter les retraités de l'augmentation du pouvoir d'achat. Cette réforme **accroît** donc **la durée de la période d'activité** mais **dégrade** surtout le **niveau des pensions** (beaucoup d'actifs partiront sans atteindre la durée légale ; les pensions sont calculées et réactualisées suivant des modalités moins avantageuses).

• La **réforme de 2003** est à la fois une **généralisation des mesures précédentes** au secteur public, une **amplification** de ces mesures avec l'allongement de la durée de vie active et une certaine **porte ouverte au développement de formules de capitalisation**.

De façon plus précise, la durée de la vie active est portée progressivement de 40 à 42 ans pour le privé, de 37,5 à 40 ans puis 42 ans en 2020 pour le public,. Sans supprimer formellement l'âge de 60 ans comme référence pour le départ à la retraite, la réforme organise un système de « départ à la carte » qui pénalise de façon significative les personnes partant à la retraite avec un nombre insuffisant d'annuités par un système de décote et qui, inversement, encourage les seniors à rester au-delà de 40 (42) ans par un système de surcote.

Si le système de financement par répartition est globalement maintenu, la réforme de 2003 cherche cependant à encourager le développement de **formules par capitalisation**. Dans cette perspective, différents dispositifs d'épargne retraite individuels ou collectifs (d'entreprise) ont été mis en place avec notamment le **plan d'épargne retraite populaire (Perp)** d'une part et les **plans d'épargne retraite collectifs (Perco)** d'autre part. Ces dispositifs à l'ampleur encore restreinte bénéficient, notamment dans le cas du Perco, d'avantages fiscaux importants (abondement des entreprises exonéré de charges sociales et déductibles du revenu imposable, plus-values exonérées d'impôt sur le revenu pour le salarié bénéficiaire).

L'ensemble des dispositions prises à l'occasion de la réforme de 2003 ne se sont pas avérées suffisantes pour garantir durablement l'équilibre des régimes de retraite.

• Devant l'aggravation brutale et accélérée du déficit de la branche vieillesse, les pouvoirs publics ont promulgué **en 2010 une nouvelle loi portant réforme des retraites**. Cette loi comporte de nouvelles mesures visant à différer les départs en retraite : l'**âge d'ouverture des droits** est repoussé progressivement de 60 à 62 ans, tandis que l'**âge de départ à taux plein** passe de 65 à 67 ans.

La loi Woerth s'est avérée elle-même insuffisante, en particulier dans un contexte économiquement durablement dégradé; d'où une nouvelle loi en 2014, **la loi Ayrault** qui crée quelques nouveaux droits pour les salariés (tel l'ouverture d'un compte pénibilité) mais qui multiplie surtout les mesures visant à réduire les déficits (hausse des taux de cotisations salariales, allongement de la durée de cotisation jusqu'à 43 ans en 2035, etc.).

RÉSUMÉ

La protection sociale fait régulièrement parler d'elle en raison de ses difficultés en matière de financement et des implications des multiples réformes qui l'affectent.

La définition des principaux concepts clés de la protection sociale est un point de départ nécessaire pour préciser son périmètre.

La mise en place d'un système de protection sociale ne s'est pas imposée d'elle-même et elle fait d'ailleurs toujours l'objet de multiples débats et confrontations entre économistes. Il y a ceux qui sont partisans de son extension et ceux qui préfèrent une « réduction de la voilure », à tout le moins des changements dans ses orientations et ses méthodes de financement.

La diversité des systèmes de protection sociale avec la distinction de différents types de conception et d'organisation de l'État providence permet de préciser les caractéristiques du système français : assez nettement marqué par le modèle bismarckien à ses origines, il paraît évoluer aujourd'hui dans un sens plus beveridgien.

Plus précisément, les différentes crises traversées par le système de protection sociale français ont conduit à un certain nombre de transformations : fiscalisation, développement des dépenses d'assistance, développement des procédures de régulation par les pouvoirs publics, également extension des mécanismes de marché.

L'analyse plus approfondie de deux grands secteurs d'application de la protection sociale (la santé et les retraites) permet d'affiner le diagnostic et de vérifier cas par cas que l'État providence a été pour l'essentiel maintenu, même si les réformes mises en œuvre sont à maints égards fragiles et sont loin de clore les débats.

SUMMARY

Social protection is often in the forefront of public discussion owing to the funding difficulties the system has been facing and to the implications of the numerous reforms that have been implemented.

Giving a definition of the main key concepts is a necessary starting point to understanding the full scope of the field.

The setting up of a social protection system was not at first a self-evident need and it is still in fact the subject of much debate and confrontation of views among economists.

There are those who advocate extending it, while others would prefer to "trim the sails", or at least to see a shift in its orientations and funding methods.

Analysis of the diversity of social protection systems as well as the different conceptions and modes of organisation of the welfare state allows us to identify the characteristics of the French system: while at its inception it was strongly influenced by the Bismarckian model, it now seems to be shifting towards a more Beveridgian approach.

More specifically, the various crises experienced by the French system of social protection have led to a number of mutations – towards an increasingly tax-funded system, greater expenditure on welfare assistance, tighter control of expenditure by public authorities, and extension of market mechanisms.

Finally, a more in-depth analysis of two major sectors of welfare provision – health and pensions – gives us the opportunity to refine our diagnosis and to confirm in each case that the welfare state has for the most part been preserved, even though the reforms implemented remain flimsy in many respects and are not about to put an end to debate over the issue.

MOTS CLÉS

En français	En anglais
Acte médical	Medical procedure
Actifs	Workers
Allocations, prestations	Benefits, allowance(s)
Allocations chômage	Unemployment benefits
Allocations familiales	Family allowance(s)
Assurances sociales	Social insurance
Assurance maladie	Health insurance
Assurance-vie	Life insurance
Branche (de risque)	« Risk area »
Contribuable	Taxpayer
Cotisations sociales	Social contributions
Couverture médicale universelle (CMU)	Universal health insurance
Dépenses sociales	Social expenditure
Épargne privée	Private savings
Espérance de vie (à la naissance)	Life expectancy (at birth)
État providence	Welfare State
Fonds de pension	Pension funds

Hôpital	Hospital
Inactifs	Non workers
Indice de fécondité	Fertility rate
Invalidité	Disability
Justice sociale	Social justice
Logique d'assistance	Assistance logic
Logique d'assurance	Insurance logic
Logique de solidarité	Solidarity rationale
Médecin	Doctor, GP (General Practitioner) (GB)
Modèle beveridgien	Beveridgian model
Modèle bismarckien	Bismarckian model
Prestations sociales	Social security benefits
Privatisation	Privatisation (BE), privatisation(AE)
Protection sociale	Social welfare
Régime général	General scheme, general plan
Régimes (de Sécurité sociale)	Socail security plans
Retraité	Pensioner, retired
Retraite anticipée	Early retirement
Retraite par capitalisation	Funded pension scheme
Retraite par répartition	Contributory pension system, pay-as-you-go
Revenu de solidarité active (RSA)	Program providing income supplement for the working poor
Revenu minimum d'insertion (RMI)	Guaranteed minimum welfare payment
Sécurité sociale	French social security system
Service national de santé britannique	National Health Service (NHS)
Soins	Care, treament
Système de santé	Health care system
Système par annuités	Pension system based on time worked
Système par points	Pension system based on points accrued and value of points
Vieillissement	Ageing (BE), aging (AE)

DATES CLÉS

1945 : Création de la Sécurité sociale

1958 : Création de l'assurance-chômage

1988 : Loi instituant le revenu minimum d'insertion (RMI)

1993 : Réforme des retraites (dans le secteur privé)
1995 : Plan Juppé de réforme de la Sécurité sociale
1999 : Création de la couverture maladie universelle (CMU)
2003 : Seconde réforme des retraites (privé/public)
2004 : Réforme de l'assurance-maladie
2007 : Réforme des régimes spéciaux
2010 : Réforme Woerth des retraites
2014 : Réforme Ayrault des retraites

RÉFÉRENCES BIBLIOGRAPHIQUES

- « Le modèle social français », *Cahiers français*, La documentation française, n° 330, 2006.
- C.J. Barbier et B. Théret, *Le système français de protection sociale*, coll. Repères, Ed. La Découverte, 2009.
- F. Coulomb, « Étude comparée de quelques grands systèmes de retraite », p.128 à 134, in *La vieillesse*, volume 1, • ouvrage collectif, Ellipses, mars 2010.
- M. de Montalembert (sous la direction de), *La protection sociale en France*, La Documentation française, 6e édition, 2013.
- OCDE, *Les pensions dans les pays de l'OCDE – Panorama des systèmes de retraite*, OCDE, 2009.
- M.-H. Raynier, *Protection sociale*, Dunod, coll.Express, 2e édition, 2005.

SITES INTERNET

- http://ec.europa.eu/social/ (informations sur la protection sociale dans les pays de l'Union européenne.
- www.securite-sociale.fr/ (portail de la Sécurité sociale française)
- www.cor-retraites.fr/ (Conseil d'orientation des retraites)
- www.observatoire-retraites.org (site de l'Observatoire des retraites)
- www.travail-emploi.gouv.fr (site du Ministère du Travail, de l'Emploi et du Dialogue social)
- www.sante.gouv.fr (site du Ministère des Affaires sociales et de la santé)

APPLICATIONS

APPLICATION 1

Thèmes et questions de réflexion

1. Quelles sont les différentes conceptions possibles de l'État providence ?

   What are the different possible models of the Welfare State?

2. Quels sont les avantages et inconvénients respectifs d'un système par répartition et d'un système de capitalisation ?

   What are the advantages and disadvantages of the "funded" and "pay-as-you-go" systems?

3. Quelles sont les origines des difficultés de la protection sociale en France ?

   What do the difficulties of the French social welfare system come from?

4. Pourquoi peut-on parler aujourd'hui d'une dualisation du système français de protection sociale ?

   Why can we talk about the duality of the French welfare system today?

5. Quelles sont les différentes positions théoriques en matière de protection sociale ?

   What are the different theoretical positions regarding social welfare?

6. L'évolution du système français de protection sociale va-t-il dans le sens de l'étatisation ou de la privatisation ?

   Is the French system of social welfare evolving towards state funding or private funding?

7. Peut-on parler d'un démantèlement de l'État providence en France ?

   Can we talk about the dismantling of the French welfare state?

8. Peut-on parler d'évolutions convergentes en Europe en matière de protection sociale ?

   Can we talk about converging trends in European social welfare?

9. Comment le système français de protection sociale prend-il en charge le phénomène de l'exclusion ?

   How does the French system of social protection take care of the problem of exclusion?

10. De quelle(s) façon(s) et à quel titre(s) les entreprises françaises interviennent-elles dans la protection sociale de leurs salariés ?

    In what way(s) and under what capacity (ies) do French firms contribute to their employees' social protection?

QUESTION

Répondre succinctement aux cinq premières questions.

APPLICATION 2

Extrait de texte en anglais

Fair shares and grey matters(1)

The financial pressures generated by the gradual ageing of Western societies are now widely recognised, even if the action taken to cope with these pressures has been fragmented and maybe even perverse. Obviously, pension provision is one of the key issues, though by no means the only one, for finding ways of persuading people to stay longer in the workforce will be equally important. [...]

So what should be done? Different developed countries have chosen a different balance between private sector and state provision, but all have some mixture of these. In the US and some European countries such as the UK, the Netherlands and Switzerland, the emphasis has been on the private sector carrying a large part of the burden. In much of the rest of continental Europe, the taxpayer will have to bear a larger portion of the costs.

There are some interesting modifications to this, such as compulsory saving, pioneered in Singapore and proposed by the Turner Commission for the UK. But, basically, people either save for their own pensions, through a company scheme or on their own, or they rely on the generosity of future taxpayers.

The situation has been made worse by the way state pensions are organised, with each generation of working people paying the previous one's pensions. Working people pay into state social security schemes thinking they are saving for their pension, but actually they are paying the pensions of the present retired. That worked all right when there were four or five workers for every pensioner. But a combination of lower birth rates and longer lives means that within a generation there will be only two workers for each pensioner in most of Europe and only one in some countries, notably Italy. Nearly all state security systems have large actuarial deficits.

(1) Double jeu de mots :
- *"fair share" = part équitable, "fair shares" = actions équitables ;*
- *"grey matter" = matière grise, "Grey matters" = questions relatives aux cheveux blancs (les personnes âgées).*

A lot of solutions have been proffered but, as the Turner report pointed out, either people have to retire later, or they have to save more, or they have to put up with very low incomes in retirement – or some combination of all three. There is no magic wand.

Robin Blackburn would disagree. In his book, Âge Shock: How Finance is Failing us, he outlines his plan for some form of compulsory levy(1) on company profits that would fund a much more generous state pension scheme. He calls it a share levy – a levy on dividends carried by the shareholders rather than the company, and therefore not to be passed on in higher prices. The rich would pay since they own most of the shares. The money would be invested by the State for the good of all.

Well, you can see from that where the author is coming from: he is deeply critical of the entire capitalist system. He is particularly critical of the US and UK system, and particularly trusting of the State's ability to make just decisions on our behalf. For people who take a similar view of the world this will be seductive stuff. There are at least two powerful practical objections.

The first is that this is not going to happen. No developed country would dare give such an anti-enterprise signal if it wished to attract investment. Companies are mobile; the rich people he says should pay more are mobile. [...]

The second is that governments – even a fundamentally honourable one such as the UK – have a record of deceit(2) about finance. By rights, if governments were making proper provision for the pressures of ageing they would be running surpluses, not deficits. The true cost of public-sector pensions has not been fully revealed. [...]

What will happen everywhere will be some mixture of state and private provision. [...]

There are a lot of legitimate criticisms of the financial services industry, including its level of costs, and there are lots of legitimate criticisms about corporate governance more generally. But a combination of condemnation of the private sector and the elevation of a wise state scheme (funded by the private sector) as a solution to the pension problem has a curious "class struggle" overtone(3). Pensions should be taken out of politics, not seen as some way of bashing the company sector and their shareholders.

Hamish McRae, *The Independent*, January 26th 2007.
(Hamish McRae is chief economics commentator of *The Independent*)

1) Questions de compréhension

Résumé

Remettez dans l'ordre le résumé du texte qui suit :

	The solution is a mix of people staying longer at work, saving more for their pensions or having very small ones
	With state-funded pensions, each generation pays for the previous one
	Everywhere private pensions are compensating for diminishing state pensions
	In Western countries people are getting older and older, social programs cost more and more
	It is also possible to tax the dividends of shareholders
	Governments have to find means to raise new financial resources

(1) Prélèvement.
(2) Tromperie
(3) Accent, sous-entendu.

	The problem is that birth rates are low, people live longer
	The taxpayer contributes more, the private sector is called upon to finance pensions
	With globalisation, companies and funds are mobile
	There are fewer and fewer workers who pay for retirees

Vocabulaire

Choisissez le (ou les) meilleur(s) équivalent(s) :

1. the action taken to cope with these pressures *(line 2)*:
- the action taken to increase these pressures
- the measures taken to deal with these constraints
- the measures taken to face these constraints

2. the private sector carrying a large part of the burden *(line8)*:
- the private sector bearing a large part of the costs
- the private sector carrying a large part of the profits
- the private sector bearing a large part of the benefits

3. compulsory saving (*line 10)*:
- mandatory saving
- optional saving
- compulsive saving

4) they have to put up with very low incomes *(line 21)*:
- they have to refuse very low incomes
- they have to accept very low incomes
- they have to be satisfied with very low incomes

5) criticisms about corporate governance *(line 42)*:
- criticisms about institutional management
- criticisms about body building
- criticisms about private strategy

6) some way of bashing the company sector *(line 45)*:
- some way of encouraging the company sector
- some way of hitting the company sector
- some way of benefitting the company sector

2) Questions grammaticales

Les mots de liaison

Après avoir remis en ordre le résumé (voir question 1), ajoutez des mots de liaison là où cela est pertinent : so, therefore, but, yet, and, as a consequence, to conclude, hence, besides, indeed.

RAPPEL

Les mots de liaison servent d'articulations au discours et sont regroupés par fonction : cause, conséquence, addition, concession… Il est très utile de les connaître

Phrasal verbs

Utilisez le verbe entre parenthèses et une particule adverbiale pour former un « phrasal verb »

RAPPEL

Un « phrasal verb » est composé d'un verbe simple (put, give, get, take…) et une particule adverbiale qui en modifie le sens.
Ils sont parfois utilisés avec une préposition.

1. "I'd like to speak to Peter" "Wait a minute, he is already on the phone". (*hold*)
2. When asked about the error in the calculation, the accountant insisted that it was not her fault. (*point*)
3. Jean was asked to take care of the guests until the conference started. (*look*)
4. He promised to investigate the problem before the end of the week. (*look*)
5. They were unable to finish their task and decided to continue the following week. (*carry*)
6. We had to monitor the builders' progress once a week while the project was under way. (*check*)
7. They realised that they would in serious financial difficulties if they didn't reduce employees' costs. (*cut*)
8. He was determined not to stop trying even though he knew it was going to be difficult to succeed. (*give*)

3) Questions économiques

1. Comment sont financées les pensions de retraite au Royaume-Uni ?

   How are pensions funded in the United Kingdom?
2. Quelles sont les différentes solutions couramment envisagées pour faire face au problème de déficit des systèmes collectifs de financement des retraites, selon la commission Turner ?

   What different solutions are currently considered to cope with the deficit problem of collective systems for financing retirement, according to the Turner commission?
3. La France a-t-elle fait les mêmes choix en matière de financement des retraites que le Royaume-Uni ?

   Has France made the same choices as the United Kingdom regarding pension funding?

4) Thème de réflexion

À partir du texte et de vos connaissances, vous présenterez les problèmes posés par le financement des retraites et les différentes solutions envisageables.

Annexes

Éléments de méthodologie

1. Présentation de l'épreuve

Les caractéristiques et le programme de l'épreuve n° 6 du DSCG vous sont présentés en début d'ouvrage, pages XI et XII.

2. Se préparer pendant l'année

Cette épreuve suppose deux types de préparation : une préparation en économie et une préparation en anglais.

■ *Connaître le programme*

Le candidat doit d'abord maîtriser les grands concepts, les principales références théoriques et les problématiques de fond en économie (abordés pour une bonne part dans le *programme d'économie de DCG*). Ces points nourriront l'exposé du candidat et font souvent l'objet de questions durant l'entretien. Un travail suivant les cas de révision ou de mise à niveau est donc indispensable.

De plus, il doit aussi connaître les différents thèmes constitutifs du programme de DCG qui sont des approfondissements ciblés du programme de DCG.

Connaître le programme c'est non seulement maîtriser les notions et *problématiques* relatives à chaque thème mais également identifier *les passerelles* entre chacun d'entre eux. En effet, les sujets proposés lors des oraux sont fréquemment transversaux ; mieux vaut y avoir réfléchi avant !

■ *Suivre l'actualité économique*

Rien ne remplace les cours, la consultation de manuels de DSCG… et le suivi de l'actualité qui inspire de nombreux sujets. Lire régulièrement **les grands journaux et magazines économiques français** (*Le Monde*, *Les Échos*, *Alternatives économiques* etc.) et suivre quelques émissions économiques à la télévision sont à ce niveau bien utile.

Le suivi de l'actualité gagnera à être complété par la consultation de journaux ou magazines en langue anglaise (*The Economist*, *The Financial Times*, *The Guardian*, etc.) puisque le document fourni avec le sujet est tiré de supports de presse anglophone.

■ *S'entraîner à l'oral*

L'épreuve, rappelons-le, est orale. Il ne suffit pas de connaître, encore faut-il être capable de restituer convenablement ces connaissances et de communiquer avec aisance avec le jury. Il y a tout un travail de préparation et d'entraînement à faire pour faire face à un jury, savoir répondre, parler clairement et pas trop vite, être capable de maintenir l'attention du jury…

■ *Se préparer à l'entretien en anglais*

Le candidat doit être en mesure d'avoir également un entretien en anglais. Cela suppose une formation et un entraînement à cette dimension spécifique de l'épreuve. L'importance et la spécificité de cette question sont abordées ci-après (« Méthodologie de la présentation orale en anglais »).

■ *Se mesurer à l'examen en faisant des sujets d'annales*

Le point de jonction de ces différentes préparations est bien sûr la simulation à partir de sujets tombés au DSCG. De ce point de vue, tout candidat peut utilement passer en revue les sujets tombés ces dernières années et en tester un certain nombre. Dans cette optique, nous proposons plus bas quelques sujets avec des éléments de corrigé.

■ *Pour être en phase avec le jury*

Le jury comporte normalement trois interrogateurs dont au moins un enseignant d'économie et gestion et un enseignant d'anglais. Ces enseignants appartiennent aussi bien à l'enseignement secondaire qu'à l'enseignement supérieur. Le troisième membre du jury est, suivant les cas, un enseignant ou quelquefois un professionnel.

D'une façon générale, on ne peut donc que conseiller au candidat de se préparer **longtemps à l'avance** à cette épreuve : acquérir une culture économique, être à l'aise à l'oral, s'entretenir en anglais ne s'improvise pas ! Le nombre élevé de notes éliminatoires à cette épreuve (notes inférieures à 6) en témoigne.

3. Méthodologie de la présentation orale en anglais

L'entretien en anglais **est inclus** dans l'épreuve orale d'une heure. Cet **échange** dure environ 20 min et fait suite au traitement du sujet en français. L'interrogation en anglais donne lieu à une **série de questions** conduisant le plus souvent à revenir sur le texte en anglais, à en vérifier la **bonne compréhension** par le candidat et à faire préciser **les liens** que ce texte peut avoir avec la problématique proposée.

■ *Introduction*

Vous devrez en règle générale présenter rapidement le document et montrer immédiatement que vous avez saisi le lien qui existe entre le sujet donné et le texte-support en anglais.

EXEMPLE

The article published in/on deals with/is about ....

The link with the topic of discussion is obviously .... /The text is linked to the topic through ....

■ *Compte rendu du texte*

• La plupart des textes sont structurés comme le présente le tableau ci-après. Pour comprendre le texte, il vous sera utile d'identifier la structure choisie par l'auteur. Vous pourrez montrer dans vos réponses que vous avez compris le raisonnement de l'auteur.

Structure n° 1	Structure n° 2	Structure n° 3
Faits (*where/when/who/what*)	Faits (*where/when/who/what*)	Faits (*where/when/who/what*)

☞

Structure n° 1	Structure n° 2	Structure n° 3
Causes	Le pour	Le passé
Conséquences	Le contre	Le présent
Remèdes (optionnel)	Synthèse	Le futur

• Prêtez attention à la source : magazine anglais ou américain, date de publication, nom du journal, etc.

• Portez également une attention particulière aux temps des verbes et aux mots de liaison, ils vous donnent des indications précieuses sur les différentes articulations du texte.

• Voici une série de verbes que vous pouvez utiliser pour introduire vos phrases :

write / describe / explain / show / comment on / raise the question / suggest /outline /underline

focus on / add / denounce / point out / emphasize /stress…

■ *Développement*

• Vous serez amené à revenir sur le lien entre sujet et texte-support et le développer. Vous pourrez réutiliser la problématique que vous avez dégagée en français.

• Vous devrez nourrir le développement de connaissances personnelles. Il vous faut par conséquent vous tenir au courant de l'actualité économique anglo-saxonne en lisant régulièrement des magazines tels que *the Economist.*

• On vous demandera souvent de comparer l'extrait de texte – décrivant généralement la situation d'un pays anglo-saxon – avec son équivalent français (exemple : comparer la réforme des retraites en Grande-Bretagne avec celle menée en France) ; la lecture régulière de journaux ou magazines français est donc vivement recommandée.

• Voici quelques expressions qui pourront vous aider à introduire vos idées :

...pour introduire votre développement	...pour donner votre opinion
It gives us the opportunity to raise the issue of... Let's compare with... Concerning the same topic, we can add... It may be interesting to look at the problem from a different angle...	In my opinion (view)... To my mind, ... I am convinced that... As far as I am concerned... Personally, I would...

4. Préparer son exposé

a) Rappel des différentes phases de l'exposé

PHASE D'ACCROCHE ET ANNONCE DU SUJET	
Contenu	**Utilité**
Date Chiffre Événement Citation	Annoncer de façon élégante le sujet

DÉFINITION – RÉFLEXION	
Contenu	**Utilité**
Définition de tous les termes du sujet ; Montrer les grands enjeux notamment en s'appuyant sur les définitions	De quoi allons nous parler ? Sur quoi faut-il porter notre analyse ?

PROBLÈMATIQUE	
Contenu	**Utilité**
Présenter sous la forme d'UNE question, l'axe d'analyse qu'il VOUS semble falloir privilégier sur ce sujet.	Montrer au jury votre capacité à proposer une analyse « personnelle » pertinente au regard du sujet proposé.

DÉVELOPPEMENT	
Contenu	**Utilité**
Présenter un plan en deux parties, décomposées elles mêmes en deux sous parties.	Présenter clairement l'articulation logique de VOTRE RÉPONSE à la problématique.

CONCLUSION	
Contenu	**Utilité**
Synthèse Élargissement	Résumer l'articulation logique du développement. Proposer une perspective d'ouverture vers d'autres sujets.

b) Quelques conseils pour construire la prestation

■ *Prise de connaissance du sujet*

Différents cas de figure sont envisageables. Un sujet mettant en relation deux termes peut être proposé. Il s'agira alors de voir les liens d'interdépendance entre les deux termes sans tomber dans une analyse mécanique du sujet. En effet, si un lien réciproque existe entre les deux termes, il se peut que la relation de cause à effet ne fonctionne essentiellement que dans un sens. C'est au candidat, en fonction du sujet proposé, de déterminer ce qu'il convient le mieux de faire. Autre cas de figure, le sujet est présenté sous la forme d'une question. Si cette question possède une dimension analytique (« les brevets vous semblent-ils encore utiles aujourd'hui ? »), alors cette question pourra tout à fait être reprise comme problématique. En revanche, si la question semble appeler une réponse descriptive (« Comment réformer les retraites ? »), le candidat devra trouver par lui-même un angle analytique (« Faut-il remettre en cause le système par répartition ? »).

■ *La construction du plan détaillé*

Nous pouvons ici aussi considérer deux approches mais qui ne sont, en aucun cas, exclusives.

• Dans une première approche, le candidat ayant pris connaissance du sujet peut recenser les connaissances qu'il maîtrise et qui sont pertinentes pour le traitement du sujet. Il s'agira alors ensuite de faire un travail de synthèse afin de faire émerger quatre blocs qui constitueront autant de sous-parties. La dernière étape aura pour objectif de mettre en évidence les deux grandes parties et les sous parties associées.

• Dans une seconde approche, le candidat cherche à apprécier les grands débats autour de la question posée. Cela revient à se poser la question, pourquoi le sujet a-t-il été posé ? Quelles grandes polémiques fait-il naître ? L'idéal serait de trouver deux, trois ou quatre grands axes d'analyse correspondant à autant de parties ou de sous-parties.

Comme nous l'avons dit, les deux approches ne sont pas exclusives l'une de l'autre. La seconde doit faciliter la construction d'un plan et doit lui donner son sens, la première facilite la construction, cette fois, du plan détaillé.

L'objectif n'est pas simplement de trouver quatre blocs qui feront office de sous-parties. Le candidat doit construire un plan autour d'une démonstration dans laquelle les sous-parties sont à relier entre elles. Cette démonstration doit constituer la réponse à la problématique. Il peut sembler, à cet égard, plus pertinent de trouver un plan avant de poser une problématique. L'articulation logique de vos idées doit en effet vous aider à déterminer la question à laquelle répond votre plan. Vous aurez alors trouvé une problématique qui aura le mérite de correspondre de façon cohérente au plan que vous allez développer.

■ *Quelques conseils pour la présentation*

Une prestation à l'oral de qualité passe par une facilité d'expression au service de la démonstration présentée. Toutefois, la rigueur et les ruptures de rythme au cours de l'exposé contribuent à rendre la prestation plus agréable à écouter. Pour ce faire, le candidat doit absolument penser à s'appuyer sur la structure de son exposé afin de mettre en valeur le sérieux de la présentation et faciliter l'écoute du jury par des annonces claires du passage d'une partie à une autre. Il ne faut pas hésiter à indiquer sur la feuille de présentation un signal visuel bien visible (une étoile par exemple) pour se souvenir qu'entre chaque partie, il est indispensable d'élever un peu la voix pour rendre bien audible la transition entre chaque bloc.

Il est important de bien débuter et de bien finir l'exposé. Pour ce faire, le candidat a tout intérêt à rédiger la première et la dernière phrase.

5. Le passage devant le jury

■ *L'exposé*

Disposer ses feuilles de préparation devant soi, en ayant pris soin de n'utiliser que le recto, et en ayant numéroté chacune d'elle.

Poser une montre sur la table et repérer précisément l'heure à laquelle doit se terminer votre exposé. Celui-ci doit durer 20 minutes maximum, c'est donc que vous pouvez faire moins, mais toutefois plus d'un quart d'heure. Ne jouez pas la montre, cela se voit trop, pensez seulement à développer certains points de votre exposé si vous constatez qu'il vous reste du temps. Jetez régulièrement un regard sur votre montre (à la fin de l'introduction, de chaque partie et sous-partie, par exemple).

Bien rédiger le début de l'introduction (la première phrase suffit) paraît nécessaire pour amorcer votre exposé et régler correctement votre débit, plutôt que de commencer à chercher ses mots dès le début.

Ne pas être esclave de ses notes : il est donc nécessaire de ne pas avoir tout rédigé dans la préparation de son exposé. Les idées présentées sous forme de tirets sont un bon moyen d'éviter de n'avoir qu'à lire. D'ailleurs, si tout l'exposé devait être rédigé, la lecture des feuilles de brouillons conduirait probablement à un exposé trop court et peu vivant.

Bien annoncer les parties de votre exposé en fin d'introduction : « dans un premier temps nous nous demanderons si… puis en second lieu nous verrons que… ». Annoncer également les sous-parties, en début de partie, et utiliser les mots qui les signalent clairement au moment où vous les traitez : « tout d'abord », « ensuite », « enfin ». En effet, l'enchaînement des parties et des sous parties doit être marqué (effort de transition) de sorte que les membres du jury puissent se situer, à tout moment, dans l'exposé du candidat.

Utiliser un vocabulaire économique, un langage universitaire et non familier. Si vous avez tendance à parler trop vite, n'hésitez pas à écrire un mot (en rouge par exemple, PAUSE) qui vous rappelle que vous devez ralentir lors du déroulement de votre plan. Maîtrisez les silences (courts), notamment en fin d'introduction, de sous-parties et de parties. Ils sont le signe d'une bonne communication.

Pensez à regarder tous les membres du jury, et pas seulement celui qui vous a engagé à commencer votre exposé. Une bonne communication s'adresse à tous.

Essayez de ne pas jouer avec votre stylo, de ne pas faire trop de gestes avec vos mains, demeurez le dos bien en appui au fond de votre chaise, les mains sur la table, jointes si elles ont tendance à vous échapper.

Le moment des questions

Ce n'est bien entendu pas le moment de se relâcher car l'épreuve n'est pas terminée. On reconnaît en général quelques règles à respecter :

- on peut reformuler à haute voix la question posée par le jury pour se donner un temps de réflexion, écrire les mots clefs de la question pendant que le jury la pose ;
- ne pas donner de réponse immédiate puisque celle-ci est en général l'aboutissement d'un processus de réflexion. Par exemple, à la question « la croissance nécessite-t-elle une politique industrielle » il convient de présenter des arguments qui penchent pour le « oui », des arguments qui penchent pour le « non » avant de répondre, et non de commencer par répondre oui ou non ;
- lorsqu'il n'y a pas de réponse toute faite à la question, le jury apprécie fortement les candidats qui s'efforcent de réfléchir à voix haute en proposant une définition pour chaque mot de la question (par exemple, ce qu'on entend par « croissance », par « politique industrielle »), en pesant le pour et le contre, en évoquant des auteurs qui ont traité de ce sujet, en déroulant un raisonnement ;
- éviter les réponses du type « je l'ai dit dans ma première partie » car, si le jury fait revenir le candidat sur un point de l'exposé c'est pour en savoir plus que ce qu'il a entendu, ou mieux comprendre, etc. ;
- d'une manière générale, bâtir une réponse un peu comme à l'écrit, rester clair et précis, c'est-à-dire faire des réponses courtes, concises ;

– tenter d'engager un véritable dialogue avec le jury, ne pas irriter le jury par des attitudes péremptoires.

D'une manière générale, au moment des questions soyez ouverts. Cela passe par l'attitude du corps : des bras croisés signalent, par exemple, une posture défensive peu engageante pour un dialogue.

On peut recenser trois types de questions :

– tout d'abord celles qui portent sur ce qu'a dit le candidat dans son exposé : il s'agit de lui faire préciser des choses, revenir sur des erreurs, des contresens, prolonger une réflexion, faire ressortir les dimensions théoriques des idées évoquées ;
– ensuite celles qui portent sur le sujet lui-même, dans la mesure où le candidat n'aurait pas vu toutes les dimensions du sujet, ou aurait réalisé un hors sujet : le but est de voir si le candidat est capable de rebondir à partir des pistes de réflexion que lui fournissent les membres du jury ;
– enfin, des questions qui sortent du sujet proprement dit pour tester les connaissances du candidat, toujours en référence au programme : il convient là de vérifier que le candidat n'est tombé sur le seul sujet qu'il connaissait, ou le seul qu'il ne connaissait pas !

6. Liste indicative de sujets récents

Cette liste n'a rien d'exhaustif ; elle n'a comme seul but que de montrer la variété des sujets posés ces dernières années

■ *Exemples de sujets 2012*

1) Les banques centrales, quelle responsabilité dans la crise actuelle ?

Annexe : *Analyses économiques vol. XI-01 (April 2011) The Newsletter of the French Council of Economic Analysis*

2) La croissance verte : pourquoi ?

Annexe : *OECD Report, Towards Green Growth, May 2011*

3) Les enjeux de l'intégration économique européenne

Annexe : « *Mr Hollande and Mrs Merkel are ckashing over Eurobonds, and more* » *The Economist, May 26 th 2012.*

4) Capitalisme et économie sociale et solidaire

Annexe : *Euclides Andre Mance http://turbulence.org.uk - Translated from Portuguese by Rodrigo Nunes*

5) Connaissance et croissance économique

Annexe : *Sharing the knowledge burden, Jun 7 th 2012, by R.A. Washington*

The economist (www.economist.com)

6) La dette publique française et ses conséquences

Annexe : *Can Europe'seconomic system survive its debt crisis ?*

Michael Schuman – December 1st, 2010

7) Quel modèle de développement pour demain ?

Annexe : « *Human devlopement report 2010* »

Summary – The Real Wealth of Nations : Pathways to Human Development

http://hdr.undp.org/en/reports/global/hdr2010/summary/

8) Les brevets vous semblent-ils encore utiles aujourd'hui ?

Annexe : « *Unitary patenting draws nearer* » *By Clive Cookson*

The Financial Times 14 juin 2012

9) Une adaptation plus rapide du marché du travail serait-elle la solution au chômage actuel ?

Annexe : *Easy Useless Economics, By Paul Krugman, Published May 10, 2012*

10) Quelle politique de l'emploi pour réduire le chômage actuel ?

Annexe : May 21 st 2012, The Economist

Exemples de sujets 2013

1) Les politiques environnementales : leurs instruments et leur efficacité

Annexe : *The Economist, April 16th 2013*

2) Comment réformer les retraites ?

Annexe : *Reforming public pensions, The notional solution*

Jan 31 st 2013, London, adapted from The Economist

3) Quelle place pour l'économie sociale et solidaire dans une économie mondialisée ?

Annexe : *The Guardian (2013-04-03)*

4) Le renouveau de la politique industrielle française

Annexe : *France launches public investment bank, October 17, 2012, Financial Times*

5) La croissance est-elle compatible avec la préservation de l'environnement ?

Annexe : *Many « mays » but few « musts »*

A limp agreement at the UN's vaunted environmental summit – June 23 rd 2012, The Economist

6) Dans quelle mesure la Banque Centrale Européenne doit-elle accepter un peu plus d'inflation ?

Annexe : *Michael Heise wrote in The Economist, Oct 31 st 2012*

7) Les inégalités de revenu sont-elles un frein à la croissance économique ?

Annexe : « *Inequality Is Hoding back the Recovery* » *by Joseph E. Stiglitz, January 19, 2013 New York Times*

8) Les pays ont-ils tous un avantage au libre-échange ?

Annexe : *The Poor Get Poorer, NYTimes, by Robert B. Reich, Published April 2, 2006*

Également :

9) la croissance chinoise : quels impacts sur une économie mondialisée
10) Les enjeux de la maîtrise des dépenses de santé en France
11) État et économie de marché
12) Politique de concurrence et innovation
13) Modèle social français et réforme des retraites
14) Performances économiques et innovation
15) Quel ancrage territorial pour les activités de production de connaissances ?
16) Les ressorts et limites de la croissance des grands pays émergents asiatiques.
17) La relation entre progrès technologique et emploi
18) Territoires et développement économique
19) La place de la propriété intellectuelle dans une économie de la connaissance
20) La politique de change, un levier efficace pour réduire le chômage

Sujets d'annales corrigés

SUJET 1

2012

1. Énoncé

« Connaissance et croissance économique »

Annexe : *Sharing the knowledge, Jun 7th 2012, by R. A. Washington*

The economist (www.economist.com)

DOCUMENT

Albert Einstein was a singular genius. The Albert Einstein model of discovery, however–the solitary mind producing remarkable insight–was not particularly unusual for his time. For much of the period from the beginning of the industrial revolution, scientific and technical advances – including the occasional stroke of brilliance – were within the reach of the diligent amateur and the garage tinkerer. That is no longer the case. As the stock of human knowledge increases, the time needed to move oneself to the knowledge frontier grows. In a 2009 paper, Benjamin Jones notes:

"If knowledge accumulates as technology advances, then successive generations of innovators may face an increasing educational burden. Innovators can compensate through lengthening educational phases and narrowing expertise, but these responses come at the cost of reducing individual innovative capacities, with implications for the organization of innovative activity-a greater reliance on teamwork-and negative implications for growth. Building on this "burden of knowledge" mechanism, this paper first presents six facts about innovator behaviour. I show that age at first invention, specialization, and teamwork increase over time in a large micro-data set of inventors. Furthermore, in cross-section, specialization and teamwork appear greater in deeper areas of knowledge, while, surprisingly, age at first invention shows little variation across fields. A model then demonstrates how these facts can emerge in tandem. The theory further develops explicit implications for economic growth, providing an explanation for why productivity growth rates did not accelerate through the 20th century despite an enormous expansion in collective research effort.

The growing "burden of knowledge" needed to move science forward has increased the age at which researchers begin making contributions, while also increasing instances of collaboration on research. This helps explain why a huge increase in resources dedicated to research over the 20th century didn't lead to an acceleration in productivity growth. The productivity of research itself has been falling. Or to use Tyler Cowen's phrase, the low-hanging fruit has been picked."

Mr Jones implies that this may have negative implications for long-run economic growth. It could, but I'm not certain that it must. I'll give you a couple of reasons why.

The first is that it has become dramatically easier in just the past two decades to leverage research resources thanks to stunning improvements in computing power and communication technology. Powerful, easy-to-use statistical software is only about 20 years old. Widespread broadband access is far younger. The potential of the massive processing power of a system like Watson is only just being explored. For most of the industrial revolution, technological change was labour augmenting, enabling men and women to produce far more textile or agricultural output than had previously been the case. The past two decades have given the world enormous gains in human-capital-augmenting technology. It's now remarkably easy to share data around the world, mine massive data sets for interesting relationships, test those relationships with powerful statistical software, and publish and share results with audiences the world over, all in a matter of hours. As we improve these technologies and become better at using them, research productivity may enjoy surprisingly rapid growth.

Second, the relationship between the discovery of new knowledge and economic growth is not straightforward. Scientific knowledge accumulated in Europe and Asia for centuries before finally touching off sustained economic growth. Seemingly small leaps in knowledge may also contribute to decades of growth. It takes a long time for institutions and economies to rearrange themselves to take best advantage of new technologies. The industrial revolution once again supplies a blueprint for these processes. Scientific and technical advances were clearly critical to the revolution, yet growth itself was largely driven by the slow transformation of society into a geography capable of applying old technologies at massive scale. Populations that had been mostly rural for millenia suddenly concentrated in enormous urban centres supported by huge infrastructure investment. On a smaller (but still massive) scale, consider the growth benefits of reorganisations built around assembly lines, highways, and container shipping.

Information and communication technology – as it exists right now, not even assuming future progress – offer the potential for similar bursts of growth. Growth will take similarly transformative reorganisations within society and across geographies. That doesn't happen overnight. It also doesn't happen on its own. Governments need to be willing to accommodate change, and conditions need to be in place to allow private individuals and businesses to experiment with new and innovative deployments of existing technologies.

That's another reason the burden of knowledge issue is less of a concern to me than it may be to others. Advancement of the scientific frontier is growing more difficult. Yet deployment of existing technologies to more productive ends may well be growing easier. Consider the tacocopter. The tacocopter is a not-quite-real-not-quite-a-joke business idea that became a brief internet sensation back in March. The concept is stunningly simple: order tacos on your iPhone and a quadracopter drone will deliver them to your doorstep. As you can read here, the plan would face technical and (especially) regulatory hurdles if implemented today. Yet the potential, for this or similar experiments, is obvious. Cheap, agile drone technology is available now. Building apps is trivially easy. Mapping and location technology and data are getting better all the time. If not drone copters, perhaps 3D printers or autonomous vehicles. It's a short leap from the ridiculous to the transformative. And the ideas needed to transfer these technologies to everyday life are increasingly the domain of entrepreneurs rather than academics. One doesn't need 20 years of study to spot profit opportunities.

The takeaway should be that it doesn't appear to be necessary to generate a steady or accelerating flow of revolutionary scientific and technical innovation to maintain sustainable growth. It seems to take long enough to wring growth out of existing technologies that a society committed to research can accumulate insights in bursts sufficient to power growth during droughts. Put more simply, a lack of big discoveries doesn't strike me as the binding constraint on growth. Conceivably it is the pace of entrepreneurial adaption that matters. I'm most inclined to think that its the pace of *societal evolution* that is most binding: growth proceeds at the fastest pace that legal and social institutions can tolerate.

Think of the challenges that would face the would-be tacocopter entrepreneurs. Consider that issues surrounding liability and law, rather than technology, now appear to be the biggest obstacle to autonomous vehicles. Look at the legal struggles faced by innovative services like Uber and Airbnb. Disruptive innovations are bumping against a broad array of regulatory hurdles that built up during a very different era of economic growth.

Or take an area of great personal interest to me: land-use policy. The information technology revolution seems to have increased the importance of and returns to clustering in high-skill sectors. I recently attended a discussion on the economic study of innovation, at which one of the participants pointed to this fascinating paper:

Are scientific knowledge flows embodied in individuals, or "in the air"? To answer this question, we measure the effect of labor mobility in a sample of 9,483 elite academic life scientists on the citation trajectories associated with individual articles (resp. patents) published (resp. granted) before the scientist moved to a new institution. We find that article-to-article citations from the scientific community at the superstar's origin location are barely affected by their departure. ***In contrast, article-to-patent citations, and especially patent-"to-patent citations, decline at the origin location following a star's departure, suggesting that spillovers from academia to industry are not completely disembodied****. We also find that article-to-article citations at the superstar's destination location markedly increase after they move.* ***Our results***

suggest that, to be realized, knowledge flows to industry may require more face-to-face interaction than those to academics."

Emphasis mine. Proximity matters in turning ideas into applications. It also matters in turning applications into employment. The Bay Area is booming precisely because of the importance of knowledge clusters. But the Bay Area is the least productive large metropolitan area in the country in terms of adding new housing, thanks largely to very restrictive rules on new construction. And so you end up with stories like this, on concerns that high real estate costs will check the Bay Area's boom and prevent it from benefitting low- and middle-income households.

The burden of knowledge is an important dynamic, but it's not the aspect of innovation that concerns me most. My greatest concern is that Americans may have lost their ability to tolerate the messiness of disruptive growth. The problem is not a shortage of ideas. It's that ideas gather dust on shelves, the better to preserve the views of rich, satisfied homeowners.

R.A. Washington, *Sharing the knowledge.*

2. Corrigé

a) Questions économiques en relation avec le sujet posé et le document joint (non corrigées)

Ces questions vous sont proposées à titre d'éléments de réflexion. Elles correspondent au type de questions qui ont pu être posées par le jury aux candidats lors de l'examen, à l'issue de leur exposé.

- ***Q1 à Q4 : questions portant directement sur le texte***

Q1 Quelle est la place de l'innovateur aujourd'hui ?

Q2 Quel lien entre accumulation et formation ?

Q3 L'innovation s'inscrit-elle uniquement dans un processus scientifique et technique ?

Q4 Comment peut-on apprécier la productivité de la recherche ?

- ***Q5 à Q10 : questions allant au-delà du texte***

Q5 Quel rôle joue le « capital humain » dans le processus de croissance ?

Q6 Pourquoi la connaissance est-elle un bien économique particulier ?

Q7 Dans quelle mesure le PIB intègre-t-il les investissements immatériels ?

Q8 Quels sont les obstacles à la transmission des savoirs ?

Q9 La recherche développement relève-t-elle de l'investissement public ou de l'investissement privé ?

Q10 Pourquoi la problématique de la connaissance renvoie-t-elle à la théorie de la « croissance endogène » ?

b) Proposition de corrigé

■ *Accroche*

Dans une lettre à Robert Hooke en 1675, Isaac Newton reprend la célèbre formule : « si j'ai vu plus loin, c'est en montant sur les épaules des géants ». Il met alors l'accent, comme le fait le texte proposé, sur le caractère cumulatif de la création de connaissances. Phénomène cumulatif qui est au service du progrès et d'un autre phénomène d'accumulation à savoir la croissance économique. Ceci nous amène donc à nous intéresser au lien entre connaissance et croissance économique.

■ *Délimitation du sujet*

La croissance se définit comme l'augmentation de la richesse nationale mesurée par l'évolution du PIB, en d'autres termes, la somme des valeurs ajoutées. On peut ainsi s'interroger sur la valeur « ajoutée » par la connaissance. Pendant longtemps, la connaissance dans le processus économique a été rapprochée de l'idée d'innovation. Elle était alors assimilée à des savoirs scientifiques et techniques détenus par un petit nombre d'agents.

Il apparaît aujourd'hui que la connaissance recouvre différentes formes de savoirs moins explicites (savoirs tacites, savoirs collectifs) qui ont la particularité de se diffuser dans toute l'organisation et d'être détenus par l'ensemble des membres de la firme. La connaissance ne serait plus à l'origine uniquement de grappes d'innovations dans une approche cyclique de l'économie mais serait un facteur essentiel de la performance des processus de production dans une logique de « routines organisationnelles ».

Mais l'analyse du lien croissance économique et connaissance doit être approfondie en considérant que cette dernière constitue un bien économique très spécifique (bien non exclusif, bien non rival, bien cumulatif) qui induit des comportements des agents s'éloignant de ce qu'il est coutume de constater dans les mécanismes économiques traditionnels. Il n'est pas étonnant alors de voir la puissance publique jouer un rôle stratégique afin de faire des savoirs des facteurs clés de performance économique.

Une articulation harmonieuse semble émerger lorsque l'on rapproche la connaissance de la croissance économique. Un nouveau système économique, bien loin du modèle tayloriste, aboutirait au bien être collectif en raison des résultats obtenus mais également grâce à un processus de connaissances partagées. Toutefois, ce scénario séduisant ne va pas sans poser quelques interrogations. En effet, si nous revenons à la définition de la croissance économique, cette dernière renvoie à la notion de PIB, de produit intérieur brut. Le « produit » implique qu'il y a « production » et pose la question de l'équilibre dans nos systèmes économiques entre matériel et immatériel. Le produit « intérieur » paradoxalement nous amène également à envisager la question à l'échelle internationale, l'économie de la connaissance s'inscrirait alors dans une logique de jeu à somme positive ou de jeu à somme nulle. Nous serions amenés à remettre en cause les équilibres nationaux et internationaux qu'une croissance économique basée sur la connaissance pourrait générer.

■ *Problématique*

En final, nous pouvons nous poser la question essentielle suivante : faut-il se réjouir de la place prépondérante qu'occupe la connaissance dans les processus de croissance ?

Présentation du plan

Nous répondrons, dans un premier temps, en considérant la connaissance dans une perspective d'innovation-rupture. Si la connaissance apparaît comme un facteur indispensable à la poursuite d'une croissance économique durable, nous nous apercevrons que ce processus n'est pas sans limites inquiétantes. Toutefois, la connaissance joue un rôle qui dépasse le processus d'innovation. Nous présenterons donc tous les espoirs que l'on peut fonder dans une croissance qui se construit dans une dynamique de savoir partagé au sein des processus de production. Cependant, il s'agira aussi de ne pas tirer de conclusions trop optimistes sur un nouveau système économique qui peut être également source d'exclusion.

Développement

I. LA CONNAISSANCE RESTE AU CŒUR DE L'ÉTERNEL PROCESSUS DE CRÉATION DESTRUCTRICE

La connaissance est ici au service de l'innovation et nous pousse à aborder la croissance sous l'angle des cycles économiques. Cette dynamique schumpétérienne du développement s'inscrit dans une logique de compétition qui, par nature, est rarement un jeu à somme positive.

1.1 La connaissance, variable centrale dans la théorie des cycles

- La connaissance est appréhendée ici comme un facteur clé synonyme d'innovation. Nous nous inscrivons dans le cadre des travaux sur les cycles longs de Kondratiev qui amènent également à évoquer la théorie des grappes d'innovations chère à Schumpeter. La croissance découlerait des progrès réalisés dans les produits et les processus. La connaissance, pour sa part, est assimilée ici à des savoirs techniques et scientifiques détenus par un faible nombre d'agents.
- Nous ne sommes plus toutefois dans l'ère de l'inventeur-innovateur-entrepreneur. L'externalité de la connaissance passe aujourd'hui par des investissements en recherche - développement considérables dans certains secteurs d'activité. Nous retrouvons ici toutes les spécificités de la connaissance comme bien économique qui appellent des réponses adaptées à ces particularités.
- Se pose alors la question de l'articulation entre recherche privée et recherche publique qui passe par une réflexion sur l'estimation entre bénéfice social et bénéfice privé espérés (K.M.Brown). On peut mentionner également les travaux de P. Romer sur le rôle joué par la connaissance technologique dans la théorie de la croissance endogène.

1.2 Le processus d'accumulation des connaissances peut connaître quelques limites

- On peut s'interroger sur le caractère immuable des cycles. Les capacités d'innovation vont elles permettre cette fuite en avant sur laquelle reposent les économies développées. En maniant l'ironie et de façon excessive, ne peut-on pas considérer qu'à l'avenir la difficulté ne résidera pas dans la capacité à trouver de nouveaux besoins à satisfaire plutôt que dans la capacité à les satisfaire. La course à l'innovation aujourd'hui ne s'appuie-t-elle pas sur un raccourcissement du cycle de vie des produits ?
- La connaissance en tant qu'avantage concurrentiel se doit d'être protégée. On peut développer ici sur le rôle des brevets (degré de protection optimale sur le plan social et privé) mais aussi de l'intelligence économique. Le débat doit également se comprendre dans le cadre de la concurrence internationale. Le « partage de la connaissance » aboutit-il au partage des bénéfices attendus de la connaissance ? Les transferts technologiques vers les pays émergents en contrepartie de contrats industriels ne vont-ils pas s'avérer à terme comme une stratégie suicidaire ?
- Certaines craintes existent aussi sur la capacité des systèmes économiques à générer de la connaissance source d'innovations. Le texte évoque notamment la contrainte que représente pour les chercheurs l'indispensable nécessité de s'approprier l'ensemble des connaissances existantes (« fardeau des connaissances »). La baisse de la productivité des

chercheurs s'expliquerait peut être alors par la difficulté de « monter sur les épaules des géants ».

Transition : Au cœur du processus d'innovations garant d'une croissance durable, la connaissance joue un rôle essentiel mais qui ne garantit en rien le partage des bénéfices qu'elle peut générer. Toutefois, il n'est plus envisageable de réduire la connaissance aux savoirs scientifiques et techniques, il faut l'aborder comme une variable au cœur des processus productifs, variable dont les effets semblent ici aussi très contrastés.

II. LA PRODUCTION DE CONNAISSANCES NE GARANTIT PAS UNE CROISSANCE ÉQUILIBRÉE

L'économie fondée sur la connaissance semble caractériser le fonctionnement des pays développés. **La connaissance, entendue comme les différentes formes de savoir que détiennent les firmes en tant qu'organisation, apparaîtrait alors en tant que variable clé du jeu concurrentiel qu'il faudrait identifier, transmettre et dont il faudrait amplifier les externalités.** Toutefois, l'incomplétude de ce processus de partage des connaissances nous pousse à nous interroger sur le caractère équilibré d'une croissance fondée sur la connaissance.

2.1 La connaissance au service de nouvelles formes de performances

- Un certain nombre de théories proposent une approche différente de la connaissance comme source de croissance. Nous pouvons citer bien sûr les travaux déjà anciens de G. Becker sur le capital humain qui aborde l'acquisition de connaissances comme un investissement. Sous un angle différent qui étudie la connaissance dans une approche plus collective, les travaux de Nelson et Winter montrent l'importance de processus d'apprentissage organisationnel à travers la mise en œuvre de routine.

- La performance économique passe par une capacité à mettre en œuvre une transmission efficace des savoirs. Dans ce domaine, les travaux de référence restent ceux de Nonaka et Takeuchi qui distinguent des problématiques différentes selon que les savoirs sont tacites ou explicites.

- Cette volonté d'une connaissance mieux partagée au service de la performance économique passe bien évidemment par des investissements publics dans la connaissance. Nous retrouvons alors les travaux de R. Lucas quant au rôle de l'éducation dans le modèle de croissance endogène. Cette remarque nous amène à évoquer le rôle que joue la croissance économique sur l'accumulation de connaissances.

2.2 De la finalité de la production de connaissances

- Au regard de l'importance stratégique de la connaissance sur la croissance économique, les acteurs ne s'inscrivent pas obligatoirement dans une démarche coopérative. La rentabilité de l'investissement formation n'est pas toujours assurée pour les firmes au regard du comportement opportuniste que pourraient adopter certains salariés. Les problématiques de rétention du savoir en raison du pouvoir qu'il procure ne sont pas non plus à négliger. Enfin, les stratégies en matière d'éducation à l'échelle des États à travers les échanges d'étudiants nécessiteraient peut être une analyse coût-avantage, notamment sur le long terme, plus approfondie.

- La croissance construite autour de la variable connaissance demande aussi à repenser le fonctionnement du marché du travail et le rôle joué par la formation. Les travaux de

Heckman et de Mincer montrent, à ce propos, les risques d'exclusion et de renforcement du dualisme.

- En final, si on peut constater que les activités de recherche et développement sont rarement l'objet de délocalisations, il est toutefois important de s'interroger sur l'équilibre entre activité matérielle et activité immatérielle dans des économies fondées sur la connaissance. Si une croissance construite sur le développement des savoirs est souvent une croissance intensive favorable à une bonne maîtrise de l'inflation et à un renforcement de la compétitivité, qu'en est-il de son impact sur le marché du travail ?

Conclusion

Nous nous étions posé la question de savoir s'il fallait se réjouir de la place prépondérante de la connaissance dans les processus de croissance. Il est indéniable qu'un système économique construit autour de la notion de savoir paraît des plus séduisants. Séduisant parce que le savoir est source de progrès et ce à une très grande échelle et dans des domaines essentiels au bien être des populations. Séduisant parce que la connaissance apparaît comme une source de motivation plus épanouissante que la simple rémunération obtenue pour réaliser de façon répétitive de tâches élémentaires. Cependant, l'innovation est perçue aujourd'hui comme une finalité en soi car elle garantit la pérennité des économies des pays développés face à la concurrence des pays émergents. De même, la connaissance au cœur des processus de production peut être synonyme d'exclusion en raison de son lien étroit avec le phénomène de désindustrialisation.

La réponse à la question posée, si l'on souhaite qu'elle soit affirmative, renvoie aux défis en matière d'éducation et de formation que les économies développées doivent relever.

SUJET 2

2012

1. Énoncé

La croissance verte : pourquoi ?

Annexe : OECD Report, *Towards Green Growth*, May 2011

DOCUMENT

The gains from growth, while distributed unevenly around the world, have been dramatic. Over the past 150 years life expectancy increased by around thirty years in most regions, including some of the least developed parts of the world. OECD countries experienced a three-fold increase in both the amount of time and money spent on leisure since the late nineteenth century, while health status and education and labour market opportunities also grew.

Many of the economic, technological, social and institutional changes that helped to drive growth in the twentieth century are yet to be delivered to a vast number of people. There is therefore considerable potential for further growth and improvments in living standards. The question is whether this potential can be realised.

The growth dynamic that has yielded these improvments in living standards has entailed substantial costs to the physical environnment on which human well-being ultimately depends. It is increasingly apparent that the way in which we use natural resources could place higher living standards and even conventionally measured growth at risk.

Thus the world faces twin challenges : expanding economic opportunities for a growing global population ; and adressing environmental pressures that, if left unaddressed, could undermine our ability to seize these opportunities ; green growth is where these two challenges meet and about exploiting the opportunities which lie within. It is about fostering economic growth and development while ensuring that natural assets continue to provide the resources and environmental services on which our well-being relies. It is also about fostering investment and innovation which will underpin sustained growth and give rise to new economic opportunities. (...)

The central feature of a green growth framework (...) is recognition of natural capital as a factor of production and its role in enhancing well-being. In sum, strategies for greening growth focus on a broader concept of progress than just GDP (Gross Domestic Product) growth and aim to provide clear and stable policy signals to investors and consumers so as to :

- Achieve economic gains form eliminating sources of inefficiency in the use of natural capital.

- Encourage innovation which can deliver high rates of balanced growth.

- Foster new economic opportunities frome the emergence of new green markets and activities.

– Ensure that eliminating inefficiencies, fostering innovation and seizing new growth opportunities avoid the risk of bottlenecks and systemic crises.

OECD Report, *Towards Green Growth.*

2. Corrigé

a) Questions économiques en relation avec le sujet posé et le document joint (non corrigées)

Ces questions vous sont proposées à titre d'éléments de reflexion. Elles correspondent au type de questions qui ont pu être posées par le jury aux candidats lors de l'examen, à l'issue de leur exposé.

■ *Q1 à Q5 : questions portant directement sur le texte*

Q1 La planète offre t-elle a priori encore un potentiel de croissance important ?

Q2 Quels sont les deux défis simultanés auquel le monde doit faire face aujourd'hui ?

Q3 Le PIB est-il un indicateur facilitant l'orientation vers une croissance verte ?

Q4 Pourquoi investisseurs et consommateurs ont-ils besoin de nouveaux signaux ?

Q5 Qu'est-ce que l'OCDE ?

■ *Q6 à Q10 : questions allant au-delà du texte*

Q6 Quel rôle joue le « capital naturel » dans les théories traditionnelles de la croissance ?

Q7 Indiquez quelques stratégies possibles pour « verdir » la croissance.

Q8 La croissance verte est-elle possible également pour les pays en développement ?

Q9 Quels sont les obstacles au développement d'une croissance verte ?

Q10 Comment situez-vous la thèse de la « décroissance » par rapport à celle de l'orientation vers une croissance verte ?

b) Proposition de corrigé

■ *Accroche*

Le thème de la croissance (soit l'augmentation durable et soutenue du PIB) est un des thèmes centraux en économie car de son importance dépendent entre autres l'évolution de l'emploi (et du chômage), de notre pouvoir d'achat et de bien d'autres grandeurs économiques.

La croissance pose aussi d'autres questions, celle notamment de sa compatibilité avec notre système de ressources naturelles et de notre environnement au plan écologique : la croissance économique actuelle est-elle soutenable ? Ne risque t-elle pas d'épuiser à terme nos ressources ? Quelle planète allons-nous laisser à nos enfants ?

Ceci conduit à poser la question de l'opportunité de promouvoir une (nouvelle forme de) croissance :

■ *Délimitation du sujet*

Définitions

La croissance dite « verte », c'est-à-dire un mode de développement économique respectueux de l'environnement, reposant notamment sur des éco-activités.

Apport du texte

C'est le thème abordé par cet extrait d'un rapport de l'OCDE qui est un plaidoyer pour une croissance verte et qui propose quelques points de repère pour la mettre en œuvre.

Contexte

- Quels pays sont concernés (les pays développés, émergents, ...) ? Quels acteurs sont interpelés (les Pouvoirs publics, les entreprises, les ménages...) ?
- La croissance est-elle souhaitable ? Nécessaire ? Quelle forme doit-elle emprunter ?
- La croissance verte s'applique t-elle aux produits, à la conception des processus, à nos modes de consommation ?
- Comment promouvoir une croissance verte ? Faut-il une réglementation ? Quels outils les entreprises doivent-elles mettre en place dans cette perspective ?
- Y a-t-il un taux de croissance maximal « supportable » ? À quel rythme aller vers une croissance verte ? Et pour quel(s) résultat(s) ?
- C'est le cœur du sujet ! Pourquoi ce débat ? Avec quels arguments ? Est-ce une orientation compatible avec l'urgence de la question du chômage ?

Débat théorique, théories en présence

La relation « croissance-environnement » donne lieu à plusieurs traitements différents par les économistes :

– les tenants d'une **vision néoclassique traditionnelle** pour lesquels la question de mettre en œuvre une stratégie de croissance verte ne se pose pas. Les arguments sont : l'hypothèse de parfaite substituabilité des facteurs de production (le problème du gaspillage des ressources naturelles et de la pollution peuvent être également réglés par l'attribution de droits de propriété sur ces ressources) ;

– les partisans d'**une croissance durable (ou verte)** qui entendent maintenir une stratégie de croissance mais réorientée vers des productions économes en énergie, (...) encadrée par une réglementation et une politique volontariste au plan environnemental ;

– enfin les partisans de **la décroissance** selon lesquels il faut rompre carrément avec « l'idéologie » de la croissance qui détruit notre planète.

Problématique

Dans quelle mesure est-il bien opportun de promouvoir cette nouvelle forme de croissance qu'est la croissance verte ?

Annonce des parties

1) Les problèmes posés par le mode de croissance actuel

2) La croissance verte comme solution

1) LES PROBLÈMES POSÉS PAR LE MODE DE CROISSANCE ACTUEL

1.1 Les alertes liées aux rapports sur la croissance et le changement climatique

- Des rapports successifs ont révélé les dangers et l'insoutenabilité à long terme du mode de croissance actuel (à commencer par le rapport du Club de Rome de 1972).

- Depuis cette date, les rapports sur l'état de l'environnement et sur le changement climatique se sont multipliés et ont approfondi la connaissance que nous avons des effets nocifs de la croissance sur les écosystèmes.

1.2 Un inventaire rapide des problèmes

- Les problèmes posés par la croissance sont de plusieurs ordres : épuisement des matières premières, pollution massive, réchauffement climatique etc. Ils prennent d'autant plus d'importance que de plus en plus de pays concourent à la croissance mondiale et préemptent les ressources naturelles (cf. la montée en puissance des pays émergents et notamment de la Chine).
- Ces problèmes sont à l'origine de coûts croissants de remise en état du patrimoine naturel, de goulots d'étranglements liés aux ressources, d'une hausse considérable des prix de nombreuses matières premières...
- La thèse de la parfaite substituabilité des facteurs de production est insuffisante (le maintien de l'état même du facteur humain est posé). Différentes études ont montré l'importance du nombre de décès prématurés liés à la pollution...

Transition : le mode de croissance actuel paraît difficilement tenable ; si rien n'est fait c'est la croissance elle-même qui est menacée. Il importe donc de se tourner vers les solutions envisageables, en particulier, celle de la croissance verte.

2) LA CROISSANCE VERTE COMME SOLUTION

2.1 L'intérêt de verdir la croissance

- En 1987 la commission Brundtland lance le mot d'ordre d'un développement durable (*sustainable development*), soit un développement qui répond aux besoins présents sans compromettre la capacité des générations futures à satisfaire les leurs). Le développement des activités humaines ne peut être abandonné à de seules considérations économiques ; il faut aussi tenir compte d'exigences sociales, sociétales et environnementales. Les biens environnementaux doivent être désormais protégés compte tenu de leur caractère épuisable.
- La croissance verte est une façon de continuer à faire de la croissance (et ainsi de faire face à l'accroissement de la population et de la demande d'emploi correspondante) tout en réorientant l'appareil de production pour le rendre compatible avec les données environnementales (idée bien soulignée dans le texte). Il s'agit bien de croissance car elle est à l'origine de nouvelles activités, de nouveaux produits et... même de nouveaux marchés.
- La croissance verte se décline de multiples façons avec les concepts de production industrielle durable, de consommation durable, d'agriculture durable, de transport durable (ou plus verts) et...

2.2 Une mise en œuvre complexe

Chacune de ces réorientations suppose l'engagement massif des entreprises à base de R&D, d'innovations, de nouveaux processus et de nouveaux produits (on a pu par exemple constater que les progrès dans les processus de production moins gourmands en énergie ont permis progressivement de découpler croissance et consommations énergétiques). Des raisonnements similaires peuvent être tenus à propos de technologies propres, de la production d'aliments certifiés biologiques etc.

- Cette orientation requiert également l'intervention massive des pouvoirs publics grâce à une panoplie d'instruments (interdictions, taxes, droits à polluer etc.), de dispositifs fiscaux et en matière de concurrence afin de limiter les atteintes à l'environnement et d'internaliser les externalités.

- Mais le verdissement de la croissance ne va pas sans difficulté : il se fait lentement, rencontre d'évidentes résistances, comporte encore trop souvent des effets cosmétiques. Enfin pour certains économistes et sociologues partisans de la décroissance, cette orientation est insuffisante sinon dangereuse car elle ne permet pas de rompre avec l'idéologie du « toujours plus » et de ses conséquences (l'épuisement de la planète).

Conclusion

Bilan : Nous nous étions demandé dans quelle mesure il était bien opportun de promouvoir cette nouvelle forme de croissance qu'est la croissance verte ?

Et nous avons vu que les raisons motivant la réorientation des économies vers une croissance verte sont nombreuses et impératives : nécessité de limiter les atteintes à l'environnement et à la santé de plus en plus préoccupantes (de multiples décès prématurés sont liés à la pollution), besoin aussi de faire face à l'épuisement rapide des ressources naturelles… C'est la seule façon – selon le texte – de « réaliser le potentiel de croissance » que constitue l'accroissement de la population et l'accès des populations des pays émergents à nos standards de niveau de vie.

Nous avons vu également que la marche vers l'économie verte a commencé : des investissements massifs sont prévus pour accompagner la transition énergétique, de plus en plus d'entreprises développent l'éco-conception, la gestion et la réutilisation des déchets.

Nous avons vu enfin que cette nouvelle orientation ne va pas sans problèmes : difficulté de mise en œuvre, désaccords entre les acteurs au plan national ou international, irréversibilité de certaines atteintes à l'environnement etc.

Élargissement

- La question de la croissance verte appelle mécaniquement la question du système d'information économique et de l'insuffisance de l'indicateur de référence, le PIB.
- Dans un contexte de chômage massif, les initiatives pour favoriser la croissance verte et/ou rompre avec le mode de croissance antérieur (exemple : la rupture avec le nucléaire, l'imposition de taxes aux pollueurs…) peuvent aggraver la situation (au moins à court terme). Les questions d'agenda sont alors reposées…
- Ce thème est universel ; il pose très directement celui des institutions internationales et de leur efficacité, du rôle de l'UE dans ce domaine…

SUJET 3

2013

1. Énoncé

« Quelle place pour l'économie sociale et solidaire dans une économie mondialisée ? »)

DOCUMENT

Housing associations: the sleeping giant of social enterprise growth

The opportunities inherent in housing associations' spending power are yet to be fully grasped by the social enterprise sector

While the economic slump has forced all sectors into survival mode, one important part of the sociale sector is weathering the storm comparatively well. Housing Associations (there are 1700 registered in the UK with a combined annual spend of £13bn) are what you might call a sleeping giant when it comes to the growth of social enterprise. In truth the housing associations sector has hardly been sleeping in the last decade. A powerful lobby, an economic force and a major influence on all kinds of social policy it certainly is. Part of the reason is that for the last three decades, some £40bn of public money in the form of grants has made it possible for housing associations to lever in £60bn of public money in the form of grants has made it possible for housing associations to lever in £60bn of private finance - creating a £15bn surplus. And because there are no dividends for shareholders, this sum has been reinvested, enabling them to grow.

But as far as the social enterprise sector is concerned, the opportunity inherent in housing associations' spending power combined with their ability to innovate, their multiple anchors in our most deprived communities and their openness to social enterprise is yet to be fully grasped. (Here, it is important to make a nerdish but important point. Housing associations are in fact social enterprises by most definitions. We are talking not about introducing new friends but about reuniting older and younger siblings, as the UK social enterprise movement grows up).

In recent years we've watched as increasing numbers of housing associations have taken steps to encourage and foster social enterprise in their communities. According to The Green Light Report, produced by the National Housing Federation, their main motives are to create employment for their tenants (91%), deliver wider community benefit (78%), and improve service delivery for their tenants (69%). The lack of available grants means that housing associations, like many other organizations, are now seeing social enterprises as a more sustainable way of delivering social benefit.

Yet the potential remains largely untapped. As Mark Richardson, author of the Green Light report explains: "[Housing associations and social enterprises] are both working for the benefit of the community and in many instances, its poorest residents. They should make perfect partners in this endeavour, but often struggle to engage with each other."

The report identified some sobering facts for the social enterprise sector. Key among them is the fact that, of housing associations' collective £13bn annual spend, social enterprises don't appear to be getting nearly the amount of business they could and should. Of the associations surveyed in the report, 69% spent less than £50,000 a year with social enterprises and 66% have no social enterprises on a preferred suppliers list.

It is time the wider social enterprise sector got moving on this. In deprived areas, where public sector cuts have been particularly hard felt, housing associations are in a unique position: they have assets, strong balance sheets; they do their own purchasing and procurement (meaning each has an internal market from their own supply chain); and they have a route to many disadvantaged people from local labour markets.

This means that housing associations can do a lot both with and for social enterprises. Firstly, through encouraging entrepreneurial tenants to start up with support, advice and money. Secondly, by procuring and commissioning from local social enterprises. Thirdly, through setting up new social enterprises to address unmet needs, or spinning out existing services into social enterprises. And fourthly, by absorbing, integrating and backing local social enterprises to help them be more stable and achieve more impact.

There are lots of drivers for the increasing interest in social enterprise among housing associations, including the Localism Act, Green Deal and Right to Provide. The most obvious one is the Social Value Act, of which many housing associations find themselves on both sides (in that they are commissioned by local authorities, but also commission goods and services themselves).

It seems obvious from the above that more trading and joint-working between social enterprises and housing associations is necessary – both sides win, and the overall winners are the disadvantaged communities we are all aiming to help. The housing sector's done the research that tells us the housing associations are open for business. It's time for more social enterprises to get knocking on their doors. They are right across the country – please start building links with your local housing associations today.

The Guardian (2013-04-03)

2. Corrigé

a) Questions économiques en relation avec le sujet posé et le document oint (non corrigées)

Ces questions vous sont proposées à titre d'éléments de réflexion. Elles correspondent au type de questions qui ont pu être posées par le jury aux candidats lors de l'examen, à l'issue de leur exposé.

■ *Q1 à Q5 : questions portant directement sur le texte*

Q1 Qu'est-ce qui explique la santé du secteur du logement social au Royaume Uni ?

Q2 Quels sont les objectifs affichés par les entreprises de logement social ?

Q3 Quels sont les atouts des entreprises de logement social ?

Q4 Comment les entreprises de logement social peuvent-elles aider au développement des entreprises de l'économie sociale ?

Q5 Comment l'Etat manifeste-t-il son intérêt pour les entreprises de l'économie sociale ?

■ *Q6 à Q10 : questions allant au-delà du texte*

Q6 Quels effets la crise économique a-t-elle sur le secteur du logement social ?

Q7 Comment le logement social est-il financé en France ?

Q8 Quels sont les atouts de l'Economie sociale et solidaire en matière d'emploi ?

Q9 Quels sont les obstacles au financement des entreprises de l'économie sociale et solidaire ?

Q10 Comment expliquer l'existence d'une économie sociale et solidaire ?

b) Proposition de corrigé

■ *Accroche*

On peut évoquer le développement du microcrédit, tant dans les pays en développement que dans les pays développés, l'existence des SEL. Ce qui relève de l'ESS.

Aussi, nous nous demanderons quelle peut être la place de l'économie sociale et solidaire dans une économie mondialisée.

■ *Délimitation du sujet*

Définitions

- Économie sociale : elle correspond à l'ensemble des activités économiques à but non principalement lucratif. Elle comprend les productions de biens et services réalisées par les associations, les mutuelles, les coopératives et les fondations.
- Économie solidaire : elle rassemble également des activités non marchandes qui reposent sur des engagements réciproques.

On peut également discuter ici des autres appellations possibles de l'ESS : économie plurielle, tiers secteur, économie alternative. Il s'agit de montrer que cette forme d'économie ne relève ni de l'Etat, ni du marché.

- Économie mondialisée : le processus de globalisation des marchés est caractéristique de la mondialisation de l'économie. Il faut entendre par là un processus d'extension de l'économie de marché à l'ensemble de la planète, par le biais d'une libre circulation des marchandises, des services, des monnaies, des capitaux et des hommes, et qui se traduit par une interdépendance croissante des économies.

Apport du texte

Le texte traite de l'opportunité d'un rapprochement entre le secteur du logement social et les entreprises de l'économie sociale, tant en matière de financement, que de conseil en management que de relations commerciales ;

Contexte, questionnement sur le sujet

- Les pays concernés par la mondialisation sont aussi bien les pays émergents que les pays développés. On peut distinguer à l'intérieur de ces pays des populations affectées par cette mondialisation (secteur abrité et secteur exposé à la concurrence internationale).

- On sait que la mondialisation revêt plusieurs dimensions : commerciale, financière et humaine, du fait des migrations internationales. Cette ouverture des économies aux échanges les rend de plus en plus interdépendantes les unes des autres et contribue à la transmission des fluctuations de l'activité économique entre elles. La croissance américaine profite à ses partenaires commerciaux, tout comme le développement de la Chine représente une chance pour tous les investisseurs avec, au premier chef, les entreprises à rayonnement mondial. D'ailleurs, la mondialisation se repère au poids que les entreprises mondiales représentent dans le total des échanges de marchandises (30 %). A cet égard, la Corée du Sud a vu naître des entreprises de taille mondiale (Hyundai, Daewoo, Samsung) lorsqu'elle a fait le pari du développement économique par le biais d'une stratégie de stimulation des exportations.
- La mondialisation commerciale fait des gagnants, comme la Corée du Sud dont le niveau de vie se rapproche des pays du Nord, mais aussi des perdants, comme les pays d'Afrique subsaharienne, car la compétition est rude. Elle est donc souvent présentée comme la responsable des maux que connaissent aussi bien les pays en développement que les pays développés : les problèmes de développement pour les premiers, les soucis liés aux délocalisations et au chômage pour les seconds. Mais elle est aussi reconnue comme un facteur de dynamisation de la croissance et des échanges internationaux, malgré les crises financières récurrentes qu'elle favorise, dans les pays émergents notamment, mais aussi dans les pays développés (subprimes, dettes souveraines).
- En clair, ce sont les excès de la mondialisation qui sont décriés, non la mondialisation elle-même. Certains militent même pour une autre mondialisation (ATTAC), mais une mondialisation tout de même. D'ailleurs, le débat porte plus souvent sur la mise en place d'une gouvernance mondiale qui permettrait de gérer, d'encadrer et de réguler le phénomène de mondialisation. Isolément, les Etats sont souvent considérés comme impuissants à le faire.
- La logique de marché suffit-elle à contrecarrer les excès de cette mondialisation ? Dans le cas contraire, l'intervention des États est-elle efficace ? N'y-a-t-il pas là une place pour l'économie sociale et solidaire ? N'est-ce pas une vision réductrice de celle-ci ?

Débat théorique, théories en présence

- On peut présenter les défaillances du marché (externalités, biens publics, asymétries d'information), lesquelles amènent habituellement à une intervention de l'État. Mais il se peut que cette intervention soit elle-même sous-optimale, justifiant par là une autre forme d'organisation des activités économiques, comme l'ESS.
- Il existe des biens publics mondiaux pour lesquels ni le marché (par définition des biens publics) ni les États ne parviennent à proposer une production (préservation de l'environnement, stabilité financière). Peut-être y-a-t-il là un rôle pour l'ESS ?
- La gestion des ressources communes (biens qui vérifient le principe de non-exclusion mais pas le principe de non-rivalité, tels que les bancs de poissons) est également un cas difficile aussi bien dans une logique de marché que dans celle d'une intervention étatique (comportement possible de « free rider » pour un État). À nouveau un rôle pour l'ESS ?

■ *Problématique*

L'économie sociale et solidaire doit-elle être un complément ou un substitut à la mondialisation libérale de l'économie ?

■ *Annonce des parties*

1) L'économie sociale et solidaire, une réponse aux excès de la mondialisation

2) L'économie sociale et solidaire une alternative à la mondialisation libérale

1) L'ÉCONOMIE SOCIALE ET SOLIDAIRE, UNE RÉPONSE AUX EXCÈS DE LA MONDIALISATION

1.1 Les excès du capitalisme…

- Pollution et dégradation des ressources naturelles
- Creusement des inégalités de revenu
- Phénomène de paupérisation d'une partie de la population
- Difficultés à accéder à un logement et au crédit bancaire
- Climat social tendue dans les entreprises

1.2… peuvent être corrigés par l'ESS

- Le principe démocratique des entreprises de l'économie sociale (un homme = une voix), constitue une réponse au mal-être au travail, par le biais d'une plus grande participation/ responsabilisation, et également un frein au creusement des inégalités de rémunération.
- Le réinvestissement des bénéfices au profit de l'innovation et de la préservation de l'emploi, dans les entreprises de l'économie sociale et solidaire, s'oppose à la recherche de toujours plus de dividende et de plus-value boursière.
- Une logique productive de l'ESS, en lieu et place d'une logique financière et spéculative de l'économie capitaliste mondialisée.
- Les SEL, une réponse aux difficultés économiques et sociales que rencontrent les personnes à revenus modestes, en mal d'insertion. La logique est celle de la responsabilisation de personnes, non l'assistance.
- Le commerce équitable, une réponse au commerce inégal.

Transition : Si l'ESS est efficace pour limiter les effets pervers de la mondialisation, elle a aussi vocation à proposer une alternative à la mondialisation libérale de l'économie.

2) L'ÉCONOMIE SOCIALE ET SOLIDAIRE UNE ALTERNATIVE LIMITÉE À LA MONDIALISATION LIBÉRALE

2.1 Une opposition à la logique de marché

- Le modèle coopératif permet de défendre une agriculture raisonnée, proposant des produits de qualité, plus soucieuse de l'environnement, de la santé des consommateurs.
- Les Associations pour le Maintien d'une Agriculture Paysanne (AMAP) permettent de rapprocher, dans une logique de confiance et de solidarité, les consommateurs et les exploitations agricoles locales. Elles garantissent la viabilité des exploitations, et contribuent à réduire la consommation globale d'énergie (les produits consommés ne viennent plus du bout du monde…). Les prix suivent une logique d'équité et ne reflètent pas une confrontation offre/demande (cf. la théorie du « juste prix » de Saint Thomas d'Aquin)

- Il est possible de gérer les ressources communes dans une logique coopérative (cf. les travaux d'Elinor Ostrom), en faisant preuve de solidarité envers les générations futures.
- La recherche du profit n'est pas la fin des entreprises de l'ESS. Celles-ci s'efforcent d'être pérennes, de sauvegarder l'emploi et la qualité des relations sociales

2.2 L'économie sociale et solidaire occupe une place encore limitée

- L'ESS se retrouve aussi bien dans le secteur social (63 % de l'emploi total du secteur) que dans le domaine de l'épargne et du crédit (les banques mutualistes représentent 30 % du secteur) ou dans celui de l'assurance (46 % du PIB du secteur relève des mutuelles), de la production de biens et services (SCOP). Son poids demeure cependant limité : 10 % des emplois mais seulement 6 % de la valeur ajoutée brute (chiffres INSEE pour l'année 2012).
- L'ESS se heurte à un problème de financement du développement de ses activités (cf. le texte fournit concernant le financement du logement social au Royaume-Uni). À côté des subventions publiques, cotisations des membres, autofinancement, emprunts, le recours aux capitaux privés est rendu difficile en raison du statut juridique (sociétés de personnes) des entreprises de l'économie sociale.
- On peut également se demander si, pour certaines entreprises de l'ESS, le modèle à suivre ne serait pas celui des entreprises privées capitalistes. Elles ont en effet tendance à filialiser une partie de leurs activités auprès d'entreprises de droit privé qu'elles créent pour l'occasion (banques coopératives, mutuelles d'assurance).

Conclusion

Bilan

Il faut ici résumer simplement les idées dans l'ordre où elles ont été présentées.

Nous nous étions demandé si l'ESS pouvait être un complément ou un substitut à la mondialisation libérale de l'économie.

Nous avons vu dans un premier temps que l'ESS peut être complémentaire d'une économie de marché :

- car la mondialisation est source d'effets pervers relatifs à la montée du chômage, au mal-être des populations, au gaspillage des ressources naturelles, effets que l'ESS peut amortir ;
- l'ESS propose un modèle de conduite des activités économiques où l'homme est replacé au centre, où les personnes sont responsabilisées et non assistées ;

Nous avons montré, ensuite, que l'économie sociale et solidaire s'efforce de proposer une alternative à la mondialisation libérale :

- elle s'oppose tout d'abord à la logique de marché, dans la mesure où la recherche du profit à court terme ne représente pas un objectif prioritaire. Dans ce cas, les prix des biens et services qu'elle produit ne résultent pas nécessairement d'une confrontation offre/demande, aussi bien dans l'agriculture que dans le secteur de la santé par exemple, mais plutôt d'une logique coopérative où consommateur et producteur sont partenaires ;
- cependant, le poids de l'économie solidaire demeure limité. Le financement des activités par des capitaux privés demeure difficile. Plus encore, certaines entreprises de l'économie sociale et solidaire tendent à ressembler à leurs consoeurs du secteur privé capitaliste, au point que l'on peut se demander si elles n'ont pas perdu leur âme coopérative.

Élargissement

Alors que les marchés se mondialisent, l'économie sociale et solidaire agit surtout au niveau local. Certes, le Forum social mondial se présente comme une alternative à la mondialisation libérale qu'incarne le Forum économique mondial qui se tient chaque année à Davos, en Suisse. Est-ce suffisant ? On peut se demander si cette prise de conscience citoyenne des limites de notre mode développement n'est pas source de nouvelles missions pour les États. Une gouvernance mondiale peut-elle voir le jour ?

Corrigés des applications

CHAPITRE 1

L'EXISTENCE DE DIFFÉRENTS MODÈLES DE CAPITALISME

APPLICATION 1 : THÈMES ET QUESTIONS DE RÉFLEXIONS

Corrigé en français des cinq premières questions

1. Quelles sont les différentes caractéristiques du capitalisme ?

On peut considérer que le capitalisme, dans sa forme originelle, revêt deux caractéristiques essentielles à savoir, la propriété des moyens de production et l'accumulation du capital. Ces deux caractéristiques sont d'ailleurs étroitement liées puisque l'accumulation n'est permise que s'il y a appropriation du capital. La conséquence est que, dans un premier temps, on voit apparaître deux grandes classes sociales : les capitalistes et les prolétaires.

2. Le capitalisme aujourd'hui retrouve-t-il sa forme originelle ou s'en éloigne-t-il ?

La forme originelle du capitalisme correspond à ce qu'on appelle le capitalisme familial ou patrimonial dans lequel le fondateur, actionnaire majoritaire, se charge également de la gestion. La complexité croissante de la direction d'une entreprise a eu pour conséquence de faire apparaître un nouvel acteur, le manageur, spécialiste en gestion et auquel l'actionnaire déléguait la bonne marche de la société. On parlera alors de capitalisme managérial. Le développement des marchés financiers, au cours des années 1980, a contribué à faire revenir au premier plan l'actionnaire et avec lui une des formes originelles du capitalisme, à savoir le capitalisme patrimonial. En revanche, il est difficile de parler d'un retour du capitalisme familial dans le sens où l'actionnaire est le plus généralement un grand fonds d'investissement sans aucun lien avec la famille du fondateur.

3. Le capitalisme est-il source d'inégalités ?

Par définition le capitalisme est source d'inégalités. Dans un premier temps, l'appropriation privée des moyens de production donne naissance à la distinction entre capitaliste et prolétaire, source de différences et donc d'inégalités. De plus, dans sa forme « libérale » le capitalisme est également à l'origine d'inégalités. En effet, la liberté donnée aux individus de travailler, d'entreprendre, de commercer leur permet d'espérer améliorer leurs conditions qui étaient jusque là figées par leur naissance dans l'Ancien régime. Le capitalisme libéral introduit donc l'idée de mobilité sociale qui génère un plus grand nombre d'inégalités. Tout ceci ne répond pas à la question du caractère « juste » ou « injuste » de ces inégalités.

4. La décroissance remet-elle en cause le capitalisme libéral ?

La décroissance remet en cause le capitalisme libéral à double titre. En premier lieu, la propriété privée des moyens de production est condamnée dans le sens où cette propriété peut s'exercer sur des ressources naturelles que l'exercice de cette propriété peut conduire à détériorer. D'autre part, le capitalisme, dans sa forme libérale, conduit les individus à adopter des comportements néfastes à l'environnement et vides de sens. En final, les habitudes prises dans le cadre du capitalisme libéral doivent être abandonnées ce qui nécessite une phase de « rééducation » de la population.

5. Quelles sont les différentes formes que peut prendre le capitalisme d'État ?

Les différentes formes de capitalisme se décomposent en deux grandes familles selon le degré d'intervention de l'État, on passera alors du **capitalisme libéral au capitalisme d'État** et d'autre part, selon le mode de direction des sociétés commerciales, on distinguera alors le capitalisme **familial, patrimonial, managérial ou bien encore salarial.**

Corrigé en anglais des cinq premières questions

1. What are the different characteristics of capitalism?

One can consider that originally capitalism has two main characteristics: **the ownership of the means of production, capital accumulation.** These two features are closely linked since accumulation is only possible when there is ownership of capital. Therefore, initially, **two main social classes** appear: the capitalists and the proletarians.

2. Is today's capitalism getting back to its original form or is it straying from it?

The original form of capitalism is what one would call **family** or **patrimonial** capitalism, in which the founder, who is the main shareholder, is also responsible for management. The growing complexity of management led to the emergence of a new actor, the manager. As he was specialised in management, the shareholder entrusted him with running the firm. We then speak of **managerial capitalism.** With the development of financial markets in the 1980's, the shareholder came back to the forefront, together with patrimonial capitalism. Yet, it is difficult to say that family capitalism is back, since the shareholder is generally a major investment fund without any link to the founder's family.

3. Is capitalism a source of inequalities?

By definition, capitalism is a source of inequalities. Initially, private ownership of the means of production results in the difference between a capitalist and a proletarian, which is a source of inequalities. Further, in its free-market form, capitalism is also a source of inequality. As every individual is free to work, undertake and trade, they may now hope to improve their social condition, which was fixed by birth before the French Revolution. So, free-market capitalism introduces the concept of **social mobility,** which generates yet more inequalities. All this doesn't say whether these inequalities are "fair" or "unfair".

4. Does negative growth question free-market capitalism?

Negative growth does call into question free-market capitalism on two levels. First, private ownership of the means of production is doomed, insofar as **when this ownership applies to natural resources, these can be damaged by the use the owner makes of them**. On the other hand, free-market capitalism leads individuals to behave in environmentally unfriendly and meaningless ways. Finally, individuals must give up the habits they were used to having under free-market capitalism, and this requires a period of « reeducation » of the population.

5. What are the different forms of state capitalism?

The different forms of capitalism are divided into two big families according to the level of state intervention. In the latter case free-market capitalism becomes state capitalism. On the other hand, according to the way business firms are managed, **family, heritage, managerial, or even employee** capitalism can be identified.

APPLICATION 2 : EXTRAIT DE TEXTE EN ANGLAIS

1) Questions de compréhension

■ *Résumé*

Capitalism is everywhere, it is practiced by everyone. There are no real alternatives. In fact its **opponents** can more easily underline its **flaws** than propose other solutions.

Of course there are different ways to practice capitalism but what is common to all, is the global dimension of capitalism

Even if there is no alternative to capitalism it can still **fall.** Indeed it is constantly on the verge of being **out of balance** and it often requires the intervention of the state to put it back on **track**.

Besides, it **breeds** inequality. Even in rich countries, where the middle class is confronted with unemployment (because of **relocations**) and a minority is becoming richer and richer, this **discrepancy** may provoke a violent reaction.

On top of that, rich consumers have used up all the **available** resources, so the only solution seems to a more **sustainable** way of consuming.

But capitalism being based on **creating** new desires, are consumers ready to give them up ?

■ *Vocabulaire*

a (line 2) slipping : disappearing, vanishing

b (line 6) foreshadow : think something is going to happen

c (line 15) green activist : ecological campaigner

d (line 28) shareholders : people who own shares in a company

e (line 35) support : back (an opinion)

f (line 37) teetering : being in a very unstable situation or position, seeming to be about to lose one's balance

g (line 49) antics : funny, silly or unusual ways of behaving

h (line 51) stinking :(colloquial) extremely

i (line 52) backlash : strong reaction against something

j (line 57) sustainability : behaviour that is not likely to damage the environment

2) Questions grammaticales

■ *Les modaux*

a) Capitalism **may (can, could)** disappear with the decline of western supremacy.

b) Anti-globalists think that a nicer system **should** be substituted to capitalism.

c) Negative growth means that individuals **must** change their habits.

d) Even though sustainability **may** be difficult to enforce, it **will have to** be taken into account in the future.

e) Ingenious capitalists **must** (**have to**) invent new technologies to replace the old polluting ones.

f) Will green activists **be able to** save the planet?

g) Even if democracy is predominant in the world, not everybody **is allowed to** express their views freely.

Les adjectifs composés

Adjectifs repérés dans le texte : old-established, self-correcting, decision-making, state-controlled, oil-rich, state-owned, crab-like

a) China's economy is state-controlled

b) SNCF is a French state-owned company

c) Saudi Arabia is an oil-rich state

d) In most companies, the decision-making process belongs to senior management

e) When someone is drunk he has a crab-like gait (=way of walking)

f) In an old-established society there are a lot of rules to respect

g) Modern cars possess a self-correcting trajectory system

3) Questions économiques

Corrigé en français

1. Peut-on considérer qu'avec la fin de la suprématie économique des grandes nations du Nord, on assiste également au crépuscule du modèle capitaliste ?

La réponse est bien évidemment négative et par certains aspects assez paradoxale. En effet, si sur le plan politique, on considère que les démocraties libérales constituent le modèle idéologique triomphant, sur le plan économique, le recul des grandes puissances du XIXe siècle se traduit de façon surprenante par l'adoption un peu partout dans le monde de leur mode de fonctionnement à savoir le capitalisme libéral.

2. En quoi la date de publication de l'ouvrage de GDH Cole donne-t-elle un éclairage intéressant sur les conclusions de cet auteur ?

L'ouvrage de GDH Cole a été écrit en 1938, c'est-à-dire au moment où les sociétés capitalistes sortent à peine et très difficilement de la crise de 1929, crise jugée comme la plus grave connue par ces économies. Dans le même temps et depuis le début des années 1930, les économies socialistes, sous l'impulsion de Staline, ont pris définitivement l'orientation du collectivisme et ceci, semble-t-il avec succès. L'URSS vient ainsi se positionner comme la troisième puissance industrielle dans le monde. Dans un tel contexte, il n'est pas étonnant que le socialiste GDH Cole ait prédit l'avènement du socialisme.

3. Y a-t-il une véritable alternative au capitalisme libéral ?

Sur le plan idéologique, les démocraties libérales se voient contestées par la montée de l'islamisme radical. Sur le plan économique, la principale opposition semble venir de l'activisme vert et de l'altermondialisme. Ces différents mouvements vont de la recherche d'une réforme du capitalisme (« capitalisme vert ») à une remise en cause radicale du système (décroissance). Mais la présence plus ou moins forte de l'État, l'existence de mouvements associatifs non négligeables montrent que les principes mêmes du capitalisme libéral à savoir propriété privée des moyens de production et recherche systématique du profit sont loin d'être appliqués à la lettre.

Corrigé en anglais

1. Does the end of the economic supremacy of the great nations of the North go hand in hand with the decline of the capitalistic model?

The answer is obviously negative and to a certain extent somewhat paradoxical. Indeed, even if liberal democracy is the predominant political ideological model, surprisingly enough, the decline of the great powers of the nineteenth century causes most countries in the world to adopt their mode of operation, i.e. free-market capitalism.

2. How does the publishing date of the book by GDH Cole cast an interesting light on this author's conclusions?

GDH Cole wrote his book in 1938, that is to say at a time when capitalistic societies were just emerging from the 1929 recession with difficulty. It was said to be the most serious crisis these societies had experienced. At the same time and since the beginning of the 1930's, socialist economies had successfully chosen collectivism under Stalin's influence. Thus, the USSR became the third industrial power in the world. In that context, it is not surprising that the socialist GDH Cole predicted the advent of socialism.

3. Is there a real alternative to free-market capitalism?

Ideologically speaking, liberal democracies are being challenged by the rise of radical islamism. Economically speaking, the main opponents seem to be green activism and anti-globalisation. These various movements range from the search for a reform of capitalism (« green capitalism ») to a deep questioning of the system (negative growth). But the various degree of state intervention, the existence of significant non-profit organisations, show that the very principles of free-market economy, private ownership of the means of production and search for profit, are far from being applied to the letter.

4) Thème de réflexion

Le capitalisme libéral apparaît aujourd'hui comme le modèle victorieux : mondialisation, construction européenne constituent deux exemples de la pensée dominante. De plus, les rapports sociaux sont modifiés avec une place prépondérante occupée par les actionnaires (notamment les investisseurs institutionnels) et le déclin de la classe ouvrière.

Le capitalisme libéral devient universel car il se diffuse à l'échelle de la planète mais aussi parce qu'il constitue un modèle de référence. Peut-on valider ce double caractère d'universalité ?

Variété des capitalismes et déficience du libéralisme

a) Le mythe du modèle unique

Le capitalisme est loin d'être « parfaitement » libéral. Dans de nombreux pays, l'État est encore présent, État providence, État dirigiste… Il faut toutefois nuancer cette remarque puisque l'État entrepreneur use de plus en plus d'instruments de gestion jusqu'alors réservés au privé (indicateurs de performance, évolution des rémunérations…) au service d'un objectif de plus en plus clairement affiché, le profit.

Le capitalisme libéral se décline également sous différentes formes selon les spécificités nationales. Le capitalisme allemand met en avant la cogestion, le capitalisme japonais repose sur un réseau très dense d'entreprises industrielles, commerciales appuyées par des banques maisons et travaillant en étroite collaboration avec les pouvoirs publics. Ces deux formes de capitalisme restent d'ailleurs relativement hermétiques en matière d'ouverture de capital contrairement à ce qui existe dans les pays anglo-saxons.

b) Le mythe de l'efficacité

L'efficacité économique du capitalisme libéral est souvent remise en cause au regard des crises que l'on a pu observer au cours des années 1990. Ces crises se sont produites dans des pays émergents et sont expliquées par une adoption trop rapide des mécanismes de l'économie libérale à des structures économiques encore en construction.

Les conséquences sociales du capitalisme libéral sont souvent jugées très néfastes. La concurrence internationale rendue possible par un libéralisme mondial serait à l'origine d'une destruction massive d'emplois et profiterait dans le même temps aux plus fortunés.

Les dysfonctionnements générés par le système capitaliste sont cependant à relativiser. En comparaison tout d'abord puisque les autres systèmes économiques ont échoué. De plus, le développement de nombreux pays émergents a été rendu possible par l'ouverture de ces économies aux préceptes libéraux même si l'État a souvent été un soutien non négligeable dans cette phase de décollage.

Il faut donc chercher ailleurs les raisons d'une remise en cause éventuelle du modèle capitaliste.

De la pérennité du modèle

a) La quête de sens du capitalisme

Le capitalisme libéral semble faire naître des comportements économiques mécaniques. La croissance pour la croissance, la consommation pour la croissance, la croissance pour l'emploi, l'emploi pour la consommation... Le système économique fonctionne alors sans qu'il soit possible de déterminer quelle est sa finalité.

L'invraisemblance du système ne remet pas en cause celui-ci si l'écart de revenus et de conditions entre les différentes classes ne se creuse au profit des classes les plus élevées. La classe moyenne, la classe devenue la plus nombreuse, peut à ce propos jouer un rôle décisif si elle en venait à considérer que le système devient incohérent.

Si le capitalisme libéral perd de sa cohérence, il n'est pas étonnant alors qu'il soit remis en cause.

b) La remise en cause de l'universalité du modèle

L'émergence de l'économie de la connaissance et par là même d'une nouvelle forme de capitalisme laisse envisager deux scénarios possibles, une évolution marquée par des inégalités croissantes entre ceux qui disposent de la connaissance et les salariés les moins qualifiés ou au contraire, une élévation des qualifications et des compétences au service de tâches moins pénibles.

Face à l'absence de sens du système capitaliste, les altermondialistes en appellent à la mise en œuvre de processus de rééducation afin d'être capable de distinguer l'essentiel de l'accessoire. Là où le marché semblait déterminant, il faudrait dorénavant déterminer quelle autorité se chargera de ce type de choix.

Le capitalisme a très souvent été associé au libéralisme et le libéralisme à la démocratie. Le débat se pose donc également en termes idéologiques. L'intégrisme religieux se présente comme une alternative mais dont la dimension économique est pratiquement inexistante. Plus intéressant est l'exemple de la Chine qui semble adopter tous les mécanismes économiques du capitalisme libéral sans en adopter la version politique. Au regard du développement de l'économie chinoise peut-on croire et s'inquiéter à l'émergence d'un nouveau modèle ?

CHAPITRE 2

CROISSANCE, CHANGEMENT TECHNOLOGIQUE ET EMPLOI

APPLICATION 1 : THÈMES ET QUESTIONS DE RÉFLEXIONS

Corrigé en français des cinq premières questions

1. La croissance va-t-elle de pair avec l'amélioration de l'emploi ?

Une amélioration de la croissance va généralement **de pair** avec une amélioration de l'emploi ; les statistiques font en effet apparaître une bonne corrélation entre les deux variables. Mais l'ampleur des mouvements et leur synchronie sont loin d'être parfaits en raison de décalages temporels et de l'intervention d'autres facteurs (l'évolution de la productivité du travail et de la démographie.)

2. En quoi consiste la théorie de la croissance endogène ?

La théorie de la croissance endogène est une théorie économique défendue par un certain nombre d'économistes néoclassiques à partir des années 1980. Cette théorie fait du progrès technique, un ressort important de la croissance et **interne à l'économie** (notion d'endogénéité). Ces économistes identifient différentes composantes du progrès technique (recherche & développement, développement du capital humain, etc.) et justifient **l'intervention économique de l'État** dans ces domaines.

3. Quels sont les effets du progrès technique sur les qualifications ?

Le progrès technique exerce des **effets complexes et contradictoires** sur les qualifications. Sur le long terme, les statistiques font apparaître une tendance à l'augmentation des qualifications demandées par les employeurs ; cela étant, le progrès technique est souvent générateur de déqualifications ; ainsi le taylorisme puis le fordisme on conduit à une généralisation du travail à la chaîne et à une déqualification de nombreux ouvriers.

4. En quoi consistent « les stratégies technologiques » des entreprises ?

Les stratégies technologiques des entreprises ont comme dénominateur commun de reposer sur l'**innovation**. À partir de là, toutes sortes de stratégies sont envisageables : stratégie de leadership ou à l'inverse d'imitateur ; stratégies de spécialisation technologique ou de construction « d'un portefeuille de technologies ; stratégies d'alliances technologiques, etc.

5. En quoi consiste « la comptabilité de la croissance » ?

La comptabilité de la croissance consiste notamment à modéliser le fonctionnement de l'économie en l'assimilant à une super fonction de production avec les habituels facteurs de production respectivement le travail et le capital. L'un des principaux objectifs est de chercher à expliquer « le résidu » de la croissance. Avec le renfort de la théorie économique, la comptabilité de la croissance permet de donner sens aux croissances bien différentes enregistrées d'un pays à un autre, ou d'une époque à une autre.

Corrigé en anglais des cinq premières questions

1. Does employment improve with growth?

Growth improvement generally goes **hand in hand** with employment improvement; indeed statistics show a close correlation between the two variables. However, the scale and synchrony of the changes are far from being perfect because of time differences and the interference of other factors (evolution of work productivity and demography).

2. What does the theory of endogenous growth consist in?

The theory of endogenous growth is an economic theory advocated by some neoclassical economists since the 1980s. This theory credits technical progress as an important factor of growth and one which is **inherent to the economy** (notion of endogenous growth). These economists identify different components of technical progress (research and development, development of human capital, etc.) and justify **the State's economic intervention** in these areas.

3. What are the effects of technical progress on skills?

Technical progress has **complex and contradictory effects** on qualifications. In the long term, statistics show a trend towards employers asking for more qualifications; given this, technical progress often generates deskilling. Thus Taylorism and Fordism led to a generalisation of assembly line work and the deskilling of many workers.

4. What is meant by corporate technological strategies?

Corporate technological strategies have a common denominator which consists in relying upon **innovation**. From there, all kinds of strategies can be considered: leadership strategies, reverse imitation strategies, technological specialisation strategies or strategies building up a "portfolio of technologies", strategies of technological alliances, etc.

5. What is "growth accounting"?

Growth accounting consists particularly in modelling the working of the economy by likening it to a super production function with the usual factors of production, respectively work and capital. One of the main goals is to try to explain the "residue" of growth. With the help of economic theory, growth accounting makes it possible to understand the very different growth rates recorded in various countries, at various times.

APPLICATION 2 : EXTRAIT DE TEXTE EN ANGLAIS

1) Questions de compréhension

■ *Résumé : exercice “right or wrong”*

Yes	No	
×		a) All over the world, more and more workers are becoming jobless or working part-time.
	×	b) Lots of western companies are relocating to China, and yet even in China manufacturing jobs have plummeted.
×		c) In western countries, the number of manufacturing jobs will plummet in the next thirty years.
	×	d) Intelligent technologies increase the need for companies to lay off workers.
×		e) Despite the warnings of economists, the public thought automation was not a problem.
	×	f) The decline in manufacturing jobs will be felt less acutely than the decline in white-collar jobs.
×		g) As productivity rises, unemployment increases.
	×	h) It is no longer true that more demand means more production, more services, and more productivity.
×		i) The contradiction lies in the fact that as productivity rises, there are more products and services on the market. But as advances in technology also create unemployment, there are fewer and fewer people to buy goods and services.

■ *Vocabulaire : jeu de paires*

conumdrum	contradiction
dwindle	shrink
lull (verb)	tranquillize
reluctant	unwilling

2) Questions grammaticales

■ *Formes verbales*

Rappel

- Présent simple : généralité ou action régulière
- Présent continu : action en cours

Nowadays more and more companies **are relocating** to China, that’s why millions of industrial jobs **are being lost** in western countries. Therefore workers **are experiencing** unemployment. Moreover every day intelligent technologies **replace** and **eliminate** human labour.

■ *Adjectifs numéraux*

Rappel

Les adjectifs numéraux cardinaux sont invariables lorsqu’ils sont précédés d’un chiffre ou d’un quantifieur.

- Yesterday **thousands of** workers demonstrated.
- In 2050 the world population will reach nine **billion** inhabitants.
- Several **hundred** spectators attended the concert.
- 800 **million** workers lost their jobs.
- A few **dozen** protesters were blocking access to the factory.

3) Questions économiques

■ *Corrigé en français*

1. La perte d'emplois industriels concerne-t-elle seulement le « club » des grands pays industrialisés ?

Non la perte d'emplois industriels concerne un très grand nombre de pays ; c'est-à-dire non seulement les grands pays industrialisés mais également de grands pays émergents dont la Chine. Ce constat mis en évidence par J. Rifkin lui permet de justifier son regard très critique sur les effets du progrès technique.

2. J. Rifkin parle d'une « logique ancienne » suivant laquelle le changement technologique et les progrès de la productivité suppriment des emplois mais en créent d'autres ailleurs. À quelle(s) analyse(s) économique(s) fait-il référence ?

J. Rifkin fait implicitement référence aux analyses économiques de J. Schumpeter ou encore plus près de nous aux travaux de A. Sauvy. Le premier est connu entre autre pour son concept de « destruction créatrice » ; le second, pour sa « théorie du déversement ».

3. Comment la France a-t-elle fait face aux effets négatifs du progrès technique sur l'emploi ?

La France est effectivement largement concernée par cette question : elle a perdu de nombreux emplois industriels et même certains secteurs entiers (constat d'une «þdésindustrialisationþ»)þ; ce qui contribue à l'important chômage structurel que connaît maintenant la France depuis plus de deux décennies. Les causes tiennent cependant à différents critères combinés : progrès technique, concurrence dans une économie mondialisée…

Mais ceci n'est qu'une face des choses ; car de nombreux emplois ont été créés dans le même temps dans de nouvelles branches (les branches des TIC par exemple) ; le temps de travail a considérablement diminué ce qui a permis la création de nouveaux emplois ; les pouvoirs publics ont pris différentes mesures pour favoriser les branches à fort contenu en main-d'œuvre notamment peu qualifiées (dispositions fiscales, sociales, etc.)… enfin l'État a été conduit bien entendu à aider les victimes du chômage (allocations chômage, pré-retraites).

■ *Corrigé en anglais*

1. Do industrial job losses only affect the « club » of major industrialised countries?

No, industrial job losses affect a very large number of countries; that is to say not only major industrialised countries but also big emerging ones including China. This fact highlighted by J. Rifkin enables him to justify his very critical outlook on the effects of technical progress.

2. J. Rifkin speaks about the "old logic [stating] that technology gains and advances in productivity destroy old jobs but create as many new ones" .Which economic analysis(es) does he refer to?

J. Rifkin implicitly refers to J. Schumpeter's economic analyses or, even closer to us, to A. Sauvy's works. The former is well known for his concept of "creative destruction", the latter for his theory of the "spillover effect".

3. How has France coped with the negative effects of technical progress on employment?

Actually, France is largely concerned with this issue: it has lost many industrial jobs and even entire industries ("deindustrialisation"), which contributes to the significant structural unemployment which France has experienced for more than two decades. There are various causes which may account for this: technical progress, competition in a globalised economy.

But this is only one side of things, because numerous jobs have been created at the same time in new sectors (the ICT sector for instance), working time has been drastically reduced, which has brought about the creation of new jobs. The Government has taken various measures to encourage industries with high labour content, especially low-skilled labour (tax and social measures etc.). Of course, the State has also helped the victims of unemployment (unemployment benefits, early retirement).

4) Thème de réflexion

La thèse selon laquelle le progrès technique serait source de suppressions d'emplois bien plus importantes que les créations d'emplois induites est une thèse récurrente au plan économique et social qui a retrouvé toute son actualité avec les restructurations industrielles nombreuses à la fin du XXe siècle en relation avec un progrès technique incessant et massif.

Cette thèse est développée ici dans un article de J. Rifkin publiée dans le *Guardian* en 2004, auteur bien connu pour ses nombreux ouvrages annonçant « la fin du travail ». On en rappelle ici les principaux arguments avant de montrer en quoi cette thèse est très largement discutée et critiquée.

■ *La thèse d'un progrès technique destructeur net d'emplois*

a) Un diagnostic partagé par tout un courant de pensée

L'histoire est riche d'épisodes rappelant les nombreuses destructions d'emploi consécutives au progrès technique, qu'il s'agisse des métiers à tisser au XVIIIe siècle, du machinisme agricole à l'origine de la disparition de la plupart des emplois agricoles ou, plus près de nous, des effets massifs de l'informatisation, de la robotisation et, pour « finir », des technologies de l'information et de la communication (TIC). Quelques noms célèbres sont restés attachés à ces événements : le luddisme à la charnière des XVIIIe-XIXe siècles, la révolte des canuts au XIXe siècle.

Cette perception des effets du progrès technique est défendue aujourd'hui par ce que l'on peut appeler « un courant de pensée ».

Différents essayistes et sociologues comme l'Américain Jeremy Rifkin (*The End of Work*), Viviane Forrester (*L'Horreur économique*) ou encore Dominique Méda (*Le Travail, une valeur en voie de disparition*) mettent l'accent sur les importantes destructions d'emplois (non compensées) liées au progrès technique.

b) L'argumentation statistique de J. Rifkin

J. Rifkin multiplie dans ce texte les exemples et angles d'approche :

- nombre de chômeurs et de personnes sous-employées dans le monde ;
- importance des pertes récentes d'emplois industriels aux États-Unis et en Europe ;
- pertes d'emplois industriels accélérée en Chine (pays pourtant connu pour être un grand bénéficiaire de la mondialisation actuelle) ;
- prévision d'une « quasi-disparition » des grandes concentrations d'emplois industrielsþ;
- pertes d'emplois également enregistrées dans les services (les banques, les assurances, le commerce de détail, etc.) et chez les cols blancs, plus tardivement touchés par le progrès technique.

En d'autres termes, selon Rifkin, le progrès technique supprime partout et par vagues des emplois, des vieux pays industrialisés aux nouvelles puissances asiatiques (Chine et Inde), des emplois industriels aux emplois de services.

c) Interprétation du progrès technique et nouvelle grille de lecture du capitalisme

Des suppressions d'emplois immédiates et directes

La thèse des suppressions d'emplois engendrée par le progrès technique est reconnue par tous les économistes (c'est de l'ordre de l'évidence). Les innovations de procédés sont en particulier source de nombreuses disparitions d'emplois immédiates et directes, reconnue par tous ceux qui se sont intéressés aux effets du progrès technique (Schumpeter, Fourastié, etc.).

Des pertes nettes et durables d'emplois selon J. Rifkin

J. Rifkin va plus loin, considérant que cet effet de suppression d'emplois est décisif et ne saurait être **compensé** par des créations d'emplois nouvelles. Selon lui, « la vieille logique » selon laquelle les gains de productivités induits par le progrès technique (source certes de suppressions de « vieux » emplois) induiraient à l'inverse de nombreux nouveaux emplois n'aurait plus cours.

Il rappelle à ce propos l'argumentation traditionnelle sous-jacente : gains de productivité $\Rightarrow$ baisse des coûts de production de nombreux biens et services $\Rightarrow$ stimulation de la demande $\Rightarrow$ accroissement de la production et créations d'emplois.

Or, cet enchaînement de séquences ne serait plus opérant pour la raison suivante : les gains de productivité et l'accroissement de la production se font à effectifs de plus en plus restreints, ce qui limiterait toujours plus les revenus versés et donc par suite la demande et finalement la croissance et l'emploi.

Cela amène J. Rifkin à des conclusions assez « définitives » sur le capitalisme contemporain, évoquant une nouvelle réalité structurelle (*new structural reality*) et une contradiction forte au cœur du capitalisme.

Cette thèse fait toutefois l'objet de nombreuses critiques.

Emploi et progrès technique : des liens plus complexes et potentiellement « vertueux »

a) Les limites et les dangers de l'approche de Rifkin

L'approche de Rifkin peut être critiquée, amendée et réfutée de plusieurs points de vue : tout d'abord en ce qui concerne ses **exemples et ses statistiques** : en effet, les statistiques retenues font référence à certaines périodes, certains pays, certains secteurs économiques alors même que d'autres statistiques faisant appel à d'autres périodes, d'autres secteurs permettraient de produire des diagnostics différents sinon opposés. Pierre Cahuc et André Zylberberg écrivent ainsi que « toutes les données dont nous disposons n'apportent pas le moindre début de preuve à ces pseudo-théories catastrophistes » (Cahuc et Zylberberg[1])

En deuxième lieu, les reculs signalés de l'emploi dans l'industrie ou dans certains services repérés par Rifkin peuvent **s'interpréter d'autres façons** : les effets de la mondialisation, les conséquences d'une concurrence reposant pour une large part sur un différentiel de coût du travail, les effets encore non pleinement bénéfiques du développement des TIC (voir par exemple le fameux « paradoxe de Solow »), etc.

En troisième lieu, on peut parler d'une **analyse volontairement simplificatrice** des effets du progrès technique qui fait l'impasse ou à tout le moins ne reconnaît pas les effets indirects et positifs du progrès technique sur l'emploi (voir point 2.2).

Enfin, cette vision du progrès technique débouche sur **des solutions** (partage du travail, développement d'un tiers secteur bénévole) qui font elles-mêmes **l'objet de critiques** : faible efficacité en termes de création d'emplois et coût social (ou individuel) élevé d'une politique de partage du travail sans croissance, discussion de la pertinence du développement d'un tiers secteur (s'il s'agit d'activités utiles et potentiellement solvables), etc. On pourrait encore aller plus loin s'il s'agit de limiter carrément le développement du progrès technique dans la mesure où il serait néfaste en matière d'emploi (faisabilité d'une telle politique, risque totalitaire, démarche malthusienne, etc.).

b) Les économies et l'emploi requièrent le progrès technique

De Schumpeter à Sauvy en passant par Fourastié, la plupart des grands noms de l'économie ont reconnu certes les destructions d'emplois imputables au progrès technique mais aussi et surtout ce que l'économie et l'emploi doivent au progrès technique.

Schumpeter a été rendu célèbre entre autres par son concept de « **destruction créatrice** », soulignant l'émergence de nouvelles branches (d'activité) et les emplois les accompagnant à la suite de phénomènes d'innovation (et donc de progrès technique).

Sauvy ne dit pas autre chose avec sa célèbre **théorie du déversement**, qui traduit le fait que le progrès technique entraînerait un déversement des emplois depuis les secteurs qui en perdent vers ceux qui embauchent.

En allant plus loin, nombreux sont les économistes à interpréter la montée du chômage comme la conséquence du « manque de progrès technique », la productivité et la croissance ayant baissé de moitié depuis la fin des Trente Glorieuses.

Bien entendu, ces effets sont tout **sauf mécaniques** et les économistes soulignent les nombreuses incertitudes et contraintes qui leur sont attachées : existence (ou non) d'antici-

(1) Le Chômage, fatalité ou nécessité ? *par Pierre Cahuc et André Zylberberg, Champs Flammarion, 2005, p. 20.*

pations favorables (de la demande), importance (ou non) d'investissements de substitution capital/travail, déversement des emplois vers des branches à fort (ou faible) contenu en emplois ou encore existence (ou non) de qualifications adaptées aux branches en expansion. Mais le diagnostic fondamental et partagé reste que l'**effet à long terme du progrès technique est favorable à la fois à la croissance et à l'emploi**. C'est ce qui permet de comprendre que le nombre total de personnes employées dans le monde n'a cessé de croître jusqu'ici. Et s'il y a une nouvelle réalité structurelle du capitalisme, elle est à chercher ailleurs (notion « d'**économie de la connaissance** », etc.).

c) Le progrès technique et ses influences contrastées sur l'emploi et le travail

L'analyse critique de la thèse de Rifkin ne doit pas pour autant **dissimuler la complexité** des effets et des remises en cause induites par le progrès technique sur l'emploi et le travail.

En effet le progrès technique exerce des **effets très différenciés** sur la nature et le rythme de croissance des différentes branches, sur l'effectif et la taille des entreprises, sur la hiérarchie économique des nations, sur les qualifications des salariés.

Il conduit par conséquent à de douloureuses remises en cause, pose de sérieux défis à l'économie et aux économistes, requiert des actions de régulation des pouvoirs publics (aide à la reconversion des territoires, formation et requalification des travailleurs, accompagnement des chômeurs) pour faire face au « prix social » de ce progrès technique.

En conclusion, la thèse de Rifkin, bien connue, largement médiatisée à travers ses ouvrages, relayée par d'autres auteurs, présente **une seule face** du progrès technique. La fragilité et la contestabilité des exemples choisis nous ont amenés à rappeler qu'il existe d'**autres grilles de lecture** du progrès technique – très largement dominantes – chez les économistes qui insistent à l'inverse sur les bienfaits à moyen et long termes de ce progrès technique sur l'emploi.

La démarche contemporaine des pouvoirs publics est d'ailleurs toute autre puisqu'il s'agit pour l'essentiel d'encourager l'innovation, de diffuser le progrès technique et de faciliter les créations d'emplois qui en sont attendues.

CHAPITRE 3

L'ÉCONOMIE DE LA CONNAISSANCE ET DE L'IMMATÉRIEL

APPLICATION 1 : THÈMES ET QUESTIONS DE RÉFLEXIONS

Corrigé en français des cinq premières questions

1. Quels savoirs diffuser ?

La réponse à cette question doit être abordée dans une approche dynamique. Il semble, en effet, que nous soyons passés d'un environnement économique où les savoirs étaient **formels, individuels** et plutôt de l'ordre du **savoir-faire** à une économie fondée sur la connaissance dans laquelle on parle plus volontiers **de savoirs tacites**, de **savoir être**, de **savoir faire-faire** et enfin de **savoirs collectifs**. Les problématiques en matière **d'identification et de transmission** n'en sont devenues que plus complexes.

2. Quelle place pour la connaissance dans les mécanismes de croissance ?

Pour répondre à cette question il faut revenir à la théorie de la croissance endogène en privilégiant deux axes. D'une part, la connaissance renvoie aux **besoins de formation** à la fois initiale et continue au regard de l'accélération des changements technologiques. D'autre part, l'économie fondée sur la connaissance donne une place plus importante que par le passé à **la recherche et développement.**

Qu'il s'agisse de formation ou de recherche et développement, le rôle de l'État apparaît primordial.

3. Le savoir est-il source d'inégalités ?

Le savoir est une source d'avantages concurrentiels, pour les entreprises sur les marchés des biens et services mais aussi pour les actifs sur le marché du travail. En conséquence, un savoir inégalement réparti est à l'origine d'inégalités voire d'exclusion. Il ne faut pas oublier, en effet, qu'une grande partie du chômage structurel que connaissent les pays développés et notamment la France s'explique par une **inadéquation en matière de qualification**s de certains demandeurs d'emplois au regard des exigences du marché du travail. Ici aussi, on insistera sur le rôle de l'État afin d'assurer un fonctionnement plus équitable de ce dernier.

4. Quels mécanismes de marché pour la connaissance ?

La connaissance apparaît comme un bien économique particulier, c'est en effet un **bien non exclusif** (difficile d'en limiter la consommation à un individu), c'est un **bien non rival** (pas de perte de valeur dans l'utilisation), c'est enfin un **bien cumulatif** (sa consommation contribue à l'émergence de nouveaux savoirs). La connaissance est ainsi assimilable à un **bien public et source d'externalités.** Il semble difficile de la soumettre à des mécanismes de marché traditionnels. Ici aussi, l'État doit intervenir pour inciter les entreprises à investir dans la connaissance et pour permettre aux acteurs d'acquérir des savoirs par une prise en charge complète ou par des aides au financement.

5. Faut-il toujours transmettre la connaissance ?

La réponse à cette question est différente selon les acteurs concernés. Pour les entreprises, la transmission du savoir est une question stratégique. Elle conditionne l'avenir de la société parce que la diffusion du savoir à l'intérieur de la firme constitue un facteur clé de succès. Cependant, cette transmission ne va pas sans comporter des risques de voir les savoirs captés par le marché (concurrent ou client). Il s'agira alors de raisonner dans une approche coût (coût du risque ou de couverture de celui-ci) / bénéfice (avantages concurrentiels liés à la diffusion). Pour les actifs, notamment salariés, le non partage d'une connaissance maîtrisée peut être synonyme de pouvoir. Dans ce cas, les acteurs n'ont pas d'intérêt à diffuser leur savoir. Il s'agira alors pour les dirigeants d'entreprise de mettre en place à leur tour des stratégies d'incitation. Enfin, au regard des externalités positives liées à la diffusion de la connaissance, l'État a tout intérêt à favoriser la diffusion la plus large de la connaissance tout en offrant aux acteurs privés la possibilité de protéger leur savoir.

Corrigé en anglais des 5 premières questions

1. What kind of knowledge should circulate?

This matter has evolved with time. Indeed, we've gone from an economic environment where knowledge was **formal**, **individualistic**, more in the form of **know-how**, to a knowledge-based economy where knowledge is expressed more in terms of **tacit** knowledge, **social skills**, **ability to get somebody to do something** and at last **shared**

knowledge. The issues regarding **identification** and **transmission** have become more complex with this evolution.

2. What part does knowledge play in the mechanisms of growth?

One must refer to the theory of endogenous growth, considering two angles. On the one hand, knowledge corresponds to a need for education and training, following technological changes. On the other hand, the knowledge-based economy focuses more than in the past on **research and development**. Whether it is about training or research and development, the role of the state is essential.

3. Is knowledge a source of inequalities?

Knowledge gives a competitive edge to firms on consumer-goods markets and services, but also to the working population on the job market. Therefore, a knowledge that is unequally shared engenders inequalities and exclusion. Indeed, one must not forget that structural unemployment experienced by western countries, especially France, can be accounted for by a skills inadequacy of some job-seekers as regards job-market requirements. Here too, the role of the state is essential in order to ensure that the job-market should operate in a fairer way.

4. What are the market mechanisms of knowledge?

Knowledge is a specific economic good, indeed it is a **non-exclusive** good (it is difficult to limit its consumption to an individual), it is a **non-rival** good (it doesn't lose its value when used), and finally it is a **cumulative** good (its consumption contributes to the emergence of new forms of knowledge). So knowledge can be compared to a public good and a **source of externalities.** It is difficult to submit knowledge to the mechanisms of traditional markets. Here again, the state must intervene to encourage firms to invest in knowledge. It must help individuals to acquire knowledge with full or partial financial aids.

5. Should knowledge always be transmitted?

The answer to this question is different according to whoever is concerned. For firms, knowledge transmission is a strategic issue. It is essential to the future of the company because circulating knowledge inside the firm is a key factor of success. However this transmission is risky; knowledge can be stolen by the market (competitor or client). It will be necessary to evaluate the cost (cost of the risk or risk coverage), the profit (competitive edge linked to circulation). For the working-population, especially the employees, when mastered knowledge is not shared, it may be synonymous with power. In this case, individuals had better not spread their knowledge. In turn, company managers will have to set up strategic incentives. Finally, because of positive externalities linked to the circulation of knowledge, the state had better privilege the widest circulation of knowledge while offering private individuals the possibility of protecting their knowledge.

APPLICATION 2 : EXTRAIT DE TEXTE EN ANGLAIS

1) Questions de compréhension

■ *Résumé*

§1: Finland has the best educational system in Europe, because it **relies** on its teachers and gives them a lot of **freedom**. Other countries may **complain** about their own educational system but their objective should rather be to **imitate** the Finns.

§2: Europe has the ambition to be the n°1 **knowledge-based** economy in the world but it is far from reaching this **goal**. Indeed Europe **neglects** its students. European universities **are lagging** behind American ones. Germany, for instance, has fallen nearly to the bottom of the **rankings**. On the contrary, Asian countries **are outdistancing** Europe in number of graduates.

§3: Even in secondary schools, the **gap** between Europe and other parts of the world **is widening**. Besides they don't supply **equitable** education.

§4: Education in Europe has not **adapt**ed to the post-industrial world and the changes **required** in the **organisational structure** of firms.

Vocabulaire

Synonymes et traductions :

Mot du texte	Synonyme	Français
pointless (l 3)	useless	inutile
lack (l 3)	absence	manque
mantra (l 4)	motto	slogan
agenda (l 4)	schedule	ordre du jour
sluggish (l 7)	slow	lent
plummet (l 16)	fall, drop	chuter
be worth (l 25)	be of value	valoir
average (30)	in the middle	moyen, moyenne
assess (l 34)	evaluate	évaluer
skills (l 35)	qualifications	compétences
junk (l 40)	throw away	jeter

2) Questions grammaticales

La proposition infinitive

Teachers encourage their students, they want them to get good grades.

In France, the government expects teachers to follow a national curriculum.

The recent cuts in the number of teachers make them feel unsatisfied.

They would like the government to devote more money to education.

In Finland, the government lets teachers have total freedom in the choice of programmes.

Many parents want their children to succeed.

In Asian countries Governments incite young people to go to university.

My parents prefer me to attend a private school.

Le pronom personnel indéfini à sens général

1. One must never skip school

2. One should never neglect one's education
3. One must know how to introduce oneself when one applies for a job
4. One must always think about one's future
5. It is difficult to make up one's mind

3) Questions économiques

Corrigé en français

1. Quel panorama peut-on dresser des systèmes de formation dans le monde aujourd'hui ?

On constate toujours une suprématie américaine avec 17 universités placées parmi les vingt meilleures mondiales. *A contrario*, l'Europe marque le pas y compris dans des pays réputés pour l'efficacité de leur système de formation. Ainsi, l'Allemagne a vu le nombre de ses diplômés augmenter, mais n'en a pas moins régressé dans le classement mondial. Enfin, on constate un développement spectaculaire de la qualité de la formation en Asie où de nombreux pays obtiennent des résultats supérieurs à de nombreux pays européens et parfois même aux États-Unis.

2. Peut-on parler d'investissement en formation ?

Le terme d'investissement en ce qui concerne l'éducation et la formation n'est pas galvaudé. Pour les entreprises, la formation est un investissement immatériel aujourd'hui indispensable. Les dépenses dans le domaine garantissent à terme, si les cahiers des charges sont bien définis au regard des besoins de la firme, des bénéfices plus importants dans un environnement technologique en constante et rapide évolution. Cependant, le calcul de la rentabilité d'investissement, comme pour d'autres investissements immatériels est délicat. Il n'en est pas tout à fait de même pour l'investissement envisagé à l'échelle des individus car les estimations sont ici tout à fait possibles. En effet, la comparaison entre le coût des études et le gain en termes de salaires supérieurs qu'elles permettent est relativement aisée à opérer. Ainsi, on estime à 8 % le ROI pour un étudiant français et à 15 % pour un étudiant américain. En final, évoquer le terme d'investissement pour la formation amène naturellement vers la théorie du capital humain.

3. Comment peut-on caractériser le système de formation post-industriel ?

Dans l'ère industrielle, l'entreprise était perçue dans une approche pyramidale du point de vue de l'autorité et plus précisément pour ce qui nous intéresse sur le plan de la formation. Cela signifiait que le haut de la pyramide était composé d'individus avec un niveau de formation très élevé et que le bas de la pyramide regroupait la très grande majeure partie des effectifs avec un niveau de qualification correspondant à ce qui était nécessaire pour accomplir des tâches exclusivement opérationnelles. Dans la société post-industrielle, l'environnement est devenu très instable et demande de la part des organisations une capacité de réaction beaucoup plus forte qu'auparavant et ce à tous les niveaux hiérarchiques. En conséquence, le niveau de formation des opérateurs se doit d'être plus élevé et beaucoup plus généraliste afin de permettre la prise d'initiative indispensable dans un contexte plus mouvant. C'est ainsi que l'on peut expliquer la remise en cause du modèle allemand très orienté formation professionnelle.

Corrigé en anglais

1. What is the outlook for training systems in today's world?

We can still observe an American supremacy with 17 universities ranking the 20 best in the world. On the contrary, Europe is lagging behind, even countries that are well known for the efficiency of their training systems. Thus, Germany has seen the number of its graduates increase but has nevertheless dropped in the world rankings. Finally, there is a spectacular development of the quality of training in Asia where numerous countries get far better results than European countries and sometimes even the United States..

2. Can we speak about investment in training?

When it comes to education and training, the word investment is not overused. Today, training is a necessary immaterial investment for firms. If the firm's requirements are well defined according to its needs, spending in this field guarantees a substantial increase in profit in the long term, in an ever-changing technological environment. Yet, the calculation of profitable investment is difficult, as it is for all kinds of other immaterial investments, whereas calculations are possible for investments on the individual scale. In fact, the comparison between the cost of studies and the gains in terms of higher wages is relatively easy to assess. So, it is estimated that a French student gets 8% return on investment whereas an American student gets 15%. Finally, investment in training leads to the theory of human capital.

3. What are the characteristics of the post industrial training system?

During the industrial era, the firm used to be perceived in a pyramidal way from the point of view of authority and more precisely regarding training. On top of the pyramid were individuals who were very highly trained and at the bottom there was the majority of the workforce with the necessary skill level to perform operational tasks. In post-industrial society the environment has become unstable and demands organisations be able to react much more strongly than before at all levels of responsibility. Consequently, the operators' training level must be higher and much less specialised in order to enable the staff to make the necessary decisions in a more mobile context. In this way one can understand the challenge to the highly directed German model of vocational training.

4) Thème de réflexion

L'économie de la connaissance succède à l'ère industrielle et pose par conséquent de nouvelles problématiques. L'association connaissance système éducatif semble être une évidence. L'acquisition de connaissances passe pour une grande partie par la formation qui peut être initiale ou continue. L'économie de la connaissance exige une montée en compétence des individus au service de la croissance. Mais si le système de formation doit être abordé en termes quantitatifs, l'analyse de ses performances ne peut se limiter à cette unique dimension. En effet, l'économie de la connaissance pourrait tout à fait être rebaptisée économie des connaissances et la question reste de déterminer la nature des savoirs qu'il faut transmettre. D'une manière plus globale encore la problématique demeure de savoir quelles sont les exigences attendues d'un système de formation performant au service de l'économie de la connaissance.

Le système de formation est indispensable dans le cadre de l'économie de la connaissance

a) La connaissance : moteur de la croissance

Pendant longtemps on a pu considérer que le développement économique était le préalable à la mise en place d'un système de formation ouvert au plus grand monde. C'est en effet à la fin du XIXe siècle lors du démarrage de l'ère industrielle que les systèmes éducatifs publics ont vu le jour.

Par la suite, les besoins en connaissance à des fins économiques se sont limités à une certaine élite. Pour les salariés de base les exigences en matière de qualification sont restées relativement faibles. Avec la théorie de la croissance endogène, la connaissance apparaît comme un élément essentiel de la performance économique.

De ce fait, il incombe à l'État de prendre en charge directement une partie de l'éducation et de stimuler par ailleurs les efforts de formation des entreprises.

b) La formation relève de la logique de l'investissement

Si l'on veut s'appuyer sur des travaux théoriques, on pourra citer la théorie du capital humain de G. Becker. Dans une logique de bonne intégration au marché du travail, les agents se doivent d'investir en formation. Ici aussi l'État doit réduire les coûts que génère cet investissement.

Au cours des trente glorieuses, l'État a su faire face à la montée des effectifs avec le phénomène du baby-boom. Aujourd'hui, c'est à un autre problème générationnel qu'il faut faire face avec les départs massifs à la retraite de la génération devenue la génération du papy-boom.

Toutefois, l'adéquation du système de formation à l'économie de la connaissance ne se limite pas à des aspects strictement quantitatifs.

L'indispensable réflexion sur la nature des besoins en formation

a) La nécessaire articulation entre formation initiale et formation continue

On peut revenir sur les deux modèles en matière de formation que sont le modèle allemand et le modèle japonais.

Il semble important de mettre en place des systèmes de formation qui s'appuient sur des pratiques d'apprentissage comme dans le modèle germanique. Une meilleure adéquation des formations proposées aux exigences du marché du travail est ainsi assurée. Les systèmes européens semblent aujourd'hui quelque peu dépassés.

Une autre approche met également l'accent sur la formation initiale, la société japonaise est apparue à cet égard comme une référence. En la matière, les Européens semblent devoir être dépassés par les grandes puissances émergentes que sont la Chine et l'Inde.

b) L'adaptation permanente

Dans une économie de la connaissance, les savoirs qu'il faut maîtriser sont variés et changeants. Leur nature est complexe : savoir être, savoir faire... De nouvelles formes de transmission des savoirs doivent être adoptées (voir à ce propos les travaux de Nonaka).

L'exigence d'adaptation est aujourd'hui beaucoup plus forte ce qui justifie l'idée d'une formation continue tout au long de la vie professionnelle.

Toutefois, l'évolution permanente des savoirs ne peut pas satisfaire de systèmes de formation excessivement formalisés (autour de vastes programmes nationaux) et centralisés. Une plus grande autonomie doit être laissée aux formateurs tant sur le contenu que sur les formes de pédagogie comme le montre l'exemple finlandais.

CHAPITRE 4

RÉSEAUX, TERRITOIRES, PÔLES DE COMPÉTITIVITÉ

APPLICATION° 1 : THÈMES ET QUESTIONS DE RÉFLEXION

Corrigé en français des cinq premières questions

1. Quels territoires prendre en compte dans l'analyse économique ?

Si Adam Smith s'interrogeait sur l'origine de la Richesse des Nations, les économistes aujourd'hui sont contraints d'élargir le champ géographique de leurs analyses. Si l'on cherche à étudier les mécanismes de marché, la notion même de mondialisation nous pousse à le faire à l'échelle de la planète. Dans un tel cadre, l'action de l'Etat-Nation apparaît comme inefficace. Cette remise en cause est renforcée par l'existence de zones d'intégration régionale, à l'image de l'Union Européenne, de plus en plus nombreuses. Enfin, le concept de Nation est également mis à mal par le développement des régions que les politiques économiques contribuent elle mêmes à stimuler dans une logique de rattrapage ou de développement d'avantages concurrentiels.

2. L'amélioration de la compétitivité passe-t-elle par une intervention de l'État ?

Il faut préciser de quelle amélioration de la compétitivité nous parlons. En effet, par le biais de pratiques de **dumping social, fiscal ou monétaire** l'État peut certes améliorer les performances des entreprises exportatrices mais ceci se fera au détriment des consommateurs et/ou des actifs nationaux. À cela, on ajoutera les risques de voir les partenaires commerciaux prend des mesures de rétorsion contre les entreprises nationales exportatrices.

En revanche, s'il s'agit d'accroître la **compétitivité réelle** des entreprises par une appréciation de la qualité de leur offre en adoptant des mesures stimulant la recherche et développement, les bénéfices seront sensibles. De telles politiques sont profitables sur la durée au commerce extérieur du pays. Elles favorisent également par des investissements en formation l'accroissement de la qualification des salariés et permettent d'offrir aux consommateurs nationaux des produits de meilleure qualité.

3. Quelle politique européenne pour les régions ?

Très tôt des politiques européennes ayant pour cible le développement des régions ont été mises en œuvre. Il s'agissait de faciliter le **rattrapage des régions** les plus en retard en matière de développement afin de faciliter la **convergence des différentes zones** de l'Union Européenne et ainsi contribuer à l'harmonisation du grand marché européen. Ces politiques ne s'inscrivent pas dans une approche régionale visant à accroître la compétitivité des régions européennes face à leurs concurrentes étrangères. Elles s'accompagnent de plus de deux effets pervers. Le premier réside dans les externalités négatives provoquées par les investissements dans les infrastructures de transport. Le décloisonnement que ces investissements provoquent n'incite plus les entreprises à venir s'implanter dans la zone considérée, ne contribuant pas ainsi à combler le retard de cette dernière. De plus, en termes d'allocations de ressources, les sommes allouées pour des régions peu dynamiques sont perdues pour des zones plus performantes.

4. Quelles stratégies des firmes dans leur décision de localisation ?

Les stratégies de localisation des firmes ont grandement évolué depuis plus de trente ans. Longtemps, dans une perspective de **flexibilité quantitative et de réduction des coûts,** les multinationales s'implantaient dans des régions où les conditions sociales leur étaient les plus favorables. Si ces pratiques n'ont pas totalement disparu, d'autres approches sont apparues avec comme préoccupation centrale, **la proximité**. Proximité qui favorise les relations entre clients et fournisseurs et qui explique les phénomènes de concentration géographique. Proximité également comme source de confiance et qui facilite la mise en œuvre de politiques de délocalisation de la recherche-développement.

5. Faut-il délocaliser les activités de recherche et développement ?

La délocalisation des activités de recherche et développement peut constituer une **pratique dangereuse** tant les efforts dans ce domaine sont source d'avantages concurrentiels. Si les firmes adoptent de telles politiques, c'est qu'elles espèrent des « **rencontres productives** » entre les différents acteurs de la zone travaillant dans le même domaine. De plus, les entreprises peuvent être attirées par le potentiel que représente la **recherche publique du pays hôte**. C'est un aspect que les politiques structurelles doivent prendre en compte pour accroître l'attractivité du territoire national.

Corrigé en anglais des cinq premières questions

1. Which « territories » are to be taken into account in economic analysis?

Even if Adam Smith wondered about the origin of the Wealth of Nations, today, economists have to broaden the geographical scope of their analyses. If we try to study how the market works, globalisation forces us to do so on an international scale. In such a context, the action of the State looks inefficient. This is all the truer as more and more regional trade blocs have been created, such as the European Union. Finally the concept of Nation is questioned by the development of regions which economic policies contribute to stimulate, as a means of upgrading or developing competitive advantages.

2. Can competitiveness be improved through State intervention?

One must specify which improvement of competitiveness we are talking about. Indeed, through **social, tax, or monetary dumping**, the State can improve the results of exporting firms, but it will be at the consumers' and/or the working population's expense We can also add the risks of seeing business partners retaliate against domestic exporting companies.

On the other hand, if it is a matter of increasing the **real competitiveness** by improving the quality of the offer through research and development, the benefits will be substantial. Such policies benefit foreign trade in the long term. They also upgrade workers' skills thanks to investments in training and offer domestic consumers better-quality products.

3. What are the best European policies for regions?

Very early on, European policies targeting regional development were implemented. They were meant to facilitate the **improvement of least developed regions** in order to allow **the**

various areas of the European Union to converge and thus contribute to the harmonisation of the large European market. These policies are not part of a regional approach to increase their competitiveness with respect to their foreign competitors. They come with two side effects. The first consists of negative externalities caused by investment in transport infrastructure. The opening up of these investments no longer incites companies to set up in the area and thus doesn't help this area to catch up its backwardness. Moreover, when it comes to resource allocation, the amounts given to less dynamic regions become unavailable for more dynamic ones.

4. What are the firms' strategies when they decide to relocate?

Location strategies of firms have evolved vastly in the last thirty years. For a long time, from the standpoint of **quantitative flexibility and cost cutting,** multinationals have established themselves in areas where the social conditions were most favourable. These practices still exist but other approaches have appeared since firms are preoccupied with **proximity**. This proximity benefits relationships between clients and suppliers and explains the phenomenon of geographical concentration. This proximity is also a source of confidence and it facilitates the relocation of research and development.

5. Should research and development departments be relocated?

Outsourcing research and development can be a **dangerous** practice insofar as efforts made in this field are sources of competitive advantage. If firms adopt such policies, it is because they expect "synergies" between the different players in the area working in the same field. Moreover these firms may be attracted by the potential of **public research in the host country**. This aspect should be taken into account in structural policies to increase the attractiveness of a country.

APPLICATION 2 : EXTRAIT DE TEXTE EN ANGLAIS

1) Questions de compréhension

Vocabulaire

Networking (l 35)	Process of establishing business contacts often through social activities
Strengths (l 22)	Assets
Set of priorities (l 16)	A number of things that come first
Streamlining (l 15)	Making an organization or a process more efficient by removing unnecessary parts of it
Undertake (l 2)	Start doing something and accept responsibility for it
Weaknesses (l 22)	Liability to failure
Proponents (l 16)	Active supporters of an idea or course of action
Policy-makers(l 1)	People who are involved in making policies and policy decisions

2) Questions grammaticales

"Make or do"

Make	Do
A decision A policy An effort A mistake Complaint A fuss	Business Research One's best A job Nothing

Faux-amis

Anglais	Français
chance	hasard
actually	vraiment
achieve	réaliser
hazard	danger
eventually	finalement
resume	reprendre
sensible	raisonnable
deceive	tromper
rest	se reposer
delay	retard

3) Questions économiques

Corrigé en français

1. Quel regard critique peut-on porter sur la classification des clusters proposée dans le premier texte ?

Les clusters sont classés en trois grandes catégories : les clusters traditionnels, les clusters émergents et les clusters diffus. Pour la première catégorie, du point de vue de l'analyse économique, il est possible d'apprécier les modes de fonctionnement et les performances de telles concentrations, de dégager les similitudes et les spécificités pour mieux comprendre par la suite la contingence que peut constituer le secteur d'activité. La seconde catégorie est source d'informations sur la façon dont le cluster se forme, se développe ou éventuellement disparaît. Source d'informations pour les chercheurs en économie et en final pour les autorités si elles cherchent à reproduire les mêmes modes d'émergence. Enfin, la troisième catégorie laisse planer des doutes quant à sa pertinence, en effet l'absence d'une véritable concentration géographique remet en question l'existence même du cluster.

2. Quels apports l'exemple du TAMA nous donne-t-il quant à l'analyse des phénomènes de concentration ?

Le TAMA (Technology Advanced Metropolitan Area) nous ramène à l'analyse des auteurs classiques quant à la dynamique des phénomènes de concentration. Qu'il s'agisse d'Adam Smith ou de David Ricardo, ces deux grands auteurs nous décrivent les phénomènes de spécialisation, comme des mouvements naturels opérés par les entreprises. Dans le cas du TAMA, si les décisions de localisation des firmes s'expliquent pour partie par les Factory Restriction Laws, le choix même de la localisation se construit autour d'objectifs de recherche d'avantages concurrentiels. Ainsi, dans le cas des sous-traitants, le TAMA va constituer une opportunité d'accroître leurs capacités de production.

3. Dans quelle mesure l'évolution du TAMA met-elle en évidence une des caractéristiques essentielles des phénomènes de concentration contemporains ?

L'évolution du TAMA et notamment le départ de quelques grandes entreprises a contraint leurs petits partenaires à modifier leur stratégie. De la recherche d'avantages concurrentiels dans le domaine de la logistique ou dans la recherche d'effets de taille, ces firmes ont évolué vers des coopérations en matière de recherche et développement. On retrouve cette approche dans les pôles de compétitivité à la française avec la volonté politique de construire des synergies entre centres de recherche, universités et entreprises.

Corrigé en anglais

1. What critical look can we have on the classification of clusters which was proposed in the first text?

Clusters are divided into three major categories : traditional clusters, emerging clusters and diffused clusters. For the first category, in terms of economic analysis, one may assess modes of operation and the performance of such concentrations, identify their similarities and specifities to better understand how the sector of activities can be a contingency. The second category is a source of information on the way clusters are formed, develop, or possibly disappear. It is a source of information for researchers in economics and also for authorities if they try to reproduce the same emerging patterns. Finally, the third category raises doubts about its relevance, because the absence of a geographical concentration calls into question the very existence of the cluster.

2. What does the example of the TAMA bring to the analysis of the phenomenona of concentration?

The TAMA (Technology Advanced Metropolitan Area) brings us back to the study of classical authors regarding the dynamics of the phenomena of concentration .Whether it is Adam Smith or David Ricardo, these two major authors describe for us the phenomena of specialisation as natural movements operated by companies. In the case of TAMA, if location decisions of firms can be partly explained by Factory Restriction Laws, the very choice of location is based on the objective of looking for a competitive advantage. In this way, in the case of sub-contractors, the TAMA will be an opportunity to increase their production capacities.

3. To what extent does the evolution of the TAMA highlight one of the essential characteristics of contemporary phenomenona of concentration?

The evolution of TAMA, and more notably the departure of a few large companies, have pushed their small partners to modify their strategy. From looking for competitive advantage in logistics or seeking economies of scale, these firms have evolved toward cooperating in research and development. This approach can be found again in French-style clusters which are characterized by the will to build synergies between research centres, universities, and businesses.

4) Thème de réflexion

Les deux textes proposés évoquent deux illustrations d'un même concept le cluster. Cependant les deux approches sont différentes et montrent un caractère inéluctable dans le cas de Tokyo alors que la démarche semble plus pro-active dans l'exemple de Montréal. Cette idée de mise en œuvre d'une stratégie amène à s'interroger sur les possibilités dont disposent les pouvoirs publics pour promouvoir la concentration d'activités sur le territoire national.

■ *Des arbitrages difficiles face à des situations établies*

a) La polarisation : un phénomène naturel

Si l'on parle de polarisation comme phénomène naturel, il faut comprendre que la spécialisation géographique s'est construite autour d'avantages géographiques (positionnement par rapport aux grands axes des échanges) et de situations acquises dans l'histoire au regard de choix effectués par les autorités centrales.

Dans ce cas, l'État ne peut rien impulser, il peut simplement profiter de la forte attractivité de la zone considérée Le choix politique porte sur l'arbitrage à effectuer entre zones attractives et régions qui le sont moins.

b) Stimuler la polarisation ou rechercher un équilibre national

La question essentielle si l'on considère la polarisation comme un phénomène naturel est de se demander si les pouvoirs publics (État, Europe...) doivent rechercher un nouvel équilibre en apportant leur aide aux régions en difficulté.

Les différentes études montrent les effets pervers d'une telle volonté d'égalité (allocation des ressources sous-optimales, inefficacité des subventions perçues...) et les avantages en revanche d'une promotion de la mobilité.

■ *L'État comme initiateur de la polarisation*

a) L'économie de la connaissance source de développement régional inattendu

Si, pendant longtemps, l'attractivité d'une région a porté sur le montant des aides publiques que pouvaient percevoir les investisseurs étrangers, il n'en est plus tout à fait de même aujourd'hui.

Il est possible par une orientation pertinente des ressources en infrastructures des communications mais aussi par la mise en place de structures de formation et de recherche proche de la réalité des entreprises de rendre des régions attratives.

L'exemple de Sophia-Antipolis pour la région et du Japon à l'échelle d'un pays démontrent bien qu'il y a possibilité de réussir même si les ressources naturelles sont rares ou peu adaptées aux exigences industrielles.

b) La forme et l'ampleur des soutiens sont encore à définir

Un programme d'aide à l'émergence d'un cluster pose le problème de la compétence clé qu'il est possible de développer.

D'autre part, à quel niveau géographique doit être appréciée la polarisation ? Peut-on encore parler de spécialisation quand l'échelle géographique est très petite ?

En final et comme se pose la question en France pour les pôles de compétitivité, combien de projets faut-il encourager ?

CHAPITRE 5

CROISSANCE ÉCONOMIQUE, ÉQUILIBRES SOCIAUX ET ENVIRONNEMENTAUX

APPLICATION°1 : THÈMES ET QUESTIONS DE RÉFLEXION

Corrigé en français des cinq premières questions

1. Quel(s) agrégat(s) retenir pour mesurer la croissance et le développement économique et social ?

La question des agrégats est une question inscrite au cœur de bien des débats économiques. L'agrégat de référence pour mesurer la croissance reste le PIB, mais dont on connaît bien les nombreuses limites. Aussi pour mesurer le développement dans ses dimensions sociales et/ou environnementales recourt-on à d'autres indicateurs tels que l'indicateur de développement humain (IDH).

2. La thèse de la décroissance est-elle envisageable ? Et à quelles conditions ?

La thèse de la décroissance est l'une des alternatives économiques proposées par certains économistes aux effets négatifs de la croissance au plan environnemental. Cette vision postule des changements souvent radicaux en matière de mode de production et de consommation. Elle suppose cependant la réunion de nombreuses hypothèses très contraignantes : acceptation d'une croissance négative par les habitants des pays riches, acceptation d'un retour à des formes traditionnelles de consommation et de production, etc. C'est la raison pour laquelle cette vision a de nombreux détracteurs qui la jugent profondément irréaliste.

3. Comment expliquer les inégalités de développement ?

Les inégalités de développement peuvent être expliquées de différentes façons selon la théorie du développement à laquelle on se réfère. Pour les libéraux, le sous-développement est une question de retard et donc de temps. Le développement d'un pays suppose de franchir un certain nombre d'étapes successives. D'autres théories beaucoup plus critiques invoquent les effets négatifs de la dépendance économique des pays pauvres par rapport aux pays riches ; le développement des pays riches a conduit au blocage du développement d'autres pays. On retrouve ce débat aujourd'hui au plan de l'analyse des impacts de la mondialisation sur le développement économique : pour certains la mondialisation est une opportunité de développement pour les PED ; pour d'autres cette mondialisation sans protections a des effets très inégalitaires sur le développement économique.

4. La responsabilité sociale et environnementale des entreprises est-elle une pratique rentable pour les entreprises ?

La question de la rentabilité des pratiques de responsabilité sociale et environnementale par les entreprises est une question clé pour les entreprises. Les études statistiques semblent majoritairement indiquer une corrélation positive entre profit et pratique d'une responsabilité sociale. Mais il existe beaucoup de travaux arrivant à des conclusions contraires. Aussi la réponse à cette question reste finalement encore incertaine.

5. Quels sont les principaux outils de la responsabilité sociale et environnementale ?

Les outils de la responsabilité sociale et environnementale sont nombreux et en pleine évolution. On peut citer notamment les codes de conduite, les normes et labels, les rapports sociaux et environnementaux ou encore la notation sociale et environnementale. Ces outils permettent d'une part d'améliorer la pratique des entreprises dans ce domaine et d'autre part de fournir des éléments d'information aux investisseurs intéressés par les entreprises socialement responsables.

Corrigé en anglais des cinq premières questions

1. What aggregates should be used to measure growth and social and economic development?

The issue of aggregates is central to many economic debates. The benchmark aggregate of growth remains the GDP, whose limits are well-known. So, to measure social and environmental development, one resorts to other indicators such as the human development index (HDI).

2. Can the theory of negative growth be envisioned? And under what conditions?

Some economists propose negative growth as an economic response to the negative effects of growth on the environment. This concept supposes changes that are often radical when it comes to production and consumption. Yet it requires a combination of many constraining parameters: acceptance of negative growth by the population of rich countries, acceptance of return to traditional forms of production and consumption, etc. This is the reason why this vision is highly controversial and detractors find it deeply unrealistic

3 How can one explain development inequalities?

Development inequalities can be explained in different ways according to the development theory referred to. The liberals tend to present under-development as a matter of delay and so of time. The development of a country requires going through successive stages. Other more critical theories highlight the negative effects of poor countries' dependence on rich countries; rich countries' development has led to stopping other countries' development. This question is being debated today when the effects of globalisation on economic development are analysed. According to some, globalisation is an opportunity of growth for emerging countries. According to others, this unprotected globalisation promotes inequalities of economic development.

4. Is corporate social and environmental responsibility profitable for companies?

The profitability of social and environmental responsibility is a key issue for companies. Most statistical surveys show a positive link between profit and corporate social responsibility. But several studies conclude to the contrary. So the answer to this question still remains uncertain.

5. What are the main tools of social and environmental responsibility?

The numerous tools of social and environmental responsibility are evolving. We can mention codes of conduct, standards and labels, social and environmental reporting, or else sustainability assessment. These tools enable companies to improve their practices in this area and to supply information to investors interested in socially responsible companies.

APPLICATION 2 : EXTRAIT DE TEXTE EN ANGLAIS

1) Questions de compréhension

■ *Résumé*

In spite of the numerous people watching over the climate, **carbon emissions** continue to increase. **Coal** is the main source of pollution. However one mustn't forget about deforestation, which comes second, because we tend to concentrate too much on **fossil fuels.** Three countries plus Europe are responsible for most of the **greenhouse gas emissions.** One solution could be CO_2 emissions, another one is **renewable energies.**

These alternatives can be made possible thanks to **subsidies** or **carbon tax.**

Politically the main issue is to get the biggest **polluters** to participate in the reduction of CO_2. If America leads the way, others will follow suit.

2) Questions grammaticales

■ *Structures verbales*

- **Setting up** a real market of pollution rights may prove difficult
- When it comes to **cutting** carbon emissions, economic powers are reluctant to **make** sacrifices.
- We will stop deforestation by **compensating** native populations for the loss of income.
- If America starts **taking** measures, China and India will follow
- Westerners are used to **wasting** energy, they should be more committed to **recycling**.
- Politicians prefer **pleasing** the voters to **tackling** the tough issues

■ *Comparatif et superlatif*

- Because of climate change, temperatures are becoming **higher and higher**.
- In spite of global warming, it's **the coldest** winter we've ever had.
- **The warmer** the temperatures, **the thinner** the ice cap.
- The situation has become much **worse** since the beginning of the century.
- India and China pollute, nearly **as much as** the US.

3) Questions économiques

Corrigé en français

1. Indiquez quelles sont les principales sources d'émission de CO_2.

Le texte proposé rappelle un certain nombre de sources importantes d'émission de CO_2 en mentionnant la responsabilité de certains secteurs ou activités et le rôle essentiel de certains pays. Parmi les gros contributeurs aux émissions de CO_2, on peut citer le parc automobile, l'activité des secteurs du transport et de la production d'énergie, également les conséquences de la déforestation. Parmi les principaux pays ou zones économiques qui émettent du CO_2, *The Economist* souligne la contribution majeure des États-Unis, de la Chine et de l'Inde et des pays européens. On pourrait y ajouter également la Russie et le Japon.

2. Les solutions au problème posé par l'émission de CO_2 sont-elles d'ordre technologique, économique ou politique ? Justifiez votre réponse.

La solution au problème de l'émission de CO_2 est à la fois technologique, économique et politique. Elle est d'ordre « technologique » dans la mesure où il existe différentes solutions d'ordre technique telle « le piégeage » du CO2 ou encore le développement de l'utilisation des énergies renouvelables. Les solutions sont également à trouver du côté de l'économie avec le subventionnement de la R&D ou encore la taxation des activités polluantes. Mais le problème et sa solution sont sans doute d'abord politiques : l'attitude de pays comme les États-Unis et la Chine est essentielle ; de leur engagement (ou non) dans une politique de diminution des émissions de CO_2 dépend fondamentalement l'engagement effectif de toute la planète dans cette direction.

3. Quels ont été les résultats de la conférence de Copenhague de décembre 2009 ? La position des États-Unis a-t-elle évolué en matière de lutte contre le changement climatique et de réduction des émissions de CO_2 ?

La conférence de Copenhague qui s'est tenue en décembre 2009 a abouti à des résultats très modestes avec la confirmation d'un objectif d'une hausse maximale de 2° C de la température et la création d'un fonds spécial pour aider financièrement les pays les plus vulnérables. Par contre aucun calendrier contraignant n'a été fixé pour ne pas dépasser ce chiffre et surtout aucun objectif chiffré de réduction des émissions de CO_2 n'a été arrêté.

La position des grands pollueurs, la Chine et les États-Unis a commencé à évoluer notamment pour le second, depuis l'arrivée au pouvoir du président Obama : ainsi les États-Unis se sont fixés pour objectif de réduire de 17 %, leurs émissions de CO_2 d'ici 2020. Mais ces objectifs manquent d'ambition ; par ailleurs ces deux pays ont grandement contribué à ce qu'aucun objectif chiffré contraignant ne soit fixé au sommet de Copenhague.

Corrigé en anglais

1. What are the main causes of CO_2emissions?

The text above reminds us of some major causes of carbon emissions and points to the responsibility of some sectors or activities and the crucial role of some countries. Among the biggest contributors to carbon emissions we can find cars, the transportation industry, energy production and the consequences of deforestation. Among the biggest countries or economic areas that release carbon emissions, *The Economist* underlines the major contribution of the US, China, India and Europe. Russia and Japan could be added as well.

2. Are the solutions to the problems raised by CO_2emissions technological, economic or political? Justify your answer.

The solution to the problem of carbon emissions is technological, economic and political. It is technological since there are different technical solutions such as the "trapping" of carbon emissions and renewable energies. Solutions can also be economic: subsidising R&D or taxing polluting activities. But the problem and its solution are first and foremost political: the attitude of countries such as the US and China is crucial. The involvement of the planet in curbing carbon emissions definitely depends on these countries' commitment or absence of commitment.

3. What was the outcome of the Copenhagen Summit in December 2009? Has the position of the US changed, regarding the struggle against climate change and the reduction of CO_2emissions?

The Copenhagen Summit that took place in December 2009 ended with very meagre results: the target of a maximum 2°C rise in temperatures was confirmed, and a special fund to help the most vulnerable countries was created. However it did not succeed in fixing a constraining agenda so as not to exceed this figure and above all it did not reach any agreement for the reduction of carbon emissions.

The position of the major polluters, China and the US, has started to evolve, notably the US since President Obama came into office; indeed the US has fixed a target of 17% for its reduction of carbon emissions by 2020. But these targets are not very ambitious. Moreover, both countries largely contributed to imposing no constraining numbered target at the Copenhagen Summit.

4) Thème de réflexion

La question des effets de la croissance sur l'environnement (au sens écologique du terme) est une question économique aujourd'hui essentielle.

Le diagnostic général du problème posé est de plus en plus partagé ; les solutions existent : le texte proposé en appui tiré de *The Economist* indique par exemple que des solutions tant économiques que technologiques pourraient résoudre la question du changement climatique.

Pourtant les États comme les économistes ne sont toujours pas d'accord sur les mesures à prendre. On va rendre ici compte de ce débat en rappelant tout d'abord brièvement les problèmes d'ordre environnemental posés par la croissance avant de présenter quelques points de vue économiques sur cette question.

Les problèmes d'ordre environnemental posés par la croissance

a) Les principaux problèmes posés

Plusieurs types de problèmes sont régulièrement relevés ; on pense notamment aux phénomènes suivants :

– la production de déchets ;

– l'émission de gaz à effet de serre ;

– l'urbanisation galopante ;

– la raréfaction des différentes ressources naturelles.

Chacun de ces problèmes implique à la fois des effets négatifs et des risques, par exemple la production de déchets pose les problèmes de sa multiplication, de son coût croissant de traitement et d'élimination, de l'augmentation des risques sanitaires induits, du gaspillage d'éléments du patrimoine naturel (lorsqu'ils sont recyclables), etc.

Des développements analogues peuvent être faits bien entendu concernant les autres problèmes évoqués.

b) La question majeure du changement climatique

Le texte extrait de *The Economist* pointe en particulier la question très préoccupante du changement climatique appréhendé sous l'aspect de la concentration croissante de CO_2 dans l'atmosphère : 280 parties par million (ppm) avant la révolution industrielle, 380 ppm aujourd'hui, 800 ppm en 2100 au rythme actuel.

Plusieurs sources sont distinguées : certains secteurs économiques (le transport, la production d'énergie électrique et en amont le charbon), le phénomène de la déforestation et la responsabilité majeure de certains pays : les États-Unis, la Chine et l'Inde, ou encore les pays européens.

Les économistes face aux atteintes portées à l'environnement par la croissance

On peut distinguer trois grands types d'optique, dont l'un, « central », recoupe l'orientation retenue dans le texte proposé.

a) La recherche « d'un développement durable »

• Aujourd'hui de nombreux économistes et hommes politiques retiennent à un titre ou à un autre la thèse d'une croissance compatible avec l'environnement et supportable dans le temps : c'est la thèse bien connue du développement durable.

Cette thèse reconnaît l'impact négatif de la croissance sur l'environnement, revendique un certain nombre de principes fondateurs (principe de solidarité, de précaution, etc.) et, par voie de conséquence, préconise la mise en place de politiques volontaristes impliquant les entrepreneurs (utilisation de nouvelles technologies, adoption de codes de bonne conduite, etc.), une intervention des pouvoirs publics (politique de l'environnement, etc.) et la mise en place de dispositifs au niveau international (droits à polluer, etc.).

• Le texte de *The Economist* s'inscrit – même si cela n'est pas écrit explicitement – dans cette perspective : il montre que des solutions technologiques existent : le piégeage du CO_2 et l'utilisation d'énergies renouvelables ; à coupler avec des solutions à caractère économique (subvention à la R&D dans ces domaines, taxation des énergies polluantes, etc.)

b) Les autres thèses défendues par les économistes

Deux autres thèses minoritaires concernent également les rapports entre croissance et environnement :

• Il y a d'abord la thèse du courant de « la nouvelle économie des ressources ».

Ce courant a une confiance absolue dans les mécanismes de marché. Le problème de la raréfaction des ressources naturelles est résolu grâce à l'hypothèse d'une parfaite substitution des facteurs ; quant aux phénomènes d'externalités et d'atteintes au patrimoine naturel, ils sont résolus eux aussi par l'approfondissement des mécanismes de marché, en particulier l'attribution de droits de propriété sur les ressources naturelles.

• Il y a, à l'autre extrême, la thèse militante de « la décroissance ».

La croissance est ici appréhendée comme un danger, surtout sous la forme actuelle. Les défenseurs de cette thèse (N. Georgescu-Roegen, S. Latouche, etc.) appellent par conséquent les pays développés à la décroissance et au « retour » à des formes de production et de consommation traditionnels.

En conclusion, ce débat traite d'un problème d'une grande gravité pour l'humanité ; les projections actuelles sont inquiétantes et pessimistes (*The Economist* parle « d'une fourchette de CO_2 allant de 540 à 970 ppm) ; les économistes conscients de la question n'en tirent pas tous pour autant les mêmes conclusions.

Pourtant des mesures technologiques et économiques existent ; le rôle de l'économique étant ici, de rendre « supportables » financièrement les solutions technologiques.

Ces solutions butent encore sur un obstacle majeur de nature politique : la difficulté des États à s'entendre sur un programme de réduction concertée des émissions de CO_2.

CHAPITRE 6

MARCHÉ ET ÉCONOMIE NON MARCHANDE

APPLICATION°1 : THÈMES ET QUESTIONS DE RÉFLEXION

Corrigé en français des cinq premières questions

1. Économie marchande et économie non marchande : substitution ou complémentarité ?

A priori, l'économie non marchande prend en charge la production de biens et services délaissée par l'économie marchande. C'est parce que certaines productions ne sauraient être rentables qu'elles sont ainsi abandonnées par le marché. Toutefois, la production non marchande, par le biais des mutuelles, associations et autres sociétés coopératives ouvrières de production, se pose en concurrent de l'économie marchande. Guidée par des valeurs autres que la recherche du seul profit, l'économie non marchande privée propose une offre de biens et services attractives pour les ménages en lieu et place de l'offre traditionnelle du marché.

2. Le capital risque est-il susceptible de s'intéresser aux organisations de l'économie sociale ?

Le capital risque consiste à financer des sociétés qui investissent dans des projets risqués en prenant part dans le capital de ces sociétés. Le rendement du placement ainsi réalisé dépend de la création de valeur de ces sociétés au moment de la revente des titres acquis. Si les organisations de l'économie sociale connaissent des rentabilités économiques et financières semblables à leurs homologues du secteur privé, pour des niveaux de risques également voisins, il n'en reste pas moins que la liquidité des titres acquis est bien plus faible, en raison de l'absence d'un marché organisé de revente de ces titres. Seuls des fonds de placement éthiques seraient alors susceptibles de s'intéresser à de tels titres émis par des organisations de l'économie sociale.

3. Peut-on considérer que les organisations de l'économie sociale font concurrence aux entreprises du secteur marchand ?

Parce qu'elles se retrouvent sur les mêmes marchés, les organisations de l'économie sociale concurrencent clairement les entreprises du secteur marchand : c'est le cas par exemple, des banques mutualistes et des mutuelles d'assurance. Toutefois, compte tenu du poids encore faible du secteur de l'économie sociale dans la production annuelle de richesse, on peut relativiser cette concurrence. On peut également considérer que les SEL, loin de constituer une concurrence menaçante pour les entreprises du secteur marchand, représentent une offre complémentaire pour des ménages à revenus modestes.

4. Le consommateur est-il souverain ?

On peut supposer que le consommateur est rationnel et recherche en toutes circonstances la maximisation de son utilité sous contrainte de son budget, indépendamment de tout autre agent. Mais que vaut une souveraineté qui se limite au consommateur lui-même ? Il n'oriente pas vraiment la production des entreprises parce qu'il est lui-même « manipulé » par les productions proposées par elles sur le marché (J-K Galbraith, 1967). En outre, une grande partie de ce qu'il consomme est décidée collectivement par des procédures de vote : c'est le cas des biens publics, dont la production s'impose au consommateur pris isolément. Enfin, notre consommateur est largement influencé par les décisions de consommation des autres agents, lesquels guident consciemment ou non son comportement.

5. Le marché est-il un mode d'allocation optimale des biens ?

La réponse à cette question dépend de ce qu'on entend par « optimal ». Au sens de Pareto (1907), l'optimalité correspond à une situation dans laquelle on ne peut améliorer le sort d'un agent sans malheureusement être obligé de détériorer le bien-être d'un autre. Le marché alloue ainsi les biens à ceux qui disposent des prix de réserve les plus élevés, et apparaît alors optimal au sens de Pareto. Cela ne signifie pas pour autant que cet optimum de marché est juste socialement.

Corrigé en anglais des cinq premières questions

1. Market economy and non-market economy: substitution or complement?

A priori, the non-market economy takes care of the production of goods and services which has been abandoned by the market economy. This is because some products cannot be profitable and they are abandoned by the market.. Nevertheless, through mutual societies, non-profit organisations and workers' cooperatives, non-market production competes with the market economy. Because its underlying values are not only making profit, the non-market private economy offers goods and services which are very attractive for households and which replace the traditional offerings.

2. Is venture capital likely to be interested in the way social economy is organised?

Venture capital finances companies that invest in risky ventures by participating in these companies' capital. The return of this investment thus realised depends on these companies' added value when the shares are sold. If the economic and financial profitability of social organisations is similar to that of their counterparts in the private sector – for the same amount of risk – the liquidity of the shares is much lower, given the absence of an organised market to sell those shares. Only ethical investment funds would be interested in such shares issued by social organisations.

3. Can it be said that social economy organisations compete with companies in the private sector?

Because they are on the same market, social economy organisations clearly compete with those of the market sector: it is the case of mutual banks and mutual insurance companies. However, given the relative weakness of the social economy sector in annual production of wealth, this competition can be downplayed. Local exchange trading systems can also be considered a complementary offer for low-income households, and not a threat to the companies of the market sector

4. Is the consumer king?

Presumably the consumer is rational and always looks to maximise his utility within the limits of his budget, regardless of any other agent. But is it worth being "king" if your power is limited to yourself? He doesn't really influence the companies' production since he is "manipulated" by the products offered on the market (J-K Galbraith 1967). Moreover the major part of what he consumes is collectively determined by voting procedures: that's the case with public goods, for instance, where production is imposed on individual consumers. To conclude, our consumer is highly influenced by the consumption decisions of other agents, who, consciously or not, influence his behaviour.

5. Is the market the optimal way to allocate goods?

The answer to this question depends on what is meant by optimal. In the context of Pareto (1907), optimality is a situation in which we cannot improve the lot of one person without having to damage the well-being of another. Thus the market allocates goods to those who have the highest reserve prices, so it appears to be Pareto optimal. That does not mean that this optimal situation for the market is socially fair.

APPLICATION 2 : EXTRAIT DE TEXTE EN ANGLAIS

1) Questions de compréhension

■ *Résumé*

When **Labour** was re-elected in 2005, it promised more public services and better ones. But it hasn't kept its promise. Indeed, it is now introducing **private** services to **compete** with public ones, especially in health, education and **housing**. Yet there is no proof that **privatisation** is going to improve the services, on the contrary.

In fact, between 1997 and 2005, the first Labour government **invested** a lot on services (which had been reduced to a minimum by the previous Tory government). It resulted in **curbing** social inequalities.

The public sector **caters** to social needs whereas the private sector is mainly focused on efficiency and **profitability**. For instance, in housing, a private company will build houses which last only the **lifetime** of their contract. In health the **damage** is the worst: loss of jobs, hospital departments closed, lack of prevention…

It is obvious that markets are **harmful** to public services, and have **failed** in the past (railways). Originally services were created to **protect** citizens from markets.

What is necessary is for the public and private sectors to **work hand in hand** instead of competing.

Vocabulaire

a) unions (l1)

b) outsourcing (l 7)

c) subsidiaries (l 17)

d) tendering (l 18)

e) had stemmed (l 25)

f) showered (l 45)

g) harm (l 49)

h) contracting out (l 58)

2) Questions grammaticales

Les quantitatifs

a) The Government thinks public services cost too **much**.

b) **Little** attention is paid to customer satisfaction by private companies.

c) In health, for instance only **few** prevention awareness campaigns are organised.

d) Private companies providing hospital cleaning employ too **few** cleaners. This way, they save **a little** money.

e) When hospitals don't have **many** patients, they have to close.

f) **A few** people in England, especially unionists, protest against privatisation.

« enough » ou « too »

a) If public services are not competitive **enough**, they will be replaced by private companies.

b) Actually, public schools will close if they don't register **enough** students.

c) Hospitals will close if they don't have **enough** patients.

d) When hospital cleaning is given over to the private sector, there are **too** few cleaners.

e) When railway services are managed by the private sector, they don't invest **enough** ; consequently there are **too** many accidents.

f) Governments tend to consider public services **too** expensive.

2) Questions économiques

Corrigé en français

1. Citez des exemples selon lesquels le marché s'est avéré une menace sérieuse pour les services publics en Angleterre

Parmi les services publics qui ont été mis en concurrence avec le marché, le texte cite les cas des cantines scolaires, du nettoyage des hôpitaux, des chemins de fer, sans qu'une amélioration n'ait été ressentie par les usagers, bien au contraire.

2. Selon l'auteur du texte, quel est le fondement de l'existence des services publics ?

Selon Dave Prentis, l'existence de services publics se justifie par trois raisons :

– corriger les défaillances de marché, ce que le marché ne peut produire doit être pris en charge par l'État ;

– garantir la sûreté de l'environnement ;

– sauvegarder la santé publique et l'éducation.

3. Dans le cas des services de cantine scolaire français, quels peuvent être les risques d'une privatisation ?

Les risques de privatisation des cantines scolaires sont aujourd'hui malheureusement bien connus. Parce que certains lycées et collèges ont renoncé à leur propre service de cantine, ils se trouvent en position de faiblesse au moment de la renégociation du contrat avec la société privée de restauration : ils ne disposent plus d'installations techniques suffisantes, ni de personnel qualifié pour, en cas de besoin, se réapproprier le service. Par ailleurs, la rentabilité recherchée par une société privée peut l'amener à utiliser moins de produits frais – cela nécessite beaucoup de main d'œuvre – au détriment de la qualité des repas.

Corrigé en anglais

1. Quote situations in which the market proved to be a serious threat to public services in England.

Among the public services which have competed with the market, the text cites the cases of school lunchrooms, hospital cleaning, railways, without any improvement being felt by users, quite the contrary.

2. According to the author of the text, what is the basis for the existence of public services?

According to Dave Prentis, the existence of public services can be explained by three factors:

- Correcting market failures (what the market cannot produce must be taken care of by the state)
- Ensuring a safe environment
- Safeguarding public health and education

3. Regarding French school lunchrooms, what are the risks entailed by privatisation?

Unfortunately, the risks of privatising school lunchrooms are well-known today. Because some secondary schools have abandoned their lunchrooms, they are in a weak position when renegotiating their contract with private catering companies: they no longer have sufficient technical facilities and qualified staff to take back the service if necessary. Furthermore, profitability sought by private companies can lead them to using fewer fresh products – it requires more labour – at the expense of the quality of the meals.

4) Thème de réflexion

Le terme « enjeu » indique ce que l'on peut éventuellement gagner à la privatisation des services publics (les objectifs affichés et les limites à l'atteinte de ces objectifs) et ce que l'on peut bien sûr y perdre (le marché peut-il vraiment rendre des missions de services publics ? dans quelle mesure ou limite ?). Les enjeux peuvent bien entendu être d'ordre économique mais aussi politique et social. Les enjeux sont indissociables des agents concernés par ces mêmes enjeux : État, entreprises, ménages.

La privatisation s'entend comme la vente par l'État de tout ou partie du capital d'une entreprise publique. Elle consiste à introduire des mécanismes de marché là où ils n'étaient pas présents, dans les services publics.

Un service public peut se définir par ses fonctions, lesquelles visent toutes à répondre à un besoin d'intérêt général : la lutte contre l'exclusion de certains usagers des services essentiels, la recherche de la cohésion sociale de la communauté des usagers, l'efficacité dans l'utilisation des ressources.

Les services publics doivent vérifier trois grands principes : la continuité (le service, puisqu'il est d'intérêt général ne peut être interrompu), l'égalité des usagers (qui fonde par exemple les règles de la péréquation tarifaire), la mutabilité (le service doit s'adapter à l'évolution des besoins des usagers).

La privatisation a pour objectif de rendre les services publics plus efficaces. L'efficacité s'entend au regard des missions rendues aux usagers (qui deviennent des clients) mais aussi en termes d'utilisation des ressources.

L'ouverture à la concurrence des services publics conduit à s'interroger sur la possibilité pour une entreprise privée de remplir des missions de service public. C'est en ce sens que l'Union européenne a conduit une réflexion sur la notion de service universel, ou Service d'intérêt économique général (SIEG). Cependant, cette ouverture ne doit pas conduire à l'émergence de monopoles privés (ce qui risque d'être le cas si les rendements sont croissants). Aussi, elle doit s'accompagner d'une politique de réglementation de la concurrence visant par exemple à éviter les abus de position dominante. C'est pour cette raison que, dans bien des cas, les services publics sont d'abord séparés en deux identités : l'entreprise qui délivre le service lui-même et qui pourra être privatisée (EDF qui produit et distribue de l'électricité) et le réseau qui permet d'acheminer le service vers les usagers/clients, lequel connaît des rendements croissants et demeure un monopole public (le Réseau de transport de l'électricité, RTE).

• **Les gains possibles d'une privatisation** résident dans :

– une meilleure utilisation du capital technique et du capital humain (par le biais d'une véritable gestion des ressources humaines et non d'une « administration du personnel ») ;

– une amélioration de la productivité ;

– une meilleure prise en compte des besoins du public ;

– une responsabilisation des gestionnaires du service public.

• **Les risques possibles :**

– la recherche de la rentabilité à court terme peut se faire au détriment de la qualité des services rendus (*cf.* le nettoyage des hôpitaux cité dans le texte) ;

– l'égalité de traitement des usagers/clients peut ne pas concerner tous les services, et la péréquation tarifaire ne pas s'appliquer à tous (seulement ceux dits « universels ») ;

– la gestion privée d'un service public, dont les services universels sont en partie financés par l'État, peut être discutée du point de vue éthique (*cf.* l'enseignement du créationnisme cité dans le texte).

On peut également s'interroger sur la privatisation de la Sécurité sociale pour laquelle certains considèrent que la logique d'assurance peut relever du marché (entreprises d'assurance) et la logique d'assistance demeurer publique (ce qui est le cas avec l'instauration de la couverture maladie universelle, du minimum vieillesse, du RMI puis du RSA).

CHAPITRE 7

PROTECTION SOCIALE ET SOLIDARITÉ

APPLICATION°1 : THÈMES ET QUESTIONS DE RÉFLEXION

Corrigé en français des cinq premières questions

1. Quelles sont les différentes conceptions possibles de l'État providence ?

À un premier niveau, on distingue et on oppose traditionnellement deux formes d'État providence avec d'une part un système d'origine germanique (le modèle bismarckien) et un système d'origine britannique (le modèle beveridgien). Le modèle bismarckien est de type assurantiel avec des cotisations obligatoires concernant les salariés et fonctionnant suivant une logique de cogestion ; le modèle beveridgien privilégie, lui, l'assistance, est financé par la fiscalité et s'adresse à l'ensemble des citoyens.

Une autre typologie plus élaborée d'État providence (travaux de Gøsta Esping-Andersen) distingue trois régimes différents : un premier libéral (anglo-saxon), un second corporatiste (de tradition germanique) et un troisième social démocrate (caractéristique des pays scandinaves).

2. Quels sont les avantages et inconvénients respectifs d'un système par répartition et d'un système de capitalisation ?

Chacun des deux systèmes comporte des avantages et des inconvénients : le système par répartition manifeste une solidarité entre les individus (solidarité intergénérationnelle et même interprofessionnelle) et les protège contre un certain nombre de risques dont celui des aléas des marchés financiers ou d'une préférence pour le présent des salariés (les conduisant à ne pas assez épargner pour leur propre retraite). À l'inverse, les défenseurs de la capitalisation mettent en avant la capacité de ce second système à affranchir le financement des retraites, des contraintes démographiques et à offrir un rendement supérieur pour un même montant de cotisations. Ces arguments peuvent être cependant contestés.

3. Quelles sont les origines des difficultés de la protection sociale en France ?

Les origines des difficultés de la protection sociale en France sont à un premier niveau d'ordre financier avec l'existence de recettes trop faibles pour faire face à des dépenses sociales structurellement croissantes. À ce niveau, interviennent différents facteurs : la situation économique (croissance insuffisante), des considérations démographiques (allongement de la vie et accroissement du nombre d'inactifs à la charge des actifs), etc. Mais il ne faut pas oublier à un second niveau la crise des valeurs de solidarité repérée déjà au tout début des années 1980 par l'historien français Pierre Rosanvallon.

4. Pourquoi peut-on parler aujourd'hui d'une dualisation du système français de protection sociale ?

On parle quelquefois de « dualisation de la protection sociale » car la protection sociale fonctionne globalement suivant une logique d'assurance bâtie sur un système de cotisations sociales mais avec en complément des dispositifs relevant de l'assistance pour prendre en compte tous les individus qui ne peuvent pas bénéficier du premier système. Dans ce dernier cas, l'État et la fiscalité prennent le relai de la sécurité sociale et du financement par cotisations sociales.

5. Quelles sont les différentes positions théoriques en matière de protection sociale ?

Les points de vue théoriques en matière de protection sociale sont très disparates quant aux formes et à l'importance que doit revêtir la protection sociale. Les uns (keynésiens, socialistes, etc.) défendent le principe d'une protection sociale (collective) au nom des théories de la justice sociale, des limites des dispositifs privés et de l'utilité économique des dispositifs sociaux. D'autres, souvent d'orientation libérale défendent un point de vue différent en fournissant des justifications aux inégalités sociales et en faisant confiance aux mécanismes privés. Bien entendu, il existe toutes sortes de points de vue médians.

Corrigé en anglais des cinq premières questions

1. What are the different possible models of the Welfare State?

On one level, one distinguishes and contrasts two traditional forms of welfare state with one system having Germanic origin (the Bismarck model) and another system with British origin(the Beveridge model). The Bismarck model is insurance-based with compulsory contributions for employees and operates following a co-management model; the Beveridge model focuses on aid, is financed by taxation and addresses the needs of all citizens.

Another more sophisticated type of welfare state (see work of Gøsta Esping-Andersen) identifies three different regimes: one liberal (Anglo-Saxon), a second that is corporatist (Germanic tradition) and a third that is Social Democrat (characteristic of Scandinavian countries).

2. What are the advantages and disadvantages of the funded and the pay-as-you-go systems?

Each system has advantages and disadvantages: the pay-as-you-go system demonstrates solidarity between individuals (between generations and even between professions) and protects them from a number of risks including financial market uncertainties or workers' preference for immediate spending (leading them not to save enough for their retirement). Conversely, the proponents of the funded pension scheme point out that the second system helps the financing of retirement eliminate demographic constraints, and offers better return for the same amount of contribution. These arguments, however, can be questioned.

3. What do difficulties of the French social welfare system come from?

The origins of the difficulties of social protection in France first result from financial needs with receipts too weak to cope with increasing social spending. Different factors account for this: economic status (insufficient growth), demographic considerations (longer life and increased ratio of non-working population supported by the working population), etc. Yet we mustn't forget the crisis of the values of solidarity already observed since the beginning of the eighties by the French historian Pierre Rosanvallon.

4. Why can we talk about the duality of the French welfare system today?

We sometimes speak of a « dualism of social protection" because it functions according to a model of insurance based on social contributions but with a complementary mechanism of welfare to include all the people who cannot benefit from the first system. In this last case, the state and taxation take over from social security and the financing by social contributions.

5. What are the different theoretical positions regarding social welfare?

The theoretical perspectives on social protection are very different in terms of form and the importance of coverage with social protection. Some (Keynesian, socialist, etc.) defend the principle of social protection (collective) on behalf of the theories of social justice, the limits of private mechanisms and the economic utility of social systems. Others, often to defend a liberal point of view, support a different point of view by providing justifications for social inequality and trusting private systems. Of course, there are all sorts of points of view in between.

APPLICATION 2 : EXTRAIT DE TEXTE EN ANGLAIS

1) Questions de compréhension

■ *Résumé*

1	In Western countries people are getting older and older, social programs cost more and more.
2	Governments have to find means to raise new financial resources.
3	The taxpayer has to contribute more and the private sector is called upon to finance pensions.
4	With state-funded pensions, each generation pays for the previous one.
5	The problem is that birth rates are low and people live longer.
6	There are fewer and fewer workers who pay for retirees.
7	The solution is a mix of people staying longer at work, saving more for their pensions or having smaller ones.
8	It is also possible to tax shareholders' dividends.
9	With globalisation, companies and funds are mobile.
10	Everywhere private pensions are compensating for diminishing state pensions.

■ *Vocabulaire*

Meilleur(s) équivalent(s) :

1. the action taken to **cope with** these pressures (line 2):

☐ the action taken to **increase** these pressures

☑ the measures taken to **deal with** these constraints

☑ the measures taken to **face** these constraints

2. the private sector carrying a large part of the **burden** (line 8):

☑ the private sector bearing a large part of the **costs**

☐ the private sector carrying a large part of the **profits**

☐ the private sector bearing a large part of the **benefits**

3. **compulsory** saving (line 10):

☑ **mandatory** saving

☐ **optional** saving

☐ **compulsive** saving

4. they have to **put up with** very low incomes (line 21) :

☐ they have to **refuse** very low incomes

☑ they have to **accept** very low incomes

☑ they have to **be satisfied with** very low incomes

5. criticisms about **corporate governance** (line 42) :

☑ criticisms about **institutional management**

☐ criticisms about **body building**

☐ criticisms about **private strategy**

6. some way of **bashing** the company sector (line 45) :

☐ some way of **encouraging** the company sector

☑ some way of **hitting** the company sector

☐ some way of **benefitting** the company sector

2) Questions grammaticales

■ *Mots de liaison*

1. In Western countries people are getting older and older, **so** social programs cost more and more.

2. **Therefore,** governments have to find means to raise new financial resources.

3. **Hence,** the taxpayer has to contribute more, **and** the private sector is called upon to finance pensions.

4. **Indeed**, with state-funded pensions, each generation pays for the previous one.

5. **But** the problem is that birth rates are low, **and** people live longer.

6. **As a consequence**, there are fewer and fewer workers who pay for retirees.

7. The solution is a mix of people staying longer at work, saving more for their pensions and having smaller ones.

8. **Besides**, it is also possible to tax shareholders' dividends.

9. **Yet**, with globalisation, companies and funds are mobile.

10. **To conclude**, everywhere, private pensions are compensating for diminishing state pensions

■ *"Phrasal verbs"*

1) "I'd like to speak to Peter" "**Hold on,** he is already on the phone"

2) When asked about the error in the calculation, the accountant **pointed out** that it was not her fault.

3) Jean was asked to **look after** the guests until the conference started.

He promised to **look into** the problem before the end of the week.

5) They were unable to finish their task and decided to **carry on** the following week.

6) We had to **check on** the builders' progress once a week while the project was under way.

They realised that they would in serious financial difficulties if they didn't **cut down** employees' costs.

He was determined not to **give up** trying even though he knew it was going to be difficult to succeed.

3) Questions économiques

■ *Corrigé en français*

1. Comment sont financées les pensions de retraite au Royaume-Uni ?

Les pensions de retraite au Royaume-Uni sont financées comme partout par une combinaison de dispositifs faisant appel à des dispositifs collectifs publics et des dispositifs privés. Cela étant la part des dispositifs privés (et par capitalisation) sont particulièrement importants. D'une façon générale, les Britanniques ont été encouragés depuis des décennies à souscrire de plans de retraite individuels (*Personal Pension Scheme*).

2. Quelles sont les différentes solutions couramment envisagées pour faire face au problème de déficit des systèmes collectifs de financement des retraites, selon la commission Turner ?

La commission Turner(1) a mentionné les différents types de solutions couramment envisagées pour consolider les systèmes de retraite collectifs mis à mal par l'évolution de la démographie : allongement de la durée d'activité, accroissement de l'épargne individuelle, acceptation de pensions de retraites plus faibles ou encore combinaison de ces différentes solutions.

3. La France a-t-elle fait les mêmes choix en matière de financement des retraites que le Royaume-Uni ?

La France n'a pas fait les mêmes choix que le Royaume-Uni. Les gouvernements britanniques depuis les années 1980 ont fait en sorte de développer les systèmes de financement privés au point que des millions de Britanniques ont abandonné le système public de retraite et que le Royaume-Uni est qualifié quelquefois de « Royaume des fonds de pension ». À l'inverse les grandes réformes du système de retraite en France (de 1993 à 2014) ont visé pour l'essentiel à consolider le système par répartition en agissant sur les paramètres de ce système (augmentation du nombre d'annuités requises pour bénéficier d'une retraite à taux plein, etc.).

■ *Corrigé en anglais*

1. How are pensions funded in the United Kingdom?

Retirement pensions in the UK are funded like everywhere through a variety of schemes relying on state-provided plans and private ones. Given this, the share of private schemes

---

(1) À titre indicatif, la commission Turner a publié plusieurs rapports successifs : un premier rapport publié le 12 décembre 2004 : « Pensions: Challenges and Choices » ; un deuxième rapport publié le 30 novembre 2005 : « A New Pension Settlement for the Twenty-First Century » ; enfin un troisième rapport publié le 4 avril 2006 : « The Final Report of the Pensions Commission ».

(funded pension plans) is particularly significant. Generally, the British have for decades encouraged subscription to personal pension plans (*Personal Pension Scheme*).

2. What different solutions are currently considered to cope with the deficit problem of collective systems for financing retirement, according to the Turner commission?

The Turner commission mentioned various different types of solutions which are currently envisioned to consolidate the collective pension systems which have been undermined by demographic changes: longer duration of activity, increased individual savings, acceptance of weaker retirement pensions or some combination of all three.

3. Has France made the same choices as the United Kingdom regarding pension funding?

France has not made the same choices as the UK. Since the 1980s, British governments have developed private funding systems, so much so that millions of Britons have abandoned the state retirement system and the UK is sometimes called the "kingdom of pension funds." On the contrary, the major reforms of the French pension system (1993 and 2003) essentially aimed to strengthen the contributory pension system by altering the parameters of the system (increase of number of years required to qualify for a full pension, etc.).

4) Thème de réflexion

Ce texte d'Hamish McRae, rédacteur adjoint pour les questions économiques au quotidien anglais *The Independent*, porte sur l'un des grands sujets qui agitent les pays développés depuis des années : les orientations à prendre pour assurer la viabilité du système de retraites. Pour éclairer cette question, on se propose de rendre compte pour commencer des difficultés que connaissent partout les systèmes de retraite avant d'envisager les alternatives pour assurer la pérennisation de ces systèmes.

■ *Des systèmes de retraite différents aux prises avec les mêmes difficultés*

a) Des difficultés communes aux grands pays développés

Les difficultés financières à **équilibrer les comptes des retraites** sont bel et bien communes à la plupart des grands pays développés.

Elles trouvent fondamentalement leur origine dans **la démographie**. Hamish McRae évoque ainsi les pressions financières engendrées par le vieillissement progressif des sociétés occidentales et la déformation généralisée du rapport nombre d'actifs/nombre d'inactifs en soulignant que, d'ici une génération, il n'y aura que deux travailleurs pour chaque retraité dans la plus grande partie de l'Europe et seulement un dans quelques pays comme l'Italie avec partout un **déficit des comptes de la retraite**.

b) Une pluralité de facteurs à l'origine des difficultés de la protection sociale

En allant au-delà des informations contenues dans cet article, il convient de souligner que **plusieurs facteurs** concourent à tendre la situation dans ce domaine et à la rendre en même temps complexe à évaluer.

Les **dépenses** de retraites sont poussées vers le haut par l'allongement de la durée de vie (qui accroît le nombre d'inactifs et la durée moyenne d'inactivité à financer).

Les **recettes,** elles, n'augmentent pas à un rythme suffisant en raison des effets retardés de la baisse de la fécondité observée depuis plusieurs décennies (ce qui réduit le nombre d'actifs) mais aussi de la réduction du nombre de cotisants liée à la conjoncture économique et aux effets de la politique d'entreprise (*cf.* l'important chômage et les nombreuses personnes mises en préretraite).

Le **raccourcissement de la durée d'activité** pendant les Trente Glorieuses et même quelquefois dans les années qui ont suivi (on pense à la France) pèse aussi sur la situation puisque ce progrès social a induit simultanément une charge financière encore plus grande à la charge des actifs.

L'évolution incertaine de la fécondité, l'importance de la politique migratoire, les taux de croissance à venir constituent cependant autant d'**incertitudes** quant à l'état exact des comptes futurs en matière de financement des retraites.

c) La cohabitation de systèmes de retraites différents

Phénomène intéressant à noter, ces difficultés touchent les pays développés dans leur ensemble et ce malgré **les caractéristiques spécifiques de chaque système national de retraite**.

Hamish McRae rappelle ainsi que les pays développés ont choisi un **équilibre différent :** système géré collectivement par prélèvement sur les actifs (sous forme de cotisations sociales ou d'impôts) ou constitution de retraites personnelles par les actifs eux-mêmes. Il y a d'un côté **un système étatique ou collectif** (dont par exemple le système français par répartition) et de l'autre, des solutions relevant de décisions individuelles et d'une gestion par **le secteur privé** (système par capitalisation).

Hamish McRae oppose de ce point de vue quelques pays ayant fait une large part au système de la capitalisation (États-Unis, Royaume-Uni, Pays-Bas et Suisse) et ceux qui s'en sont remis essentiellement à un système de prélèvement collectif (la plupart des pays européens).

Il faut observer que l'ensemble des pays est bien concerné par ce problème de financement, car tous fonctionnent selon un **système mixte** (Hamish McRae) et donc avec une dose de financement collectif fragilisé par les effets de la démographie. En outre, les systèmes privés par capitalisation n'échappent pas eux-mêmes aux difficultés car l'allongement de la durée de vie suppose également le prélèvement de ressources additionnelles pour maintenir le niveau de la retraite.

Plusieurs solutions possibles au problème de financement des retraites

La question du financement du déficit croissant des systèmes de retraite peut donner lieu à différents types de solutions rappelés par la Commission Turner (travailler plus longtemps, ou épargner plus, ou bénéficier de retraites plus réduites). On distingue notamment la solution de la consolidation du système par répartition et celle de l'appel au développement des solutions par capitalisation. Mais, derrière ces solutions, on retrouve en définitive des choix politiques.

a) La réforme du système par répartition

Tous les systèmes de retraite en Europe ou aux États-Unis comportent une certaine dose de **système par répartition** que la démographie met à mal.

D'un pays à l'autre, on retrouve partout le même genre de solutions retenues **pour consolider un tel système** : soit les pays ont relevé l'âge légal de départ à la retraite, soit ils ont relevé les taux de cotisation, soit encore ils ont abaissé le taux de remplacement c'est-à-dire le ratio entre la pension de retraite et le dernier salaire d'activité.

La France, pays où l'État joue traditionnellement un rôle clé et où l'on a fait depuis la seconde guerre mondiale le choix d'une protection sociale importante et collective, illustre parfaitement cette orientation. Les systèmes de financement de retraite privés jouent un rôle toujours marginal ; quant aux réformes, elles ont pour l'essentiel visé à maintenir le système par répartition en allongeant la durée de cotisation nécessaire pour bénéficier d'une retraite à taux plein et en modifiant les règles de calcul des pensions (dans un sens défavorable notamment pour les salariés du secteur privé).

Ces solutions s'avèrent cependant souvent insuffisantes y compris dans le cas de la France ce qui conduit régulièrement à de nouvelles réformes de ce système. On notera au passage que les débats en France concernant cette question s'inscrivent toujours dans la perspective de consolider ce système par répartition. Mais il existe une autre solution envisageable avec la mise en place de la capitalisation.

b) La solution de la capitalisation

En effet dans de nombreux pays (Royaume-Uni, États-Unis, Pays-Bas, Japon, etc.), les responsables politiques ont fait un autre choix ou plus exactement un choix complémentaire : celui de développer des systèmes d'épargne privés reposant sur la capitalisation.

Ce choix part de l'idée que la solution du système par répartition n'est plus suffisante pour assurer la pérennité du système de retraite. Les raisons en tiennent d'abord à l'affaiblissement des leviers d'un système par répartition : une forte population active, un nombre de retraités limités et une croissance forte. Mais à ces données économiques et démographiques, il convient d'ajouter le recul de certaines valeurs collectives et de solidarité.

L'**exemple britannique** est emblématique de ce point de vue avec l'encouragement permanent des systèmes de retraite privés depuis l'arrivée au pouvoir de M. Thatcher en 1979 en sachant que les gouvernements travaillistes ultérieurs se sont inscrits dans la même perspective (mais en cherchant à mieux sécuriser ces dispositifs par capitalisation).

Les résultats sont cependant **globalement très décevants** ; en effet leur épargne est loin d'avoir atteint le niveau nécessaire pour qu'ils puissent bénéficier à terme d'une retraite convenable (L. Fourrier, 2006[(1)]). Ainsi selon une enquête d'Eurostat, le revenu moyen des personnes âgées (par rapport au reste de la population) au Royaume-Uni est sensiblement plus bas que la moyenne européenne. Ceci permet de comprendre la particularité et la gravité des débats au Royaume-Uni concernant cette question des retraites.

c) Des choix politiques

Le choix des orientations retenues dans chaque pays comporte bien sûr des dimensions techniques et en ce sens les modèles économétriques sont largement utilisés pour simuler et tester des hypothèses, d'autant qu'il n'y a pas de solution miracle ni de baguette magique (*there is no magic wand.*)

---

(1) Voir Les modèles de « l'Etat providence – réussite et limites du modèle social britannique », Le modèle social français, Cahiers Français, *n°330, 2006.*

Les mesures envisagées et/ou retenues font intervenir au fond des considérations de philosophie économique et des choix sociaux essentiels : place de l'État, appel (ou non) aux mécanismes de marché, recherche d'une égalité (ou non) de traitement des salariés et des citoyens face au grand âge et au financement de la période d'inactivité…

Pour en revenir au texte proposé, Hamish McRae met l'accent sur le caractère engagé et l'orientation très critique contre le système capitaliste britannique d'un Robin Blackburn et soutient lui-même implicitement le système privé britannique de retraites en soulignant les défaillances de gestion de l'État.

Cet article tiré de *The Independent* est fort intéressant car il montre une fois de plus que les pays développés en général et les pays européens en particulier connaissent les mêmes défis en matière économique et sociale, y compris en matière de financement des retraites. Ainsi, comme l'écrit Laurent Fourier, « il n'est pas plus facile en Grande-Bretagne qu'ailleurs de réformer les retraites. Tony Blair en a fait l'expérience le 18 octobre 2005 lorsque son gouvernement a dû céder face à la forte pression des syndicats qui promettaient une grève d'une ampleur comparable à la grève générale de 1926 ».

Les contextes diffèrent sensiblement des deux côtés de la Manche, puisque le Royaume-Uni s'inscrit dans un système de financement largement privé alors que la France conserve un système collectif pour l'essentiel. Les capitalismes nationaux conservent ainsi leur part de singularité dans la mondialisation.

Index

Table des matières

71606 - (I) - (2,1) - 354 - OSB 80° - NCO - JRF
Dépôt légal : octobre 2014
Imprimé en France par Loire Offset Titoulet - Saint-Etienne